역사 전쟁

대한민국 폄훼와 싸운 100년 — 역사학은 무엇을 하였는가

역사
전쟁

박석흥 지음
(대한언론 주필)

기파랑

2020년 탄신 100주년에
아버지 박재규 전 인천대 총장과
어머니 유정숙 삼일여성동지회 고문과
신두영 전 감사원장님께
이 책을 바칩니다.

'역사 전쟁' 현장 취재 50년의 금자탑

현대 한국사학의 역사를 쓴 이 책은 아마도 전문적인 한국사학자나 사학도뿐 아니라 역사의식과 한국인의 정체성에 관심을 가진 모든 분야의 사람들에게 꼭 필요한 사전 같은 편람(compendium)이라 하여 손색이 없다. 그런 성격을 가진 책으로 출판된 것도 최초가 아닌가 한다.

저자 박석흥 씨는 대학을 나온 후 언론인으로 평생을 바쳐서 한국사학의 흐름을 빠짐없이 추적하고 보도해 온 거의 유일한 증인이다. 이번에 나온 책은 그 현장적 증언록이다. 이 책으로, 한국사를 전공하지 않은 나는 중요한 정치학적 의문을 묻게 되는 계기를 제공받았으며 사상사적인 성찰을 자극하는 길잡이를 얻게 된 셈이다. 이것이 비단 나에게만 해당되는 것은 아닐 것으로 판단하며, 비슷한 자극을 받게 되기를 독자들에게 바라 마지않는다.

노재봉(서울대 명예교수, 전 국무총리)

식민사관·계급사관 '멍에' 예리하게 지적

지난 100여 년간 한국 역사학이 걸어온 발자취를 심도 있게 탐구한 이 책은 저자가 그동안 문화·학술 전문기자로서 오랜 기간 동안 갈고 닦은 풍성한 결과물이다.

역사가가 과거를 기록하는 사람이라면, 언론인은 현재를 기록하는 사람이다. 그런데 왜 언론인이 이런 학문적인 문제에 참견하는가? 그 이유는 극히 단순하다. 현재 한국에서 벌어지고 있는 치열한 역사 논쟁이 학술적 논쟁의 차원을 넘어 현실적인 정치 논쟁으로 변질되었기 때문이다. 그래서 많은 사람들은 이를 '역사 전쟁'이라고 부른다.

역사 전쟁이 이처럼 극단으로 치달은 것은 역사가 곧 또 하나의 '현실'이기 때문이다. "역사는 승자들에 의해 씌어진다"고 갈파한 사람은 19세기 말 미국의 법률가이자 정치가인 조지 그레이엄 베스트이다. 그는 남북전쟁의 패자인 남군 측의 패배 원인을 분석하다가 이 같은 결론을 내렸다고 한다. 이 때문에 20세기의 대표적인 프랑스의 철학자 미셸 푸코는 정치적, 사회적 투쟁의 승자가 자신들의 정치적 우월적 지위를 이용해 패자의 역사 해석을 탄압한다고 지적했다. 작금의 국·검정 역사 교과서 논쟁에서 이런 현상은 잘 나타나고 있다.

그런데 언론인들은 사학자들과 크게 다른 점이 있다. 언론인들은 대체로 역사가들에게는 별로 인기가 없는 근대 독일의 실증주의 역사가 레오폴트 폰 랑케 쪽을 대체로 선호한다. 언론인들은 랑케의 주장처럼 있는 그대로의 역사를 알고 또한 쓰기를 좋아한다. 왜냐하면, 언론인들의 굳은 신조가 보도의 중립성과 객관주의이기 때문이다.

3·1운동 시기부터 오늘에 이르기까지 100년에 걸친 한국 역사학의 흐름을 파노라마처럼 체계적으로 추적한 이 책의 저자 역시 랑케 같은 실증주의적 입장에 선 것 같다. 그는 수많은 한국 근현대 역사학자들의 역사관과 역사연구 방법론을 분석하면서도 객관적인 입장을 일관되게 견지하려고 노력한 것이 엿보인다. 그런 점에서 나는 저자가 중립적 입장에서 한국 역사학의 현주소를 날카롭게 비판하고, 특히 중고교 교과서의 문제점을 신랄하게 지적한 이 책의 결론에 주목하면서 이 책을 한국의 역사가들도 읽어 보도록 감히 추천한다.

저자가 현재 한국의 사학계에 막강한 영향력을 미치고 있는 식민주의 사관과 사회주의 사관을 '한국사학의 멍에'라고 예리하게 지적한 데 대해 나 역시 공감하고 있다. 식민주의 사관이라고 일컬어지는 과거 일본 학자들의 연구방법은 하나의 사관이라기보다는 일본 제국주의를 옹호하는 어용 학문이라는 편이 정확할 것이다. 현재 한국의 학계에서 일부 한국 학자들, 예컨대 진보 진영에서 뉴라이트 계통이라고 비판하는 일부 우파 학자들의 식민지 근대화론 같은 역사 해석을 식민사관이라고 비난하게 된 유래는 1960년대 초에 이기백의 '탈식민주의 선언'에서 나온 것이다. 이기백은 당시 일본 학자들이 일본제국의 식민 정책을 정당화하기 위해 생각해 낸 왜곡된 한국사관을 식민사관이라고 규정했다.

그러나 나는 국사학자들이 주장하는 자본주의 맹아론에 찬성하면서도, 일본의 식민 지배가 한국의 산업 근대화에 일부 기여한 사실을 굳이 부인하는 데는 찬성할 수 없다. 문제는 일본의 식민 지배가 한국의 산업 근대화에 기여했다 하더라도 그것은 당시 조선인의 복리를 위한 것이 아니라 일본제국의 이익을 위한 것임을 분명히 하는 종합적이고 균형된 시각이 필요하다는 것이다. 예컨대 일본 제국주의가 경부선과 경의선을 부설한 것은 그들의 대륙 진출을 위한 인프라 건설임을 분명히 하면 된다는 뜻이다. 이 점에서 한국 사학계는 현재도 과도한 식민주의 사관 공포증에 사로잡혀 있다. 그러나 어떤 경우든 역사적인 사실을 잘못 풀이하는 것은 올바른 언론인들에게는 받아들일 수 없는 사실 왜곡이다.

또한 저자가 점잖게 '사회주의 사관'이라고 지칭했지만, 일부 좌파 학자들이 제주 4·3사태를 민중봉기라고 서술하는 것은 사회주의 사관이라기보다는 순전한 사실 왜곡이라고 해야 할 것이다. 이 사건은 대한민국 출범의 기초가 된 유엔 결의에 의한 5·10 총선거를 방해하기 위한 남로당의 무력투쟁이었다는 것을 제대로 기술해야 한다. 좌든 우든 왕년의 좌파 역사철학의 대표라 할 마르크스·엥겔스식 유물사관에 대해서는 충분히 공부할 필요가 있지만, 4·3사태를 민중봉기라고 우기는 따위의 편향은 이와는 차원이 전혀 다른 거짓 선전이라는 것을 우리는 제대로 알아야 한다.

또한 이 기회에 한 가지 지적해 두고 싶은 것이 있다. 북한 김일성 정권의 성립이 전적으로 스탈린 자신에 의해 설계되고 실현되었음에도 불구하고 대부분의 우리 한국사 책에서는 이 사실을 제대로 기술하지 않고 있다. 많은 국사책들이 북한에서는 정권 수립이 독립적으로 순탄하게 이루어졌다는 브루스 커밍스류의 엉터리 주장을 무비판적으로 싣고 있는 것은 불가사의한 일이다. 사실은 그 반대였다. 평양의 소련군 사령부가 조선공산당의 박헌영을 강압해서 사실상 독립적인 조선공산당 북조선분국을 만들게 하고, 김일성을 그 책임비서에 앉게 했다. 또한 소련군 사령부는 곧 분단 정권인 북조선임시인민위원회를 만들고, 그 후에는 모스크바의 지령으로 1948년의 남북협상과 해주에서의 이른바 북한 최고인민회의의 남조선 출신 대의원 선거라는 정치 쇼를 연출한 사실도 우리 국사학자들은 외면하고 있다. 북한 정권 수립 마지막 단계에서는 소련공산당이 북한의 헌법 초안 심의를 일단 중단시키고 이 초안을 모스크바에 보고케 해서 그 조문까지 직접 스탈린의 손으로 수정할 정도로 북한 정권 탄생이 철저한 스탈린의 작품이었다는 역사적 사실도 한국 역사책에는 대체로 기술되지 않고 있다. 이것은 한국 국사학자들의 단순한 태만 이상의 과오가 아닐 수 없다. 왜냐하면 이 같은 역사적 사실들은 소련이 붕괴된 1990년에 이미 구소련 정부의 비밀문서에서 밝혀졌고, 이를 토대로 한 외국 학자들의 저술, 다시 말해 역사가들이 흔히 말하는 이른바 '2차자료'까지 출판된 것도 이미 20년 전인 2000년대 초였기 때문이다.

원컨대 저자 박석흥 선생의 이번 노작이 한국 사학계의 발전을 위해 조금이라도 자극제가 된다면 같은 언론인으로서 더 이상의 큰 기쁨이 없을 것이다.

남시욱(화정평화재단 이사장, 전 문화일보 사장)

패배적·자학적 국가관 극복할 전환점 되길

박석흥 대한언론 주필의 『역사 전쟁』은 1919년 이후 격랑의 100년간 한국 사학계의 수많은 논쟁과 사관의 격돌을 각기의 시대 환경, 정치 상황, 이념적·국민정서적 요인을 배경으로 분석한다.

이 책은 오늘날 우리 국민의 국가관과 정서가 마치 구한말과 유사한 위기에 처한 원인이 잘못 이해되고 왜곡된 우리의 역사 인식에 기인함을 전제로 한다.

식민사관, 분단사관, 민중사관, 민족주의·사회주의 사관 등 수많은 사관의 대립 양상과 전개 과정을 체계적으로 정리하고, 언론인들이 발굴한 현대사의 사건 현장 자료도 검증, 보완해서 현장감 충만한 내러티브를 제공한다.

이 슬프고 위중한 국민의 패배적, 자학적 국가관 극복을 위한 패러다임 전환점을 찾기 위함이다.

방대한 고증을 통해 각 사관의 관점과 주장을 검증하면서 국민의 역사인식을 바로잡고자 하는 저자의 극진한 충정이 국민에게 새로운 역사의 하늘을 열어 주기를 기대해 마지않는다.

서지문(고려대 명예교수, 영문학)

우리는 어쩌다 '슬픈 국사'를 갖게 되었는가

서양문명에 의해 황폐화되어 버린 브라질 내륙의 현실을 일찍이 인류학자 레비스트로스는 '슬픈 열대'라고 명명했다. 나름의 균형과 조화를 유지하면서 발전을 도모하고 있던 열대 원주민 사회의 본질을 이른바 문명인·지식인·외부인들이 마음대로 왜곡·유린하고 있다는 이유에서였다.

비유컨대 현재 우리나라 역사학은 '슬픈 국사'다. 정치 논리와 이념 대결의 제물이 되어 학문 연구의 전문성과 객관성, 보편성이 심각하게 훼손되어 버린 우리 학계의 가장 '아픈 손가락'이 다름 아닌 국사다. 어쩌다 이 지경에 이르렀을까? 이 책은 이 질문에 대한 답이다.

저자는 지난 50년간 학술 담당 기자로서 국내외 국사학 연구의 생산 구조와 유통 과정을 현장에서 취재해 왔다. 사실 근현대사 분야는 학계와 언론계의 공동어장이다. 그런 만큼 그의 관찰과 증언 및 진단은 '슬픈 국사'의 연원과 작동을 지식사회학적 관점에서 이해하는 데 대단히 유용하다.

역사 전쟁의 와중에 우리는 서로 다른 '말'을 쓰는 사회가 되어 가고 있다. 이러한 언어 분열과 사회 갈등의 책임이 이념의 교조화 및 이권의 독점화를 지향하는 작금의 국사학계 내부에 있다는 사실을 저자는 설득력 있게 서술하고 있다.

전상인(서울대 교수, 사회학)

근대 사학 100년,
한국 역사학의 새 좌표

"우리는 어디에 서 있으며, 어디로 가고 있는가?"

대전환기나 혼란기에 사상가들이 던졌던 이 질문이 2021년 많은 한국 사람들의 마음속에 자리 잡고 있다. 이 위기의식은 대한민국이 제6공화국 파워 엘리트의 왜곡된 역사인식과 도덕적 해이로 총체적 난국에 처한 데서 비롯된 것이다.

김영삼 정부 이후 지속되고 있는 국가 정통성·정체성을 부정하는 역사 전쟁과 체제 전복 전쟁, 한미동맹 균열에 따른 안보 위험, 포스트모더니즘 파동과 이데올로기 혼란, 좌파 전체주의 공포정치가 복합된 총체적 모순이 대한민국을 엄습하여 국민은 아노미 상태다.

2021년 3·1운동 102주년을 맞으며 대한민국은 1948년의 근대 국민국가 건국의 정통성을 부인하는 '역사 전쟁'과 "대한민국 역사가 불의·기회주의가 득세한 반칙의 역사"라는 '체제 전복 전쟁

구호'의 소용돌이에서, 국가 정통성과 사관 정립의 화급한 어젠다(議題)와 직면하게 되었다. 나라의 정통성·정체성 정립과 국민의 역사의식 심화를 위해 3·1운동을 기점으로 근대 학문의 새 장을 연 한국 역사학이 100년 역사를 검증하고 새 좌표와 방향을 설정하는 대전환이 문재인 정권 말기의 시대적 과제로 부상한 것이다.

국권 상실기에 박은식·정인보·신채호 등 민족주의 사학자들은 일제와 투쟁할 저항민족주의를 고취해 일제로부터 정신적으로 해방되도록 고취했으며, 김철준·홍이섭·이기백 등 해방후 1세대 국사학자들은 일제 식민주의 사관 극복에 혼신의 노력을 쏟아부었다. 망국과 건국의 혼란 속에서도 국사학자들은 애국심 고양과 정체성 정립 교육에 앞장서 나름대로 한 시대의 역할을 한 것이다.

그러나 제6공화국 국사학은 일제 식민주의 사관, 중국 동북공정, 분단사관, 민중사관, 유물사관, 수정주의 사관 등을 둘러싼 해묵은 사관 논쟁에 빠져 학문의 대(對)사회적 기능을 망각하고 있다. 국사학의 혼돈에 편승해 586 운동권 세력은 대한민국의 정통성을 부정하는 역사 전쟁과 체제 전복 전쟁 선동에 앞장서고 있어 대한민국은 혼란스럽다. 대한민국 역사를 버려야 할 적폐로 폄훼하는 부정적 역사인식이 이 시대를 지배하고 있기 때문에 박탈감과 분노만이 쌓이고 있다. 역사를 해석하는 잣대인 사관은 시대와 사람에 따라 다를 수 있어도 하나같이 진실에 입각해야 하는데, 제6공화국의 역사 논쟁은 진실 추구 원칙조차 지키지 않고 100여 년 전 망국 전야의 모순을 극복하지 못한 후진성을 드러내고 있다. 미국과 중국이 패권을 다투는 신(新)냉전 체제에서 대한민국이 일제(日帝)에 나라를 넘긴 고종 시대와 비슷하게 미로를 헤매고 있다.

2020년 탈미(脫美)·친중 정책 부상은 100년 전 위정척사(衛正斥邪) 세력이 다시 살아나 보수 반동을 선전선동하는 형국으로, 한미동맹과 자유민주주의 헌정질서까지 뿌리부터 흔드는 도박으로 보인다. 청일전쟁에서 '아산(청)이 깨지나 평택(일본)이 깨지나' 점치다가 일본의 식민지로 전락한 고종 시대 망국 외교의 위험이 보이는데도 역사학계는 침묵하고 있다. 역사학이 진실 추구보다 패거리 싸움의 전사가 되어 정치이념의 도구로 전락했기 때문이라는 지적을 받는다.

1987년 제정된 제6공화국 헌법에 의해 선출된 김영삼-김대중-노무현-이명박-박근혜-문재인 대통령 시대를 일관한 분열·반란·반동의 정치와 역사 왜곡은 대중의 증오심·분노(ressentiment)·좌절감('헬조선')을 키워 체제 전복의 시한폭탄이 되고 있고 대한민국 역사를 저주하는 자학(自虐) 사관이 되었다. '체제 탄핵'과 '촛불혁명'을 프로파간다하는 586 운동권 세력의 공수처법, 5·18특별법, 대북전단살포 금지법, 안기부법, 경제 3법 등 입법 폭거와 김명수·조국·추미애 사법파동 사태는 히틀러 같은 전체주의 독재자들의, 국회 다수 의석을 동원해 '법을 이용한 지배(rule by law)'를 '법의 지배(rule of law)'로 위장한 전형적인 좌파 전체주의 파시즘 수법 답습이라고 보수는 비판하지만, 사실은 건국에서 제5공화국까지 대한민국 헌정사를 적폐로 폄훼(貶毁)하는 자학사관의 귀결

이기도 하다.

586 좌편향 운동권의 위험한 혁명론과 환상적 평화통일론은 '1948년 건국 체제'와 '1987년 민주화 체제'를 수정하는 차원을 넘어서 자유민주주의 헌정 체제 궤도를 이탈하는 체제 전복 전쟁 로드맵으로 사반세기 전 김영삼 정권의 낭만적 민족주의 사관과 탈미·친중·접북(脫美親中接北) 정책 선언의 대단원이라고 정치학 자들은 해석한다.

권위주의 정권을 종식시키고 32년 만에 문민정부를 세운 김영삼 대통령은 1993년 취임 후 첫 3·1절 기념사에서 "동맹보다 민족이 중요하다"고 공언하고 "문민정부는 상하이 임시정부의 법통을 이어받았다"고 선언함으로써 1948년 건국한 대한민국의 정통성을 부인하는 '역사 전쟁'의 불을 붙였고, 초중고교 역사 교육과정 개편에 착수하여 역사교육과 사관 논쟁을 일으켰다.

김영삼 정부가 '1948년 대한민국 건국 부인'의 불씨를 지핀 사반세기 후, 문재인 대통령도 2019년을 '건국 100주년'이라고 선언함으로써 1948년 건국을 공식 부인했고, 586 세대 국사학자들과 전국교직원노동조합(전교조)이 이에 동조함으로써 대한민국 정통성 부정의 역사 전쟁은 절정에 이르렀다. 제6공화국 정부가 검정한 역사 교과서는 수정주의 사관·민중사관·반란사관·분단사관이 반영돼 6·25전쟁 경험 세대와 전후 세대 간 이념 갈등을 증폭시켰다. 전후(戰後) 세대가 대한민국 역사를 부끄러운 역사로 자학(自虐)하고 그 역사를 피와 땀으로 이룩한 할아버지 아버지 세대까지 멸시하는 갈등을 빚게 만들었다.

좌편향 역사교육을 받은 세대가 행정·언론·시민단체를 장악한 사회 변화로 '체제 탄핵'이 도처에서 진행되고 있으며 지역·세대 간 갈등의 골은 깊어지고 있다. 제6공화국에서 벌어진 '역사 전쟁'에 일부 국사학자들이 역사 논쟁의 주역으로 부상했으며, 국사학이 국론 분열의 핵심 축이 되었다. 국사학이 해방 직후의 이념 논쟁을 재현하고 있는 양상이다.

　3·1운동 후 100년, 한국 역사학은 양과 질 모두 눈부시게 성장해서 한 해 1천여 편의 논문과 저술이 쏟아져 나오고 있으나 탁월한 학자가 나타나지 않아 학문은 답보상태다. 대한민국의 정통성·정체성 논란이 정권이 바뀔 때마다 반복되고 있으며, 임진·병자 양란 후 조선의 망국 과정, 일제 침략사, 대한민국 건국사, 6·25가 중구난방으로 서술되고 있다. 외부 학계 이론과 가설에 통사 체계가 흔들리는 학문의 후진성을 탈피하지 못하고 있다. 한국사 서장과 마지막 장을 정리하지 못해 통사 체계화도 미완성이다. 이런 모순을 털어 버릴 국사학의 패러다임 시프트(paradigm shift)가 절실하다.

　3·1운동 후 100년 한국 역사는 국내외 파동과 혼란의 되풀이, 그리고 이를 극복하는 격동의 연속이었다. 원조로 지탱했던 최빈국 한국은 6·25전쟁, 좌우 이념 대립, 빈부 갈등, 국가 기본질서를 흔드는 분열·반란의 정치 모순을 안고서도 기어이 산업화를 성취, 세계 10대 무역 대국 대열에 합류했다. 그러나 경제는 선진국 대열에 들어섰으나 정치와 국민의 역사의식은 후진성을 탈피

못 하고 있다. 역대 대통령 인생부터가 비극적이었다. 재임중의 업적을 기리는 광장 하나 없다. 데모로 하야한 대통령이 2명, 천 수를 누리지 못하고 불운하게 죽은 대통령이 2명, 자식을 교도소에 보낸 대통령이 3명, 그 자신 교도소나 구치소에 수감된 대통령이 4명으로, 국가지도자의 말로가 거의 모두 비참했고 이런 비극을 지켜본 국민도 참담했다. 부끄러운 역사다. 역사는 정치이념 선전선동 도구가 아니고 공동체가 달성해야 할 가치를 추구하기 위한 거울이어야 한다. 정권 장악을 위해 모든 것을 걸고 도박하는 후진적인 한국 정치의 체질 개선도 시급하다.

　문재인 정부는 '종족적 민족주의'를 프로파간다하며, 동맹보다 '우리 민족끼리 평화통일'을 앞세우는 대전환을 모색하고 있다. 이것은 정권 교체기마다 새 정권이 전 정권을 부정해 온 그간의 반동의 정치를 뛰어넘어 전혀 다른 국가를 모색하는 대전환의 쿠데타적 발상이다.

　대한민국 헌법 체제 해체가 우려되는 위험한 혁명과 체제 전복 전쟁의 와중에서 대한민국은 지금 정치 혼란뿐만 아니라 역사 해석·가치관·공동체 규범까지 혼돈에 빠져 있다. 이 역사인식 혼란과 윤리 파괴는 정치인들의 편견과 선전선동 때문만이 아니다. 학자·교사·종교 지도자·언론인, 그리고 국민의 적어도 3분의 1이 체제 전복 전쟁과 역사 전쟁에 동조하고 있으며, 그것이 역사 교육과 정치교육 빈곤에서 비롯되었기 때문에 심각한 문제다.

　1970~80년대 권위주의 정치와 경제 성장 과정의 모순에 대한

지식사회의 반성과 대한민국사 재조명은 의미가 있었다. 그러나 최빈국 한국이 산업화와 민주화를 달성하고 선진국에 진입한 역사를 특권과 반칙의 역사로 폄훼하고, 대한민국 성장을 도운 국제관계를 제국주의로 비난하고, 대기업을 적폐 청산 대상으로 혹평하는 대중 선동은 냉철하게 검증해야 할 것 같다.

이 책은 제6공화국에서 진행되고 있는 역사 전쟁의 오래된 토픽들인 일제 식민주의 사관, 낭만적 민족주의 사관, 민중사관 및 분단사관, 식민지 근대화론, 사회주의 사관 및 고대사 논쟁을 비롯하여 대한민국 건국 논쟁, 국사 교과서 논쟁, 친일 프레임 등을 '역사학과 역사의식'이라는 관점에서 다룬다. 이 쟁점들은 필자가 언론인으로서 경향신문·문화일보·대전일보·신동아·대한언론에서 50년간 기사로 다룬 것들이다. 이것들이 고스란히 잠복해 있다가 3·1운동 후 100년, 근대 사학 100년을 지난 2021년 현재도 사회문제로 부상하고 있어 여전히 재조명이 필요하다고 보았기 때문이다.

필자가 50년간 추적 보도했던 사관 관련 기사들을 다시 모아 정리하며, '언제, 누가, 왜' 이런 논의를 제기했는지 논쟁의 실체를 밝히고 역사 전쟁 해법의 단초를 찾아보려 한다. 더불어, 사관 논쟁에 발목 잡힌 국사학의 정돈(停頓) 상태를 극복하기 위해 지난 100년의 역사학과 역사의식, 그리고 1910년대 민족주의 사학자들부터 해방후 4세대 학자들까지의 사관과 역사의식을 검증해 보려 한다.

백두산 일대를 한국문화의 발상지로 설정한 '범동이(汎東夷) 민족주의'를 제창한 대종교 계열 민족사학자들이 주도한 저항민족주의는 일제로부터의 해방에 기여했다. 그러나 대종교 민족주의 사관의 영향을 받은 강단 밖 연구자들이 제기한 고대사 강역 논쟁이 국회 공청회와 법정으로 번지자 양병우·길현모·신일철·고병익·이기백 등이 단재 민족주의 사관의 한계를 지적하고 세계사 흐름 속에서 한국사를 인식하는 새로운 사관 모색을 국사학계에 촉구했다. 역사학계뿐만 아니라 사회과학계도 국사학계의 단재 사관 비판에 동참했다. 북한 전체주의와 586 운동권의 이데올로기로 역기능한 독일발 낭만적 민족주의의 일본·중국·한국 전파와 수용을 연구한 노재봉·김영호·조성환·서명구·권순철의 한국 역사학과 분단 한국 사회에 끼친 민족주의의 한계와 맹점을 밝힌 저술과 논문들은 한국 사회에 큰 충격을 주었다. 사회과학계의 낭만적 민족주의 논의를 수용해 역사 교과서 논쟁과 체제 전복 전쟁의 근원을 정확하게 인식해야 할 것이다.

해방 후 국사학의 제일 과제는 일본의 한국 지배가 필연이었다고 주장하기 위해 정체성·타율성·당파성론 등으로 한국사를 왜곡한 일제 식민주의 사관과 유물사관 극복, 그리고 바른 역사교육이었다. 그러나 해방 75년이 지났어도 일본 학자들의 한국사 왜곡의 찌꺼기는 여전히 남아 있으며, 김일성의 주체사관, 브루스 커밍스의 수정주의, 리처드 앨런(리차드 알렌)의 이승만 비방, 나카무라 사토루의 중진자본론 등 한국 근현대사에 대한 편향된 이론의 부작용은 심각하다. 일제 식민주의 사관 이래 커밍스의 수정주의 사관 등 외래 사관에 의한 한국사 왜곡을 국사학자들은 어떻게 논의했고 미진한 분야는 무엇인지, 관련 논문을 찾아 정리했다.

일제 식민주의 사관 청산에 나선 김철준·손보기·홍이섭·이기백·한우근·최영희·고병익 등 해방후 1세대 학자들은 『한국사』 25권(1973~1978), 『한국민족문화대백과사전』 28권(1988~1991) 등 공동연구 성과와 주목할 저술들을 펴내고 많은 학자를 길러 냈다. 구석기·청동기시대, 가야사 연구로 잃어버린 한국사의 고리를 찾아낸 해방후 1세대 학자들의 업적과 함께 그들의 한계도 정리해 국사학의 과제로 제시했다.

윤병석·강만길·김용섭·유영익·정창렬·김정배·이융조·이성무·한영우·이태진·최병헌·송기호·김태식·서중석 등 해방후 2~4세대 학자의 한국통사·분야사 저술들을 조명하고, 이들의 분단사관, 통일사관, 자본주의 맹아론 등을 주제로 한 논쟁을 정리해 한국사 연구방법론의 한계와 문제점도 검토했다.

노재봉·한흥수·이택휘·안병직·이영훈·신용하·김영호 등 사회과학자들이 제기한 가설과 새 연구방법론도 검토하면서 그들이 지적한 국사학계의 오류도 검증했다. 일본·몽골·러시아 학계의 한국 고대사 연구도 소개해 한국사 인식의 지평을 넓혔다.

천관우·조용중·손세일·남시욱·이덕주·정일화·인보길·박석흥·윤덕한·양동안·박실·임연철·조갑제·박종인 등 언론인들의 근현대사 연구, 또 언론인들이 발굴한 카이로 회담, 건국, 6·25, 4·19, 한미 방위조약 등에 관한 사료도 검증 보완해서 수록했다. 저자가 50년간 취재한 국사편찬위원회·한국학중앙연구원·민족문화추진회 등 국학 기관과, 일조각·을유문화사·지식산업사·창작과비평사·한길사와 대학 출판부들, 대학 사학과의 국사 연구 업적과 인맥도 정리했다.

　3·1운동 후 100년 한국 역사학과 역사의식을 사관과 논쟁사 중심으로 정리한 이 책이 한국 역사학의 좌표를 확인하고 새로운 연구 방향을 탐색하는 시론이 되길 기대한다.

2021년 제102주년 삼일절에
박석흥

|차 례|

한국 역사학의 걸림돌
— 식민사관, 민중사관, 분단사관

해방 후 한국 역사학의 제일 과제는 한편으로 일제의 식민주의 사관, 다른 한편 마르크스주의의 유물사관을 극복하고 바른 역사관을 정립하는 일이었다.

식민사관과 유물사관을 청산하기 위해서 한국 역사학은 해방 전부터 지속적인 노력을 해 왔으나 아직도 그 찌꺼기가 남아 확대재생산되고 있다. 김영삼 정부 이래 문재인 정부까지 계속되고 있는 역사 바로세우기, 과거사 정리, 역사 교과서 논쟁들의 밑바닥에는 일제 식민사관과 유물사관에다 6·25와 관련된 수정주의 사관, 주체사관이 깔려 있다. 해방 후 국사학의 3대 산맥인 민족주의 사학, 사회주의 경제사학, 실증주의 사학 모두 식민사관 극복에 몰두했으나 식민사관의 잔영이 아직도 짙게 드리우고 있는 가운데, 식민사관을 계승한 일본의 식민지 근대화론과, 유물사관의 변종인 북한의 주체사관의 도전까지 받고 있다.

일본 관학자들은 타율성·정체성·당파성 등을 한국사의 모순으로 부각시키며 일제의 한국 식민지배가 필연이라고 주장했다. 그들은 한국사는 고대로부터 중국과 일본의 지배를 받는 강대국 종속의 역사였다면서, 1910년 일제의 한국 병탄도 그런 역사의 반복이라고 주장했다. 조선은 대륙에 붙어 있는 반도라는 지리적 조건으로 항상 타율적으로 역사가 결정되었다며 4세기경에 이미 한반도 남단이 일본의 식민지였다는 임나일본부설(任那日本府說) 등을 주장하기도 했다.

그러나 사실은 한반도는 여러 문명이 들어와 각축하는 역동적인 지역이었으며, 외침과 몰려오는 문화 파도의 충격을 잘 극복 조화하여 새로운 문화로 발전시킨 창조적인 역사를 창출한 지역이었다. 한일 양국의 고고 유물 발굴로 한반도가 고대 일본문화의 젖줄이었음이 확인되었고, 임나일본부의 실체는 백제의 가야 지휘부로 밝혀졌다.[1] 자주적으로는 발전할 가능성이 없는 정체된 나라 한국을 일본이 식민지로 경영하여 근대로 넘어가게 도왔다는 후쿠다 도쿠조(福田德三, 1873~1930)나 시카타 히로시(四方博, 1900~1973)의 정체성론의 왜곡은 허구가 됐지만, 이들이 제기한 식민지 근대화론이 다시 나카무라 사토루(中村哲)의 중진자본론으로 변형돼 한국 경제학계를 강타하고 있다.

조선이 일본의 식민지로 전락한 것은 후쿠다·시카타 등이 주장하는, 일본과 같은 봉건제도나 무가(武家) 사회가 없어서 사회가 정체되었기 때문이라는 주장은 편향된 가설이다. 원(元)에 복속(服屬)했던 고려 말의 모순에 도전한 조선 건국은 근대적인 관료 체제를 모색했다. 고려 말의 사회 모순 혁파를 표방한 조선의 건국 이념은 이방원(태종)·이유(세조)·이역(중종)의 잇따른 쿠데타와 한명회·이극돈·유자광·윤형원 등 훈구 세력의 패거리 정치로 한때 흔들리기는 했으나, 조선조를 지탱한 관료 체제는 근대국가를 지향한 새 정치 이데올로기였다. 왕의 인사권에서 독립된 언관(言官) 제도는 권력의 집중과 횡포를 막는 탁월한 견제와 균형 장치였다. 숙종·영조에 의해 폐기된 조선의 언관 제도는 당쟁의 도구로 역기능을 하기도 했으나, 정치권력의 독점과 부패를 막았다. 조선이 일제 식민지로 전락을 재촉한 것은 정치권력 장악을 위한 정쟁의 연속과 왕권 강화를 위한 숙종-영조의 언관 제도 폐지가 초래한 일당독재에 의한 부패와 빈곤 때문이었다.

일제 관학이 주장한 타율성·정체성·당쟁 등의 식민주의 사론이 아직도 영향력을 미치고 있는 것은 일본 학계의 철저하고 지속적인 한국 연구와 일제 식민주의 사론에 대한 한국 사회과학계의 연구를 국사학이 수용하는 데 늦었기 때문이다.

일제 침략기에 민족의 정신적 기반을 역사에서 찾고자 한 신채호·박은식·정인보 등 민족주의 사학자들은 유학과 불교의 유신(維新)을 제기하며 기존 체제의 모순을 반성했으며, 조선 후기의 새로운 활력으로 실학(實學)을 재조명하고, 민족의 뿌리와 정체성을 밝히는 상고사 연구를 통해 민족의식을 고취했다. 일본 패망 후 식민사관을 극복하기 위한 노력이 남북한과 일본에서 동시에 있었으나 뿌리 깊은 식민사관 청산은 쉽지 않았다.

해방후 1세대가 식민사관 극복에 도전해 건국 30년 만에『한국사』25권을 펴냈으며, 일본에서도 1969년 영역된 하타다 다카시(旗田巍)의『조선사』가 일제 식민지 관학의 한국사 왜곡을 반성했다.

그러나 과거 일본 관학의 식민사관을 완전하게 청산했다고 할 수는 없다. 해방 후 일제 식민사학이 왜곡한 한국사를 바로잡고 민족의 정체성을 밝혀야 할 민족주의 사학은 해방 정국의 좌우 이데올로기 대립에서 남북한에서 동시에 소외되어 제 역할을 못했기 때문이다. 해방 후 민족주의 사학, 사회주의 경제사학, 실증주의 사학의 세 산맥 모두 일제 식민사관 극복에 나섰으나 일본의 식민지 근대화론과 북한 주체사관의 도전에서 자유롭지 못했다. 해방 후 좌우 이념 전쟁에 역사학자들이 앞장서고 6·25전쟁으로 국학자들이 납북되거나 월북해 일제 조선사편수회 관여자들이 우리 국사학계의 주류로 활약했던 것도 식민주의 사관을 털어내지 못한 원인이다.

백제의 산동(산동) 진출 논문 등으로 일제의 반도사관(半島史觀)을 뒤집었던 김상기 전 서울대 교수는 1974년『동방사 논총』출간 후 〈경향신문〉 인터뷰에서 "이승만 대통령이 1958년 12월 역사학자 5명을 경무대로 초청, '독립정신과 자긍심이 담긴 한국사' 정리를 당부했으나 해방전 세대 역사학자들이 부응하지 못했다"고 고백했다. 해방이 되었으나 일제 침략기 조선사편수회에서 활약했던 학자들이 주도한 한국사학이 일제 식민사학을 탈피하지 못했음을 털어놓은 증언이었다.

일제 침략기에 민족의 독립과 정체성 확립을 위해 투쟁한 민족주의 사학의 전통은 해방 후 홍이섭 연세대 교수, 김철준 서울대 교수, 천관우 동아일보 편집국장, 이기백 서강대 교수 등이 맥을 이어 식민사학 극복에 앞장서기도 했으나, 한편으로는 학문 수준을 못 갖춘 이른바 재야 사학이나 좌편향 사학으로 변질되기도 했다. 민족주의 사학이 정체된 것과 마찬가지로 문헌고증 실증사학, 사회주의 경제사학도 지체 현상을 드러냈으며 일부는 분단사관·통일사관·민중사관으로 탈바꿈해 민족 분단 책임이 대한민국 건국 때문이라는 역사 해석이 중고교 학교교육에까지 확산되었다.

1990년대까지 국사학계의 역사 해석 방법은 역사의식과 사관을 중요시하는 철학적 접근방법과, 객관적 경험적 이해를 내세워 가치 중립과 실사구시(實事求是)를 강조하는 실증적 분석 방법으로 양분됐다. 사관이 투철한 역사 해석 방법은 실천성과 호소력은 강했지만, 역사적 사실들을 단순화시키고 역사를 지나치게 주관적으로 해석하기도 하고 정치와 연결되어 정치가의 선전선동에 이용되는 사례도 있었다.

역사 연구는 사료의 발굴, 사료 비판, 개별적 사실의 확인 등 실증의 기초 위에 역사 해석, 역사 평가, 사관의 정립으로 발전하는 것이다. 비록 문제의식을 내세우지 않았어도 실증적인 학문 연구가 역사 해석에 커다란 영향을 미치기도 하는가 하면, 문제의식은 충만했으나 이데올로기에 종속되어 선전선동의 도구가 된 역사 연구는 학문을 정치화해 사회에 큰 부담을 주기도 했다. 분단사관, 민중사관, 종족적 민족주의 사관 등이 그런 부담을 사회에 주었다.

　해방 후 한국 역사학은 일제 식민주의 관학이 남기고 간 문헌고
증 실증사학 계열의 학자가 대학 강단을 장악하여 식민사학의 굴
레를 완전히 벗어나지 못했고, 민족주의 사관과 좌편향 이데올로
기 공격에도 쉽게 흔들렸다.

　실증사학 자체가 문제가 있는 것은 아니다. 실증사학을 개척한
독일 역사학자 랑케(Leopold von Ranke, 1795~1886)는 철학으로부터 역
사학의 독립을 제기했다. 랑케는 과거 사실을 '있는 그대로(wie es
eigentlich gewesen; as it really was)' 보아야 한다고 했다. 그는 '역사를 위한
역사'를 주장했다.

　그러나 랑케의 실증주의 사학을 일본 관학자들은 일제 황국사
관(皇國史觀)의 도구로 삼아, 한국사를 후진적이고 정체된 역사로
해석하는 데 유리한 사료만을 실증 자료로 내세워 한국사를 왜곡
했다. 이런 일제 황국사관의 세례를 받은 한국의 문헌고증 실증
사학은 1945년 이후에도 일본 식민사학이 체계화한 한국사 이해
체계의 포로가 되어 한국사 인식을 단조롭게 했다.

　해방후 1세대가 문헌고증 실증주의 사학의 늪에서 벗어나지 못
하는 한계를 드러내자 해방후 2세대 학자들은 식민사관 극복 가
설로 자본주의 맹아론, 내재적 발전론 등을 제시했으나 그것도
벽에 부딪혔다.[2]

　1970년대 민족주의 사관, 분단사관, 통일사관, 민중사관, 식민
지 근대화론 등 사관 논쟁으로 국사학계가 혼돈에 빠지자 이기백

은 1987년 『한국사 시민강좌』(일조각)를 펴내며 "역사학자에게 사실을 근거로 역사를 해석하는 정직한 역사 연구가 무엇보다도 중요하다"고 역설했다. 그는 "역사학은 민중을 포함한 모든 역사적 사실을 상대화시키는 학문"이라고 전제하고 "민족·민중이라든가 하는 절대적인 가치 판단 기준을 내걸고 학문의 자유와 독립을 직접 간접으로 위협하는 것을 우려한다"고 지적했다. 그런 가운데도 이용희·김철준·홍이섭·고병익·천관우·손보기·이기백·한우근·이광린·전해종·김원룡 등 해방후 1세대 학자들은 식민사관 극복을 위해 헌신적으로 일해서 모두 주목할 만한 업적을 남기고 민족문화의 새 방향도 제시했다.

해방후 1세대 학자들은 6·25 부산 피난 시절 1952년 역사학회를 발족했고, 1967년에는 한국사연구회를 조직해 식민사관 극복 작업을 공동 추진했다. 1970년대 대학의 중진 교수로 성장한 해방 1세대 학자들은 식민사학이 심어 놓은 반도사관·정체성론·당파성론 등의 허구성을 뒤집는 한국 사학계의 연구업적을 『한국사』 25권으로 체계화했다.

이러한 학문적인 온축과 함께, 해방후 1세대 학자들은 식민사관으로부터 단절하기 위해 일차 개혁 대상을 역사학과 역사학자로 설정하고 국사학계 내부 반성부터 했다. 김철준 서울대 교수는 1970년 서울대 문리대 동아문화연구소의 『한국학 입문서』에 이병도·이인영·이기백·한우근의 한국사 개설서가 일제 식민주의 사관의 영향에서 벗어나지 못했다고 고백하는 자가비판을 했다. 서울대 사학과 은사인 이병도·이인영 교수와 동문인 한우근·

이기백의 개론서도 식민주의 사관의 아류라고 비판했다. 이병도 『국사대관』, 이기백 『한국사신론』, 한우근 『한국통사』에 대한 김철준의 비판은 서울대 국사학 전통에 대한 서울대 교수의 비판으로 역사학계의 활발한 논쟁의 시발이 되었다.

해방후 1세대 학자들은 1967년 발족한 한국사연구회를 통해 조선사편수회에 참여했던 해방 전 학자들을 2선으로 물러나게 하는 세대교체를 단행했고, 월례회를 통해 일제 식민주의 사관 극복 논쟁을 활발히 했다. 『한국사』 25권은 그 첫 결실이었다.

그러나 해방후 2세대에 해당하는 강만길 고려대 교수가 1975년 전국역사학대회에서 '분단시대 사학론'을 제기하고, 1980년대에는 민중사학론과 통일사관으로 해방후 1세대 사론과 권위주의 정치 체제에 도전했다. 김용섭 연세대 교수 등 해방후 2, 3세대 국사학자들은 강만길류의 현실 참여에 동조했다. 이들은 『한국사』 공동집필을 거부하고, 진보사학 깃발을 내걸고 제1세대의 학풍을 비판했다.

강만길·김용섭 교수의 영향을 받은 해방후 4세대 국사학자들이 주도하는 한국사 교과서 편찬을 둘러싼 역사 논쟁이 현재 길게 진행되고 있다.

해방후 2, 3세대 국사학자들이 제기한 분단사관·통일사관·민중사관은 낭만적 민족주의 사관과 북한의 주체사관과 함께 1980년대 운동권의 반체제 운동의 이념이 되었다. 학문이 정치이념의 도구로 변질된 것이다.

역사 교과서 논쟁은 1974년 국사편찬위원회가 편찬한 중고교 국사 교과서부터 시작되었다.

일제 식민사관 극복을 위한 첫 국정 국사 교과서의 집필은 고등학교 과정은 김철준·한영우·윤병석, 중학 과정은 신형식·변태섭·이현종 등이 맡았다. 고교 교과서에 "『삼국유사』에 따르면 고조선은 단군왕검이 건국하였다고 한다(기원전 2333). 단군왕검은 당시 지배자의 칭호였다"라고 고조선이 처음 기술되었다. 일제가 부정한 고조선이 교과서에 역사적 사실로 실린 것이다. 국정 국사 교과서 발간과 함께 즉각 제기된 문제는 이광수·최남선 등의 친일 단죄에 대한 문단의 반발이었다.

두 번째 제기된 문제는 '동학'이었다. 서울음대 교수로 강단사학을 비판해 온 박시인이 새 국사 교과서의 동학에 대한 긍정적 평가가 부당하다고 비판하는 글을 서울대 〈대학신문〉에 기고했다.

『창작과 비평』이 기획한 1974년 국사 교과서 논쟁도 있었으나 학문적인 토론이었다.

제6공화국 김영삼(YS) 정부의 '역사 바로세우기'로 시작된 역사 교과서 파동은 YS가 대한민국이 상하이 임시정부의 법통을 이어받은 것으로 선언하여 1948년 건국의 정통성을 부정한 데서 비롯됐으며 문재인 정부까지 현재진행형인 사건이다. 김대중 대통령은 6·25전쟁을 '실패한 통일전쟁'이라고 규정함으로써 친북 좌파의 통일관을 대변했다. 노무현 대통령은 "이제까지의 역사는 정의가 패배하고 기회주의가 득세한 특권과 반칙의 역사"라고 단언했다.[3] 김영삼·김대중·노무현 대통령의 이런 국가 정체성을 흔드는 역사적 발언은 1975년 전국역사학대회에서 강만길이 분단사관·통일사관·민중사관을 제언한 뒤에 나온 것이다.

"역사는 본질적으로 현재의 눈을 통해, 현재의 문제에 비추어서 과거를 보는 것"이라며 역사가의 주임무는 기록이 아니고 가치의 재평가라고 주장한 카(Edward Hallet Carr)의 『역사란 무엇인가』가 1970년대 문헌고증 실증사학을 강타했으며, 사회과학을 비롯한 인접 학계의 국사학에 대한 논쟁도 시작되었다. 특히 조선사와 한국 현대사에 관한 국사학과 경제사학의 시각 차이가 심각했다.

경제학자 안병직·이영훈은 국사학계의 조선사와 현대사 연구의 문제점을 지적하고 새 가설을 제시했고, 정치학자 한흥수 연세대 교수의 한국 현대사 집단연구, 서울대 정치학과 출신 유영익의 이승만 연구, 서울대 외교학과 출신 김영호의 대한민국 건국 연구 등은 한국 근현대사 재인식을 촉구했다.

한국정치외교사학회 2013년 춘계 워크숍(2013. 2. 20)에서 김기정 연세대 교수(정치학)는 "역사학자들이 인접 학문 분야의 새 연구 결과에 대한 무관심과 적실한 연구방법·문제의식·통찰력 결여로 역사의 숲을 보지 않고 특정 과거사 사건에 대한 방부처리에 집착하는 경향이 있다"고 비판했다. 한국 현대사 연구의 패러다임 시프트를 사회과학이 촉구한 것이다. 보편성과 특수성·인과성에 대한 논증, 현재주의(presentism) 역사관 등에 대한 다양한 담론이 제기됐다.

역사학이 진보·보수 논쟁을 뛰어넘어 치욕·고난·영광이 겹친

100년의 한국 현대사에서 우리 민족은 과연 어떠한 역사적 교훈과 깨달음을 얻었는가를 점검해야 할 시점이다. 민족공동체의 노력이 현명했던가 현명하지 못했던가, 역사적 과제를 과감하게 해결했는가 해결하지 못했는가, 문화의 한계를 극복했는가 아니면 정체됐는가, 문화가 탄력성이 있었던가 단조로웠던가, 세계사의 진전에 기여했는가 기여하지 못했는가 등의 잣대로 한국 현대사는 평가되어야 할 것이라고 김철준은 지적했다.[4]

역사는 역사가의 사관과 역사인식에 따라 해석이 다를 수 있다. 그러나 제6공화국의 대한민국사 혼란은 한국 학계의 창의적인 새 역사 해석이 제기한 쟁점보다 미국·일본·북한의 특수한 사론과 북한의 남한 비방 선전을 거의 맹목적으로 수용하거나 밀수입해 생긴 부작용에서 비롯된 것이었다. 브루스 커밍스의 6·25 수정사관과 1960년대 한국의 경제 발전이 일제 식민지 근대화의 결실이었다는 나카무라 사토루의 중진자본론 수용이 한국사의 중요 쟁점으로 부상, 중진자본론을 인정한 안병직과 국사학계와의 긴 논쟁이 있었다.

진보 진영의 한국 현대사 연구의 교본인 커밍스의 저술은 많은 부분이 러시아·미국·일본의 비밀문서 공개로 허구와 공론(空論)임이 드러났다. 한국정신문화연구원 현대사연구소(소장 한흥수)와 연세대 현대한국학연구소(소장 유영익), 김일영·전상인·이완범·김영명·차상철·김기정·류길재·심지연·유병용·이우진·유광호·김영호·함재봉 등 사회과학자들이 근현대사 연구에 참여해 수정주의 사관의 오류를 바로잡았다. 역사의 현장을 취재했던 언론인

남시욱·조용중·손세일·이덕주·정일화·박석흥·윤덕환도『대한민국 국무회의록』,『슈티코프 일기』등 실증적인 사료 등을 근거로 대한민국사 바로잡기에 참여했다. 정치학·사회학·역사학의 학제적(學際的, interdisciplinary) 연구에 의해 6·25 수정주의, 식민지 근대화론, 민중사관의 허구가 밝혀졌으나 문재인 정부의 검정 국사 교과서와 제6공화국 집권 세력의 역사인식은 바꾸지 못했다.

　문재인 정권 586 운동권이 제기한 이승만 건국 대통령의 대한민국 건국, 분단 책임론, 6·25와 4·3 등과 입헌적 국가이성(constitutional reason of state) 상황 등이 공개적으로 규명해야 할 쟁점들이다. 이 현대사 쟁점들을 정리하기 위해서는 쟁점에 함의된 문제 추출, 분석 방법, 실증에 대한 공통 인식을 먼저 규명하고 객관적이고 정확하게 진실을 밝혀야 할 것이다. 그 작업은 문제마다 대립 학자를 포함한 많은 연구자의 연구업적에 대한 객관적이고 중립적이며 진실을 추구하는 엄밀한 검증이 있어야 할 것이다.

　1960~70년대의 김철준·홍이섭·이기백·고병익·천관우·신용하·김용섭·한영우·이성무 등 중진 교수들의 치열한 역사학 논쟁은 비교적 객관성과 진실 규명을 위한 것이었다. 논쟁 자체가 학문 발전의 앙금이었다. 그러나 그런 논쟁도 학제적 연구가 아니었다. 특히 1990년대 김영삼 정부 이래의 역사 교과서 논쟁은 학문외적인 이념 프로파간다였고 역사학의 정치화의 부작용이었다. 북한 주체사관과 낭만적 민족주의 사관 등 1970년대 밀수입한 학문의 부작용이 노정되고 있다. 수입 학문의 수용 방법과 토

착화 문제가 여전히 안 풀리고 있다.

지난 100년 한국사학이 무엇을 위해 논쟁했고 무엇을 위해 연구했으며, 또 무엇을 어떠한 의미에서 규명하려고 했는가를 조명하는 것은 한국 역사학의 혼미를 검증하는 데 도움이 될 수 있을 것이다. 이것은 한국 사회의 사상적 혼란의 원인을 규명하고 극복하는 한 방안이 될 것이며 역사학·역사인식·역사교육의 현주소를 점검하고 한국 역사학의 새 좌표를 설정하는 로드맵이 될 것이다.

제1부

해방 전후 한국 역사학

일본 나라(奈良)현 아스카(飛鳥)에 있는 다카마쓰즈카 고분(694~710년 축조)에서 1972년 발굴된 극채색 벽화(부분). 그림 속 여인들은 '7색 비단옷의 고구려 여인', '아스카 미인' 등의 별칭으로 불렸으며, 한반도를 통해 일본으로 건너간 지배 세력 중에는 고구려계 유이민도 있었음을 말해 준다(본문 제3장, 9장 관련).

제1장

일제 식민주의 사관의 멍에

일본의 한국 침략이 본격화되던 19세기 말~20세기 초에 일본 관학자들의 한국 역사 왜곡이 시작되었다. 한국사는 자주적 발전이 없이 항상 외세에 좌우되어 왔으며, 사회는 정체하여 근대화는 요원하고, 문화는 중국문화의 모방으로 독자적인 것이 없었다는 것이 그들의 한국사 연구의 결론이었다. 일제 식민주의 사관은 일본의 한국 침략이 필연이라고 합리화하기 위해 정체성 이론, 타율성론, 당파성론 등으로 한국사를 왜곡했다.[5]

동양사학자 시라토리 구라키치(白鳥庫吉)의 단군 신화 고전설론과 고대 국명·지명 고증 등으로 시작한 한국사 왜곡은 시데하라 다이라(幣原坦)의 조선 당쟁 연구, 이나바 이와카치(稻葉岩吉)·이케우치 히로시(池内宏)·쓰다 소키치(津田左右吉)의 만선사(滿鮮史) 연구로 본격화된다. 조선총독부 조선고적(古蹟) 조사사업에 세키노 다다시(關野貞)·구로이타 가쓰미(黑板勝美)·이마니시 류(今西龍)·후쿠다 료사쿠(藤田亮策)가 참여하고, 이나바 이와키치·후쿠다 료사쿠(藤田亮策)·다보하시 가요시(田保橋潔)·쓰에마쓰 야스카즈(末松保和)·나카무라 히데타카(中村榮孝)·다카와 고조(田川孝三)는 조선사편수회에 동원되었다. 1926년 설립된 경성제국대학 법문학부의 사학과 교원으로는 이마니시 류·후쿠다 료사쿠·쓰에마쓰 야스카즈·다보하시 가요시·시카타 히로시·오쿠다이라 다케히코(奧平武彦)가 등장한다.[6]

1945년 2차대전 패망 후 하타다 다카시는 봉건제 결여론으로 정체성을 주장한 후쿠다 도쿠조, 타율성론을 주장한 가와이 히로타미(河合弘民), 일선동조론(日鮮同祖論)을 편 기타 사다키치(喜田貞吉), 만선일체론을 주장한 이나바 이와키치 등의 일제 식민사관의 오류를 비판했다.

반도사관과 타율성론

인류의 역사는 지속적인 문화 교류로 발전하는 것이다. 조선 세종조의 찬란한 문화는 세계를 제패한 원의 강한 영향을 받았던 고려의 문화를 재정비하는 과정에서 표출된 결실이었다. 2차대전 후 독립한 대한민국이 세계 10위권 강국으로 부상한 것도 미국과 공고한 동맹 관계에서 여러 나라와 무역한 국제관계의 결산이었다. 백제·신라와 고려는 국제무역을 한 개방국가로 찬란한 문화

유산을 남겼다. 한국의 지정학적 조건으로 세계문화가 흘러들어와 꽃을 피운 것이 한국문화의 특징이다.

그런데 일제 식민주의 관학자들은 조선이 대륙에 붙어 있는 작은 반도였기 때문에 외세의 간섭과 억압에 의해 이루어진 타율적인 역사로 점철되었다고 부정적으로 해석했다.

하야시 다이호(林泰輔)는 『조선사』에서 "조선사는 고대로부터 북부는 중국의 식민지로, 남부는 일본의 식민지인 임나일본부로 출발한 것"이라 서술하여 한국 역사는 고대로부터 식민지로 출발해 20세기 일본의 식민지 지배를 필연으로 인식하도록 역사를 왜곡했다.[7]

이나바 이와키치는 "만선 불가분의 사적 고찰"(1922)에서 "민족·영토·경제 세 면에서 한국은 태곳적부터 대륙 특히 만주와 분리할 수 없다"고 주장하며 한국의 독자성·자주성을 부인했다.

미시나 쇼에이(三品彰英)는 『조선사 개설』의 "조선사의 타율성"이라는 글에서 조선사의 성격을 "아시아 대륙 중심부에 가까이 붙어" 있고 "주변부에 위치, 그 본류로부터 벗어나" 있으며 동시에 "여러 세력의 압력이 있어" 시달리거나 지배받아 왔다고 주장했다. 반도라는 지리적 성격 때문에 숙명적으로 주변의 지배를 받았을 뿐 아니라 더 나아가 이러한 성격들이 조선인의 일상적 행동과 사고에도 영향을 끼쳐 이른바 사대주의라고 하는 고질적인 성격이 조선인의 민족성으로 굳어졌다고 폄하했다.

일제 식민사관의 타율성 논리는 일본인들이 한국을 멸시하는 근거가 되었고 일제하의 한국인에게는 열등의식을 심어 주었다.

이 반도사관을 단재 신채호를 비롯한 대종교 계열 학자들은 반박했다. 『삼국유사』, 『삼국사기』, 『동국여지승람』 등 한국 문헌자료와 중국 고(古)기록은 물론 고고학 유물과 유적을 중국 동북 3성(省)과 산둥반도 일대가 고대 한민족의 역사 무대였다고 주장하는 자료로 제시했다. 고조선·고구려·발해·부여는 모두 압록강 건너 중국 동북 3성에서 찬란한 문화를 남긴 고대국가였으며, 백제·신라는 산둥반도에 진출했었다. 고려시대에도 묘청의 난 등 고구려 고토(故土) 회복 논의가 자주 있었고, 북방 민족들도 만주 지역과 고려의 관계를 인정했다. 몽골 학자 수미야 바타르는 고구려 건국 신화에 나오는 지명이 모두 몽골 지역의 지명이라고 밝히는 저술을 발표하기도 했다. 비파형 동검과 고인돌 무덤은 만주 지역과 한반도에서 집중 발견 발굴되고 있다. 고구려가 가장 강성했던 시기 광개토대왕의 업적을 남긴 광개토대왕비도 압록강 건너 만주 지안(집안)현에 우뚝 서 있다. 조선 후기 당색에 따라 지명 고증이 다르긴 했지만 많은 학자들이 중국 동북 3성과 한국 고대 강역을 연구했다. 일본의 반도사관론자들은 이런 연구에 대한 정밀한 검증도 없이 한국 고대사를 왜곡한 것이다.

정체성론

한국 역사의 정체성(停滯性) 문제를 제일 먼저 제기한 일본 학자는 봉건제 결여론으로 한국 역사의 후진성을 주장한 후쿠다 도쿠조다. 후쿠다는 독일에서 뷔허(Karl Bücher) 등 당대 최고의 석학에게 수학한 후 일본에 서구 경제학을 도입한 대표적인 학자로서, 게이오의숙·도쿄상과대학 교수로 재직하면서 일본 경제학을 개척한 선구자다.

후쿠다는 러일전쟁 직전 여름에 조선을 돌아보고 1903년 9월~1904년 11월에 집필한 "한국의 경제조직과 경제단위"라는 논문을 『내외논총』에 발표했다. 한국경제사에 관한 이 최초의 근대적 학술논문을 통해 후쿠다는 일본은 서구와 비슷한 역사 발전 단계를 밟아 왔는데 조선은 일본보다 뒤떨어진 정체된 사회로서 일본의 식민지화는 필연이라고 주장했다. "1902년 조선의 경제 발전 단계는 일본의 봉건제가 성립되기 전인 후지와라(藤原, 고려 10세기 해당) 시대와 같다"는 후쿠다의 조선경제 정체성론은 일본 제국주의의 한국 침략을 학술적으로 뒷받침하기 위한 역사 왜곡이었다.[8]

1902년 여름 후쿠다가 한국을 여행하고 1년 후 급조된 이 논문은 제국주의 정체성 이론에 억지로 맞춘 탁상공론이었다. 이 정체성론은 식민지 조선에 대한 멸시로 끝나지 않고 제국주의 일본의 한국 지배를 합리화하는 프로파간다로 활용됐다. 후쿠다는 한국 사회의 정체 원인을 봉건제가 없었기 때문이라고 하였다. 봉건제 결여론을 뒷받침하는 증거로 토지 사유제가 발전하지 않았고, 교통경제·화폐경제 발달이 낮은 수준이고, 씨족적 통제 사회로서 상공업의 사회적 분화가 미숙했다고 주장했다.

후쿠다의 정체성론은 논거가 박약했지만 영향력은 매우 컸다.

가와이 히로타미는 1913년 『경제대사서(經濟大辭書)』의 "한국" 항목에 후쿠다의 논문을 복사해 "한국의 문화 수준은 일본의 후지와라 단계에 정체되어 있다"고 서술했다.

3·1운동 후 조선을 여행한 기타 사다키치도 한국인의 풍습과 생활이 일본 헤이안(平安) 시대(794~1185)와 비슷하다는 여행기를 발표했다.

기타 사다키치보다 앞서 1911년 조선을 찾아와 금강산과 한국 산하와 민속을 컬러 사진과 영화 필름에 담은 노르베르트 베버(Norbert Weber, 1870~1956) 신부가 1915년에 펴낸 『조선(Im Lande der Morgenstille)』은 전혀 다르다. 고급문화를 향유하던 조선이 열등한 일본의 식민지로 전락해 귀중한 전통문화가 사라져 감을 애석해했다.

후쿠다 도쿠조의 학문을 계승한 구로다 이와(黑田巖)의 "조선 경제조직과 봉건제도"(1923)도 한국에 봉건제도가 없었다는 것을 지적하며 한국 사회는 일본보다 약 600년 늦었다고 주장했다.

일본이 2차대전에서 패전하기 직전까지 경성제대 교수로 재직한 시카타 히로시도 "조선에 있어서 근대 자본주의의 성립 과정"이라는 논문을 통해 조선의 봉건제도 결여를 주장하고 "개항 당시 조선에는 자본 축적도 없고, 기업적 정신이 충만한 계급도 없었으며, 대규모 생산을 담당할 기계도 기술도 없었다"며 "자율적 내재적 요건 결여로 한국의 자본주의는 외래 세력에 의해 타율적으로 강제된 것"이라고 주장했다.[9] 시카타 히로시는 반도적 성격, 국시(國是)로서 사대주의, 이조(李朝)의 정체성, 귀족 정권의 존속과 당쟁, 봉건제의 결여와 민생의 악화 등으로 사회가 정체되어 17세기 후반기에도 화폐가 전국적으로 사용되지 못했다고 주장했다. 17세기 이래 상품경제 발달로 화폐 유통이 불가피했던 역사적 사실을 외면한 왜곡이었다.

일본 지식인들의 한국에 대한 편견과 오만은 패전 70여 년에도 크게 달라진 것이 없었다. 일제 침략이 한국의 식민지 근대화에 기여했다는 침략 미화와 한국의 식민지 전락이 필연이었다는 신식민주의 사관이 1990년대에 일본 지식사회를 지배했다. 일본의 정치인들뿐만 아니라 지한파(知韓派)로 분류되는 지식인들까지도 패전 전의 식민주의 사관을 도로 관(棺)에서 꺼내어 부활시켰다. 대표적으로 역사소설가 시바 료타로(司馬遼太郎, 1923~1996)의 『문예춘추』 권두 수필들은 조선을 화폐와 시장경제가 금지된 정체 사회로 잘못 소개하고, 구한말을 일본 헤이안 시대의 촌락경제에 비유하며, 해방 후 한국의 후진성은 일제 36년보다 조선시대의 역사적 결함이 원인이라고 주장했다. 시바 료타로가 일본 독자에게 기회 있을 때마다 한국을 헐뜯을 때 원용한 식민주의 사관은 일본인 하타다 다카시를 비롯해 홍이섭·김철준·이기백·강진철·김용섭 등 양국 학자들의 연구로 허구가 된 지 오래다.

이러한 일본 지식인들의 편협한 사고를 고발한 한 일본 경제학자의 날카로운 글이 1995년에 발표됐다. 도쿄도립대의 다무라 도시유키(田村紀之) 교수(경제학)는 시바 료타로의 한국 역사에 대한 편견을 분석 비판하여, 이른바 일본 지한파 지식인의 왜곡된 한국 인식을 고발했다. 다무라 교수의 시바 료타로 비판은 『현대사상』1995년 3월호 특집 "고증 시바 료타로의 '경제학': 문명사관의 루트 탐구"로 발표됐다. 다무라는 『문예춘추』 권두 수필, 역사 소설, TV 특집 등으로 패전 후 일본 국민의 역사의식 형성에 영향을 끼친 시바 료타로의 일본 우월주의와 한국 폄하 사관을 심층 분석, 이른바 일본 우파의 역사인식 한계를 고발했다. 1970년 대부터 1995년까지 시바가 쓴 한국 관계 글들을 경제학 측면에서 검증한 다무라 교수는 시바 특유의 수사 이면에 패전 전 식민주의 사관, 즉 일본의 한국 침략을 조선의 정체성으로 인한 역사적 필연이라고 주장한 후쿠다 도쿠조의 폐기처분된 식민주의 사관의 독소가 남아 있어 당혹과 불안을 금치 못한다고 비판했다. 다무라 교수는 "일본 근대화를 미화하기 위해 이웃 나라 한국을 매도한 시바 료타로를 한국인들은 무시해 버리면 그만이지만, 일본의 선량한 애독자들에게 시바 료타로는 한국을 매도한 근거 자료를 밝히거나 잘못이 있다면 다시 써서 바로잡아야 한다"고 지적했다.

시바 료타로 같은 일본의 오피니언 리더들이 한국 역사와 문화를 깔보며 일본 우월주의 사관을 반추하는 것은 이웃 아시아 제국(諸國) 침략에 대한 국가적 차원의 인도적인 반성과 사죄가 없는 것과도 맥이 닿는 것 같다. 독일 전범은 뉘른베르크 재판으로 거의 다 처단됐으나 일본 전범은 도쿄 재판에서 대미 개전(對美開戰) 전범과 전쟁포로수용소 관계 전범만이 처벌됐다.

당파성론

조선왕조의 정치를 당쟁으로 매도한 일본인 최초의 저술은 시데하라 다이라의 『한국정쟁지(韓國政爭志)』다. '붕당 간의 싸움'으로 당쟁 개념을 규정하여 당쟁을 체계화한 이 책은 "조선시대 정파는 주의(主義)로 서로 대립하는 공당(公黨)이 아니라 이해(利害)를 가지고 서로 싸우는 사쟁(私爭)"이라고 주장했다.

하야시 다이호의 『조선사』는 시데하라의 견해를 본받아 "이른바 당파란 것은 뚜렷한 주의 강령이 있는 것이 아니라 오직 돌아가는 형세에 따라 동서남북 여럿으로 갈라선 것"이라고 규정했다. 가와이 히로타미는 "조선의 당쟁 원인 및 당시의 상황"(『사학잡지』, 1916)에서 "경제생활이 곤궁하고 그에 따른 사회조직 문란이 당쟁이 뿌리 내린 원인"이라고 주장했다.

호소이 하지메(細井肇)는 『붕당 사회의 검토』에서 "정쟁은 여러 대에 걸쳐 계속되어 고칠 수 없는 조선인의 체질이 되었다"고 단정했다.

오다 쇼고(小田省吾) 경성제대 예과 부장은 천주교 박해와 홍경래 난까지 당쟁 때문에 일어난 것이라고 주장했다.

조선사 편찬에 참여한 세노 우마쿠마(瀬野馬態)는 사화(士禍)를 당쟁과 연결시켜 당파성론을 확대시켰다.[10]

여기에 차상찬·홍목춘 등이 『개벽』지에 고려·조선 역사를 당쟁사로 꾸몄고, 이광수의 민족 개조론에도 당쟁이 언급됐다.

일본 관학자와 일제하 한국 지식인들이 조선의 정치를 당쟁사로 폄훼한 것은 조선조 성리학과 정치이념, 조선의 엘리트 문화를 제대로 인식하지 못한 미숙에서 비롯된 것이다.

조선조 정치 체계는 국왕을 정점으로 하는 절대군주 체제였으나 실질적으로는 사대부 관료에 의해 통치되는 제한된 군주 체제였다. 명(明)·베트남·조선이 성리학에 의한 새로운 정치 체제를 도입했다. 동아시아에서 일본만 후진적인 절대군주 체제를 메이지유신 시대까지 유지했다. 조선은 주자학적 정치이념으로 천명덕치(天命德治)라는 정치 목표를 실현하기 위해 구조적이고 기능적으로 분화된 통치 체제를 발달시켰다. 서구의 절대군주제와는 다른 것이었다. 이러한 도덕 정치를 구현하기 위해 군주는 덕을 밝히고(명덕明德) 그 권력을 자의적으로 행사하는 것을 방지하기 위해 언로를 비교적 넓게, 그리고 제도적으로 개발하여 비판을 장려하고 견제와 균형을 이룰 수 있는 제도적 장치를 강조했다.

조선시대 언관 제도의 중심인 전랑(銓郞)은 문·무관의 인사행정을 담당하던 이조(吏曹) 정5품 정랑(正郞)과 병조 정6품 좌랑(佐郞)의 통칭이다. 이조 정랑은 언관 인사에서 정승이나 판서도 제재할 수 없을 정도로 권한이 컸다. 전랑은 각 부서 당하관(堂下官)의 천거, 홍문관·사간원·사헌부 등 언론 삼사 청요직(淸要職)의 선발(통청권通淸權), 재야 인재의 추천(부천권部薦權), 후임 전랑의 지명(천대법薦代法) 등 여러 가지 특권을 갖고 있었다. 인사권과 언론권이 전랑에 집중되어, 전랑직을 누가 차지하느냐에 따라 권력의 향배가 결정되었다. 이에 전랑직을 둘러싼 쟁탈전이 정쟁을 격화하는 요인이 되기도 했다.

전랑의 천대법은 1685년(숙종 11)에, 통청권은 1741년(영조 17)에 폐지되었다. 전랑의 권한이 약화되고 권력을 감시하는 언론 삼사의 기능이 마비되면서 안동 김씨 세도정치가 성립하고, 이후 부패와 패거리 정치로 조선은 망하게 된다.[11] 붕당 정치의 모순으로 통치 기능이 비효율적인 면이 있긴 했으나 망국의 결정적 요인은 아니었다. 태종·세조·인조의 정변에 따른 패거리 정치에 의한 부패와 족벌 세력의 발호에 의한 사회 모순과 쇄국으로 제국주의 침략에 대비 못 해 조선이 망한 것을 언관 제도의 부작용 때문으로 진단한 당쟁 망국론은 재검토돼야 할 것이다.

일제 침략과 동시에 침투한 식민사관

1910년 경술국치(한일합방) 전부터 일본의 식민주의 사관은 다양하게 조선에 들어와 구한말 지식사회를 흔들었다.

일본 정보기관이 만주에서 입수한 광개토왕비문 탁본은 한일관계사 왜곡의 결정적인 자료였다. 광개토왕비에 나오는 '임나', '가라' 등의 명문을 보고 조선의 일부 지식인은 4세기경 일본이 한반도 남단을 식민지로 경영했다는 임나일본부설을 수용했다. 학부(學部)에 근무했던 현채(玄采)가 쓴 『동국사략(東國史略)』은 하야시 다이호의 『조선사』의 복사판이었다. 김택영(金澤榮)의 『역사집략(歷史輯略)』에는 이나바 이와키치가 『조선민족사』에서 주장한 임나일본부설이 올라 있고, 기자조선이 주(周) 무왕(武王)의 봉건 영지였다고 기술하여 조선이 주나라의 분국이라는 일본 관학자의 주장을 받아들였다. 최경환(崔景煥)은 "일본은 우리와 같은 종족으로 긴밀한 사이"라며 일선동조론을 주장했다. 장지연(張志淵)조차 『대한강역고(大韓疆域考)』에 "임나고"를 실었다.[12]

1887년 도쿄제국대학에 국사(일본사)학과가 개설되면서 메이지 유신 후 일본의 제국주의 국가이념을 정립하는 역할을 했다. 시게노 야스쓰구(重野安釋)·구메 구니타케(久米邦武)·호시노 히사시(星野恒) 세 교수가 한일 관계를 일선동조론의 입장에서 쓴 『국사안(國史眼)』을 발표했고, 시라토리 구라키치·하야시 다이호·시데하라 다이라 등이 일본 제국주의의 조선 침략의 정당성을 다지기 위한 조선사 왜곡에 앞장섰다. 데라우치(寺內正毅) 조선 총독은 취조국(取調局)을 개설하여 구관제도(舊慣制度)를 조사하게 하고 조선사 편찬을 계획했다.

1915년에 구관제도 조사사업을 중추원으로 이관하고 중추원에 편찬과를 설치하여 교토제대 교수 미우라 히로유키(三浦周行), 조교수 구로이타 가쓰미, 강사 이마니시 류를 촉탁으로 위촉하여 조선반도사 편찬에 착수했다. 1921년 12월 4일 조선총독부 정무총감을 위원장으로 하는 「조선사편찬위원회 규정」을 공포하고, 이완용·박영효·권중현을 고문, 어윤적·이능화·정만조·유맹·이마니시 류·이나바 이와키치를 위원으로 임명했다. 1925년 조선사편수회로 확대 개편해서 1932년부터 조선사 간행을 시작해 1937년까지 『조선사』 35권, 『조선사료집진(朝鮮史料集眞)』 3책, 『조선사료총간(朝鮮史料叢刊)』 20종을 펴냈다. 1921년 조선사편찬위원회 설치부터 17년 걸린 사업이다.

조선총독부는 박은식의 『한국통사(韓國痛史)』(1915)의 충격으로 조선사 편찬을 시작한다고 「조선반도사 편찬 요지」에 밝히고 있다. 쓰에마쓰 야스카즈·나카무라 히데타카·다카와 고조 등도 조선사편수회에 참여했다. 조선사편수회를 진두지휘한 구로이타·이마니시·쓰에마쓰·이나바가 한국사 왜곡의 주인공들이다.[13]

『조선사』 35권은 단순한 통사가 아닌 사료집 성격이 강했으나, 단군·기자 관련 고기록을 대부분 배제했다. 이능화와 최남선이 단군 관련 기록을 꼭 수록해야 한다고 제안했으나 구로이타와 이마니시가 검토하자고 얼버무리고 배제했다.

제2장

식민사관에 맞선
민족주의·사회주의 사관

백암·단재와 대종교의 역사의식

1919년 3·1운동은 한국 역사학의 획기적인 전환점이 되었다. 백암 박은식(1859~1925)은 1920년 임시정부 자료편찬위원회 책임자로서 독립운동과 일제 침략을 세밀하게 조사 분석한 『한국독립운동지혈사(韓國獨立運動之血史)』를 발간했다. 신채호의 『조선상고문화사』(1919~21)와 『조선사연구초』(1922), 안확(安廓)의 『조선문학사』(1921)와 『조선정치사』(1920~23) 등도 3·1운동 후 출간된 것이다.

박은식은 『한국독립운동지혈사』에 앞서 저술한 『한국통사(韓國痛史)』(1915)에서 '갑신독립당'(갑신정변, 1884)을 혁명 시도로 평가하고, '갑오동학당'(갑오농민전쟁, 1894)을 조선조 부패에 대한 민중 저항으로 평가하는 한편, 흥선대원군과 민비(명성황후)를 조선이 망한 통사(痛史)의 주범으로 비판했다. 망국 전야의 부끄러운 역사와 국권 상실과 독립 투쟁의 아픈 역사를 지켜본 박은식의 『한국통사』는 제국주의 침략에 대한 철저한 고발 규탄과 함께 자기성찰과 자기반성·자기비판으로 일관하고 있다. 허문(虛文)만 숭상하고 국력을 쇠약하게 한 조선 후기 정치를 비판했고, 무식한 대원군이 국정 쇄신의 기회를 잃어버렸다고 통탄했다. 3대에 걸친 세도정치를 척결할 대원군의 등장을 백성들이 환영했고, 대원군의 자리·재주·시운 모두 긍정할 만했으나, 배우지 못해 도모하지 못한 것이 아쉽다고 했다. "배운 것이 없어 내정을 다스리되 사사로운 지혜를 사용하여 파동이 크고 거동이 지나쳤으며 외국을 배척하여 스스로 소경이 되고 가까운 데서 변이 발생하여 화가 나라에 미쳤으니 애석하다. 한국통사의 비극이 여기에서 비롯됐다"[14]고 대원군 실정을 지적했다.

민비 일파의 부패 정치에 대한 비판도 통렬했다. 제25장 "내정 부패가 극도에 달함"에서 "갑신정변 후 10년간은 내정 부패가 극도로 치닫고 있었다. 외척 처족 세력을 믿고 방자한 짓을 서슴지 않고 왕의 측근은 권력을 휘두르고 시정 무뢰배까지 관계에 간여하여 거간 노릇을 하고 무당·점쟁이들이 거만하게 은택을 입고 음사를 널리 확장하며 연회를 즐기고 주지육림에 허비하는 돈이 큰 액수였으며 매관매직이 성행했다"고 지적하고, 외척 세도정치가 나라를 망쳤다고 비판했다.

민족주의 사학자들은 구한말의 정치 모순과 지식인의 오류도 적극 비판했다. 단재 신채호(1880~1936)는 『조선사』 총론에서 김택영의 『역사집략』과 장지연의 『대한강역고』가 임나일본부설을 인정한 것은 『일본서기(日本書紀)』와 일본이 제공한 금석문을 검증 없이 인정한 잘못이라고 지적하고, 임나일본부설의 주장대로 4세기경 일본이 한반도 남단을 경영했다는 것은 역사적으로 불가능하다고 지적했다.

백암과 단재를 비롯해 정인보·김교헌·이상룡·황의돈·안확·안재홍·최남선·문일평 등, 3·1운동 후 언론을 통해 본격적으로 대중 계몽에 나선 민족주의 사학자들은 모두 대종교 신도들이었다. 1909년 서울에서 나철(羅喆)과 오기호(吳基鎬) 등이 앞장서 창설한 대종교(단군교)는 독립운동을 목표로 조직된 종교 결사로서 교리와 실천 강령이 민족주의 논리였다.

대종교는 민간신앙이었던 신교(神敎)를 발전시킨 것으로, 단군과 삼신(三神)의 가르침을 교리로 정립했다. 고기(古記)로 전승돼 오던 단군과 삼신에 관한 사화(史話)를 재구성하여 경전화한 것이다. 『천부경(天符經)』, 『삼일신고(三一神誥)』, 『단기고사(檀奇古史)』, 『환단고기(桓檀古記)』, 『신단실기(神檀實記)』, 『신단민사(神檀民史)』, 『단조사고(檀祖事考)』 등이 그것이다.[15]

대종교 경전의 공통점은 나라와 민족이 사라지는 정체성 위기에 대한 역사의식이 표출된 것이다. 대종교는 백두산을 신성시하고 한반도가 고대 세계문화의 중심지였다고 선교했다. 부여족뿐만 아니라 여진·몽골·거란 등 동이족 전체를 '배달족'이라는 민족집단으로 간주하는 범동이민족주의(汎東夷民族主義)를 설파했다. 배달족의 고대 활동 범위를 만주와 한반도를 넘어 중국 동북

지방까지로 넓혔고, 순(舜)임금과 거란족의 요(遼), 여진(만주)족의 금(金)과 청(淸), 몽골족의 원 등 북방 왕조도 우리 민족의 일부라고 간주하고, 불교나 유교가 아니라 단군 이래의 신교가 동이족 전체가 공유한 민족종교라고 주장했다. 이러한 역사인식은 단재 신채호가 설정한 부여족 중심의 민족사보다 확대된 것이었다. 역사 해석과 고증이 완벽하지는 않으나, 대종교 역사 연구의 기조는 식민지 조선의 정체성 확인을 위한 상황적 진실 추구였다. 이런 활동은 1960년대 이후에도 백산학회(白山學會)의 백두산정계비 연구, 만주 지역 한국 고대사 연구 등으로 이어지고 있다.

1909년 창립된 대종교는 1910년 경술국치 후 교세가 확장되어 신민회를 비롯해 만주와 중국에 망명했던 지식인 대부분이 교단 조직에 참여했다. 1910년대 중국 망명 지식인의 독립운동은 대종교가 주도했다.

경술국치 후 중국에 망명해 대종교 간부로 활약했던 박은식은 1910년대에 많은 역사서를 저술했다. 금 태조·동명왕·대조영·연개소문 등 영웅적인 고대 인물들의 전기를 발표하고, 구한말과 망국 후의 역사를 주제로 『한국통사』와 『한국독립운동지혈사』를 펴내 지식인의 역사의식을 고취했다. 『통사』와 『혈사』는 나라 잃은 조선 지식인들에게 큰 충격을 주었을 뿐만 아니라, 조선총독부도 놀라서 조선사 연구와 왜곡을 서둘러 조선사 편찬을 결단하는 계기가 되었다.

역시 대종교의 영향을 받은 신채호는 1910년 "동국 고대 선교고(仙敎考)"를 썼고, 1915년에는 그 선교 사상으로 우리나라 역사를 사화 형식으로 그린 「꿈하늘」을 발표했다. 『조선상고문화사』
와 『독사신론(讀史新論)』은 선교, 즉 화랑도의 낭가(郎家) 사상을 민
족문화의 정수로 해석하고, 단군조선의 문화를 동양문화의 원류
로 이해하고, 단군 시대 정치 제도를 삼경(三京)과 오부(五部)로 정
리했다. 이러한 고대사 연구는 대종교도로서 접근한 것이었다.

최초의 일본 유학생 육당 최남선(1890~1957)은 와세다대학을 중
퇴하고 돌아와 1910년대에 국내에서 단군 및 고조선 연구에 앞장
서 연구논문을 발표했다. 대종교의 영향을 받아 단군 시대 왕의
세계(世系)를 50대로 보고, 주나라 초기 중국 동북 지방에서 활약
했던 서융(西戎)과 화이(華夷) 등을 고조선의 식민국가로 해석했다.

독립협회와 신민회에 참여했던 김교헌(金敎獻)도 경술국치 후 대
종교에 참여해 1916년 대종교 제2세 교주(1916~1923)가 되었다. 김
교헌은 대종교 교리를 정리한 이론가로서 『신단실기』, 『신단민
사』, 『단조사고』 등을 저술하여 만주 독립운동가들의 이데올로기
로 제시했다. 요·금·원·청 등 북방족의 국가를 모두 배달족 역사
로 다루고 민족 고유 종교 신교의 흐름을 소상하게 기술했다. 조
선 후기 이익·허목·이종휘·박지원 등의 역사지리 연구를 종합
정리해 역사를 서술한 것은 평가받을 만하다.

3·1운동 후 민족주의 사학자들의 이런 일련의 역사 저술에 대
응해 일제는 조선사편수회를 신설해 35권의 방대한 『조선사』 편
찬을 시작하고 고적조사사업도 착수했다. 일제는 반도사관·정체
성론·당파성론 등을 부각시켜 역사를 왜곡했지만, 단군 말살이
제일 과제였다.

3·1운동 후 총독부의 이른바 문화 통치로 민족주의 사학자들이 분열되기 시작했다. 춘원 이광수는 1922년 "민족 개조론", 최남선은 1925년 "불함문화론" 등을 발표하던 시기에 일제에 굴종했다. 육당과 춘원은 총독부 조선사편수회와 언론계에서 일제의 문화 정책에 동조해 한국 역사 왜곡과 자학 정신 확산에 앞장섰다. 홍이섭은 "춘원과 육당은 개화의 선구자였으나 친일 변절자였다"고 단죄했다.

최남선은 카스피해~발칸반도~흑해~중앙아시아~몽골~만주와 한반도를 거쳐 일본~류큐(오키나와)까지 포괄하는 '불함(不咸)문화권'을 세계 3대 문화권의 하나로 설정하고 한민족문화를 불함 문화권의 중심으로 설정했으나, 한국과 일본문화의 동질성을 인정함으로써 신사 참배를 용인하는 논리의 근거가 되기도 했다. 육당이 "불함문화론"에서 단군을 배달 임금 대신 토속신앙의 샤먼으로 이해한 것은 민족주의 사가들의 민족 시조 단군 이미지를 희석시킨 것이다. 1928년 조선사편수회 위원으로 참여하면서 친일 지식인으로 변절했다. 춘원의 "민족 개조론"과 비슷한 글인 "역사를 통해 본 조선인"(1928)이라는 논설문에서 사대성·타율성·조직력 부족·형식병·낙천성 등을 한국 국민의 단점으로 지적하고, 한국사의 성격을 "미지근하고, 탑작지근하고, 하품 나고, 졸음까지 오는 기록의 연속이 조선 역사의 외형"이라고 폄훼하고 "현실의 조선 및 조선인이 불구미성자임을 역사에서 알라"고 극언을 했다. 1935년에는 일본의 신사(神社) 정책을 지지하고 나섰다.

안재홍·문일평·정인보의 조선학

1935년 다산 정약용(1762~1836) 서거 99주년 기념 강연회에서 안재홍·정인섭·문일평이 제창한 조선학은 일제 식민주의 동화 정책에 대한 대응과 유물사관에 대한 경계도 고려한 문화운동이었다.[16]

조선학 운동의 주도자 안재홍은 와세다대학에서 정경학(政經學)을 전공했으나 신채호와 대종교의 영향을 받은 역사가로서 고대사, 특히 고대 한일관계사 연구를 심화시켰다. 안재홍은 조선학을 "조선의 고유한 것, 조선문화의 특색, 조선의 전통을 통하여 학문적으로 체계화하는 것"이라고 규정했다. 그러나 조선학이 조선의 특수성만을 강조한다는 것은 아니었다. 세계문화에 조선색을 짜넣음으로써 민족적 국제주의, 국제적 민족주의를 지향한다는 것이다. 안재홍은 문화인류학자 모건(Lewis Henry Morgan)의 사회발전 이론과 비교언어학적 방법으로 한국 고대사를 새롭게 해석했고, 한반도 이주민에 의한 일본 야마토(大和) 정권 건설을 주장했다. 그러나 좌익 역사가들은 안재홍의 조선학 운동을 '소(小)부르주아적 배타주의', '반동적 보수주의', '감상적 복고주의'라고 비난했다.

1930년대에 안재홍과 더불어 진보주의적 민족주의를 지향하면서 역사학의 대중화에 공헌한 문일평은 신채호가 제기한 민중 중심 역사인식을 계승하면서, '조선심(朝鮮心)'과 '민중' 두 개념으로 문화주의적 발전사관을 개척했다. 그는 실학을 조선심의 재현으로 보고, 다산을 비롯한 조선 후기 실학의 실사구시 정신을 조선학의 자아 확립 방법으로 이해했다. 신라의 삼국 통일에 의해 소(小)조선주의가 승리한 것을 개탄했으며, 고려-조선의 역사를 퇴행의 시대로 간주하고 그 퇴행의 원인을 의리와 명분에 얽매인 주자학에서 찾았다.

강화학파의 양명학을 계승한 위당 정인보는 한학(漢學)의 기초 위에서 역사가로 사상사와 고대사 연구에 공헌했으며, 연세(延世) 사학의 뿌리가 됐다. 위당의 조선학은 민족적·민중적·실용적 학문으로서 실학에서 그 연원을 찾았다. 위당은 이익의 『성호사설(星湖僿說)』 활자본 서문에 조선 후기 실학의 특징을 '의독구실지학(依獨求實之學)'이라고 했다. "학술은 반드시 실(實)에 의지해야 하며, 실은 독(獨)에서 구해야 한다"며 징실구시(徵實求是)를 주장했다. 위당은 실사구시라는 용어가 갖고 있는 협의의 고증학풍의 개념과 실학의 전통적인 수기치인(修己治人) 개념과 혼동을 피하기 위해 '실학'이라는 말을 쓰기를 자제하고 그 대신 '징실구시학'이나 '의독구실지학'이라고 불렀다.[17]

위당의 한국 고대사 연구는 『조선사연구』 상·하 두 권으로 정리됐다. 단군은 신이 아닌 조선의 시조이며 역사적 실존 인물로 봐야 한다고 주장했다. 고조선은 다수의 소국을 포함한 대통일 국가이며 반도 이외에 개원(開原) 이북, 흥경(興京) 이동 흑룡강(헤이룽장)성까지 그 영역이 펼쳐져 있었다고 주장했다. 한사군은 고정 확립된 군현이 아니라 일시적 점거 지역일 뿐이라고 보고 요하(랴오허)에서 난하(롼허)까지 발해(보하이)만에 있었다고 비정하여,

한사군이 한반도 안에 있었다는 일제 관학의 식민주의 사관 논리를 전면 부인했다. 진번은 압록강 부근이 아닌 요서(랴오시)의 대능하(다링강) 부근, 임둔은 소자하 지역, 현도는 요동(랴오둥)의 혼하(훈허), 낙랑은 요동 패수 험독(險瀆)이라고 비정했다. 위당이 한사군 낙랑과 별도의 평안도 낙랑국설을 제기한 것은 후에 손보기에 의해 계승 발전되었다.

백제의 요서 경략설도 위당이 제시했다. 백제는 고이왕 13년(246) 요하 부근 해상 진출을 시작으로 4세기 초 비류왕대에는 요서 지역 유성과 북평 사이를 차지하고 그 지역에 진평군을 설치하고 대외 무역을 했다고 주장했다. 임나도독부를 부인했고 일본의 광개토대왕비문 해석을 반박하는 해독법을 제시했다. 일제 황국사관에 의한 한국 고대사 왜곡에 정면 대결한 것이다. 그의 저술은 사후 『담원 정인보 전집』(전 6권)으로 정리되었다.

백남운의 사회주의 사학

전북 고창 태생인 백남운(1894~1979)은 수원농림학교를 졸업하고 1919년 도쿄고등상업학교에 입학, 6년간 유물사관을 배우고 조선 사회경제사 연구의 기초를 다졌다. 1925년 연희전문 교수로 부임한 백남운은 마르크스의 유물변증법과 유물사관을 읽으며 한국사 연구 적용 방법을 모색, 1933년 『조선사회주의경제사』를 펴냈다. 이 책은 한국 마르크스주의 역사학의 성립을 의미한다.[18]

백남운은 민족주의 계열의 관념론적 국학 연구를 비판하고 새로운 조선 인식을 역설했다. 한국 역사 문화에 대한 주체적 인식과 과학화를 주창하며 마르크스주의 이론에 입각한 조선 연구 진흥에 앞장섰다. 1933년 조선경제학회 결성을 주도하고, 해방 후 1947년에는 근로인민당 부원장으로 정치 활동을 했으며 1948년 평양에서 열린 남북 연석회의에 참석한 뒤 북한 정권 수립에 가담했다. 북한에서 교육상·과학원 원장·최고인민회의 의장 등을 역임하고 1979년 6월 타계했다.

백남운은 순수학문을 부정하고 실천적 역할을 중시했다. 그는 한국의 경제적 사회구성의 발전 과정을 원시 공산제 사회, 노예제 사회(삼한~삼국), 아시아적 봉건제 사회(삼국 말기~조선), 이식 자본주의 사회(일제하)의 4단계로 설정했다. 백남운의 아시아적 봉건제 사회론, 자본주의 맹아론, 한국 자본주의 발달사론 등은 일제 관학의 한국 사회 정체성론의 허구를 타파하고 한국 사회경제사 연구의 토대를 마련한 가설이었다.

그러나 그의 발전 단계론에는 많은 한계와 논리적 모순이 있다. 대표적으로 방기중이 백남운의 아시아적 봉건제 사회론과 고대 계급국가 발생사론의 한계를 지적한 바 있다.

백남운 외에 이청원·전석담도 사회주의 경제사학자로서 많은 논문을 발표했다.

진단학회

일제 관학자들이 한국 연구를 장악하고 있었던 1934년, 한국문화 연구를 개척 발전하겠다는 취지로 진단학회(震檀學會)가 발족했다. 고유섭·김상기·최현배·조윤제·백낙준·김두헌·김윤경·이병기·이은상·이선근·이병도·김태준·이희승·문일평·손진태·송석하·신석호·이상백 등이 발기인이었다. 진단학회는 학회지『진단학보』를 발간하는 등 활동을 펼치던 중 1942년 조선어학회 사건으로 최현배·김윤경·이병기·이희승 등이 유죄 판결을 받으면서 학회 활동이 일시 중단되었다.『진단학보』는 1942년 자진 폐간할 때까지 총 14집을 냈다.

진단학회는 해방 후 1945년 사단법인으로 재출범해『한국사』 7권(1959~65)을 을유문화사에서 출간했다.

제3장

해방 후의 역사 연구

한국학 연구의 지평 확대

해방후 1세대 개관

해방후 1세대 학자들은 6·25전쟁 피난지 부산에서 1952년 역사학회를 만들어 국사학계의 일제 식민지 학풍 청산에 앞장선 데 이어, 1967년에는 한국사연구회·한국고고학회·한국미술사학회 등 국학 연구 학회를 발족, 한국사 체계화의 기반을 다졌다.

해방후 1세대 학자들은 식민사관 청산 이야기만 나오면 점잖은 학자도 거친 말을 썼다. 일제 식민사관을 신봉하는 사람들을 '빌어먹을 사람들', '식민사관에 짠지처럼 전 사람들'이라고 비난했다. 일제 어용 식민주의 관학 추종 학자와 이것을 비판하는 역사학자들 사이엔 조소와 울분(ressentiment)의 앙금이 있었다.

식민사관 극복은 제1공화국부터 검토됐다. 1958년 12월 10일 이승만 대통령은 이병도·유홍렬·김상기·이홍직·신석호 등의 국사학자들을 경무대로 초청하여 식민주의 사학 청산을 당부했다. 대통령의 당부의 말을 들은 국사학계는 국사편찬위원회에 특별 분과위원회를 구성하여 「국사상의 제문제」 보고서를 만들고, 제3공화국 때 본격 작업에 나서 1973~78년 『한국사』 25권으로 첫 결실을 맺었다.

4·19와 5·16 이후 1960년대에도 한국 대학과 지식인 사회의 화두는 식민지 잔재 청산과 국가 근대화였다. 사학계는 일제 식민주의 사학이 심어 놓은 한국사의 타율성·정체성·당파성 등 사관에 의한 한국사 왜곡을 극복할 방안을 공론화해 나갔다. 홍이섭의 "한국 식민지시대사의 이해 방법"(『동방학지』, 1963), "한국 식민지시대 정신사의 과제"(『한국사상』, 1962), 김용섭의 "일제 관학자들의 한국사관"(『사상계』, 1963), 이기백의 "한국사의 새로운 이해"(『한국사신론』 서장, 1967) 등이 대표적인 논문들이다. 이병도의 『국사대관』(1954)에 이어 1963년 진단학회의 『한국사』(본문 6권, 연표 1권)가 완간되고, 1967년에는 이기백의 『한국사신론(韓國史新論)』이 출간돼 한국사 인식 체계를 새롭게 했다.

1960~70년대는 한국·한국인의 정체성을 찾는 역사의식이 고조된 시기였다. 국사학계의 식민사관 비판 인식을 수용해 국사교육강화위원회를 구성하고 국사 교과서를 개편하고 『한국사』 25권을 편찬한 데 이어, 한국정신문화연구원(현 한국학중앙연구원)을

설립하고 국사편찬위원회와 대학 국사학과에 특별연구비를 지급해 한국사 연구를 지원했다. 대학 부설 연구소와 국회도서관, 민족문화추진회, 국사편찬위원회, 서울대 출판부 등이 국학 자료집을 앞다투어 냈다.[19] 제3공화국의 이러한 민족주의 열기에 대해 미국 시사 주간지 〈뉴스위크〉와 언론 등이 민족주의의 역기능을 우려하는 기사를 싣기도 했다.

1960년대 국학 연구는 서울대 문리대와 고려대·연세대 사학과, 대학 부설 국학연구소들이 중추적인 역할을 했다. 서울대 문리대 국어국문학과 강사 민병수(1990년대 서울대 학생처장)가 간사로서 기획 출판 등을 전담한 서울대 문리대 동아문화연구소, 한우근 교수가 소장인 한국문화연구소, 홍이섭 교수가 소장인 연세대 동방학연구소, 박성의 교수가 소장인 고려대 민족문화연구소가 앞장서서 한국학 연구를 독려했다. 서울대 동아문화연구소와 쌍벽을 이룬 고려대 민족문화연구소는 뒷날 고려대 총장이 되는 홍일식 간사(국문학, 육당 연구)가 중심이 되어 『한국문화사대계』, 『한국학논저목록해제』, 『현대사문화대계』 등을 내놓았다. 이러한 한국학 관련 저서와 기초자료가 쏟아져 나온 것은 연구 인력이 늘고 정부와 기업의 한국학 연구비 지원이 시작되어 대학 부설 한국학연구소가 활성화된 결실이었다.

서울대 동아문화연구소 창설(1961) 발기인이었던 한우근이 1970년 초대 소장으로 창설한 한국문화연구소는 문교부(당시 차관 박희범)의 학술연구기금으로 한국학 발전의 초석이 될 개척적인 연구업적을 남겼다. 당시 조교수·시간강사·조교 등 소장(小壯) 교수들이 맡은 조선 후기에 관한 공동연구는 1970년대 국학 분야의 새 지평선을 여는 개척적인 과제로 학계에 신선한 충격을 주었다. 최창규 『한국인의 정치의식』, 김용섭 『조선 후기 농학의 발달』, 신용하 『독립협회의 민족운동 연구』, 『독립협회의 사회사상 연구』, 최승희 『조선 초기 언관언론 연구』, 한영우 『정도전 사상의 연구』, 조동일 『신소설의 문학사적 성격』, 이기문 『개화기의 국문 연구』, 『훈몽자회 연구』, 한우근 『개항기 상업구조의 변천』, 『동학란 기인에 관한 연구』, 박병호 『전통적 법체계와 법의식』, 김영모 『한말 지배층 연구』, 송찬식 『이조 후기 수공업에 관한 연구』, 송욱 『동서 사물관의 비교』 등은 해방 후 한국학계의 획기적인 업적으로 평가된다. 이 연구서들이 대부분 일조각(사장 한만년)에서 출간된 것 또한 특기할 만하다.

이 중 독립협회, 조선 후기 농업사, 정도전, 신소설 연구서들은 이후 국학 분야의 스테디셀러가 됐다. 문교부의 학술연구조성비를 지원받은 이 작업은 포드 재단이나 하버드 옌칭 연구소 등의 외국 연구비에 의존한 산발적인 국학 연구나 외국 학술단체의 한국 연구를 위한 보세가공식 한국학을 탈피하는 한국학 기초작업으로 소장 한국학 연구자들을 크게 격려했다.[20] 1960년대 서울 동숭동 서울대 문리과대학 교정에 있던 중앙도서관과 연결된 문리대 교수연구동의 한우근·송욱·허웅 교수 연구실과 사학과 조교실은 밤늦게까지 불이 켜져 있었다. 김철준·한우근·송욱·허웅·김원룡·민석홍·노재봉·최창규 문리대 교수와 중앙도서관과 규장각의 국학 관련 1차자료를 정리했던 박병호·이성무·신용하·

정석종·한영우, 도서관에서 밤늦게까지 공부한 강우방·금장태·김병모·최병헌·안휘준 등의 국학 분야 연구업적이 한국학 발전에 크게 기여했다.

한국·한국인의 정체성 탐구 열기와 국학 자료 정리 사료집 영인 간행 등 한국학 기본 자료 정리가 1960년대 말 본격화됐다. 국사편찬위원회가 『조선왕조실록』, 『비변사등록』, 『승정원일기』를, 서울대 출판부가 『임원경제지』, 『청장관전서』, 『일성록』을, 성균관대 대동문화연구원이 『지봉집』, 『송강전집』을 영인 간행했다.

해방후 1세대 사학자들의 식민사관의 극복 방안으로는 백암·단재·위당의 민족주의 사관이 제시됐다. 고대사의 무대를 산동반도·동북 3성·일본까지로 확장한 단재와 위당의 고증과 가설이 식민사관을 해체하는 한국사 논쟁의 어젠다가 되었다. 인접 동양사학·서양사학·철학 교수들로부터 역사학의 국수주의화 우려가 제기되고, 구한말 이래의 민족주의 사학을 이은 안호상 등 강단밖 국사 연구자들의 강단사학 비판이 국회 공청회와 법정으로 비화됐지만, 식민사관 청산을 앞장서 역설한 홍이섭 교수는 "국수든 나물이든, 짠지처럼 전 국사학계의 식민사관은 우선 극복해야 한다"고 주장했다. 해방후 1세대 국사학자들의 식민사관 극복 의지는 이처럼 치열했다.

1967년, 한국사를 과학적으로 연구하고 새롭게 체계화하여 민족문화 발전에 기여하자는 목적으로 서울대·고려대·연세대의 해방후 1세대 학자들이 중심이 되어 '한국사연구회'가 발족했다. 신석호를 회장으로 하고 한우근·홍이섭·김철준·손보기 등 중진 학자들이 적극적으로 참여해 4·19세대를 학회 중심 세력으로 키웠다. 창립 당시에는 회장·부회장·대표간사 체제였으나 1973년 회장·부회장을 없애고 대표간사 체제로 전환, 해방전 세대 학자와 결별했다.

한국사연구회 창립 회장인 신석호(1904~1981)는 경성제대 법문학부 사학과를 졸업하고 16년간 조선사편수회 촉탁·수사관보·수사관으로 재직했다. 패전 일본이 폐기처분하는 자료 중 일본 공사관 기록과 일제시대 사진 유리원판 4만여 장을 보존하여 연구 자료로 남겼다. 6·25전쟁 전 스탠퍼드대 후버 라이브러리 원조로 제본한 사진첩 400여 권이 국사편찬위원회(국편)에 보관되어 있다.[21] 초대 국사관장 및 국편 사무국장 재직중『조선왕조실록』 48책을 영인 간행하고『승정원일기』 영인에 착수했으며『비변사등록』,『매천야록』,『삼봉집』 등 17종의 희귀 사료를 수집해 간행했다. 고려대 아세아문제연구소 사업으로『구한국외교문서』 21권을 펴냈다. 1967년에 "간도 수복론"을 발표한 것을 시작으로『백산학보』를 중심으로 한국 고대사의 무대였던 만주 지역사 연구를 촉발했다. 국편 재직중 1958년 12월 10일 이승만 대통령의 식민사학 청산 특별지시에 따라 국편에 특별분과위원회를 조직하여 '국사상의 제문제' 연구에 착수했다.

한국사연구회는 1968년 1월 제1회 월례 연구발표회를 시발로 매월 신진 세력의 새로운 연구와 새로 발굴된 사료들을 공개했다. 일제 식민사학에 '짠지처럼 전' 전 세대의 역사인식 극복을 선언하고 발족한 한국사연구회는 회보인 『한국사연구』 창간호(1968)부터 식민사학을 청산하는 참신한 논문과 한국사의 상한선을 획기적으로 바꾸는 고고학 발굴보고서를 실증 자료로 실었다. 한국사 상한을 구석기시대까지 끌어올린 공주 석장리 구석기 발굴을 비롯해 중석기·청동기·초기 철기시대 고고학 발굴 논문이 잇따라 발표되었다. 독립협회 연구, 최치원「사산비명」연구 등 해방 후 세대의 한국사 연구가 이 연구회 중심 과제로 부상했다.

한국사연구회는 1981년 2월, 건국 후 한국사 연구를 1차 결집한 『한국사연구입문』(지식산업사)을 펴냈다. 3년간 준비한 이 책은 총론편과 시대편으로 나누어 한국사 연구의 새 방향과 연구업적을 총정리했다. 총론편은 천관우("한국 근대 사학의 발달"), 이기백("한국사의 시대 구분 문제"), 김철준("한국사학의 몇 가지 문제")이, 시대편 각론은 원시·고대·중세·근대 사회로 나누어 56명의 학자가 참여했다. 1987년 제2판에서 1980년대 전반기까지의 연구성과를 정리했고, 2008년에 제3판을 냈다. 제3판은 상권(원시~조선) 537쪽, 하권(근현대) 493쪽으로 분량과 집필진이 두 배가량 되고 연구 영역의 지평도 확대됐다.

회보와 『한국사연구입문』 외에도 회원들의 고구려·신라·백제·고려·조선사 등에 관한 진일보한 연구 결과가 단행본으로 쏟아져 나와 식민사학 청산의 기폭제가 되었다.

한편 1960~70년대에는 경주와 공주의 신라·백제 왕릉 발굴과 고속도로 건설 등 개발에 따른 구제 발굴로 신문들에 발굴 기사와 유물 컬러 사진 특집이 자주 등장했다. 정부의 국학 진흥 정책으로 한국사를 비롯해 국어·국문·국악학 등 국학 분야의 기반이 넓어졌고, 대중 매체들도 한국학 관련 보도에 열을 올렸다.

1981년 신석호 교수가 타계한 후에는 최영희 국사편찬위원장, 김철준 서울대 교수, 황원구 연세대 교수, 이용범 동국대 교수 등이 발의하여 신 교수의 아호를 따 치암(痴菴)학술상을 제정하여 식민사학 청산에 기여한 저술을 시상했다. 제1회(1984)로 김용섭의 『한국근대농업사연구』(일조각) 이래 최승희『한국고문서연구』(지식산업사), 한영우『조선 전기 사회사상연구』(일조각), 천관우『고조선사 삼한사 연구』(일조각), 이수건『조선시대 지방행정사』(민음사), 박영석『일제하 독립운동사 연구』(일조각), 방동인『한국의 국경획정연구』(일조각), 김원모『개화기 한미교섭사연구』(단국대 출판부), 이현희『대한민국임시정부사 연구』(집문당) 등 식민사학 극복 저술과 개척적인 연구업적들이 치암학술상을 수상했다.

1970년대 일본·중국·소련·몽골 등 인접 외국 학계의 한국학 연구도 한국사의 지평을 확대하는 데 크게 기여했다. 재일 조총련계 학자 이진희의『광개토왕릉비의 탐구』, 소련 학자 U. M. 부틴의『고조선 연구』, 몽골 학자 베 수미야바타르의『몽골 한국 민족의 기원에 관한 언어 관계 연구』 등은 국내 학계의 한국 고대사 인식을 수정하고 새 연구방법론을 수용하는 결정적인 단서를 제공했다.

제자리걸음을 하고 있던 국내 학계에 신선한 충격을 던진 공산권 학자의 한국 연구를 국내 학계에 알린 사람은 핀란드에서 한국학을 강의하고 있던 고송무였고, 매체는 〈경향신문〉이었다. 구소련 지역에서 한국학 관련 자료 수집 중 타계한 고송무가 〈경향신문〉에 보내온 『고조선 연구』 등 공산 국가의 한국학 자료는 월북 학자들의 선점으로 금기시됐던 한국 고대사 연구의 지평을 확대시킨 충격이었다.

국사학계가 국내외의 자극으로 오랜 잠에서 깨어나 기지개를 켜면서 일반 국민의 역사에 대한 관심은 높아졌지만 국사 교과서 재판 시비, 국회 공청회 등으로 아카데미 사학은 홍역을 치렀다. 역사학 대중화 바람에 편승해 검증되지 않은 역사 해석이 범람하면서 한국사가 혼란스러워지는 부작용도 발생했다.

식민사관 극복을 위한 대안으로 이른바 '내재적 발전론'이 제기돼 농업사·상공업사·유학사상사 등의 분야에서 개척적인 연구가 쏟아져 나오긴 했으나, 일본 학계의 식민지 근대화론에 경제학계가 동의하는 논의를 제기해 경제학자와 국사학자의 긴 논쟁이 시작됐다. 조선시대 인물 연구가 붐을 이뤄 역사 연구가 보완되기도 했으나, 이면에는 문벌 사학으로 전락해 사육신 교체 파동 등이 발생하기도 했다. "이데올로기 기치를 선명하게 내세운 이른바 재야 사학은 한말 일제 침략 초기의 국수주의 역사 해석을 들고 나와 강단사학을 비판했고, 민중사학은 유물사관을 저변에 깔고 과학적, 실천적 역사학을 주창하면서 기성 학계를 비방했다"[22]고 『한국사특강』(서울대 출판부, 1990) 서문은 지적했다.

1980년대 대학가에서는 밀수입된 정체불명의 역사 교재가 운동권의 학습 교재가 되었다. 정치가의 선전선동 수준의 좌파 역사교육이 진행되었다.

김철준의 '서울대 식민사학 잔재' 비판

1970년 2월, 서울대 사학과의 김철준 교수가 서울대 문리대 부설 동아문화연구소가 기획한 영문 『한국학 입문서』에서 "해방 후 출간된 서울대 국사학자들이 펴낸 개설서가 모두 일제 식민주의 사관을 탈피하지 못했다"고 비판했다.

『한국학 입문서』는 1969년 동아문화연구소가 기획하고 김철준을 포함해 박종홍·김재원·정병욱·이혜구·이기영·이두현·이만갑·변형윤·최창규·홍이섭·임석재 등 당대 최고의 한국학 전문가가 집필하고 문상득 등이 영문 번역한 공동작업이다. 식민지 시대 일본 학자들의 한국학 왜곡을 시정하겠다는 목적으로 기획한 이 작업은 해방 후 25년의 한국학 각 분야의 연구 결과를 조감하고 비판하는 내용을 담아 먼저 국내 학계에 충격을 주었다.

해방 후 1970년까지 한국인 학자가 펴낸 한국통사로는 진단학회의 『한국사』 7권, 이병도의 『한국사대관』, 이인영의 『국사요론』, 한우근·김철준 공저 『국사개론』, 이기백의 『한국사신론』, 한우근의 『한국통사』 정도가 있을 뿐이었다. 김철준은 1970년 서울대 문리대 동아문화연구소가 기획한 『한국학 입문서(An Introduction to Korean Studies)』에 낸 논문에서 "해방 후 나온 개설서들의 공통적인 결함은 모두가 일제 식민주의 사관의 영향에서 벗어나지 못했으며 뚜렷한 사관이 결여됐다"고 비판했다. 새 사관을 확립하기보다는 새 지식을 수집하는 데 불과했다고 지적하며 아직도 국사학이 자기 성격을 갖추지 못한 데서 온 결과라고 비판했다. 김철준은 한국사 개설서류가 근대적인 자유와 민족의 주체성을 확립할 만한 명확한 사관을 정립시키지 못한 것은 사상적 빈곤의 결과이며 아직도 근대 사학 정신 성립 이전 단계에 머물러 있기 때문이라고 자성했다. 진단학회의 『한국사』는 일제 시기 활동한 구세대 학자들의 식민지 시대 연구업적을 정리한 것으로, 많은 사료가 다루어졌다는 점이 참고가 될 뿐이라고 했다. 『한국사대관』도 "국사 사전적 성격을 갖추고 있으나 1945년 전후 연구업적이 집대성된 것에 지나지 않는다"고 했다. 『한국사신론』은 "해방 후에 발표된 연구업적을 중심으로 옛 연구업적을 정리하려는 새로운 구상에서 나온 것이며 그 서술이 평이하고 참고 논문이 게재되어 처음으로 한국사를 이해하려는 사람들에게 편리한 것이다"라고 하면서도 "새로운 사관 확립보다는 증가된 지식 수집에 불과하다"고 평가했다. 김철준은 "이들 개설서가 근대적인 자유와 민족의 주체성을 확립할 만한 명확한 사관을 성립시키지 못한 것은 체질적으로 아직 근대 사학 정신이 성립하지 못한 한국의 사상적 빈곤에서 온 것"이라고 지적했다. 사관의 유무를 가지고 논한다면 지금까지 나온 개설서들은 성리학적 사관으로 중세 사회의 국사 인식 체계를 확립하지 못했던 안정복의 『동사강목』만도 못하다고 김철준은 지적했다.[23]

김철준의 비판은 주로 서울대 국사학 전통에 대한 자체 비판으로, 이후 활발한 역사학 논쟁의 시발이 되었다. 이때의 비판은 후에 『한국사학사 연구』(1990)에 "한국의 역사학"이란 논문으로 재수록됐다.

해방후 1세대 학자들

삼국시대사 인식 전환 역설한 김철준

일계(一溪) 김철준(1923~1988)은 1948년 서울대 문리대 사학과를 졸업하고 서울대 조교, 국립박물관 학예관, 단국대 사학과 조교수(1953), 연세대 조교수·부교수(1959~1963)를 거쳐 1963년 서울대 사학과 전임강사가 되었다. 1952년 3월 부산 피난지에서 30대 소장 역사학자들과 함께 역사학회 창립을 주도해 발기위원 및 간사를 맡았으며, 1967년 12월 국사학계 중진 학자들과 함께 한국사연구회를 창립해 연구간사와 대표간사를 맡아 국사학계에 새로운 연구 분위기를 진작하는 데 기여했다. 식민지 문화체질 극복과 문헌고증학적 인식의 한계 극복을 역설했다. 그의 '체질 개선론'은 신문 표제어가 되기도 했다.

김철준은 일제 사학의 잔재를 청산하고 문헌고증학적 인식의 빈곤과 한계성을 극복하여 자주적이고 과학적인 새로운 학풍을 수립하고자 진력했다.[24] 일제 식민사학의 문헌고증학이 남긴 한국 역사학의 역사인식 빈곤을 극복하는 구체적인 연구방법으로 그는 고고학·인류학·불교학·언어학 등 인접 학문의 방법론과 이해를 후학들에게 강조했다.

김철준은 한국 고대국가의 성립과 발달(고구려·신라의 관계 및 조직 성립 과정, 백제의 문화)에서 시작하여 고대 사회 구조, 나말여초의 사회 변동 그리고 불교사상사 탐구로 연구를 확대했다. 최승로·이규보·일연·이승휴·이제현·이종휘·신채호 등 인물 연구로 사학사 체계화도 추진했다.

김철준은 친구인 최영희 국사편찬위원회 위원장을 도와 『한국사』 25권과 국정 고교 국사 교과서를 간행했고 정신문화연구원장으로서 『한국민족문화대백과사전』을 편찬했다. 최병헌(불교사)·노태돈(고대사)·송기호(발해사)·최승희(조선시대사)·노중국(백제사)·김태식(가야사) 교수가 직접 지도한 애제자들이다.

서울대 출판부는 김철준의 저술과 논문을 묶어 『한국사학사연구』, 『한국고대사연구』, 『한국고대사회연구』, 『한국문화사론』(이상 1990)의 네 권짜리 전집을 간행했고, 세종대왕기념사업회는 『한국문화전통론』(1983)을 냈다.

다카마쓰즈카 채색 고구려 벽화

1972년 3월 29일 〈경향신문〉 2면에는 일본 다카마쓰즈카(高松塚) 벽화가 일본에 건너간 고구려 사람의 작품이지만 이것은 일본 문화로 보아야 한다는 김철준 교수의 해석을 전화 인터뷰한 기사가 실렸다.

다카마쓰즈카 벽화는 일본의 고대 문화는 고구려·백제·신라계의 철기 문화 담당자들이 건너가서 이룩했다는 가설을 확인해 준 획기적인 고고 유물이다. 기마민족이 한반도에서 일본으로 건너가 천황족이 됐다는 기마민족 일본정복설과 일본에 삼한의 식민지가 건설되었다는 삼한분국설(三韓分國說) 등이 일본 패전 후 제기되었는데, 이 벽화 고분은 고구려계 유이민도 일본 통치 세력의 하나로 실존했음을 알려 주었다. 일본은 이 고분 벽화를 해체 분해해서 도쿄국립박물관으로 옮겼다. 문화재의 현장 보존 원칙을 깬 매우 이례적인 일이다.

일본의 아스카(飛鳥) 문화는 고대 한국 철기 문화가 일본에 진출해 이룩한 것. 그러나 아스카 문화는 해양성 신석기 문화(조몬 繩文 석기 문화) 위에 고대 한국 철기 문화가 접목된 것으로, 한국에서 건너간 상층문화가 일본의 기층문화 체질에 동화되어 일본 개성이 성립되는 일본 고대 문화로 해석해야 한다고 김철준은 말했다. 다카마쓰즈카 벽화는 일본 고대국가를 성립시킨 고구려 진출 세력의 실증 자료로 보는 것이 설득력이 있지만 일본 학계는 중국 본토에서 온 문화라고 해석했다.

신라와 당이 백제와 고구려를 멸망시킨 뒤 신라를 침략한 왜구 중 일본에 망명한 고구려계 지배 세력도 있었다. 다카마쓰즈카 벽화는 고구려 벽화 문화의 일본 전파 흔적의 하나로 한국 고대 미술 연구에 좋은 자료로 주목받을 만하다. 다만, 일본 고대국가 성립 단계에 백제·고구려·가야가 결정적 역할을 했음을 입증하는 고고 유물이 속출한다고 해서 일본 고대 문화를 한국문화의 아류로 확대 해석하는 것은 논리의 비약이라고 김철준은 경계했다.[25] 김철준의 다카마쓰즈카 벽화에 관한 전화 인터뷰는 고대 철기 문화의 전파 루트와 그 문화의 성격을 구명케 하는 프레임을 잘 제시한 것이었다.

퉁구스계의 신라문화와 백제의 중국·일본 진출

김철준은 단국대학교 제3회 동양학 학술회의(1973. 10. 27)에서 발표한 "한국 고대 문화의 몇 가지 문제"라는 주제논문에서 신라와 중앙아시아 문화와의 연계성과 백제의 중국·일본 진출을 고대사 연구과제로 제시했다.

김철준은 1945년 이전 한국 고대사 연구는 문헌고증학이었고, 해방 후 고고학·신화학·민속학이 고대사 연구에 참여했지만 일인 학자들의 고대사 체계에 종속하는 것이었다고 반성했다. 그는 한국 문헌고증 사학이 고대사뿐만 아니라 전반적으로 중세적인 전근대적 역사인식을 탈피하지 못해 전통문화를 제대로 이해하지 못했으며 그 결과 과거 문화에 대한 인식 빈곤으로 새로운 문화를 창조하는 능력이 약화됐다고 지적했다. 식민사관 불식과 고대사 무대 구명을 위해 신라문화의 계보에 대한 이해, 백제문화의 계통 탐구, 백제의 산둥 지역 진출 확인, 백제와 일본과의 관계 재검토 등을 고대사학의 한 주제로 제기했다. 신라는 북방 유목민족이 남하하면서 고구려·백제계 유이민이 그전에 있던 토착족과 융합한 것으로 볼 수 있다고 해석하였고, 신라의 김씨 집단은 퉁구스 계통으로 보인다고 주장했다. 경주 김씨 시조 알지(閼智)나 박혁거세 왕비 알영(閼英), 그 뒤의 왕비 아례·아루·아노 등이 모두 어원적으로 퉁구스어 아이신(aisin, 금金. 몽골어로는 알탄altan)

과 관련 있으며, 여진족의 금나라가 일어난 만주의 안추후수이(按出虎水)와 경주 알천(閼川)의 유사성도 우연이 아니라는 것이다. 후금(後金. 청)의 족명 애신각라(愛親覺羅)의 '아이신(愛親)'도 같은 것으로, 신라와 금·후금·청이 그 족명과 국명에 '금(金)'을 공통적으로 사용하는 것은 문화적 뿌리가 같은 것이라고 추정했다. 『삼국사기 신라본기』의 고대 기사들은 경주에서의 기록이 아니라 경주에 오기 전의 사실로 보아야 하며, 박·석·김씨의 시조 설화들도 모두 북방계이거나 북방계와 긴밀한 관계에서 나타날 수 있는 사료들이라고 그는 해석했다.

일본 학계의 일선동조론(가나자와 쇼자부로金澤庄三郎)과 임나흥망사(任那興亡史, 쓰에마쓰 야스카즈) 등을 비판하는 논문으로 삼한분국설(김석형), 임나 대마도설(문정창) 등이 나왔으나 충분치 못하고, 기마민족설(에가미 나미오江上波夫)도 임나일본부설의 변형에 지나지 않는 것이라고 평가했다. 그러나 문화는 백제를 포함한 한국이 발달했으나 무력은 일본이 강했다는 일본 학계의 가설은 오류라고 김철준은 지적했다. 백제와 왜의 관계는 당시 동양사의 세력 균형 관계에서 크게는 남·북 양 세력의 대립 관계에서 작게는 백제·가야·신라·왜 등 한반도 남부와 일본 열도에 걸친 해협국가의 형성과 그 상호 관계를 고려해서 해석해야 한다는 것이 김철준의 주장이다. 당시 백제 및 고구려계 기마민족이 일본에 이주하여 곳곳에 부족국가를 만들었으며 그 부족국가 중에는 백제계가 상당수로 이것은 백제 고대 상업망에 의해 연결되고 지배되었다고 그는 주장했다. 백제가 중국의 압력으로 산둥반도 지역을 상실하고 고구려와 신라의 압력으로 약화되는 과정에서 일본 고대국가 성립에서 백제의 역할도 약화됐다고 김철준은 해석했다.[26]

공주 무령왕릉과, 산둥반도·규슈에 진출한 백제 지배층

1971년 7월 충남 공주시 금성동 송산 제5호 석실분과 제6호 전축분의 침수 방지를 위한 배수로 작업 중 무령왕과 왕비의 합장묘가 발굴되었다. 1973년에 나온 무령왕릉 발굴 조사보고서에 김철준은 "백제와 그 문화"를 집필하고 그 전문을 〈경향신문〉에 연재했다. 해방 후의 백제문화 연구를 1차 정리한 것이다.

백제는 밖으로 중국·고구려·신라의 압력, 안으로 고구려·산둥반도·낙랑 지역에서 온 유이민 집단의 왕위 계승 싸움과 8대 성씨의 권력 쟁탈로 정변이 많았음을 김 교수는 역대 왕명으로 설명했다.

백제의 지배 계층은 도하(渡河)·도해(渡海)해 온 유이민들이었다. 유이민 파동은 여러 차례 있었다. 부여·고구려·낙랑·대방, 산둥반도에서 넘어온 중국계 등 다양한 세력이 백제 지역에서 왕권 다툼을 했다. 백제 왕명 중 '근(近)' 자로 시작하는 제13대 근초고왕, 제14대 근구수왕, 제21대 근개로왕 등의 왕명은 초고왕·구수왕·개로왕계가 다시 왕이 되는 정치 변혁이 있었음을 입증하는 것이다.

왕실 내부의 계보가 여러 번 바뀌는 세력 다툼뿐만 아니라 잦은 외침으로 죽은 왕도 많았다. 책계왕이 한인(漢人)·맥인(貊人)의 연합군의 침입으로 298년에 피살되고, 분서왕도 낙랑군 서현(西縣) 습격에 대한 보복으로 낙랑 태수가 보낸 자객에게 피살되었다. 개로왕과 성왕은 고구려·신라와의 분쟁으로 살해되어 네 왕이 외침으로 피살됐다. 문주왕·동성왕은 내란으로 피살된 왕으로 기록됐다. 기록상 6명의 왕이 재임중 외침과 내란으로 사망한 것이다.

근초고왕(346~375) 당시 백제는 중국 요서를 점령하고 일본 규슈(九州) 서북에 백제 분국을 통솔하고 있었다. 중국의 혼란기인 5호 16국 시대에 백제는 연고지 산둥에 진출하고 규슈에도 진출했다. 그러나 전진(前秦)이 전연(前燕)을 정벌하고 전진·고구려·신라가 동맹 관계를 형성하자 백제와 동진(東晉), 후에 남조(南朝) 및 왜(倭)까지 연합해 대항하는 국제관계가 됐다. 북위(北魏)와 남조 송(宋)이 대치하고 있을 때 송이 백제의 협력을 요구, 백제가 과거 근거지였던 산둥반도를 장악했다. 『송서(宋書)』「백제전」대명(大明) 2년(458, 개로왕 4)에 백제가 11인의 관직을 요구했는데 그중에는 북위를 정벌했다는 '정로장군(征虜將軍)'이라는 칭호도 나온다. 『남제서(南齊書)』「백제전」490년에는 북위군을 물리친 백제인 목간나·해례곤·사법명 등에게 논공행상한 기록 등이 보여 백제의 산둥 지배가 오랜 기간에 걸쳤음을 알려 준다.

백제는 지중해의 페니키아처럼 동북아의 고대 무역 기지였다. 백제는 고구려의 남침으로 중국과의 교역이 어려워지자 위(魏)나라에 고구려 토벌을 요청하는 외교문서를 보내기도 했으나, 고구려·신라 연합군의 침략으로 해외 교역의 거점과 철광산 지역을 잃고 나라가 기울기 시작한다. 백제는 해외 무역으로 선진 고급

문화를 수용했으나 국가 통합에 실패했다. 계속되는 유이민 집단 파동에 따른 지배 세력과 기층문화의 양극화가 나타났다. 선진 고급문화를 경험한 유이민 집단의 이동 파동으로 지배계급의 잦은 교체와 상업주의가 백제문화를 국제 수준으로 끌어올리긴 했으나 기층문화와의 융합에 실패한 것이 문제였다는 김철준의 백제 사회와 문화 분석은 정치 현실에 던지는 교훈도 있었다.[27]

식민 잔재 체질 개선과 역사의식

김철준은 〈연세춘추〉 제711호에 기고한 시론 "현대문화의 건설 방향과 역사의식"을 통해 한국사학의 주류인 문헌고증학파와 사회경제사학파의 학문 경향을 비판하고 "전통문화의 잠재 능력을 현대문화에 접목시키는 역사의식을 정립해야 한다"고 주장했다.

우리 전통문화는 많은 문화를 종합하여 자기 것으로 소화 융합하는 지속적인 변화였다. 이러한 문화의 성장은 외래문화와 함께 들어온 경제·군사적 침략 세력과 정면 대결하며 희생을 치르고 이룩한 것으로 한 번도 공것으로 얻은 적이 없었다. 일제가 정체된 문화라고 왜곡한 조선조 문화도 당대 동아시아에서 우수한 고급문화였다. 그러나 이러한 자부심이 근대문화로의 전환을 늦게 했으며 일제 식민지로 전락하게 하는 원인이 되기도 했다.

일제 식민 문화는 한국 사회에 지식 계급의 자기 사회와 문화의 운영 능력 상실, 식민지 시대 지방 세력 착취를 당연시하는 행정을 청산 못 한 데서 온 지방문화와 도시문화의 격차 상존, 세대교체 능력과 문화 창조 능력 상실, 이러한 결함을 이용하는 침략 세력의 성격이나 그 정체를 인식 못 하는 전근대성을 심어 주었다고 김철준은 분석했다.

김철준은 1988년 8월 31일 서울대 인문대학 국사학과 교수를 정년퇴임하고 9월 14일 제6대 한국정신문화연구원 원장으로 부임, 정문연을 순수한 국학 연구의 총본산으로 전환을 모색했으나 1989년 1월 17일 원장실에서 순직했다. 정문연 개원 때부터 제1부장으로 참여했던 그는 원장 취임사에서 "전통문화 전반에 대한 종합적인 연구기관으로 출발했던 정문연이 국민정신 훈련 도장으로 전락했다는 비난을 받고 있다"고 지적하고 정문연이 다시 국학 연구 총본산으로 돌아가 한국 지성의 최고 권위를 확고히 하자고 취임사에서 말했다.

구석기 연구 개척한 손보기

구석기 연구 개척, 한글 용어 정립

건국 후 국사학계의 주목할 업적으로 손꼽히는 구석기 연구를 개척한 손보기 박사가 1976년 제5회 외솔상 문화 부문 학술상 수상자로 선정됐다.

1947년 서울대 문리대 사학과 졸업 후 1957년까지 서울대 사범대에서 조선사회사를 강의했던 손 교수가 구석기 연구를 개척한 것은 1964년 연세대 사학과 학생들과 공주 석장리 유적에서 구석기 유물을 발견한 것이 계기가 됐다.

한반도에서 1950년대 말부터 구석기시대 존재 가능성이 논의

됐는데 1964년 11월 석장리에서 구석기 유물이 쏟아져 나와 한국 구석기 문화 존재가 확인됐다. 그러나 유물이 나왔는데도 학계 일부에서는 여전히 한국의 구석기시대를 부인했다. 손보기는 1967년 미시간 대학에서 열린 동양학대회에 석장리 발굴을 보고하여 세계 학계의 공인을 받고 『한국사연구』 창간호(1968)에 발굴 보고서를 발표했다. 손보기는 금강 외에도 한강·서산·경주 등 한반도 전역에서 구석기 유물 발굴 보고가 있어 한국 구석기 문화 존재는 곧 세계 학회에 보고될 것이라고 자신 있게 말했는데,[28] 그 말대로 1973년부터 제천 점말동굴의 구석기 유적을 발굴, 구석기 문화 연구의 지평을 넓혔다. 주먹도끼·둥근연장·다듬개·긁는돌·돌날 등 400여 개의 우리말 학술용어를 만듦으로써, 국사교과서와 『우리말큰사전』의 구석기 용어는 모두 우리말로 오르게 되었다.

세계 최고(最古) 고려 금속활자 실증

10여 년 구석기 문화 연구에 전념한 손보기는 한국 인쇄기술사 연구를 통해 금속활자 발명의 과학사 및 사회사도 규명했다.

손보기는 연세대 박물관장으로 있으면서 구텐베르크 금속활자보다 2세기 앞서 인쇄에 사용된 고려 금속활자를 확인, 가장 오래된 금속활자 실물을 세계 금속활자 역사의 실증 자료로 제시하였다. 1977년 3월 국립박물관이 소장중인 '복(復)'자 놋쇠 활자(국립박물관 금공품 856호)를 금속형광분석 및 X선 투시 등으로 금속 성분을 분석한 결과, 이 활자가 고려가 몽골 침입으로 강화도에 천도하기 전에 만든 현존 세계 최고의 금속활자로 확인됐다고 학회에 보고했다.

손보기는 1102년 엽전 만드는 기술이 들어왔을 때 금속활자 제조가 가능했으나 이 시기에는 고도의 목판인쇄술에 눌려 활용되지 못하다가 이자겸의 난(1126년), 정중부·이의방의 반란(1170년)으로 많은 서적이 없어진 후 책을 빨리 찍어 내기 위해 금속활자가 제조된 것이라고 추정하였다. 1126~1223년 사이에 발명된 고려 금속활자 제조법은 원나라에 건너가 다시 아라비아에 전파되어 카드 제조에 원용되었다가 뒷날 구텐베르크와 네덜란드의 활자 제조에 영향을 준 것으로 추정했다.[29]

손보기는 이용조·최복규·주채혁 교수 등을 연세대에서 지도했다.

천관우, 이기백, 고병익

천관우, 실학·기자조선·가야 연구

천관우(1925~1991)는 1949년 서울대 사학과를 졸업하고 사학과 조교로 한국사 연구에 참여했다. 졸업논문 "반계 유형원 연구"는 실학 연구의 새 지평을 열었다. 홍이섭은 많은 서울대 출신 학자 가운데 김철준과 함께 천관우를 가장 기대되는 학자라고 평가하기도 했다.

천관우는 1951년 대한통신 외신부 기자로 입사하며 언론인으로 변신, 한국일보·조선일보를 거쳐 동아일보 편집국장과 주필을 지냈다. 언론인으로 이름을 날렸지만 역사학자로서 일제 식민주의 사관 극복에 기여한 공로가 컸다. 〈신동아〉 주간으로 한국사 재구성을 학계에 제기했으며, 일제 식민주의 사학자들의 한국사 정체성론을 반박하는 실학 연구를 발표했고, 반도사관을 극복하는 고대사 논문을 꾸준히 발표했다. 연세대 『동방학지』에 발표한 "기자고(箕子攷)", 『문학과 지성』에 정리한 "가야사 복원", "삼한고", "한국사에서 본 기마민족설", "광개토왕릉비 재론" 등은 신문 문화면의 단골 학술 기사거리였다.

동아일보의 『3·1운동 50주년 기념논집』(1969)은 천관우 주필이 기획한 것이다. 〈경향신문〉에 '인물 한국사' 연재를 시작해 단군·조선후(朝鮮侯)·주몽·김수로부터 왕건까지 인물 주제로 한국 상고사를 정리하고, 연재가 끝난 후 『인물로 본 한국고대사』(정음문화사, 1982)로 펴냈다.

천관우는 1983년 4월 경향신문이 주최한 '한·일 고대관계사를 생각한다' 국제 심포지움[30]에서 그동안 한국 사학계가 기피해 온 임나일본부 문제를 정면으로 파고들어, 왜가 4세기부터 약 200년 동안 한반도 남단을 지배했다는 주장은 객관적인 상황이나 사료 실증 고증으로도 사실이 아님을 밝혔다. 그는 광개토대왕비와 『일본서기』를 대조하여 가야사를 3단계로 구분하고, 임나일본부는 왜가 아니고 백제가 경영한 것이라고 지적했다. 천관우의 이 가설은 김현구 고려대 교수가 2006년 6월 일본사학회의 『일본사연구』 제25집에 발표한 논문 "백제의 목만치(木滿致)와 소아만치(蘇我滿致)"로 입증되었다.

고조선·가야와 조선 후기 실학에 대한 천관우의 가설이 모두 국사학의 정설로 채택되지는 않았으나, 훌륭한 연구과제를 제시했다. 한영국·민현구·윤병석·허선도·박현서·이성무 교수 등이 중심이 되어『천관우선생환력기념 한국사학논총』(1985)을 봉정했다.

이기백, 민족주의·사회주의 사학과 투쟁

이기백(1924~2004)은 고병익·손보기·전해종·한우근과 함께 1947년 서울대 문리과대학 사학과를 제1회 졸업한 해방후 제1세대 한국사 전공 학자로서, 많은 제자를 양성하고 일제 식민사관 극복에 앞장섰다.[31] 남강(南岡) 이승훈이 그의 종고조부다.

이기백은 일본 와세다대학 사학과 본과 2학년 중도에 강제징병을 당했다가 해방 후 서울대에 편입, 이병도와 손진태의 지도를 받으며 졸업논문으로 "불교전래고(佛敎傳來考)"를 썼다. 1958년 이화여대 사학과 교수, 이후 서강대·한림대 교수로 40년간 연구에 전념했다. 해방후 1세대 학자로서 제일 먼저 국사를 체계화한 『국사신론』(1961)을 출간했고 1967년『한국사신론』으로 다시 펴냈다. 사론집『민족과 역사』(1971),『한국사학의 방향』(1978),『한국사상의 재구성』(1991)과 연구서『고려병제사 연구』(1968),『신라사회사연구』(1974)를 펴냈으며,『이기백 한국사학 논집』15권이 있다.

이기백은 이광린·전해종·이보형·차하순·길현익·길현모 교수 등과 함께 새로 출범한 서강대 사학과에서 서강학파를 형성, 국사학계에 신선한 충격을 주었다. 노년에 한림대에 사학과를 만들어 길현모·김원룡·최영희·노명식·유영익 교수와 한국사 정리를 모색했다. 1987년 2천만 원을 기금으로 역사학 잡지『한국사 시민 강좌』를 창간했다. 생전에 민현구·이기동·이태진·유영익·홍승기 편집위원이 36집까지 냈고 이기백 사후에도 50집(2012)까지 나왔다.

이기백은 만년에 국수주의적인 재야 사학과 민중사학의 집중 공격 대상이 되었다. 재야 사학의 비난을 받으며 국회 공청회에도 나갔던 이기백은 1989년 "학문적 고투의 연속"이라는 회고의 글에서 "인생에 대한 희망과 사랑이 지금은 점점 무너져 버리는 듯한 허무한 기분 (…) 속에서 나의 역사학은 어떻게 되는 것일까. 역사학은 인생을 긍정하는 데서 성립하는 것일 텐데, 이제 인생 자체에 절망을 느낀다면 그 역사학은 어떻게 되는 것일까"라고 60대 중반의 심정을 솔직하게 적었다.[32] 유영익은 이기백의 자찬 (自撰) 묘지명 "민족에 대한 사랑과 진리에 대한 믿음은 둘이 아니라 하나다"를 인용하며 "이기백 선생님은 민족애와 진리라는 두 개의 가치를 위해 일생을 한국사 연구에 헌신했다"고 추모했다.[33]

고병익, 동아시아 교류사 개척

녹촌(鹿村) 고병익(高柄翊, 1924~2004)은 해방 후 국내 중국사 연구의 1세대 학자다. 도쿄제국대학 동양사학과에 입학했다가 광복 후 서울대 사학과에 편입해 1947년 제1회 졸업생으로 학부 과정을 마쳤다. 1954년 독일 뮌헨대 대학원에 유학, 당(唐) 유지기(劉知幾)의『사통(史通)』을 주제로 논문을 써서 동양학 박사학위를 받았다. 당시로서는 드물게 서양 학계의 역사 연구 방법론을 일본을 통하지 않고 직접 한국에 소개함으로써 동아시아사 연구의 개척자로 평가받는다.³⁴ 서울대 교수로 첫 데뷔하는 강의로 몽고사를 택했다.

서울대 교수 재직중 1966년 미국 워싱턴 주립대 초빙교수로 2년간 한국사와 동아시아사를 가르쳤고, 귀국 후 서울대 문리대 학장, 부총장, 총장을 지냈다. 주저 『동아교섭사의 연구』(1970)는 몽골·이슬람 등 아시아 국가와의 교류를 연구한 최초의 저술이다. 조선일보 논설위원을 겸하면서 막스 베버의 『직업으로서의 학문(Wissenschaft als Beruf)』을 비롯해 4년간 3권의 외서를 국역하고 하버드 옌칭 학술회의 등 수차례 국제학술회의에 참석했다. 5·18 후에 서울대 총장직에서 물러나 한국정신문화연구원장, 방송위원장, 민족문화추진회 이사장, 문화재위원장을 지냈고 한림대에서 마지막 교수 생활을 했다. 『아시아의 역사상』, 『동아 교섭사의 연구』, 『동아사의 전통』, 『동아시아 문화사 논고』, 『동아시아의 전통과 변용』 등의 저술이 있다.

"역사학에는 사실 구명이 선결문제지만, 사실 파악은 종(縱)으로는 역사적인 흐름과 변천이 파악되고 횡으로는 전반적인 연관이 인식되어야 한다. 이러한 파악과 인식이 즉 식(識)이라 할 수 있다. (…) 막연하나마 '사실과 식견이 담긴 해석적인 역사 서술'이 내가 지향하는 역사학같이 느껴졌다"("육십자술六十自述").

고병익의 서울대 총장 시절 법대 교수였던 이수성 등 국내외 교수·학자·언론인 등 80여 명은 2014년 고병익의 10주기를 맞아 추모 문집 『거목의 그늘』을 펴냈다.

김상기, 백제 산둥 진출 연구

한국 고대사를 한반도 안으로 축소 왜곡한 반도사관 수정과 고려시대사 재조명을 제기해 온 동빈(東濱) 김상기(1901~1977) 박사의 주요 논문을 간추린 『동방사논총』이 서울대 출판부에서 1974년 출간되었다. 이 책에는 "동이와 회이(淮夷)·서융(徐戎)에 대하여"(1948), "한·예·맥 이동고(韓濊貊移動考)"(1952), "백제의 요서 경략에 대하여"(1967) 등 한국 고대사 연구의 새 지평을 연 선구적인 논문들이 망라돼 있다. 『동방사논총』 출간 기념 인터뷰에서 그는 1958년 이승만 대통령이 김상기·신석호·이병도·유홍렬·이홍직 등 국사학계 중진을 불러 한민족의 시각으로 국사 체계화를 당부했으나 4·19로 중단되었다고 털어놓으면서, "8·15 직후에 이런 움직임이 있었다면 한국사가 좀 더 일찍 주체적으로 정리되었을 것"이라고 아쉬워했다.[35]

김상기는 1966년 백산학회를 조직해 만주 관계 연구도 개척했다. 그의 생전의 연구는 두계(이병도) 사학의 그늘에 가린 인상이었지만 은퇴 후 재조명되었고, 백제의 중국 진출은 교과서에도 수록되었다.[36]

최현배, 이혜구, 이용희

역사학 분야 외 분야에서 괄목할 업적을 남긴 해방후 1세대 국학자로 국어학의 최현배, 국악학의 이혜구, 미술사의 이용희 등이 있다.

최현배, 한글 연구와 민족교육

주시경에서 시작된 한글 연구는 외솔 최현배(1894~1970)에 의해 본격화되었다. 최현배는 1945년부터 미군정청 문교부의 편수국장으로서 교과서 편찬과 국민교육의 틀을 만들었다. 유관순·안중근·윤봉길 의사의 애국운동을 발굴하여 교과서에 실어 다음 세대의 애국심을 고취했고, 위당 정인보와 함께 삼일절·광복절·제헌절 노래와 〈유관순 누나 찬가〉 등을 초등학교 음악 교과서에 실리도록 했다. 1949년 한글학회 이사장이 되어 『조선말큰사전』을 펴내며 고향 전답 1만 2,900평을 헌납하기도 했다.[37]

『전국 지명조사』와 우리말 찾기에도 힘을 쓴 외솔은 『우리말 존중의 근본 뜻』과 『민주주의와 국민 도덕』도 지었다. 연세대에서는 결강 없는 엄격한 교수로 '연세 학풍'을 정립했다. 1954년 학술원 회원이 되었고 1962년 삼일절에 한글운동 공로로 건국공로훈장을 받았다. "페스탈로치의 교육학설", 『조선민족 갱생의 도』, 『중등 조선말본』, 『우리말본』, 『한글의 바른길』, 『한글갈』, 『글자의 혁명』, 『나라사랑의 길』, 『나라 건지는 교육』 등 논저가 있다.

이혜구, 불모지 국악학 개척

만당(晚堂) 이혜구(1909~2010)는 경성제대 영문과 졸업 후 1930년대부터 경성방송국(KBS 전신)에 근무하면서 불모지였던 한국음악 연구를 개척한 선구자다. 서울음대 교수로 재직하며 1948년 성경린·장사훈 등과 함께 국악학회(1964년 (사)한국국악학회로 개칭)를 설립하고 학회지 『한국음악연구』를 창간(1971)하여 근대적 국악 연구의 기틀을 마련했으며, 국악과를 창설(1959)하고 학장을 지냈다. 권오성·한만영·황준연·김영운·임미선 등의 제자를 키워 냈다. 1991년 서울대학교 총동창회는 이혜구를 '자랑스러운 서울대인(人)' 제1호로 현창하였다.[38] 1995년 제2회 방일영국악상을 수상하였다.

이용희(동주), 한국회화사와 민족주의 연구

동주(東洲) 이용희(1917~1997)는 한국 국제정치학의 기초를 다진 사회과학자이자면서, 한국회화사와 민족주의 연구로 한국학 연구의 지평을 넓힌 국학자였다.

이용희는 아버지인 독립운동가 이갑성을 통해 『근역서화징(槿域書畵徵)』을 펴낸 오세창을 만나 조선시대 회화에 대한 기초지식을 다졌다. 1970~71년 교토의 히가시혼간지(東本願寺) 서고에서 이 절의 부산 별원을 창설한 오쿠무라 엔신(奧村圓心)의 일기를 발견하고 필사해 와 1973년 "동인승(東仁僧)의 행적(상): 김옥균과 개화당의 형성에 연(沿)하여"라는 논문으로 발표했다. 이 논문은 개화당 연구의 외연을 넓힘과 함께, 불교가 일제 침략의 도구로 전락해 가는 과정을 탐구할 단초를 국사학계에 던져 주었다.

이용희는 정치사나 외교사도 근본적으로 문화사라고 설정하고 한국회화사 탐구에 진력했다.[39] 이동주라는 필명으로 낸 『한국회화소사』(1972), 『일본 속의 한화(韓畵)』(1974), 『우리나라의 옛 그림』(1975) 등은 한국미술사의 체계화 방향을 제시한 개척적인 업적들이다.

정부 주도의 한국사 편찬과 국학 진흥

정부가 한국사 편찬 작업에 관심을 보인 것은 1958년으로 거슬러 올라간다. 이해 12월 10일 이승만 대통령은 독립정신이 담겨 있는 역사책을 만들어 식민사학을 청산하라는 특별지시를 내리고, 이에 국사편찬위원회에 특별분과위원회가 조직되어 '국사상의 제문제' 연구에 들어간다. 작업의 일환으로 문교부는 정사 편찬 기획을 세워 국무회의 안건으로 상정하기도 했다.

국사편찬위원회

정부 산하 국사 편찬 기구

해방 후 1980년대까지의 한국사 연구업적은 국사편찬위원회, 서울대 국사학과, 연세대 사학과, 고려대 사학과, 을유문화사·일조각·지식산업사·탐구당 등의 출판사에서 주로 나왔다.

국사편찬위원회는 1946년 3월 미군정이 일제 총독부 조선사편수회를 국사관(國史館)으로 명칭만 바꾸어 존속시키던 것을 대한민국 건국 후 1949년 7월 국사편찬위원회로 개편한 것이다.

경복궁 집경당(緝敬堂)에서 발족한 국사관의 초대 관장은 조선사편수회 수사관이었던 신석호 고려대 교수였다. 1948년 건국 후 국사관장은 문교부 장관이 겸직하고 사무국장을 신석호가 맡아 국사편찬위원회 초기까지 계속 재직했다(1949~1965). 그 결과 국편에서는 신석호가 구축한 고려대 사학과 인맥이 오래 지속됐다.

1965년 국사편찬위원회가 독립해 김성균 초대 위원장이 부임했다(~1972). 국편이 본격적으로 활동을 시작한 것은 제3대 최영희 위원장부터다. 최영희 박사(임진왜란사·대한민국사)는 평양 출신으로 1950년 고려대를 졸업한 후 서울사범 교사, 해군사관학교·숭실대 교수를 지냈고, 국사관 시절 신석호 관장 권유로 촉탁으로 1년간 근무한 적이 있다. 1962년부터 20년 동안 국편에 봉직하며 『한국사』(25권), 『승정원일기』, 『고종시대사』, 『한국독립운동사』, 『여지도서』 등을 펴냈다. 문공부 문화재위원으로 경주 황룡사, 익산 미륵사, 공주 공산성 지도위원으로 문화재 발굴 보수에 기여하고, 독도 학술조사단을 구성하여 종합적인 독도 학술연구를 시도했다. 재일 사학자 이진희·강재언·김달수·서채원 등을 한국에 초청하여 재일 조총련에 충격을 주었다. 퇴임 후 한림대 교수로 옮겨 북한사와 대한민국 건국사를 정리했다.[40]

국사편찬위원회는 1946년 3월 국사관으로 출범한 이래 두 차례 기구 개편과 일곱 번 이전을 겪으며 대표적인 한국사 연구기관으로 자리 잡았다. 중앙청 후편 가건물과 중앙청 옥상, 광화문 상공부 청사, 초등학교 교실 등을 전전하다가 서울시 시청각교육원에 비로소 일을 할 만한 공간을 확보했고, 서울시 학교건강관리소를 거쳐 1975년 10월 남산 KBS 앞 예장동 중앙교육연구소 건물로 옮겨 독립 청사를 갖게 되었다.

1970년대 최영희 위원장 시절 국편 위원은 김철준·이기백·김원룡·한우근·이광린 등 평안도 출신 학자가 대부분이었다. 기독교 초기 선교지였던 평안도의 저력이 해방 뒤 역사학계에도 반영

된 것이다. 최영희 이후 이현종·박영석·이성무·이만열·유영렬·
정옥자·이태진·유영익·김정배·조광 등이 위원장 자리를 이었다.

『한국사』 25권

해방 후 국사학계는 일제가 심어 놓은 식민사관 극복을 위한 지
루한 논쟁을 벌이며 한국사 체계화를 위한 부단한 노력을 기울였
으나 흡족할 만한 성과를 거두지는 못했다. 고려의 『삼국사기』,
조선의 『고려사』 편찬과 같은 앞 시대(조선) 역사 정리를 하지 못하
고 있었다.

1970년 2월 18일 한국사 개설류의 한계를 비판한 김철준 교
수 관련 기사에 이어, 5월 13일 〈경향신문〉은 5면 머리기사로
1945년 이후 25년의 한국사 연구를 총정리한다는 국사편찬위원
회의 『한국사』 25권 편찬 기획을 보도했다.

국사편찬위원회는 6천만 원의 예산을 들여 고대 6권, 중세
12권, 근세 12권, 총 30권의 『한국사』를 1973년까지 연차 간행한
다고 발표했다. 『삼국사기』와 『고려사』를 잇는 관찬(官撰) 정사(正
史) 기획이었다. 국무회의 기록을 보면 앞서 자유당 말기에도 문
교부가 정사 편찬 기획을 국무회의에 올렸다가 스스로 철회한 일
이 있었다.

그때까지 정리된 한국사는 조선총독부 간행 『조선사(朝鮮史)』
35권, 진단학회 『한국사(韓國史)』 7권, 신구문화사 『한국현대사』
5권 정도였고, 이들 개설서에 수록된 논문 중에는 미흡한 부분도
많았다. 그 밖에 농업사·과학사·미술사 등 분야사 연구가 있었다.

학계 반응은 찬반으로 나뉘었다. 일제 식민사관 극복을 외쳐 온 사학계는 해방 25년의 연구성과를 정리할 때가 됐다며 대체로 환영했다. 한편으로는 너무 방대하고, 관찬 사서의 역사인식이 우려된다는 이유로 부정적인 목소리를 내는 이들도 있었다. 국사편찬위원회 안에서도 홍이섭·김원룡 같은 위원들은 시기상조라고 걱정하며 통사 정리보다 규장각 문서, 실록·자료·문집 등 사료부터 정리해야 한다고 주장했다.

반년간의 토론을 거쳐 1971년 1월 말 국사편찬위원회는 구석기 시대부터 해방까지 한국사 편찬 항목을 결정하고 편찬위원 16명을 발표했다. 김철준(고대), 이기백(고려), 한우근(조선), 홍이섭·이광린(근대) 등 5명의 상임위원과 최영희 국편 사무국장, 윤병석·이현종 실장이 월요일마다 주제, 학술용어 설정, 필자 선정을 놓고 열띤 토론을 벌였다. 상임위원회는 주제 중심의 통사체로 서술하는 것을 원칙으로 하고 크게 고대, 고려, 조선, 근대 4부로 나누어 총 237절의 토픽을 다루기로 했다.

1976년 완간을 목표로 한 한국사 편찬 요강은 1) 올바른 사관에 의한 체계적인 민족문화 집대성, 2) 민족 주체성에 입각한 한국사 편찬, 3) 문화 성장 발달 중심으로 한 역사, 4) 민족의 내재적 발전 방향을 인식한 한국사, 5) 민중의 활동을 부각시킨 한국사를 편찬한다는 등이었다. 한국사편찬위원회 위원으로 고대 김원룡·김철준·이병도·최영희, 고려 고병익·김상기·이기백, 조선 김성균·유홍렬·신석호·한우근, 근대 백낙준·이광린·이선근·조기준·홍이섭, 간사에는 이현종·윤병석이 선임되었다.

한국사 편찬에 현대사는 포함되지 않았다. 위원인 홍이섭 교수는 "19세기 이후의 현대사가 가장 큰 난제였다"고 털어놓으며, 한국사의 기점인 고조선과 종점인 현대사 정리가 문제라고 말했다. 구체적으로 "1945년 8·15가 독립·해방·광복으로 개념조차 통일되지 못했으며 건국, 분단, 6·25, 4·19, 5·16 등 현대사의 제문제에 대한 해석과 구한말의 위정척사와 개화의 평가도 학문적으로 통일되지 못했다"며 열띤 토론이 있을 것이라고 내다봤다. 신석호 한국사연구회장도 19세기 이후 한국 근현대사 연구가 국사학계의 중요한 과제인바 특히 국사편찬위원회 한국사에서 공백으로 둔 현대사 정리는 사학계의 학문적 과제일 뿐만 아니라 한국의 새 진로를 내다보기 위해서도 서둘러 체계화해야 할 대상이라고 역설했다. 이를 위해 한국사연구회 월례발표회도 근현대사 주제로 돌리고 연구자와 학술 세미나 발표 기회도 크게 이 시기에 할애할 계획이라고 신석호 회장은 밝혔다.

1978년 2월 1일자 〈경향신문〉과 〈신동아〉 4월호에 국사편찬위원회가 주관한 『한국사』 전 25권이 8년 만에 완간됐다는 기사가 실렸다. 국사편찬위원회의 『한국사』는 광복 후 한국 학계의 업적을 집대성하여 우리 역사와 문화를 주체적으로 인식하는 획기적인 업적이었고, 한국인의 시각에 의한 한국사 이해 기반을 마련한 것이었다.

『한국사』는 제1~3권 고대, 제4~8권 고려, 제9~15권 조선, 제16~22권 근대와 제23권 총설까지 4만 4,794매의 방대한 원고를 연인원 279명의 학자가 집필했다. 제24권에 총색인, 제25권으로 논저 목록을 정리했다. 국사학자 외에도 동양사학자·국문학자·지리학자·과학자 등 국학 분야 학자가 대거 참여했다. 해방 후 학계의 분야사 업적을 반영해 과거 정치사 중심의 개설서들의 한계를 넘었다. 김철준·이기백·한우근·홍이섭·이광린 교수와 최영희 국편위원장, 이현종 편사실장, 윤병석 국편 전 조사실장등으로 구성된 상임위원회가 1만 676개항의 목차 작성에만 반년의 토론을 거치는 신중을 기했다. 집필진이 해방후 세대 학자로 순차 교체되면서 신진 학자들이 대거 진출하여 역사 이해의 폭이 넓어지고 사회·경제·문화 분야의 인식 수준이 올라간 것은 큰 수확이다. 기획 중에는 김용섭·강만길 등 일부 학자의 집필 거부로 적임자를 찾지 못해 포기한 것도 있었고, 분야별로 방법론과 이해 체계가 고르게 정립되지 않았다는 한계점이 드러나기도 했다.

『한국사』 25권 편찬은 국민의 바른 역사의식 고취와 정체성 확인을 위해 국학 전공 학자가 총동원된 작업으로 학계의 해방 후 연구성과를 온축한 것이었으나, 반(反) 5·16 세력의 반발과 비판도 있었다. 특히 연구 학자의 부족으로 취약한 고대사에 대한 재야 인사들의 비판은 국회의 국사 교과서 공청회 사태까지 불러왔다.

새로운 분야사의 영역이 개척되었으나 일부는 형식적인 것에 머물러 있었다. 자연과학사는 홍이섭 단계에서 전상운 단계로 발전하고, 의학사가 김두종에 의해 정리되는 진전을 보였으나, 유교사는 과거 일인들인 세운 체계를 크게 뛰어넘지 못하고 가학(家學)적인 성격을 탈피하지 못했다. 사관이 충분히 정립되지 못해 정신없는 역사책이 됐다는 지적을 받기도 했으나, 한국 역사의

주체적인 발전 능력을 부인하는 식민사관을 극복하려고 한 노력은 높이 평가해야 할 것이다.[41]

제5공화국의 국사편찬위 개편

한국사연구회가 1973년 세대교체를 단행한 9년 뒤인 1982년, 국사편찬위원회도 위원 전원이 해방후 세대로 교체됐다.

1982년 7월 7일 제5공화국 정부는 국사편찬위원회 최영희 위원장을 퇴진시키고 이현종 편사실장을 위원장으로 승진 발령하고, 1981년 사망한 신석호 위원, 국회 공청회 뒤 사표를 낸 이기백 위원, 그리고 6월 30일자로 임기 만료된 위원 등 15명 가운데 8명을 교체 위촉했다. 1946년부터 연임해 온 이병도·백낙준·유홍렬·이선근 위원과 한우근·조기준 등 65세 이상 된 위원을 재위촉에서 제외하고, 손보기(연세대, 구석기 및 인쇄발달사), 민석홍(서울대, 서양사), 천관우(언론인, 고대사 및 실학), 변태섭(서울대, 고려시대사), 유원동(숙명여대, 근세경제사), 최정호(연세대, 신문학), 김정배(고려대, 고대사), 이현종(국편위원장, 근세사) 등 40~50대 학자 8명을 새 위원으로 선임했다. 보수성이 강하고 권위주의적인 사학계 풍토로는 파격적인 인선이었다.

전북 고창 출신인 이현종 위원장은 1955년 서울대 사학과를 졸업하며 국편에 들어와 조사실장·편사실장 등을 거쳤다. 1982년 7월 취임과 동시에 일본 교과서 왜곡 파동, 새 정부의 국편 기구 개편 작업, 새 청사 건립 추진 사업, 쓰시마 문서 유출 사건 수습 등으로 격무에 시달리다 1984년 1월 10일 오후 자택에서 과로로

별세했다.

1982년 10월 예장동 국사편찬위원회 청사에서 주최한 사료 전시회에 이종찬 의원 등 민주정의당 '민족사관정립 추진위원회' 위원들이 참석, 국편의 낡은 사고(史庫)를 둘러본 뒤 청와대에 새 청사 건립을 건의, 12월 7일 국사관 건립이 확정됐다. 제5공화국의 실세였던 이종찬 의원은 일제 침략 후 중국으로 망명해 만주에 경학사와 신흥무관학교 등을 세우고 독립운동을 한 이회영·이시영 형제의 후예로, 독립운동과 식민사관 극복에 깊은 관심을 갖고 국편의 위상을 높이는 데 역할을 했다. 과천 정부종합청사 옆에 한옥 외형의 국사관을 건립하도록 하는 한편, 위원장의 직급을 차관급으로 격상하고 『신편 한국사』 53권 정리를 위한 연구비 지원에도 도움을 주었다.

국사편찬위원회는 문교부 산하 기관으로서 명칭부터 장관 자문 기구 같은 인상을 풍기며 학술연구기관의 전문성을 갖추지 못했으며, 영세한 연구기금과 연구직 유인 체계 미흡 등으로 제 기능을 다하기 어려웠다. 여섯 번 셋방살이를 하다 1975년 예장동 단독 건물로 옮긴 국편은 1983년 12월 과천 중앙동 청사 건립에 착수해 3년 만인 1986년 12월 준공을 보았다. 전임 이현종 위원장을 이어 위원장 직급 상향 조정 등 국편 기능 강화에 힘쓴 제5대 박영석 위원장(1984~1994)은 만보산 사건, 대종교 계열의 만주 노령 지역 독립운동 등 연구로 신군부 핵심 세력인 이종찬 의원의 지원을 받아 『신편 한국사』 간행 등을 추진할 수 있었다.

『신편 한국사』 53권

1993년부터 『신편 한국사』가 순차적으로 발간되어 10년 만인 2002년 본책 52권, 색인 1권으로 완간되었다. 해방후 2~3세대 학자들이 중심이 되어 편찬한 『신편 한국사』는 구석기시대부터 현대까지 한국사 전반을 52권으로 정리했으나, 노태우 정부에서 시작해 김영삼 정부를 거쳐 김대중 정부에서 완성한 장기 작업의 특성상 문제점이 노정되었다.

제3공화국 때 간행한 『한국사』 25권을 전면 보완한다는 취지로 기획한 『신편 한국사』는 분량을 대폭 늘리고 편집위원 및 필자에 해방후 2세대가 주축으로 참여했다. 처음 기획은 김정배(선사), 신형식(고대), 박용운(고려), 최승희(조선 전기), 이태진(조선 후기), 이현희(근대), 신재홍(현대) 등 연구위원들이 최몽룡·임효재·이기동·김용선·한영우·정석종·유영익·신용하 등 20여 명 학자와 검토해 52권 항목을 확정했다.

『신편 한국사』의 간행 목표는 1) 한국의 역사와 문화에 대한 객관적 인식의 토대를 제공할 수 있는 한국사, 2) 민족의 창조적 문화활동과 민족사의 내재적 발전을 드러내는 한국사, 3) 최근까지의 연구성과를 체계화하고 새로운 영역을 개척함으로써 한국사 연구의 지평 확대, 4) 국사 연구와 관련하여 고고학·인류학·사회학·경제학 등 인접 학문의 연구성과를 수용하여 한국사 인식의 폭을 넓히는 데 기여하는 것이었다. 이 네 가지 목표에는 1969년 말 한우근·이기백·이우성·김용섭의 공동연구 「중고등학교 국사교육 개선을 위한 기본방향」이 제시한 '민족사의 내재적 발전'이 포함됐다.

편찬 지침이 공개되자, 학계가 해방후 세대로 완전히 세대교체되고 신진 학자들의 참신한 논문이 쏟아져 나와 시의적절하다는 찬성론이 지배적인 가운데 일부 중진 학자들은 민중사관, 북한 역사학 표절 등으로 사관이 혼미하고 정치 상황도 불안정하기 때문에 통사 편찬보다는 본연의 업무인 사료 정리에 전념하고 책 출판은 출판사에 맡기는 것이 바람직하다고 반대하기도 했다.

『신편 한국사』 52권은 진단학회의 『한국사』 7권, 국편의 『한국사』 25권에 이어 세 번째 시도된 공동작업으로, 해방후 세대의 한국사 연구성과를 정리한 것이다. 고고 발굴, 규장각 사료·고문서 정리와 1970년대보다 10배가 넘는 연구 인력의 확충, 고조선·삼한·가야사 등에 관한 신진 학자들의 연구업적 축적으로 큰 진전이 있었다. 국편의 앞선 『한국사』는 물론 1983년 북한이 완간한 『조선전사』 33권보다 더 방대한 『신편 한국사』는 해방 후 사학계의 연구업적을 집대성했으나, 민족주의 사관과 사회주의 사관의 한계를 뛰어넘지 못했으며, 검증되지 않은 수정주의 사관을 대폭 수용했고, 한국사 전반을 일목요연하게 체계화하지 못했다.

한국정신문화연구원(한국학중앙연구원)

국사교육 강화, 국적 있는 교육 선언 등으로 국민정신교육 강화와 국학 진흥을 내건 제3공화국은 1978년 6월 30일 한국정신문화연구원(정문연)을 설립했다.

정문연은 준비 과정에서부터 한국 지식사회의 한계를 드러냈다. 연구원을 국민정신교육 훈련장으로 하자는 교육학자들의 주장과 국학 기관으로 하자는 국학자들의 주장, 종합학술연구원으로 하자는 사회과학자들의 세 주장이 대립돼 개원 때부터 정체성을 둘러싼 싸움을 했다.

민족주의 사학과 '국적 있는 교육'

1976년 박정희 대통령 지시로 개원 준비 작업이 시작된 정문연 설립은 일제하 정인보·신채호·박은식 등 민족사학자들의 바른 정신문화 진작 주장과, 광복 후 식민사관 극복을 역설한 홍이섭 교수가 『한국정신사 서설』(1975) 등의 저술에서 제기한 한국 정신문화 탐구의 중요성 등 지식사회의 제안에 따른 것이다.

박 대통령의 정문연 설립 지시 전부터 1970년대 전반기 지식사회는 물량 성장의 그늘 밑에 방치된 정신문화 진작을 논의하고 있었다. 한국 현대문화에 대한 반성과 그 바람직한 방향 설정 논의는 대학에서 활발했다. 경희대는 1974년 5월 16~17일 '한국의 사회발전과 정신문화'라는 주제로 개교 25주년 심포지엄을 열고 경제발전 우선주의에 밀려 물량 성장 그늘 밑에 방치된 정신문화 재정립을 논의했으며, 서울대 〈대학신문〉도 5월 13일 문리대 리더십 세미나에서 발표한 김철준 교수의 "전통문화와 현대문화" 강연 내용을 게재했다. 김철준은 "1910년 이후 우리 사회에 많은 사조가 유행처럼 흘러 들어오고 사라져 버리곤 했는데 그때마다 겪은 사상적 진통의 결산은 전통문화 해체 과정에서 성립된 식민지 문화체질이고 그 체질 위에 성립된 축소 왜곡된 문화뿐"이라고 지적했다.[42] 식민지 문화체질 극복과 한국 역사학의 근대적인 사관 확립을 역설해 온 김철준은 "오늘날 외국으로부터 받아들여야 할 것은 제대로 받아들이지 않고 불건전한 하급 하수도 문화와 상업문화만 직수입해 청소년들에게 그것이 현대문화인 양 착각케 하여 전반적으로 문화 수준을 추락시키고 기성세대까지도 그와 같은 풍조에 만연된 것은 커다란 정신적 위기"라고 지적했다. 김철준은 "정치가 흥행적인 선전과 표방만 일삼아 문화 혼란만 조장하는 것은 낭비였다"고 반성하고 "충분한 문화 기반의 정리와 주체적인 문화 형성 없이는 아무리 좋은 구호도 새로운 형태의 공론만 만들 뿐"이라고 비판했다.[43]

정부는 1977년 2월 16일 국무총리실 자문기관으로 국민정신교육 조사연구위원회를 설치키로 하고 김태길·유형진·이기영·이규호·김성태 교수 등 10명의 전문위원을 위촉하여 국민정신교육지표를 모색키로 했다. 정부가 국민정신교육 등 문화 관계에 눈을 돌린 데 대해 이규호는 "국가가 공동체로서 그 가치체계를 존속시키기 위해서는 국민의 정치교육이 필요하다"고 전제하고 "서독은 2차대전 직후부터 나치스에 대한 비판과 더불어 정치교육이 부실했다는 것을 반성하면서 정치교육을 강화했다"고 소개했다. 이규호는 정치교육은 선진국의 이론이나 내용 및 방법을 참고할 수는 있지만 그대로 받아들이지는 못하는 것이라고 했다. 유형진은 국민정신교육 강화는 국적 있는 교육을 발전시킨 것이라고 평가하고 미국 교육학을 비판 검토 없이 소개해 온 한국 교육학이 국민교육에 끼친 독소적 요소를 비판했다. 김철준은 끊임없이 쳐들어오는 외래문화와 대항할 수 있는 문화능력의 배양이 시급하다고 주장했다. 윤근식(성균관대, 정치학)은 정부가 국민정신교육 등 문화에 관심을 갖는 것은 건전한 사회를 희망하는 국민 의지에 호응한 것이라고 해석하면서 단순한 선전선동 차원을 극복해야 한다고 지적했다. 전통문화 재조명과 정신교육 강화는 새 문화 설계의 밑거름이 될 것이라고 주장했다.[44]

정신교육기관이냐 학술연구기관이냐

1978년 6월 개원을 목표로 건설에 들어간 한국정신문화연구원은 정부가 1973년부터 구상해 온 국학 진흥 정책을 구체화한 것으로, 1977년 10월 준비위원회(위원장 김태길)가 구성돼 담당자 인선 작업에 들어갔다.

문교부의 위촉으로 건립 추진 일선에 나선 참여 학자가 공개되고 운영 방향이 흘러나오자 학계의 반응은 기대 반 실망 반으로 나뉘었다. 1977년 12월 19일 〈중앙일보〉(당시 석간) 사회면에 정신문화교육원이 발족할 것이라는 기사가 나왔다. 문교부 출입 기자가 쓴 이 기사는 이 연구원의 기능은 국민정신교육을 담당하는 교육기관이라는 요지였다. 학계는 "잘못된 발상"이라며 즉각 반발했고, 〈경향신문〉은 다음날 문화면 머리기사로 문교부의 정신교육원 구상에 대한 학계의 반응을 기사화했다.[45]

준비위원으로 참여했던 한 교수는 "낮은 수준의 국민 설득이나 세뇌보다는 현대 한국인의 자기 신원을 역사적으로 확인하는 연구원이 되어야 할 것"이라고 반론을 제기했다. 김충렬 고려대 교수는 "이 연구원만은 참신한 학자들이 참여해 운영되어야 한다"고 역설했다. 현재도 많은 국학 관련 연구소가 난립되어 있는데 새로 생긴 연구원까지 고전 국역이나 하고 기왕에 발표된 논문이나 모아 책을 내는 것으로 그친다면 예산 낭비에 지나지 않을 것이라고 학자들은 입을 모아 지적했다. 그러기 위해서는 이 연구원이 정치적인 단기 목적보다는 북한 이념과 유물사관의 공격에 무방비인 대한민국의 정통성 확립, 사상 정리, 한국문화의 새 방향 제시 등 장기적인 목적을 가져야 할 것이라는 것이 학계의 중론이었다. 모델로는 1923년에 발족된 자유중국(대만)의 중앙연구원이 제시되었다. 현대 중국의 정신적 지주로 높이 평가되는 중앙연구원은 중국 학술을 국가 차원에서 개발 진흥시킨다는 목적으로 설립되어 역사언어연구소·민족학연구소 등 10개 연구소로 늘어나 순수학문의 전당으로 성장했다. 김철준 서울대 교수는 "우리 사회도 경제적인 어려움은 일단 넘겼으니까 국가 백년대계를 설계할 때가 됐다"면서 "새 연구원은 전통문화는 물론 현대문화를 해석할 수 있는 학자를 양성하는 기관이 되는 것이 바람직하다"고 역설했다.

문교부는 정신문화연구원을 고급 관리와 사회 각계 지도층의 정신교육기관쯤으로 설립하려던 계획과 전혀 다른 학계 오피니언 리더들의 여론에 당황했던 것 같다. 후에 연구원이 개원하고 나서 고광도 부원장은 대통령이 〈경향신문〉 기사의 지적에 대체로 공감했다고 밝혔다.

박정희 정부는 1960년대 후반부터 우리의 정체성을 찾자는 구호를 내걸고 한국문화의 창조적인 발전을 모색하기 위한 국학 진흥 사업을 펼쳤다. 고전 국역, 문화재 보수 발굴, 국악 연구 촉진 등 많은 일을 했으나 한국 전통문화의 체계화는 이루지 못했다. 지식사회의 요구로 국학 진흥과 한국인의 정체성 확립을 모색할 본격적인 학술연구기구 발족이 결정돼도 문교부가 추진하면 본래의 목적과 다른 이상한 연구소나 훈련원으로 변질돼 버리곤 했다. 학자들은 정문연을 문교부로부터 독립시켜야 제 기능을 할 것이라고 주장했다.[46]

　정문연 설립 당시 기본 건물 구조를 보면 학술연구보다는 교육기관으로 설계된 것을 알 수 있다. 집단교육을 위한 대강당과 숙식할 수 있는 공간이 연구원의 핵심 시설이었다. 개원 준비 과정에서부터 국학자·교육학자·사회과학자 사이에 설립 목적과 기능에 관해 이견을 좁히지 못했으며 시대가 요구하는 목표를 포용하지 못했다. 개원 후 연구원은 문교부의 전위대였던 윤리학파와 교육학파, 국학자·사회학자 등 해외유학파 3파의 헤게모니 장악 싸움으로 표류하다가 노태우 정부 이후 문교부 장관이나 정치권의 권력 실세들의 보직 자리로 전락했다.

한국정신문화연구원 개원

　1978년 6월 30일, 경기도 성남시 운중동 청계산 기슭 4만 5천 평 대지 위 9동의 건물로 한국정신문화연구원이 개원했다. 1976년 대통령 특별지시 후 몇 차례 수정을 거치고 2년간 40여억

원을 투입해 개원한 정문연은 제3공화국의 야심적인 문화사업이었다. 정문연은 목적사업으로 1) 한국 전통문화 연구를 통한 우리 문화의 정수 발굴, 2) 주체적 역사관의 정립, 3) 건전한 가치관 정립, 4) 국학 연구 지원, 5) 국가 발전 방향과 당면 과제 탐구, 6) 미래지향적인 새 문화 방향 탐구, 7) 한국 고전 편찬 및 번역, 8) 국학 연구원 양성, 9) 사회 지도급 인사의 공동연찬 등을 내었다. 초대 원장에 이선근(동국대 총장, 국사학), 부원장에 고광도·김태길, 부장과 실장에 김철준·유승국·윤병석·유창균·안휘준·이규호·차인석·임희섭·이상주·이기영·김영철·정형우·이종무·강우철·이돈희·이종률 등 학자가 참여했다.[47]

개원식에서 박정희 대통령은 "자주정신은 문화 창조력의 원천이며, 전통은 바로 문화의 바탕이자 맥락이며 전통문화에 대한 애착과 긍지에서 우러나는 것"이라고 지적하고 한국정신문화연구원을 국학 연구의 총본산이자 권위 있는 한국학 연구기관으로 키워 나가자고 당부하였다. 개원식 후 박 대통령은 연구원 관계자들 및 이병도·박종화·이숭녕·이은상·신석호 원로 석학들과 오찬을 나누면서 "민족을 나무에 비유한다면 민족문화는 뿌리라고 할 수 있지요. 뿌리를 잘 가꾸어야 가지도 잘 뻗고 나무가 무성하게 자라는 법이지요. 정신문화연구원 설립은 우리 고유문화를 잘 발전시켜 나가면서 인류문화에 공헌하자는 것입니다. 결코 배타적으로 나가는 것이 아니라 우리 문화가 건전해야 남에게 도움이 되고 공헌할 수도 있고 제 것을 잘 다듬어 가져야 남의 것도 슬기롭게 받아들일 수 있다는 것입니다. 정문연에 자주 와서 산책도 하고 일을 많이 해 주기 바랍니다"라면서 연구원에 대한 자부심과 애정을 표현했다.

국학 체계화 사업

1978년 문화계의 하이라이트는 국편의 『한국사』 25권 완간, 광무개혁 논쟁, 사육신공원 시비, 방언 지도 조사 착수, 양면핵석기 발견, 단양 적성비 발굴, 한국정신문화연구원 개원, 교육학 반성 학술회의 등이었다.[48]

1978년 학계는 건국 30년 업적을 1차 정리하는 작업과 아울러 1960년대에 불붙은 국학 정립과 해방 후 수입 학문의 한계성이 드러난 사회과학 토착화 토론을 가졌다. 민족사관 확립과 전통문화 재창조를 내건 한국정신문화연구원 개원은 국학 진흥의 전기로 기대를 모았다.

한국정신문화연구원은 1978년 6월 30일 개원 후 15회의 연구협의회에 300여 명의 학자가 초대돼 대규모 개원 기념 학술회의를 열어 국학 연구의 기본 방향을 탐색했다. 방언 조사, 구비문학 자료 수집 등의 작업이 연구원 1차 사업으로 확정됐다.

정문연 사학연구실이 주최한 제1회 한국사학연구협의회가 1978년 10월 13~14일 열려 한국사의 새 연구 풍토 조성을 어젠다로 제시했다. 서양사학자 민석홍 서울대 인문대학장은 "한국사 연구가 통합적이고 체계적인 재구성이 미흡하다"고 지적했다. 재래의 전통적인 연구방법을 과감하게 탈피해 세계사적인 시야는 어렵다 하더라도 최소한 아시아적인 시각으로는 한국사를 재구성해야 한다고 주장했다. 동양사학자 고병익 서울대 부총장은 엄밀성과 거시적 고찰 결여와 난삽한 논문 구성 등을 비판했다. 국사학이 일제 식민사학의 문헌고증학의 한계를 반성하긴 했으나 안이하게 결론을 이끄는 경향이나 치밀한 사료 검증이 결여된 논리의 구성은 한국사학을 위태롭게 할 것이라고 경고했다. 학보에 발표되는 논문의 난삽성도 시정할 것을 지적했다. 한국사학자 최승희 계명대 교수는 고문서학의 부재와 당파성을 띤 국사학의 한계 극복을 주장했다.[49]

잦은 원장 교체와 기구 개편

정문연의 성격과 기본 기능을 둘러싸고 원장과 부원장이 이견을 보여 개원 1년 만에 기구와 연구진이 대폭 개편되었다.

정문연은 연구원 건물 건립 당시까지도 정치교육기관으로 추진됐다가 개원 직전 국학연구기관으로 바뀌었으며 파견 교수들조차 연구원 성격에 대한 합의를 보지 못해 많은 진통을 치렀다. 개원 당시 파견근무 형식으로 참여한 교수들은 이선근 원장 등 국학 교수와 김태길 부원장을 주축으로 한 윤리철학·교육학 교수, 그리고 독일 유학 출신 이규호 교수 등 세 그룹으로 구분되어 있었다. 이들 중 개원 준비 과정에서부터 연찬 업무를 역설해 온 교육학과 윤리학 교수들이 연구원을 떠났다. 김태길 부원장과 함께 강우철 연찬실장, 차인석 윤리연구실장, 이돈희 연찬발전실장이 동반 사퇴하고 이규호 연구2부장도 이선근 원장 체제에 반대하고 사퇴했다.

주요 보직자들의 사퇴로 진통을 겪은 정문연은 이병근·강성위·김형효·김선풍·차경수·한승조·오진환 교수 등을 연구원으로 위촉하고 『한국민족문화대백과사전』 편찬과 100건의 위탁연구사업을 추진키로 결정했다. 정치교육 기능과 국학 연구의 두 과제 중 어느 것에 치중할 것인가를 둘러싸고 의견 대립을 보이던 정문연은 일단 국학 연구로 가닥을 잡았으나 정문연 인사에 대한 학계의 반발을 잠재우지는 못했다.[50]

1년 반 동안 이념을 달리하는 조직 내 갈등 속에 연세대·고려대·서강대 출신 국사 전공자들이 연구원 공동연구에 불참하는 문제점을 드러냈다. 정문연 건물 준비 과정에서 세 번이나 찾아왔던 박 대통령은 개원 후 연구원이 내분으로 시끄럽자 한 번도 방문하지 않았다. 1980년 1월 16일 한국정신문화연구원 이사회는 5부 15실을 4부 12실로 개편하고 정치교육이라는 오해를 받을 소지가 있던 연찬부를 한국학대학원(신설) 연찬실로 축소했다. 국가보위비상대책위원회(국보위)가 신설된 후 문교부 산하 학술원·예술원·교육개발원과 함께 정문연도 개편 대상이 되었다.[51]

1980년 10월 28일 이선근 초대 원장 후임으로 제2대 고병익 원장이 취임했다. 고병익 원장은 취임사에서 "민족문화와 전통적 가치관이 크게 흔들리고 있는 현대사회에서 국가와 민족의 미래를 내다보면서 한국민족이 닦아 나가야 할 문화와 지녀야 할 가치관의 방향을 모색하는 일은 지난하면서도 긴요하다"고 전제하고 "일시적인 기초 박약한 연구가 아니라 민족문화의 창조적 기반이 될 수 있는 튼튼한 연구"를 강조했다. 고 원장은 연구 주제가 역사의식과 현재적 의미가 깊이 관련되도록 노력해야 하며 한국문화 연구에서 국내 타분야는 물론 국외 학자들과의 연구 협력을 주장했다.

이선근·김태길 체제처럼 고병익·김대환 체제도 원만하지 못했다. 고·김 체제는 정문연의 기구 일부를 개편하고 지도자 연찬 사업을 펴긴 했으나 연구원 운영에 대한 이견이 자주 노출돼 연구원이 정체 상태에 빠졌다. 고병익 원장의 취임 당시 주장과 달리 연구원은 인문과학 연구원과 사회과학 연구원들 사이의 대립과 견해 차이가 심하고 연구원 기본 방향에 대한 고위 담당자의 갈등이 심했다. 제2대 고병익 원장은 1981년 12월 22일 김대환 부원장과 함께 사표를 냈다.

정문연은 3년간 150억 원을 학계에 투입하여 음지의 인문과학에 새 바람을 일으키기는 했으나, 비효율적인 투자였다는 비판도 있다. 1981년 9천만 원 예산으로 전 대학원생의 해외 파견 및 한미 수교 100주년 학술회의 지원 등은 지나친 예산 낭비였다는 지적을 받았다.[52]

제3대 원장으로 정재각 동국대 총장이 취임했다. 정재각 원장은 1982년도 연구과제를 발표하며 연구원이 정책·응용연구를 우선하며 사회 통합을 위한 연찬 업무를 강화한다고 밝혔다. 정책 연구가 52퍼센트, 분야별 응용연구 32퍼센트, 기초이론 연구 16퍼센트였다. 장·차관, 총·학장, 언론계 간부, 종교계·문화계 인사를 대상으로 한 국가지도자 간담회가 실시되고, 지식단체를 대상으로 특별연찬과 학술연찬도 베풀어졌다. 한국학대학원 학위과정도 7개 학과 14개 전공으로 확대했다. 대학원 전임교수로 황성모·강신표·김형효·조동일·이성무·최근덕·이수윤·강광식 등 8명을 위촉했다.

1980년에 착수한 『한국민족문화대백과사전』 편찬 계획은 전면 수정되었다. 사전 편찬은 1979년 대통령령 제9628호 「한국민족문화대백과사전 사업추진위원회 규정」에 따라 국가사업으로 추진됐으나 담당자의 잦은 교체로 기본적인 체제도 갖추지 못하고 있었다. 사업 시작 2년 동안 편찬부장이 이기영(종교학), 이명구(국문학), 송병기(국사학) 교수로 거듭 바뀌는 우여곡절 끝에 예산도 집행 못 하는 혼선을 빚었다. 사업 첫해(1980) 3억 원의 예산 가운데 1억 원이, 1981년에는 8억 5천만 원 중 2억 원이 국고로 환수됐다.[53]

1983년 2월 12일 정문연 이사회는 유승국 교수와 김형효 교수를 원장과 부원장으로 선임, 연구원 출범 후 네 번째 인사 개편을 단행했다. 3년 임기가 끝나지 않은 정재각 원장, 김운태 부원장, 김대환 한국학대학원장의 사퇴로 정문연 역대 원장 모두 임기를 채우지 못하고 물러나는 좋지 못한 전통을 만들었다. 원장 교체에 앞서 한국학대학원 7개 학과 14개 전공 중 역사학과 국민윤리학과만 남기고 원장은 대학원장을 겸임토록 축소하고, 국민정신교육 강화를 위해 연찬부를 국민정신교육부로 확대 개편했다.

신임 유승국 원장은 취임사에서 연구원이 "우리 시대가 요청하는 산업시대 도덕문화, 현대사회의 정치문화, 민족통일 이념, 전통문화의 보편화 등을 연구 정립하는 지성의 전당이 되어야 한다"고 밝히고, 연구원 기본 운영 목표를 현실 타개에 역점을 두겠다고 선언했다. 국민정신교육을 강화하고 40대가 요직을 맡는 등 소장 학자의 참여의 길을 크게 넓혔으나 학계의 지원이 숙제로 남았다.[54]

1984년, 정문연은 개원 6년 만에 국학 연구의 총본산에서 국민정신교육 총본산으로 전향했다. 유승국 원장은 1984년 5월 17일 1984년 사업 추진 계획을 발표하면서 국민정신교육 기능을 강화하겠다고 밝혔다. 유승국·김형효 체제는 문교부가 개원 당시부터 주장한 국민정신교육 기능 기관으로 돌려놓은 것이었다.

국민정신교육을 중심 사업으로 확정한 정문연은 56억 3천만 원 예산 가운데 10.3퍼센트를 국민정신교육 사업에 투자하며 기초 연구 사업, 협력사업, 연구 지원 사업비 가운데도 많은 기금을 국민정신교육 강화비로 투입했다. 160여 개 각종 연수기관의 국민정신교육 실태 및 전국 대학 이념교육 실태 분석 평가, 개선 방안도 검토키로 했다. 국민정신교육 연구를 위해 34개의 연구과제가 추진됐다. 주요 국가의 정신교육 비교, 국민의식 종합 진단, 칼 마르크스의 교육이념, 국가안보와 사회학 등이 공동연구과제로 선정됐고, 교육연찬 기회를 확대해 지도급 인사를 합숙 훈련시켰다. 국민 사상교육 사업으로 64건을 학계에 위촉했다.[55] 1980년대 대학의 혼란기에 정문연은 탁상공론에 빠져 있었다.

유승국 원장 정년 후 1986년 2월 문홍주 전 문교부 장관이 제5대 원장으로 부임하면서 정문연은 정관 중 '한국학 관계 연구인 양성'을 '주체적 역사관과 국가관이 투철한 인재 양성'으로 개정하고, 기구도 기초연구부를 8개에서 3개로 축소, 본격적인 정신교육기관으로 전환했다. 연구원 파견근무 37명 교수 중 12명은 1987년 10월 "정문연이 '국민정신교육 보조연구소' '정치학교' '정치연수원'으로 전락하는 것은 국민과 사회의 기대를 배신하는 것"이라는 항의성 건의문을 문 원장에게 제출했다. 전직 정문연 교수 27명도 1988년 1월 17일 "정문연은 국학 연구의 중추 기관임을 분명히 해야 한다"는 건의문을 발표했다.

전두환 정권에서 노태우 정권으로 바뀐 뒤 1988년 9월 14일 국사학자 김철준 서울대 인문대학장이 제6대 정문연 원장으로 취임했다. 정문연 개원 당시 제1부장으로 참여했던 김철준 원장은 "전통문화 전반에 대한 종합적인 연구기관으로 출발했던 정문연이 국민정신 훈련 도장으로 전락했다는 비난을 받고 있다"고 지적하고 "정문연이 다시 국학 연구 총본산, 한국 지성의 최고 권위를 확고히 하자"고 취임사에서 말했다. 그러나 김 원장은 노조의 집단행동 등으로 고전하다가 1989년 1월 17일 원장실에서 박모 연구원과 면담하던 중 순직했다.

김철준 원장 순직 후 3개월간 원장 자리는 공석으로 표류했다. 원장의 순직까지 몰고 온 연구원 개혁은 관 체제에서 탈피해 순수 학문연구기관으로 탈바꿈하려는 것이었으나, 이후 정문연 원장 자리는 이현재·이영덕·한상진·장을병·윤덕홍 등 국학과 거리가 먼 전직 총리나 교육부 장관, 권력 실세 정치학자·사회학자들의 한직으로 전락했다가 문재인 정부에서 이기동·안병욱 등 국사학자가 연임했다.

한국학중앙연구원으로 개칭, 『한국민족문화대백과사전』 발간

노무현 정부가 출범하며 한국정신문화연구원 명칭을 한국학중앙연구원(한중연)으로 변경했다. 연구원은 다시 교육부 관리와 교육학자에게 넘어가 국학 발전이나 한국 정신문화 진흥과 거리가 먼 교육부 산하 연구소로 전락했다. 그러나 한국학대학원 출신 학자들이 각 분야에 진출하여 국학 연구에 참여하고 있으며, 우여곡절 끝에 1991년 『한국민족문화대백과사전』 전 28권을 12년 만에 발간하는 등 성과도 냈다.

민족문화추진회, 세종대왕기념사업회

민족문화추진회(한국고전번역원)

5·16 직후 학·예술계는 민족문화의 보전·전승·계발·연구를 위한 기관으로 민족문화추진회(민추) 설립을 건의했다.

민족문화추진회는 1965년 11월 6일 민족문화 진흥을 정부에 건의하기 위해 학술·문화·예술 활동에 종사하는 지식인들이 결성한 사회단체다. 1965년 10월 13일 김계숙·김상기·박종화·박종홍·신석호·이병도·이해랑·최상수·최현배 등이 한국의 집에서 '민족문화추진위원회' 발기인회를 조직하고 이병도를 대표로 선정했다. 1965년 11월 6일 서울대 의대 강당에서 창립회원 50인이 참석하여 창립총회를 가졌다. 초대 회장 박종화, 부회장 이병도·최현배였으며, 김동리·손재형·신석호·이은상·조연현·홍이섭이 이사로, 김두종·김윤경·성낙훈·이숭녕·이희승·한갑수 등이 회원으로 참여했다. 이사회 밑에 고전번역편집위원회를 두어 고전 번역을 전담하도록 했다. 고전 번역은 1964년 한글날에 한글학회(이사장 최현배) 건의문이 촉구했던 것으로, 민족문화추진회 발족과 함께 민추의 중요 업무로 결정됐다.

총회는 다음과 같은 결성문을 채택했다.

> 문화란 한 민족의 정신을 계발시키고 품위 높게 조절시켜서 지도자가 사유하는 국가의 국시를 민중으로 하여금 지향케 하여 국가의 이상을 실현하는 과정을 문화라 부르고 이 과정에서 소산하는 바를 문화재라 일컫는 것이다. 이 문화재의 축적은 인류문화의 역사가 되는 것이요 찬란한 문화가 되는 것이다. (…) 질곡에서 겨우 벗어났으나 우리의 자주적인 학문, 예술 창조는 공산 계열의 사상과 미풍양속을 교란시키는 외래 풍조로 민족 주체의식을 상실케 하는 위기에 봉착하고 말았다. 이 슬픈 사실을 바라보고만 있을 수 없다. 학문과 예술로 민족의 얼을 부흥시켜서 국가의 이상을 실현케 하는 과정을 밟으면서 크게 민족문화를 앙양시켜야 할 것이다. 뜻을 같이한 우리는 민족문화 추진을 위한 이 모임을 갖기로 한다.

창립총회에 참석한 회원들은 박 대통령에게 민족문화 진흥에 관한 건의서를 전달했다. 민족문화의 보전·전승·계발·연구를 추진하여 민족문화의 진흥에 이바지함을 목적으로 문화시설의 확충과 문화활동 지원 등을 정부에 건의하였다. 1) 학·예술원 신축,

2) 세종대왕기념관 건립, 3) 국립도서관 이전, 4) 국사편찬위원회 청사 마련, 5) 문화단체와 학회·연구회 등에 사업비·연구비 지원, 6) 문화행정의 일원화 등 문화 전반에 걸친 여건 조성 등의 내용이 포함되어 있다.

민족문화추진위원회는 1965년 11월 15일 제1차 이사회에서 명칭을 민족문화추진회로 바꾸고 간사에 김강현, 서기에 박종국을 새로 임명했다. 사무실은 교보빌딩 뒤 예술원 사무국으로 정했다.

민족문화추진회는 당초 유명무실한 학·예술원, 중앙도서관, 국립극장, 국립국악원, 국립중앙박물관 등 기존 기관을 통합하여 명실공히 국학 연구의 총본산으로 만들려고 했다. 그러나 주무 관청인 문교부는 민족문화추진회를 고전 국역 사업만 전담하는 기구로 변질시켰다. 그 뒤에도 국민교육과 국학 진흥을 위한 연구소 설립이 계속 거론돼 경기도 이천 부근에 건물까지 마련했으나 이것도 유네스코 청소년 훈련기관으로 축소되어 운영되었다.

1966년에 국고보조금 1천만 원이 나와 5월에 서울 종로구 당주동에 고전 번역을 위한 사무실을 마련했다. 첫해인 1966년에 『연려실기술』이 번역되고 1968년에는 『고려사절요』 『열하일기』 『퇴계집』 『율곡집』 『사변록』 『동문선』 등이 국역되었다.

민족문화추진회는 문교부의 지원을 받는 사회단체로 출범했다가, 1970년 2월 제5차 총회에서 사회단체 민족문화추진회의 해산을 결의하고 재단법인 민족문화추진회로 재출범하며 문화공보부 지원 체계로 들어갔다.

1970년 당시 고전 국역에 참여하고 있는 한학자들 대부분이

70대 노령으로 후진 양성이 절실했다. 이에 민족문화추진회 부설 한국고전연구원이 1970년 8월 24일 서울 종로구 당주동 민족문화추진회 사무실에서 개원했다. 제1기 수강자 29명은 대부분 대학에서 국학 분야를 전공하는 강사급 학자들이었다. 강의는 이병도(사서·『당의통략』), 성낙훈(『좌전』, 『사기』, 당송 시문), 하성재(『삼국지 동이전』, 『사기 동이전』), 조규철(『장자』), 신호열(『시경』), 임창순(『서경』)이 맡았다.

민족문화추진회 출범 전에는 동아대 고전연구실이 『고려사』, 고려대 민족문화연구소가 『대전회통』을 국역했고, 그 밖에 충남대와 법제처 등에서 한국 고전을 국역하는 것이 고작이었다. 재단법인 민족문화추진회 출범에 때맞춰 단국대 동양학연구소와 대양서적(『한국의 명저』)·동화출판공사(『한국의 사상 대전집』)도 고전 국역 사업에 참여했다.

민추의 국역 사업으로 1966년 『국역 연려실기술』을 필두로 『조선왕조실록』 『승정원일기』 『일성록』과 조선왕조의 각종 의궤(儀軌)류 등 역사 자료를 비롯하여 일반 문집 등 고전 자료 전반에 걸쳐 700여 책이 국역 간행되었다. 고전 이해의 저변 확대를 위해 『민족문화문고』를 간행하고 고전읽기운동을 전개했다.

편찬 사업으로는 『교감 삼국유사』 등 『한국고전총서』 3책이 간행되었으며, 1986년부터는 한국 문집을 총정리하여 『한국문집총간(韓國文集叢刊)』으로 간행하고 있다. 『한국문집총간』은 해제집과 색인을 포함해 2020년 8월 현재 본집 350집, 속집 150집까지 간행되었다. 한국고전 전산화사업을 추진하여 초기에는 CD로,

2000년부터는 인터넷 서비스를 제공하고 있다.

1970년 개원한 한국고전연구원은 1974년 민추 부설 국역연수원으로 승격, 연수부 3년, 상임연구부 3년, 일반연구부 2년으로 과정을 정비했다. 사서오경을 비롯하여 고전 강독, 사적 강독 등 기본 과목과 한국 및 중국의 중요 고전과 국역 실습 등의 교육을 실시, 전문인력을 양성하고 있으며, 연수생들은 학계와 교육·언론·예술계 등 국학 관련 각 분야에서 활동하고 있다.

민족문화추진회는 고전 국역으로 문자 생활의 변화가 가져온 민족문화 전통의 단절을 극복하고, 전통과 현대를 잇는 교량 구실을 하며 전통문화 재창조의 기반 확충에 일익을 담당했다. 초기 문화공보부의 예산 지원을 받았던 민추는 1980년대 다시 문교부로 이관되었다. 2007년 7월 3일 「한국고전번역원법」이 국회를 통과, 8월 3일 공포되어, 그때까지 정부 출연으로 운영하던 고전 국역 사업을 국가 주도로 추진하도록 바꾸고 명칭도 2008년 1월부터 한국고전번역원이 되었다.

문교부에서 문공부, 다시 문교부로 지원 기관이 바뀌며 여러 번 민족문화추진회의 진로가 흔들릴 때마다 민추의 기본 설립 취지를 관계 기관에 설득해 고전 국역 사업을 본궤도에 올려놓을 수 있었던 데는 이계황 전통문화연구회 회장의 공로가 컸다.

세종대왕기념사업회

세종대왕기념사업회는 1956년 10월 9일, 세종대왕의 성덕과 위업을 추모하여 이를 길이 보존·선양하고 민족문화 창달에 이

바지함을 목적으로 설립된 공익법인이다. 1956년 10월 4일 최현배 한글학회 이사장, 홍종인 조선일보 주필, 이희승 전국대학국어국문학교수단 이사장, 이태국 국어국문학회 회장, 윤우경 구왕궁 사무총국장, 정태시 대한교련 사무국장의 발기로 출범했다. 1968년 10월부터 서울특별시 동대문구 청량리동에 세종대왕기념관을 건립하고, 세종대왕에 관한 문헌 및 국학 자료의 편찬·간행, 세종대왕의 유물 및 유적의 수집과 보존, 우리 겨레의 학술과 예술의 진흥 및 선전, 한글 기계화 연구, 국학에 관한 연구 및 교육, 고전 국역 간행 등의 사업을 했다.

세종대왕기념사업회는 세종대왕 전기를 내고 『세종실록』을 비롯한 『조선왕조실록』과 일반 고전을 영인 및 국역하고, 학술지 『세종학연구』 등을 간행하였으며, 영릉의 세종대왕 신도비 및 석물을 발굴하여 기념관으로 이전했다.

유네스코 한국위원회, *The History of Korea*

1970년 8월 19일 〈경향신문〉 5면 머리기사로 홍이섭·손보기·김철준 교수가 공동집필한 영문 한국사 *The History of Korea*(유네스코 한국위원회)가 출간됐다는 소식이 실렸다. '그릇된 인식 씻고 참모습 담은 영문 한국사 발행'이란 제하의 기사는 일본 학자들이 왜곡한 영문 한국사를 수정하는 해방 후 최초의 한국사학자 공동 작품이라고 평가했다. 해방 이후 한국 사학계의 숙제였던 일제 식민사관 극복 최초의 개설서라는 의미도 있다.

*The History of Korea*는 구석기~청동기 손보기, 고조선~고려 김철준, 조선~18세기 손보기, 19세기~현재 홍이섭 교수로 나누어 약 1,500매 분량으로 정리하고, 캘리포니아대 로저스 교수가 교열을 맡았다. 본문 신국판 300쪽 외에 구석기 주거 유물, 고구려 고분 금관 등 30쪽의 화보(흑백 24, 컬러 6쪽)도 실었다. 한국인의 시각에서 정리한 한국사 이해라는 중요한 의미가 있다.

유네스코가 영문 한국사를 기획한 것은, 1963년 쓰에마쓰 야스카즈의 일문 『조선사 입문』을 도쿄의 동서문화센터가 영문 『한국소사』로 번역 출간하여, 해외 한국학 연구자들의 한국사 인식에 문제가 되고 있기 때문이었다. 쓰에마쓰의 『조선사 입문』은 일본의 한국 침략 25주년 기념으로 총 25개장에 한국의 식민지 전락이 필연적인 것으로 정리한 대표적인 식민사관 개설서였다. 쓰에마쓰는 한국사 연구를 문헌고증학에만 의존하여 한국사를 외침당한 역사로 파악하고 조선시대는 당쟁사로 얼룩진 정체 사회로 보았다. 일본 패전 후 하타다 다카시가 한국사를 사회경제사로 다룬 『조선사』(1951)를 1969년 영역 출간해 쓰에마쓰의 오류를 수정했다고 하나, 이 역시 일제 식민사관의 틀을 벗어난 것은 아니었다. 식민사관을 탈피하지 못한 일본인의 영문 한국학 연구서는 외국인들의 한국 이해를 왜곡되게 하고 또 이것을 기초로 출발하는 한국학 연구는 시초부터 한국에 대한 편견을 가지고 있어 외국 학계의 일제 식민사관이 확대재생산될 위험이 있었다. 김철준은 "1920년대 일본 학자의 한국사 연구는 식민지 정책 수립을 위한 조사였으며 이들의 한국 연구가 문헌고증학에만 치우쳐 한국민족의 내적 경험과 성장 과정의 주류를 파악하는 진실 접근과 객관성이 결여된 것"이라고 지적했다.

유네스코의 영문 『한국사』는 한국사의 상한을 금석병용시대에서 구석기시대로 끌어올렸다. 대학에서 독립운동사 과목을 최초로 개설한 홍이섭이 일제 침략에서 현재까지의 현대사를 정리했다. 일제 사학자들이 정체 사회로 혹평했던 조선 후기의 변화를 증명하고 이러한 변화를 식민지 지배 체제로 좌절시킨 일제 총독정치를 고발했다. 일제 패망 후 진주한 미국이 남한까지 좌경화하게 한 정책 실패는 한국을 과소평가한 때문이라고 홍이섭은 지적했다.

정치경제사 위주 기술과 문헌고증학의 한계를 탈피한 이 작업은 국외에 한국을 바르게 알리고 한국사 인식 체계를 바꾸는 획기적인 실험이었다.[56] 책이 출간된 뒤 홍이섭은 뒷얘기로, 일제 한국 침략이 한국 사회에 남긴 생채기를 고발한 일제 침략기 영문 원고를 교열 본 미국 학자 로저스가 교정지에 "정직하시오"라고 써 놓았더라는 일화를 소개했다. 일본 학자들의 영향을 받은 미국 학자에게 한국사의 진실을 바르게 알리기란 그만큼 간단한 일이 아니었던 것이다.

1969년 9월 6일 〈경향신문〉 문화면에는 서울에서 열린 국제학술회의에서 문제의 캘리포니아대 마이클 로저스 교수가 고려 성종 때 서희(徐熙) 장군의 거란과의 담판이 조작된 전설이라고 주장했다는 기사가 나온다. 로저스 교수의 잠꼬대 같은 말을 반박하는 김상기 교수의 주장과 이 학술대회 참가를 거부한 홍이섭 교수가 "외국 연구비로 진행되는 한국학 연구는 보세가공식 학문"
이라고 촌평한 것을 신문은 문화면 '낙서함'으로 처리했다.

시대사 논쟁

구석기시대 논쟁

문화재관리국 초청으로 1982년 8월 15일 한국 구석기 유적을
둘러본 존 데스먼드 클라크 박사(버클리대)가 연세대 손보기 교수팀
이 구석기 유적으로 발굴한 점말동굴을 자연동굴이라고 밝혀 큰
파문을 던졌다.

김원룡·정영화 교수의 안내로 경기도 연천 전곡리 구석기 유적
지를 답사한 클라크 교수는 석기 형태가 10만 년 전 전기 구석기
유적지라고 밝히고, 전곡리가 전형적인 아슐리안 문화는 아니지
만 아프리카 지역의 전기 구석기 말엽 혹은 중기 구석기에 특수
한 용도로 제작된 대형 석기, 석핵석부와 뾰족끌개 등의 문화 양
상과 통하는 점을 보이고 있다고 해석했다.

클라크 교수는 8월 19일 국립박물관에서 가진 기자회견에서
"석장리 유적지는 후기 구석기 유적지"라고 밝히고, 그 아래 부
분에서 출토된 돌에서는 인위적인 흔적을 발견할 수 없어 구석기
유물이 아니라고 잘라 말해 연세대 박물관의 석장리 발굴보고서
일부를 부인했다. 8월 20일에 기자들과 함께 다시 점말동굴에 가

서도 자연동굴일 뿐이라고 밝혀 기자들을 놀라게 했다.

클라크는 1981년 에티오피아에서 400만 년 전의 것으로 추정되는 아파르인의 두개골을 발굴한 고고학자다. 1982년 8월 17일 정영화의 안내로 연천 전곡리 구석기 유적을 둘러본 클라크는 "전곡리 구석기 유적은 상한 연대가 270만 년 전으로 추정되는 전기 구석기 유적"이라고 발표한 것으로 신문에 보도되었으나, 19일 국립박물관 기자회견에서 클라크는 "전곡리 유적은 석기 형태로 보아 아프리카 전기 구석기 말기(20만~10만 년 전)와 공통점이 있다"면서 270만 년 전 추정 기사는 잘못이라고 정정 보도를 요구했다.

점말동굴을 발굴한 손보기는 "동굴에 들어가 보지도 않고 안내한 교수의 말과 잘못된 정보에 의해 점말 구석기 유적을 부인한 것은 학자의 상식 밖의 자세"라고 비난했다. 손보기는 "동굴에서 구석기시대 불탄 자리가 발견되었고 출토 뼈 연모에도 인공 흔적이 분명히 있었다"고 제시하며, 클라크 교수의 연세대 박물관 팀의 구석기 발굴 연구성과 부인의 배후가 무엇인지 밝혀야 한다고 흥분했다.

점말동굴 발굴에 참여했던 이융조 충북대 교수는 클라크 교수의 방한 중 상식 이하의 언행을 공격하는 공개서한을 〈경향신문〉에 기고했다. 이융조의 공개적인 클라크 비판에 대해, 클라크 방한 중 안내를 맡았던 정영화 영남대 교수가 클라크의 석장리와 점말 구석기 유적에 대한 발언은 자신의 견해와 일치한다며 교과서에 실린 석장리·점말 구석기 문화 기술은 수정돼야 한다고 〈동아일보〉에 기고했다.

한국 구석기 발굴 연구는 손보기가 이끄는 연세대 발굴팀의 선구적인 노력으로 큰 성과를 거두어 교과서에 구석기시대가 오르게 되었다. 그러나 한국 고고학 연구 조직을 장악하고 있는 서울대 고고학과 인맥은 연세대의 구석기 발굴 결과 발표를 백안시해 갈등 관계였다. 클라크 방한 중 드러난 서울대와 연세대 구석기 발굴팀의 갈등은 학술 논쟁 수준을 뛰어넘는 감정적인 것이었다.

독학으로 한국 구석기 문화 연구를 개척한 손보기는 구석기 전공 동료 교수들로부터 집중 공격을 받았다. 클라크 방한 2년 전 1980년 9월 22일 한국정신문화연구원이 주최한 세미나에서 서울대 고고학과 출신 구석기 발굴 참여 학자들이 손보기의 논문을 믿을 수 없다고 비판했으며, 한국문화연구원 주최 학술회의에서 황용훈 경희대 박물관장도 손보기의 구석기 논문이 수정돼야 한다고 비판했다. 그러나 소련 학계는 손보기의 구석기 연구를 인정해 '극동 한국의 구석기'로 소개하고 있었다.

우리나라 구석기 연구는 1964년 공주 석장리에서 연세대 박물관 조사단(단장 손보기)이 구석기 유적을 확인함으로써 시작되었다. 미국인 모어가 처음 손댄 석장리 유적은 김원룡 교수도 발굴했으나 바로 손을 떼었고, 손보기 교수팀이 다시 도전해 성공한 것이다.

손보기는 구석기시대의 실재를 부인하는 고고학계를 설득하는 데 오랜 시간이 걸렸다. 석장리·동광진·굴포·상원·전곡·제천·경주·여주 등 남한 전역에서 구석기가 발굴되었고, 덕천 승리산과 단양 상시에서는 구석기인의 뼈도 발굴돼 한국 구석기 연구는 세계 학계의 주목을 받았다.

그러나 1970년대 서울대 고고학 발굴팀과 연대 구석기 연구팀의 대립이 극한 상황으로 번져, 연세대 발굴보고서를 불신하는 비방전까지 공공연히 벌어지며 신문의 화제 기사가 되기도 했다.

뿌리 찾기 논쟁

국사학계가 뿌리 찾기 열풍에 휩쓸려 무오사화의 원흉 이극돈이 재조명되는 사태가 벌어졌다. 1970년대 종친회와 화수회를 중심으로 문집·족보를 발간하고 기념비를 건립하고, 이름난 조상을 추모하는 각종 연구소가 앞다투어 문을 열었다.

가장 큰 파문을 던진 뿌리 찾기 논쟁은 김녕김씨 문중이 벌인 '김문기선생 육신묘역 봉안추진위원회'(위원장 허명)가 김문기 가묘를 서울 노량진 사육신 묘역에 봉안케 해달라고 관계 요로에 청원한 데서 비롯된 사육신 교체 논쟁이다. 추진위는 청와대와 서울시에 낸 탄원서에 "생육신의 한 사람인 남효온(1454~1492)이 쓴 『추강집』 속의 「육신전(六臣傳)」은 왜곡된 것"이라며 "실록에 김문기가 사육신이므로 유응부 대신 김문기를 사육신으로 현창해야 한다"고 주장했다.

사육신 교체 탄원은 국사편찬위원회가 2차례 회의만으로 "김문기 육신묘역 봉안추진위원회의 탄원이 타당하다"고 문교부에 보고하면서 사회문제가 되었다. 〈동아일보〉 1977년 9월 24일자 사회면 머리기사로 '사육신 유응부는 김문기의 잘못'이라는 제목의 기사가 나갔다. 국편이 이병도·이선근·신석호·유홍렬·백낙준·조기준·한우근 등으로 특별위원회를 구성 심의한 결과 "김문기를 사육신으로 현창하는 것이 마땅하다"고 결론지었다는 보도였다. 국편의 결정에 대해 한학자와 역사학자들은 2파로 나뉘어 열띤 찬반 논쟁을 벌였다. 허선도는 "사육신은 추강 남효온이 절의의 표본 인물로서 「육신전」에 올렸고 정조 때 국가에서 공인했던 것인데 육신 중 유응부를 빼고 김문기로 바꾼다는 것은 잘못이다. 노량진 사육신 묘역에 김문기를 추가해 '사칠신' 묘역으로 한다는 것도 말이 안 된다"고 했다. 최영희 국편위원장도 "상부 기관의 독촉으로 김문기가 단종 복위 운동에 참여한 중요한 인물이라는 탄원 내용을 확인해 보고했을 뿐, 노량진 사육신공원에 김문기 가묘를 만드는 것은 국편이 결정하지 않았다"고 밝혔다.

김문기 사육신 논란에 학계도 찬성(김창수·이현희·강주진)과 반대(이가원·이재범·정구복)로 나뉘었으나, 구자춘 서울시장은 1978년 봄 노량진 사육신공원에 김문기 허묘를 만들고 7인의 위패를 봉안했다. 서울시장이 앞장서 노량진 사육신공원에 김문기 가묘를 만든 것은 당시 중앙정보부장의 위세 때문이었다고 국편 관계자와 바로잡는 회의에 참석했던 국편위원은 증언했다.

〈경향신문〉은 사육신 순절 522주기가 되는 1978년 7월 12일 이재범의 시론으로 잘못된 결정임을 정식 제기했다. 4년 뒤인 1982년 11월 11일 국편(위원장 이현종)은 이현종·천관우·변태섭·손보기·유원동·민석홍·김철준·김원룡·고병익·전해종·김두원 등 11명 위원이 참석한 위원회를 열고 4시간여 토론 끝에 "국편이 1977년 서울시 문의에 김문기 현창은 가능하다고 했으나 유응부를 빼야 한다고 회보한 일이 없음"을 확인하고 사육신은 "성삼문·박팽년·하위지·이개·유성원·유응부에 변동이 없다"고 발표했다. 그러나 서울시는 사육신공원의 김문기 허묘와 위패 봉안은 바로잡지 않았다.

그 밖에 진주 삼장사 시비, 제주고씨 족보 수정 요청, 경주 서악 서원의 위패 위치 시비, 유응부가 천령 유씨라는 천령 유씨 문중의 청원 등이 국편에 접수됐다.

전방후원분 한국 기원설 논쟁

삼국시대 고분 연구가 강인구 교수(영남대, 고고학)는 영산강·낙동강 유역의 분구묘(墳丘墓)를 조사, "경남 함안군 가야읍 말산리 말이산 고분군과 경남 고성읍 송학동 고분군에서 전형적인 전방후원분을 확인했다"고 1983년 6월 발표했다. 강 교수는 함안 고성 외에도 대구 신지동 1호분, 선산 낙산동 5호분, 고령 지산동 1호분, 성주 성산동 6호분과 한강 유역 고분에서도 전방후원분의 기원을 찾을 수 있다고 주장했다.

원형 분구 앞에 장방형의 단상이 부설된 전방후원분은 일본 고훈(古墳) 시대를 상징하는 분묘로, 그 무덤의 주인공들이 한반도에서 건너온 것은 분명하지만 무덤만은 독자적인 것이라고 일본인들은 알고 있었다.

강인구의 전방후원분 한국 기원 가설이 발표되자 국내 학계보다 일본 학계가 민감하게 반응했다. 모리 고이치(森浩一) 도시샤(同志社)대 교수는 강인구의 연구가 한일 고대 관계사의 수수께끼를 푸는 실마리라고 격려했다. 그러나 일본 고분 연구가 30여 명이 한국을 방문하여 현장을 답사한 뒤 에사카 데루야(江坂輝彌) 게이오대 교수는 '백일몽'이라고 혹평했다.

경영형 부농·광무개혁·식민지근대화론 논쟁

1976년 김용섭·신용하 교수의 서평 공방으로 개항 초기 한국 근대사 해석에 대한 상반된 주장이 제기되었다. 연세대와 서울대 중견 학자들 사이에 불붙은 논쟁은 19세기 말 일본 침략기의 집권 수구파와 독립협회 개혁 세력에 대한 전혀 상반되는 역사 평가로, 한국 근대사 정리에서 맨 먼저 짚어야 할 쟁점이어서 인접 학문 분야에서도 그 결과를 관심을 갖고 지켜보았다.

김용섭·신용하 1차 논쟁

논쟁은 『조선후기농업사연구』(전 2권, 일조각, 1971~72), 『한국근대 농업사연구』(일조각, 1975) 등 저술로 조선 후기 농업 분야의 자생적인 자본주의 발달 연구에 독보적인 학자 김용섭 연세대 교수가 『한국사 연구』 제12집에 신용하(서울대, 사회학)의 『독립협회 연구』(일조각, 1976)에 대한 서평을 발표한 데서 비롯되었다. 김용섭은 "사회학자의 독립협회 연구를 읽고 역사가가 느낀 몇 가지 점을 열거"한 서평에서 신용하가 민족운동의 구심점으로 높이 평가한 독립협회가 "당시에 미국당이라고 지칭되기도 했다"며 "19세기 최말기에서 20세기 초에 걸쳐 수행된 지배층 중심의 광무개혁이 제국주의 침략에 맞선 개혁운동의 마무리"라는 지론을 재천명했다.

이에 신용하가 『한국사 연구』 제13집에 김용섭의 『한국근대농업사연구』에 대한 장문의 서평으로 맞불을 놓음으로써 논쟁이 확산되었다. 신용하는 김용섭이 긍정적으로 평가한 광무개혁의 추진 세력인 친러 수구파 지배층은 "재야 개혁자들의 구국 개혁 운동을 탄압하고 집권 체제 유지를 위한 고식책만을 되풀이했다"고 비판하고 "수구의 고식책을 개혁이라는 역사적 개념으로 정립하려는 김 교수의 시도는 근대사 해석을 전도시키는 것"이라고 반박했다. 뿐만 아니라 조선 후기 농업사에서 자본주의 맹아를 실증하기 위해 김용섭이 10여 년간 탐구해 온 '경영형 부농'을 실재하지 않는 공론이라고 정면으로 부인, 자본주의 맹아론 가설에 찬물을 뿌렸다.

서평으로 촉발된 김용섭·신용하의 대립은 어찌 보면 숙명적이다. 1970년대 한국 사학계의 주목할 업적으로 손꼽히는 김용섭의 『한국근대농업사연구』와 신용하의 『독립협회 연구』는 19세기 말 제국주의 침략기 한국사의 주체적 대응을 전혀 상반되게 평가한 저술이어서 언젠가 논쟁은 불가피했다. 김용섭이 친러 수구파 지배층, 친일파 지배층의 광무 정부의 정책을 '당대 파워 엘리트의 개혁'이라고 평가한 반면, 신용하는 당시 지배층에게 개혁을 촉구한 독립협회의 만민공동회, 신교육 산업운동, 애국계몽운동을 개혁운동의 주류로 평가했다. 방대한 자료를 섭렵해 내놓은 김용섭의 『조선후기농업사연구』는 오랫동안 독보적인 업적으로 평가되었으나 송찬식·안병직 등이 의문을 제기한 적이 있는데, 사회학자인 신용하가 "실재하지 않는 경영형 부농을 내세워 혼미를 거듭하고 있다"고 정면으로 반박하고 나섬으로써 1970년대 최대의 국학 분야 쟁점으로 부상했다.

경영형 부농과 광무개혁 논쟁에 국사학계는 현실과 유리되었던 실학자들의 개혁론에 대한 재조명과 사회경제사학 방법론에 대한 검토가 요청된다고 지적했다. 그러나 김·신 두 교수의 업적은 사관의 차이로 역사 해석에는 문제가 있을 수 있지만 자료 정리 면에서는 기념비적인 업적으로 남을 것이다.[57]

경영형 부농 논쟁은 후에 이영훈·최윤오의 조선 후기 농업사회에 대한 논쟁으로 심화되었다.

한편 송암(松巖) 김용섭은 2020년 2월 12일, '통문관주인' 산기 이겸로 기념사업회와 한국학중앙연구원이 공동 제정한 제1회 한국학저술상을 수상했다. 산기기념사업회는 9권의 『한국농업사』를 완간한 김경희 지식산업사 사장에게도 격려상을 수상했다.

강만길·신용하 2차 논쟁

광무개혁 논쟁은 1978년에도 재연되었다. 초점은 19세기 말 망국 전야의 대한제국 시기 집권 수구파와 재야 세력인 독립협회에 대한 역사적 평가에 있었다. 논쟁은 강만길 교수(고려대·국사학)가 『창작과 비평』 제48호에 낸 "대한제국의 성격"이라는 논문에서 신용하의 독립협회 연구를 비판한 것에서 비롯된다. 강만길은 신용하가 높이 평가한 독립협회의 정치사상이 "근대적인 국민주권 사상이 되기에는 한계가 있다"고 비판했고, 반면 신용하가 혹평한 친러 수구파 지배층의 이른바 광무개혁이 "괄목할 만하고 주체적인 방향에서 이루어졌다"고 주장했다.

이에 신용하는 『창작과 비평』 제49호에 "광무개혁론의 문제점"을 싣고 "강만길 교수의 소위 광무개혁에 관한 상공업 부문의 증명 제시는 성립될 수 없을 뿐만 아니라 사료 처리와 사관도 큰 문제점이 있다"고 강경하게 맞섰다.

패전 후 일본의 사회경제사학자들은 일제 침략기 일인 학자들의 한국사 연구를 비판하면서도 한국의 일본 피지배를 불가피한 것으로 귀결짓는 신식민주의 사관을 내놓고 있었다. 신식민주의 사관을 다시 제시한 일인 학자들은 "일본의 개항 압력에 무력했던 한국은 개항 후 강력한 저항민족주의가 있었으나 그 뒤에 새로운 국민국가와 시민사회를 건설할 구체적인 자주 근대화와 자유 민권 사상과 운동이 없었기 때문에 제국주의 열강에의 종속은 불가피했으며, 일본의 침략은 제국주의 침략 과정의 선점에 불과했다"고 주장했다.

개항 후 독립협회의 만민공동회 시민운동과 망국 전야 광무 연간의 정책에 대한 상호 전면 부인 논쟁은 착잡하다. 독립협회의 만민공동회 운동은 한계가 있으나 국민국가와 시민사회 수립을 제시했으며 1910년 이후 3·1운동으로 발전, 일인 학자들의 신식민주의 사관에 대한 유력한 반증 자료가 되고 있다. 집권 세력의 개혁다운 개혁이나 독립협회의 근대국가 건설 의지 중 한 가지라도 성공했다면 식민지 전락의 수모는 없었을 것이다.

한국사가 봉건제 등 서양사의 역사 발전 단계를 밟지 않아 정체되었다는 식민사관을 극복하기 위해 자본주의 맹아론을 제시했으나, 광무개혁 논쟁으로 본격적인 재검증 작업이 시작되었다. 무리한 가설을 세우고 기성복 사관에 끼워 맞추기보다는 한국문화의 특수성을 인식하고 역사의 진실을 밝혀야 할 것이다.[58]

해방후 3세대 학자들

해방후 3세대의 한국통사

한국사 개설서로 해방전 세대 학자인 두계 이병도의 『조선사대관』(1948)이 4·19까지 장기 베스트셀러였다. 이병도의 고대사 체계와 일제 식민사관을 극복한 김철준·한우근 공저의 『국사개론』(1954)에 이어 이기백의 『국사신론』(1961. 1967년 『한국사신론』으로 개정), 한우근의 『한국통사』(1970), 이원순·최병헌·한영우 공저 『국사』(1982. 한국방송통신대 교양교재. 대만에서 『韓國史』로 번역 출간), 서울대 출판부의 『한국사특강』(1990), 변태섭의 『한국사통론』(1990) 등이 출간되었으나, 그중 이기백의 『(한)국사신론』이 1990년대 후반까지 대표적인 한국사 개론서로 공인받았다.

1990년대 이후 새로운 통사로 해방후 3세대들인 한영우의 『다시 찾는 우리 역사』(1997), 이성무의 『다시 보는 한국사』(공저. 2013),

이태진의 『새한국사』(2012)가 많이 읽혔다. 이성무·한영우·이태진은 해방후 1세대로부터 교육받은 4·19 주역 세대다. 서울대 역사학과에서 한국사를 전공한 이들은 모두 조선시대사 전공이며 그중 이성무와 이태진은 국사편찬위원장도 역임했다. 이들은 단재류의 혈연적 민족주의 사관, 백남운류의 사회주의 사관, 이병도류의 일제 관학 사관(식민사관), 김철준류의 문화사관, 강만길류의 민중사관·분단사관·통일사관을 종합한 학자들이다.

한영우, 『다시 찾는 우리역사』

가장 많이 보급된 한영우의 『다시 찾는 우리역사』는 2014년 제3판이 9쇄까지 매진될 정도로 많이 팔렸다. 최신판은 구석기시대에서 박근혜 정부까지를 많은 사진과 사료를 올려 화려하게 편집했다.

국편이 1974년 편찬한 국정 고교 국사 교과서 공동필진이었고 서울대 규장각 관장을 역임한 한영우는 규장각에 소장된 의궤 등의 화려한 그림을 책 표지 장정과 본문에 다수 사용해 독자의 한국문화 이해 폭을 넓혔다. 국사학계의 논쟁을 많이 소화해 수록했으나, 사회과학 등 인접 분야의 한국사 연구업적은 많이 반영하지 않았다. 일제하 민족주의 사학자들이 인용한 『환단고기』, 『규원사화(揆園史話)』, 『단기고사』 등 강단사학이 외면한 고기도 논거로 인용하고 현대사도 과감하게 포함시켰으나, 이방원·이유·이역의 잇따른 쿠데타와 한명회·이극돈·유자광·유형원 등의 패거리 정치 적폐, 임진왜란·병자호란과 숙종·영조·정조 시대의 권력 다툼, 고종 시대의 부패와 국가 기강 해이 등에 대한 비판은 유보했다.

『정도전사상연구』, 『조선전기사학사연구』, 『조선전기경제사연구』, 『조선전기사상사연구』, 『한국민족주의역사학』, 『조선후기 사학사연구』, 『과거, 출세의 사다리』, 『조선왕조 의궤』, 『문화정치의 산실 규장각』, 『유수원』, 『양성지』, 『정조평전』, 『명성황후』, 『미래를 여는 우리 근현대사』 등 60권 가까운 저서를 펴낸 한영우는 해방 후 국사학계의 업적과 연구 동향을 잘 파악하고 있었으나, 인접 학문의 한국사에 대한 학제적 연구의 수용에는 소극적이었다.

한영우교수 정년기념논총으로 63인이 쓴 『한국사 인물열전』 3권이 나왔다. 동학과 제자들이 집필한 『한국사 인물열전』 3권은 단군·위만·주몽·대흥무·송유인·정서·최해·이문건·서호수·박주종·홍명희·박정희·장준하 등 63명의 인물 평전이다.

이성무, 『다시 보는 한국사』

이성무 전 국사편찬위원장은 송찬식·정창열·정석종·이만열·한영우 등과 함께 김철준·한우근 교수의 지도를 받은 조선시대사 정리의 선두 주자로 『조선 초기 양반 연구』, 『한국의 과거제도』, 『조선왕조사』, 『조선의 사회와 사상』, 『조선의 사상사 연구』, 『다시 보는 한국사』 등 58권의 책을 펴냈다. 국민대학교 한국학대학원 교수로 조선사 연구 학자들을 길러 냈고 조선사연구회·한국고문서학회·한국계보연구회·성호학회 등을 조직해 조선시대사 인식의 폭을 넓혔다.

『다시 보는 한국사』는 고대사를 전공한 아들 이희진과 공저로, 해방후 3세대의 통사 중 가장 평이하고 설득력이 있는 책으로 평가받는다. 『조선왕조사』 2권은 신명호·최재복·전철기·김학수·배성이·권오영·이민원 등 제자들의 도움으로 나온 책으로 『조선왕조실록』과 『대동야승』, 『동문선』 등 각종 문집의 사료를 집대성한 조선시대 통사다. '역사를 사랑하는 모임'을 만든 이성무는 일반인의 역사 이해를 위해 『한국당쟁사』, 『한국역사 이해』도 펴냈다.

이성무 묘비 제막식이 2019년 11월 9일 경기도 장호원읍 풍계리에서 있었다. 박병호·최병헌·최승희·고혜령·박석흥·조광·이동호·김학수·최진옥·권호영·정만조 등 교수와 제자, 지인들이 참석했다.

이태진, 『새한국사』

해방후 3세대로서 통사 집필자 중 가장 후배인 이태진(1943년생)은 식민사관의 당쟁론에 맞서 '붕당론'을 제기하고, 고종의 1897년 10월 대한제국 선포가 대한민국 건국이라고 주장했다.

이태진의 『새한국사』(2012)는 일제 식민사학이 '정체된 사회'라고 혹평한 조선 후기의 모순을 독특하게 '외래충격설(theory of terrestrial impact)'로 설명하고 있다.[59] 태양 흑점 폭발과 소행성·혜성 등의 충돌에 의한 기후 변화가 역사 변화에 큰 작용을 했다는 가설에서 실록 기록과 박석윤(충남대 명예교수, 통계학)의 조선 후기 기후 변화와 재결(災結)수 통계 정리[60]를 인용해 순조 이후의 민란을 설명했다.

이태진은 정조 3년(1779)부터 고종 18년(1881)까지 역대 실록과 『일성록』 등에 실려 있는 회계부(會計簿)와 재결·실결(實結)·면세결(免稅結)·실상납액(實上納額), 측우기 계측과 강우량 조사 결과, 기후 변화에 따른 생산량 감소와 질병에 따른 인구 감소가 심해 국가경제가 기우는 것을 통계로 입증한 박석윤의 논문을 인용해 조선 후기의 모순을 설명했다. 1783~1814년의 재결 총수가 약 10만 결로 집계된다. 기상 이변, 천재지변과 국가 기강 해이 등에 의해 세금 받을 농지가 줄어든 것을 통계로 입증했다. 호수(戶數)도 1809년 이후 두 차례에 걸쳐 약 20만 호가 급속히 감소한 것으로 나타났다. 1813년 12만 4,779호가 대폭 감소하고 1816년에 추가로 8만 1,110호가 감소했다. 1784, 1785, 1810, 1815년의 재정 적자액은 약 90만 냥으로 집계되어 국가경제가 바닥을 드러냈다.

이태진은 일국사 중심의 역사 연구에서 벗어나 전 지구적 환경 변이 속에서 일어난 민족 간의 연동(連動) 역사에서 한국사를 정리해야 한다고 서론에서 주장했다. 그중에서도 소행성·혜성 등의 지구 근접 물체들(near earth objects)이 지구 대기권에 끌려 들어와서 폭발하거나 충돌하는 외계 충격이 한국사 변화에 큰 영향을 미쳤다고 주장했다. 천전리와 대곡리의 암각화는 충적세 후기(신석기~청동기시대)의 외계 충격 현상에 의한 자연 환경과 생태계 변혁을 전하는 대기록화였다고 해석했다. 불국사 석굴암, 성덕대왕신종 등은 통일신라기 200년간의 외계 충격으로 인한 재난을 없애 달라는 신라인의 간절한 소망을 담은 조성물이라고 주장했다. 고려시대에도 자연재난 과정에서 이자겸과 묘청의 난이 잇따라 일어났고, 종반에 무신의 난이 일어나서 통치 체제가 근본적으로 바뀌는 변동을 겪었다고 해석했다. 1490년부터 찾아온 외계 충격에 의한 자연재난은 270년간 조선 사회를 괴롭혔으며, 숙종·영조·정조가 소민 보호를 정치 키워드로 내세웠으나 외척의 세도정치로 무산되어 민란으로 나라가 망했다고 기술했다. 한마디로 조선 역사는 자연재해와의 싸움이었다는 것이다.

해방 전 수준을 뛰어넘은 분야사 연구

한국철학회 『한국철학사』(전 3권), 조동일 『한국문학통사』(전 6권)

한국철학회가 1974년 기획한 『한국철학사』가 김태길·이규호·이종후·윤명로·신일철·한전숙까지 6대 회장을 거쳐 13년 만인 1987년 상중하 3권으로 출간되었다. 한국철학사 집필을 위한 『한국철학연구』 세 권 집대성에 연 5년 48명의 학자가 참여, 논문을 발표했고 『한국철학사』 집필을 위해서 19명의 학자가 10년간 매달렸다. 한전숙 회장은 서문에서 "오랜 시간이 걸렸으나 미흡하다"고 자평하면서도 "이 땅에서 처음으로 한국철학사를 엮어 냈다는 의미가 있다"고 밝혔다. 그는 공동집필이라는 특성상 통일된 방법론에 따른 공동연구를 하지 못해 논문집 수준을 벗어나지 못했으며 각 시기의 역사적인 상황 설명이 부족했다고 반성했다.

이병기·조윤제·정병욱 등의 한국문학사를 뛰어넘는 조동일의 『한국문학통사』 전 6권이 1993년 지식산업사에서 출간됐다. 앞선 해방후 1세대가 한글로 표기되고 민중을 소재로 한 것만이 국문학이라고 주장하여 한문학을 배제하고 판소리·가면극 등에 경도됐던 것을 극복한 개척적인 저술이다.

1981년 5권의 문학사를 내놓은 데 이어 1993년 기획한 15권짜리(19세기까지 6권, 1945년까지 3권, 1945년 이후 6권) 북한의 집단연구보다 조동일의 『한국문학통사』는 분량은 적으나 기술 대상이 다양하고 충실한 편이다. 조동일은 "문학사는 언어생활사"라면서, 4·19 이후 국문학 연구가 민속학과 구비문학까지 확대되고 1973년 한문학이 국문학 연구에 포함된 추세를 적극 반영했다. 제1권 1장부터 한문학의 등장을 제기하고, 삼국시대 불교문학·설화와 신라한문학, 고려 귀족문화를 정리했다. 제2권(중세후기 문학)에는 지눌·혜심 등 승려의 선시(禪詩)도 소개하고『해동고승전』·『삼국유사』등도 문학사에 올렸다. 제3, 4권(중세에서 근대로의 이행기 문학)에는 조선시대부터 춘원·육당까지, 마지막 6권(근대문학)은 1919~45년까지를 정리했다.

『한국 인물 유학사』(전 4권), 『한국사 인물열전』

율곡학회 회장, 성균관 관장 등을 지낸 최근덕 화갑기념 논총으로 조준하·유명종·김충렬·안병주·윤사순·송석구·정병련 등이 참여해 간행한 『한국 인물 유학사』(한길사, 1996)는『논어』와 「천자문」을 가지고 일본에 건너가 왕자와 군신의 교육을 담당했다는 왕인부터 성리학자 간재(艮齋) 전우(田愚)까지 103명의 유학자를 정리해 한국 유학사를 사람 중심으로 엮었다.

한영우교수 정년기념논총으로 63명의 역사학자가 『한국사 인물열전』(돌베개, 2003)을 펴냈다.

최병헌 외, 『한국불교사 연구입문(상)(하)』

국가문화재 2,260점 가운데 불교 관련 문화재가 1,235점으로 약 55퍼센트를 차지한다. 전적(典籍)류 문화재 606점 가운데 262점(43%)이 불교 전적이다. 불교는 사상과 철학을 비롯하여 학문·예술·정치·외교·경제 등 한국 역사 전반에 걸쳐 큰 작용을 했다.

불교는 인도문화 풍토에서 성립된 종교이기 때문에 한국문화가 중국문화 일변도의 영향에 빠지는 것을 막았다. 한국은 중국을 통해 들어온 불교를 새롭게 발전시켜 오히려 중국에 영향을 끼치기도 했다. 불교는 공인된 372년부터 주류에서 밀려나게 되는 1392년까지 1천 년간 한국을 지배했다. 그러나 일제 침략기에 불교는 왜곡과 변질을 겪게 되어, 그 결과 학문으로서의 불교사학도 부진해 한국학 분야 가운데 가장 뒤떨어진 분야가 되었다.[61]

최병헌 편집의 『한국불교사 연구입문』(전 2권, 2013)은 한국 불교사를 주제별로 나누어 연구성과와 과제들을 점검한 것이다. 최병헌은 일제가 전시 동원 체제를 위해 한국 불교를 총본산 체제로 전환하기 위해, 총독부가 1938년 10월 각황사를 이전 완공하고 1940년 12월에 「총본사 태고사법」을 제정, 1941년 4월 23일에는 「조계종 총본산 태고사법」을 인가 반포하여 통합 종단 조선불교 조계종 창립을 완성한 것이라고 정리했다.[62] 조선총독부는 총본산의 명칭을 '조선불교 선교양종 총본산 각황사'로 했다가 '조선

불교조계종 총본산 태고사'로 변경하고 북한산 태고사를 이전하는 형식을 선택했다. 이것은 새로운 종단의 법통을 고려 말기 태고 보우(太古普愚)와 연결시키려는 의도에서였다. 새로운 종단의 이름을 조계종으로 한 것은 고려시대 선종의 대표적 종파였던 조계종의 전통을 고려한 것이었다.

조선총독부는 조계종 통합 종단을 설립하면서도 태고사법의 상위 법령인 「사찰령」과 「사찰시행규칙」을 존속시키고, 31본산 체제를 변경하지 않았다. 사찰 재산 처분 인가권, 주지 임명권 등의 실질 권한은 조선 총독이 계속 장악하고 있었으나 본사 주지들의 특권도 보장해 31본산 체제의 명맥을 잇게 했다. 조계종 창립은 친일적이고 어용적인 식민지 불교의 완성이었다고 최병헌은 해석했다.

최병헌은 조계종을 비롯한 불교계의 과제로 1) 일제 식민지 불교 잔재 청산, 2) 교단 운영 체제의 쇄신, 3) 어용적 체질 극복, 4) 청정승가 구현, 5) 패거리싸움 지양과 화합승가 구현, 6) 교학 체계와 수행 방법 계발을 제시했다.

『한국불교사 연구입문』은 원효(남동신), 화엄사상(정병삼), 신라 유식학(최연식), 발해 불교(송기호), 법상종(토니노 푸지오니), 고려 후기 신앙 결사(채상식), 임제종(인경), 고려와 원의 불교 교류(강호선), 고려대장경(박상국) 등을 정리했으며 기왕의 학계 연구도 밝혔다.

한국학중앙연구원, 『한국사상사대전』(전 10권) 착수

한국학중앙연구원은 2019년 100억 원을 투입하는 『한국사상사

대전』에 착수했다. 전근대(50억)와 근대(50억)로 분류해 기획 중인
『한국사상사대전』은 인물 평전, 전기류 평전, 역사류 평전의 세
범주로 진행되며, 인물 1명당 원고지 2천 장, 연구비 7천만 원을
책정한 편찬안을 공개했다.

식민사관 극복에 앞장선 4개 대학 사학과

서울대 국사학과

서울대 국사학과는 서울대 문리과대학 사학과가 1969년 3월 국
사·동양사·서양사 3개 학과로 분리되면서 생긴 학과다.

인문대 국사학과의 전신인 문리대 사학과는 총독부가 세운 경
성제국대학 법문학부 사학과에 뿌리를 두고 있다. 1945년 졸업한
김원룡(고고학)이 경성제대 사학과 출신이고, 1947년에 제1회로 졸
업한 고병익·손보기·전해종·이기백·한우근부터 문리대 사학과
출신이다.

해방 직후 경성대학에서 한국사 강의를 담당한 교수들은 와세
다대학 출신 이병도·김상기·손진태, 경성제대 출신 유홍렬·이인
영·김성칠, 게이오대 출신 강대량(강진철) 등이었다.[63] 한우근(1959
임용), 김철준(1963), 김용섭(1967), 한영우(1970) 등이 문리대 사학과
교수로 일제 식민사관 극복에 앞장섰다. 김철준·이기백·홍이섭·
고병익 등 해방후 1세대 국사학자들이 부산 피난 시절 역사학회
를, 1968년에 한국사연구회를 발족하여 일제 잔재와 식민지 체질
극복에 나섰으나, 1980년대 한국역사연구회 발족으로 국사학이

민중사학으로 좌편향되는 데 서울대 국사학과 출신 학자들도 역할을 했다.[64]

1975년 서울대 종합화계획으로 국사학과가 독립하며 인문대학 소속이 되었다. 이후 교수진으로 이태진(1977, 한국사회사), 최병헌(1979, 불교사), 정옥자(1981, 근세사), 노태돈(1981, 고대사), 권태억(1981, 근대사), 최승희(1982, 근세사), 김인걸(1986, 근세사회사), 송기호(1989, 발해사), 노명호(1990, 고려시대) 등이 합류했다. 『한국사론』을 50집(2004)까지 간행했다. 서울대 부설 규장각과 한국학연구소가 한국사 연구에 참여하고 있다.

천관우·이제훈 등 언론인과 한만년(일조각 사장), 최철해(정음문화사 사장), 김경희(지식산업사 사장) 등 출판인도 배출했다.

연세대 사학과

1917년 설립된 연희전문학교에서는 민족정신과 독립의식을 고취했다. 정인보·백남운·백낙준·손진태 등이 일제의 감시와 압력에도 민족사학을 지켰다. 1945년 12월 25일 역사학회가 창립될 때 홍이섭·민영규 등 제1차 간사진은 모두 연희전문 관련자였다. 역사학회가 1952년 정식 재발족할 때 초대 회장도 연희전문 출신 홍이섭이었다.

1946년 8월 연희대학교로 새출발하여 1950년 사학과 제1회 졸업생으로 이광린·임종철 등 5명을 배출했다. 1957년 연희대와 세브란스의대를 합병하여 종합대 연세대학교로 승격하면서 김철준·이광린·이종영·고병익·민영규·홍이섭·조의설·민석홍·이홍직 등으로 교수 진용을 보강했다. 고병익·조의설 후임으로 황원구·김동길·고성환·김정수가 보임되어 연세 사학과 강의를 다양하게 했다.[65]

버클리 유학 후 1964년 부임한 손보기가 공주 석장리에서 구석기 유적을 발굴해 한국사의 시원을 구석기시대로 끌어올렸다. 손보기는 인쇄사와 한국의 고활자 연구에도 개척적인 업적을 남겼으며, 구석기 학술용어를 우리말로 표기했다. 1975년 부임한 김용섭의 농업사 연구도 해방 후 국사학계의 손꼽히는 업적으로 평가받았다. 국학연구원이 사학과 학술 활동을 지원하고 있다.

학계 외에 이종덕(전 예술의전당 이사장), 표재순(연출가) 등이 연세대 사학과 출신이다.

고려대 사학과

1946년 창립된 고려대 사학과는 대학원을 동시에 개설해 1980년대까지 대학교수로 진출시킨 졸업생이 가장 많았다.

사학과 출범 당시 신석호·김정학·정재각·김준엽·김학엽·김성식이 국사·동양사·서양사 강의를 맡았다. 제1회 졸업생은 최영희 전 국사편찬위원장 등 3명이었다. 이홍직·강진철이 교수진에 합류했고 이후 강만길·김정배·조광·최광식·박용운·김현구·윤세영·신승하 등이 고대 사학을 계승하고 있고, 유영익·민현구·이인호 등이 교수로 합류했다.

신석호가 국사편찬원회를 만들어 고려대 사학과 출신이 국편을 오래 장악했다. 최영희·김용섭·박용옥·강만길·이현희·유영렬·

최완기·송병기·신해순·최창희 등이 국편을 거쳐 간 고대 사학과 출신들이다. 민족문제연구소와 아세아문제연구소가 사학과의 연구를 지원하고 있다.

서강학파

서강학파는 서강대에서 이기백·이보형·이광린·길현모·차하순·길현익 등이 조성한 학풍이다. 김용선·정두희·이종욱 등을 배출했다. 1980년대 이기백이 춘천의 한림대학교로 옮기며 유영익·고병익·최영희·노명식·김원룡 등과 '한림학파' 조성을 모색했으나, 한국사학의 새 연구 진로를 개척하려는 해방후 1세대의 마지막 노력은 대학 운영의 벽을 넘지 못해 미완에 그쳤다.

제2부

역사·사관

논쟁

1958년 가을~1959년 초봄 무렵 이승만 대통령 내외가 경무대에서 12부 장관 등 국무위원들과 함께 찍은 사진(본문 제7장 관련)

앞줄 왼쪽부터 신두영(국무원 사무국장), 이 대통령, 프란체스카 여사, 오재경(공보실장)

뒷줄 왼쪽부터 곽의영(체신), 최인규(교통), 최재유(문교), 홍진기(법무), 김일환(내무), 구용서(상공), 조정환(외무), 송인상(부흥), 김현철(재무), 강명옥(법제실장), 김정렬(국방), 손창환(보사), 정재설(농림)

제4장

단군과 고조선

고조선의 실체

한국 역사는 고문헌에 기록된 최초의 국가 고조선부터 시작된다.

단군이 개국했다는 '단군조선', 중국에서 동래(東來)한 기자(箕子)가 개국했다는 '기자조선', 연(燕)나라 위만(衛滿)이 건국했다는 '위만조선'의 국호가 모두 조선이고, 이상을 근세조선 이후 고조선이라 부른다.

그런데 시라토리 구라키치가 1894년 "단군 사적은 불교 설화에 근거해 가공의 선담(仙譚)을 만든 것"이라는 요지의 「단군고(檀君考)」를 발표하고, 이마니시 류가 단군조선을 다룬 『삼국유사』는 위서(僞書)이고 단군조선은 허구일 가능성이 있다고 주장(1937)한

이래 일본 학계는 단군 실존을 부인했다. 이에 맞서 한국의 민족주의 사학자들이 반론을 제시했으나 해방후 1세대 학자들은 설득력 있는 학설을 내놓지 못했다. 이 문제는 2020년 현재도 정설이 정립되지 않고 있다.

'조선' 명칭과 강역

중국 고문헌에 등장하는 우리 민족의 명칭은 예(濊)·맥(貊)·한(韓) 등이며, 이들이 고조선·부여·고구려·동예·옥저·삼한의 주역들이다.

고조선은 중국 고대 문헌에는 '조선'으로 기록돼 있다. 선진(先秦)시대 문헌인 『관자(管子)』에는 "조선에는 좋은 무늬 있는 짐승가죽[文皮]이 나오는데 8천 리 밖에 있다", 『전국책(戰國策)』에는 "연나라는 동쪽으로 조선과 요동(遼東)과 접해 있다"고 기록되어 있다. 그 밖에 『산해경(山海經)』 등에 단편적 기록이 보이고, 한(漢)대 이후 『사기(史記)』, 『한서(漢書)』, 『위략(魏略)』 등에 본격적으로 나타난다.

『삼국유사』에는 '고조선'으로 표기돼 있다. 「고조선」조에 단군조선과 기자조선을 고조선으로 서술하고, 위만조선을 별도로 표시했다.

『제왕운기』는 단군조선을 '전(前)조선', 기자조선을 '후조선', 위만조선을 별도로 하여 삼조선(三朝鮮)으로 구분했다.

'조선'의 어원설은 다양하다. 『사기』 「조선전」을 주석한 『사기집해』는 "낙랑과 조선이라는 명칭은 열수(洌水) 등 강 이름에서 따온 것"이라고 주석했다. 『산해경』 주석자는 요동에 있던 낙랑의 동의 어로, 지리적 위치로 해석했다. 『신증동국여지승람』은 "동쪽 끝에 있어 해가 뜨는 지역이므로 조선이라 불렀다"고 했다. 『동사강목』 은 "선비(鮮卑)의 동쪽에 있으므로 조선이라고 했다"고 하여 지리적 요소와 종족적 성격이 포함된 것으로 설명했다. 신채호와 정인보는 숙신(肅愼)의 만주어 '주신(珠申)'에서 온 것으로 추정했다.

1999년 몽골 지역을 답사한 주채혁 강원대 교수는 '조선(朝鮮)'이 시베리아 이끼밭(鮮, soyon)의 순록 주식 이끼[蘚]를 찾아다니는 (朝, 향하여 가다, 모여들다) 순록 유목민을 지칭하는 토착 원시 몽골어였다는 새로운 주장을 했다. 주채혁은 바이칼호 남단에서 출발한 순록치기들이 이동해 고조선·부여·고구려·백제·신라를 건국한 것이라고 주장한다. 바이칼호의 북극해권 곰 토템족이 수렵 단계에 머물러 있는 태평양권의 호랑이 토템 권역인 훌룬부이르호로 남하하는 과정에서 단군 탄생의 웅녀 전설이 생겨났던 것으로 주채혁은 풀이한다. 순록을 가축화한 고리(Qori, 槁離)족의 등장과 이들의 철기와의 만남으로 몽골 훌룬부이르 초원에서 맥고구려(貊高句麗)가 형성되었다는 것이다. 이들이 이동한 초기 초원길은 북위 50도의 유목민 이동 통로로 고구려·부여의 시원과 연결된다고 그는 보았다.

고조선의 강역을 『삼국유사』는 대동강 유역 평양 중심으로 설정했다.

『동국통감』,『동국여지승람』등 조선 전기 사서는 고조선 중심지를 압록강 이남에 비정했으나, 임진왜란·병자호란 이후 역사 지리에 대한 해석이 다양하게 전개됐다.

18세기 말 남인(南人) 실학자들은 고대사 중심 무대를 한반도에서 찾았다. 『요사(遼史)』가 북방족들이 자신의 역사를 주류로 부각시키기 위해 한반도 지명까지 만주로 끌어들여 한반도의 역사를 주변적 위치로 격하시키려 한 시도에 대한 반발이었다. 청대의 『만주원류고(滿洲源流考)』(1778) 등이 북방족 중심으로 정리하며 한국사를 북방족의 주변사로 분식했다. 남인 학자들은 이러한 청 중심의 역사 정리에 주체적 시각으로 반발했으나 사실 검증이 약했다.

한백겸(韓百謙)은 『동국지리지』에서 부여·읍루·고구려를 다루면서 고조선의 지리적 공간을 만주 지방으로 확대하면서도, 고조선 중심지는 압록강 이남으로 설정하고 고조선과 삼한이 한강을 경계로 병립한 것으로 했다.

이익(李瀷)은 만주의 요하 지역을 단군 중심지로, 단군이 개국했다는 태백산도 요하 지역에 있는 것으로 추론했다. 이종휘(李種徽)도 『동사(東史)』에서 요동 심양 일대를 단군과 기자의 영역으로 보았다.

안정복(安鼎福)의 『동사강목』은 이익과 달리 고조선 중심지를 압록강 이남으로 비정하고, 고조선 중심지를 압록강 이북에 비정한 『요사』를 비판했다.

정약용은 한반도 안에 있다가 뒤에 영토를 확장하여 요서를 점령하고 연과 국경을 접했다고 보았다. 한치윤(韓致奫)의 『해동역사 (海東繹史)』도 고조선 강역을 요서로 비정했으나 중심은 압록강 이 남으로 보았다.

신채호·김상기·천관우는 고조선이 요동에서 대동강으로 옮겼 다는 이동설을 주장했다.

북한 학계는 1960년대 고조선 문제에 대한 격론을 거친 후 요 수(遼水)를 난하로, 패수를 대능하로, 열수를 요하로 비정했다. 고 조선 강역을 연나라 진개(秦開) 침입 이전은 난하 유역까지, 진개 침입 이후는 대능하 유역 요동~요서에 걸쳐 있는 것으로 보았다. 그러다가 1983년에 평양 중심설로 바꾼다.

고고학자와 민속학자들은 고인돌 무덤이 산재하고 비파형 동검 이 출토되는 요동·요서·길림(지린)·장춘(창춘)에서 한반도까지를 고조선 지역으로 추정한다. 비파형 동검 발생지를 남북 학계는 요동 지역으로 보는 반면, 중국 학계는 요서로 보았다. 비파형 동 검이 나오는 지석묘는 한반도와 요동반도에 국한되고 있다. 지석 묘가 발전한 한반도의 석관묘·석곽묘·적석총들에서도 청동검이 나오고 있다.

김정배는 단군은 결코 신화적 존재가 아니며, 역사적 실체를 단 순화하고 신성화시킨 것으로서 일정한 역사적 사실을 반영한 것 이라고 해석했다.

일본에서는 다나카 도시아키(田中俊明)가 단군에 관한 기본 사 료인 『삼국유사』, 『제왕운기』의 「고기(古記)」나 「단군본기」가 『삼 국사기』 이전에 편찬된 『구삼국사』 계통의 기사로 추정되어 단군

기록이 11세기 이전으로 소급된다는 것을 밝혔다(1982).

중국 기록의 고조선

기원전 7세기 춘추시대 『관자』에는 조선을 교역 대상으로 하여 정치적 복속 문제를 논의했다는 기록이 등장한다.

전국시대인 기원전 4세기경 연나라와의 갈등이 보인다. 『위략』에 옛 기자의 후손인 '조선후(朝鮮侯)'가 왕을 칭하고 연을 침공하려 했다는 기록도 있다. 연과 대결 양상이 계속되어 기원전 3세기에는 연나라 장수 진개가 동호(東胡)를 침공, 서방 2천 리 땅을 빼앗는다. 고조선이 장악했던 요동 지역 거점을 상실한 것이다. 진(秦)의 통일 후 조선 왕이 복속했다는 기록도 나타난다. 준왕(準王)이 위만을 박사로 임명했다는 문헌 기록도 있다.

고조선은 춘추전국시대 및 진 통일 시기까지는 중국사와 별개로 독자적인 체제를 유지했으나, 진-한 교체기에 대규모 유민 유입으로 정치 체계에 변화가 일어난다. 부왕(否王)-준왕으로 이어진 예맥족 위주의 조선은 연나라 망명자 위만의 정권 탈취로 흔들리고 조선의 일부가 남으로 내려간다. 기원전 198년이다.

위만은 기원전 193~192년 진번·임둔·옥저 지역을 통치 영역에 포함시킨다. 위만의 손자 우거(右渠) 대에 와서 강력한 철기 문화를 기반으로 군사력도 갖추었다.

조선이 한과 형식적인 복속과 무역 중계자의 위치를 거부하고 실질적으로 주변 지역을 장악하여 이들을 통제하자 한이 침공했다. 한사군을 설치하고 섭하(涉何)를 조선에 파견하여 회담했다. 기원전 109년 가을에는 수륙 양군을 동원하여 침공했다. 조선은 1년여 전쟁에서 지배층의 분열과 우거왕 피살 및 주화(主和) 세력의 망명 등에 의해 세력이 급격히 약화되었다. 예군(濊君) 남려(南閭)가 28만 명을 이끌고 투항함으로써, 최후까지 항전한 대신 성기(成己) 등의 노력에도 성과 없이 기원전 108년 조선은 붕괴되었다.

『사기』「조선전」기록에 따르면 한 무제의 조선 공략은 어려운 전쟁이었다. 책임을 물어 수군 지휘자 누선장군(樓船將軍) 양복(楊僕)은 서인으로 강등시키고, 육군 지휘자 좌장군 순체(荀彘)는 참하여 저자거리에 내다버리고, 화의를 추진한 책임자와 제남(濟南) 태수 공손수(公孫遂)도 참형하는 등, 조선 정벌에 참가한 장군이 모두 극형을 당했다고 사마천은 기록했다. 조선은 무제의 침략으로 망했지만 한나라와 대결한 강한 나라였다.

단군과 고조선 연구

대종교, 항일운동과 국학 진흥의 구심점

단군을 신앙의 대상으로 받드는 대종교(大倧敎)는 나라 망한 후 만주로 망명, 항일 투쟁을 벌인 종교단체다. 1909년에 중광(重光)한 대종교는 출발부터 독립운동을 목표로 했다. 국치(國恥) 후에도 교세가 급증했으나 일제 탄압으로 만주로 망명, 백두산 북쪽 청호(靑湖)에 총본사와 고경각(古經閣)을 짓고 북간도·상하이·노령·서울에 4개 본사를 설치, 항일 독립운동의 구심체가 됐다.

만주의 대종교는 항일 독립운동가의 집결지로 김교헌·박은식·신채호·안재홍·이시영·이회영·김좌진 등 당대 애국지사들이 대종교인들이었다. 교조 나철(羅喆)의 구국 독립 사상을 계승한 김교헌과 윤세복의 역사의식 고취, 서일(徐一) 총재가 이끈 북로군정서 등의 무장 항일 투쟁, 신규식과 조성환의 외교 활동, 안희제(安熙濟)와 정인보의 국내 비밀 지하 운동 등 다양하다. 「무오(戊午) 독립선언서」를 1918년에 발표, 기미 독립운동을 선도한 대종교는 신흥무관학교와 명동학교 등에서 1,600여 명의 정예 독립군을 양성해 독립전쟁도 준비했다.

구한말 관료·유생·의병·지사들이 모인 대종교는 민족주의 사학의 구심점이기도 했다. 백산·단재·민세(안재홍)·호암(문일평)·백암·위당 등 대종교인 학자의 국학 연구는 가히 한국학의 원류라고 할 수 있다.

> 천운(天運)은 빙빙 돌아가는 것이다. 낮과 밤이 바뀌듯 인간사도 끊임없이 변한다. 아침의 빛이 땅위의 어둠을 물리치듯 큰 빛이 캄캄한 우리 앞길을 비추어 준다. 동방에도 밝은 빛은 오고 있다. 희망을 가지고 일어나자.

대종교 신도 이극로(李克魯)가 1942년 9월에 만주의 윤세복(尹世復) 대종교 3세 교주에게 보낸 이 편지를 일제가 독립선언서라고 트집 잡아 대종교 지도자를 검거 고문, 그중 10명이 순국한 임오참변(壬午慘變)을 일으켰다.

한국 침략 기간중 일제의 대종교에 대한 탄압과 만행은 상상을 초월한 것이었다. 임오참변에 앞서 청산리 전투에 대한 보복으로 일제는 만주의 대종교인들의 가옥을 방화하고 신도들을 학살한 경신참변(庚申慘變)도 저질렀다. 1942년의 조선어학회 사건에서도 이극로·김두봉·이병기 등 대종교 인사들이 다수 수난을 당했다. 일제는 중국 동북 군벌·마적과 손잡고 대종교도를 탄압했다. 쫓기던 서일 총재는 자결했다.

대종교 계열 학자 가운데 단재 신채호는 고조선의 실존을 지리 연구로 접근했다. 단재는 '민족 이동설'이라는 새로운 이해 방법으로 삼한과 고조선에 대한 중국 측 자료를 재검토했다. 단재는 『삼국지 위서(魏書)』의 「흉노전」과 『사기』의 「조선전」 기사를 비교하여, 『위략』에 "연나라 장수 진개가 조선의 서방 2천 리 땅을 취하여 만번한(滿潘汗)에 이르매 조선이 약해졌다"고 한 '2천 리' 땅이 어디서부터 시작되는지 재검토했다. 단재는 상곡·요양·문현·번한·험독(險瀆) 지역을 고조선 영역으로 설정하는 독창적인 "전후삼한고(前後三韓考)"를 발표했다.

김철준은 단재의 사료 해석 중에는 틀린 것과 지나친 것 등이 없지 않으나 "방법론적 결함에서 비롯된 일본 식민사학의 고조선 부인을 반박한 단재의 노력은 바람직하다"고 높이 평가했다.[66] 그는 "철기 문화부터 본격적인 역사가 논의되는 일본 역사학으로서는 고조선의 청동기 문화를 인정할 수 없었으며, 산동반도와 만주 일대를 고조선 지역으로 볼 수 없는 일본 학계의 후진적 관념이 문제였다"고 지적하고 "직수입한 문헌고증학·신화학·언어학의 초보적 방법으로 고조선을 잘라 버린 후진적인 일제 식민주의 사론 전횡에 대한 단재의 반론은 학문적인 탐구였다"고 역설했다.

소련과 중국의 고조선 연구

한반도 안에 묶여 있었던 한국 고대사의 활동 무대를 송화(쏭화)강·요하·대능하·발해 연안의 광활한 지역으로 확대해서 보는 새로운 인식이 소련과 중국 학계에서 제기되어 한국 고대사 인식 지평을 넓히고 있다.

소련과학원 시베리아분원 역사언어철학연구소가 1982년에 펴낸 『고조선』은 고조선의 강역을 요동반도와 대능하 유역으로 설정했으며, 대만 학계도 발해 연안을 고대 한민족의 역사 무대로 추정했다.

고조선의 고분과 문화에 관한 연구논문을 발표해 온 U. M. 부틴(부찐)이 쓰고 고고학자 A. P. 아클라드니코프가 감수한 소련과학원의 『고조선』(전 4장)[67]은 한국·중국·일본·소련의 고조선 연구와 문헌자료, 남만주·북한 지역에서 출토된 청동기·철기시대 유물을 토대로 고조선을 체계화했다. 연구는 기원전 4세기에 국가 형태를 갖춘 고대국가가 요하·대능하 유역에 성립됐다고 기술하여, 고조선과 한사군의 무대를 만주 요동 지역으로 설정했다. 부틴은 이 지역 청동기의 편년을 기원전 2000년대 후반~기원전

1000년대 전반기로 올려 잡고 고조선 시기를 초기 철기시대로 추정했다. 기원전 4~기원전 2세기의 고조선 강역은 남쪽이 예성강, 동쪽은 동해, 서쪽은 대능하였다고 규명했다. 부틴은 기원전 4세기에 고조선이 왕위 계승권, 칭호, 품계 및 발전된 생산 능력을 갖춘 고대국가로 성장했음이 중국 사료를 통해 입증됐으나, 고고 유물은 기원전 8~기원전 7세기에 국가가 형성됐을 가능성을 알려 주고 있어 국가 성립 시기 추정은 숙제라고 기술했다. 소련의 고조선 연구 결과를 일차 결산하며 고조선 무대를 만주로 확대시킨 부틴의 『고조선』을 핀란드 헬싱키대 아시아아프리카연구소 고송무 교수가 경향신문에 보내 와 국사편찬위원회가 번역했으나 공개하지는 않았다.

고송무는 소련에서 1961년 M. V. 보로비에프의 『고대 한국』을 비롯하여 M. N. 박, H. K. 유리코프, R. S. H. 자릴가시노바 등의 한국 고대사 연구논문과 저술이 쏟아져 나왔다고 소련의 한국학 현황을 알려 왔다.

한편 대만에서도 중국 동북부 지역의 신석기·청동기 문화 발굴 결과에 따라 대능하 이동의 발해 연안을 중국 한(漢)문화권과 다른 동이문화권으로 설정했다는 한국 학자의 가설을 인정했다.

1982년 이형구 한국정신문화연구원 연구원은 중국 동북 3성 지역의 신석기·청동기 연구를 통해 대능하 유역의 기자조선 실존을 주장했다. 이형구는 11월 19일 한국정신문화연구원에서 은(殷) 갑골 문화(甲骨文化)의 기원이 발해 연안으로 추정된다고 발표했다. 그는 갑골 문화 전파로를 동이족의 이동 경로로 추정했다. 거북등이나 동물 뼈로 점치는 갑골점(복서卜筮) 자료가 1950년대 말부터 발해 연안에서 계속 발굴되고 있으며, 이것은 허난(하난)성 룽산(용산)의 갑골점 자료보다 1천 년 앞선 것으로 중국 학계 일각에서도 은문화가 발해 연안에서 기원한 것으로 추정하게 되었다고 소개했다. 문제의 초기 갑골의 편년은 기원전 3000년대로 추정되었다.

이형구는 발해 연안에서 기원한 갑골 문화가 중국 중원으로 들어가 글자가 있는 갑골 문화로 발전했다가 주나라에 밀려 그 선조가 활동했던 발해 연안의 대능하 유역에서 기자 고죽국(孤竹國)을 건설하며 다시 한반도로 이동한 것으로 보았다. 사슴·양·돼지·소의 어깨뼈·늑골·두개골, 거북등을 사용하여 국가의 운명을 점친 갑골 유물은 동이문화권에서 집중적으로 발견되며, 한민족의 이동 경로였던 송화강과 한반도에서도 출토된다.

송화강 유역의 갑골점 유물은 부여와 고구려 유물로 길림시 교외에서 발견된 것이 중국 사회과학원에도 보고됐다. 두만강 북안 길림성 왕청현 백초구에서도 양의 뼈를 사용한 갑골점 유물이 출토되었으며, 함북 무산과 경남 김해 부원동에서도 나왔다. 무산 호곡동 갑골(전 8세기~전 3세기) 및 김해 부원동 갑골(후 1~3세기)과 만주 출토 갑골은 발해 연안에서 기원한 갑골 문화와 같은 계통이다.[68]

이형구는 은시대 갑골 문화의 기원이 발해 연안이었다는 이 같은 가설을 대만 고궁박물원의 〈고궁계간(故宮季刊)〉에 기고해 대만 학계의 긍정적 반응을 얻었다.[69]

그러나 중국은 동북공정 이후 고조선을 중국의 지방정권으로 자리매김하고 있다. 이는 학문적인 연구 결과라기보다 당의 지령에 따른 조작이다.

북한의 고조선과 단군 연구

정권 초기의 단군 부정

북한은 정권 수립 초기 마르크스주의 사관으로 단군 실존을 부정했다. 문헌에 비친 평양의 단군 유적을 부인한 북한 사학계가 초기 고조선이 대능하 유역인 요동에 있었다고 주장하고 한사군도 이 지역에 설정한 것은 남한 학계에도 영향을 주었다.

북한은 1947년 북조선인민위원회에 25명으로 구성된 조선역사위원회(위원장 이청원)를 구성하고 '과학적인 조선민족의 역사' 편찬을 1949년까지 완료할 것을 결정했다. 1948년 10월 2일 북한 내각은 '조선역사 편찬위원회' 조직을 결정하고, 1949년 1월 13일 백남운 교육상을 위원장으로 하는 29명의 편찬위원을 선임하고 기본 과업을 편찬위원들에게 제시했다. 1) 일본식 사학의 잔재를 청산하고 서구 부르주아 사학의 편견을 배제한 과학적 사관에 입각하여, 2) 원시 사회로부터 인민공화국에 이르기까지 조선 역사 발전의 전 과정을 대상으로 사회적 생산기구 및 성격의 생성 발전과 전변(轉變) 관계를 과학적으로 구명할 것이며, 3) 최근세사를 1949년 3월말까지, 개괄적인 간이 통사를 1949년 12월말까지 편찬한다는 골자였다.

'과학적인 조선민족의 역사' 편찬 과정에서 북한 학계의 고조선사 연구들이 발표되었다. 홍기문은 "조선의 고고학에 대한 일제 어용학설 검토"(『역사제문제』13·14호, 1949)에서 일인 학자들이 주장해 온 낙랑군에 의한 400여 년의 한반도 북부 지배 및 임나일본부에 의한 일본의 한반도 남부 지배 등에 대해 강한 의문과 비판을 제기했다.[70]

1952년 10월 과학원이 창건되어 산하에 역사연구소가 개설되고, 1957년에는 고고학 및 민속학연구소가 개설되었다. 1956년 3월 과학원 역사연구소 편찬 『조선통사(상)』은 "고조선은 원시 사회의 최고 단계, 즉 농촌 공동체에 토대한 종족 동맹체로서 그 후 (侯) 내지 '왕'은 여러 족장을 대표하는 동맹체의 최고 족장이었다"고 기술했다.

1956~66년 북한은 고조선의 위치를 요녕(랴오닝)성 중심으로, 시대 구분은 노예제 사회 성립 시기로 정리했다. 사회경제사적인 역사인식에 민족주의 사학을 결부시킨 것이다. 고조선 중심지를 요하 유역으로 본 재요녕성설은 신채호·정인보 등 민족주의 사가들의 연구가 큰 영향을 미친 것이다.

김석형 사회과학원장과 손영종 역사연구실장은 "단군조선은 한국사의 첫 국가가 아니다. 신화를 역사로 옮겨 놓은 것은 마르크스주의 역사가가 아니다"라며 단군 논의를 차단했다(『력사과학』 1963년 제5호). 고고학연구실 전주농 연구원도 평양의 전(傳) 단군릉은 황당무계한 전설이라고 못 박았다.

1966년 주체사상이 북한 학문을 이데올로기 도구로 전락시켰다. 문화대혁명에 돌입한 중국의 홍위병의 난동, 베트남전 격화, 남북한 군사 충돌 등 긴박한 상황에서 1967년 5월 15일 열린 조선노동당 중앙위원회 제4기 제15차 전원회의에서 '당의 유일사상 체계'를 확립하자는 김일성의 '5월 15일 교시'가 발표되었다. 사상의 주체를 확립하기 위한 '사상 투쟁'이 전개되고 전 인민의 주체사상화를 지향한다는 것이다. 지식인들에 대한 광범한 사상 검토와 탄압이 뒤따랐다. 무오류의 지도자인 김일성의 우상화와 수령 절대화가 가속화되어 일종의 북한판 문화혁명이 진행된 것이다.[71] 지식사회가 전면적인 암흑기에 접어들었다. 『력사과학』, 『고고민속』, 『철학연구』, 『언어연구』, 『미술연구』, 『조선음악』 등 학술 전문지 발간도 중단되었다.

　1968년 3월 김일성은 역사학계의 복고주의적인 경향이 오류라고 지적하고 한국사 전반에 대한 재평가 작업을 지시했다. 1972년에 나온 『위대한 수령 김일성 동지의 혁명 사상에 의한 민족문화 유산 연구』는 김일성 교시의 산물이다. 김일성 주체사상 교시 후 역사 서술의 특징은 '인민 항쟁'을 강조했다.[72]

　1960년대 말까지 북한의 고조선 연구는 고고학적 연구가 중심이었다. 홍위병 난동 후 만주 지역에서 중국 학자들의 비파형 동검 발굴과 만주 지역 역사지리에 대한 연구가 북한 학계의 정설과 다르게 진행되자 북한 학계도 이에 대응하는 연구가 활발하게 전개되었다. 비파형 동검 문화가 고조선인에 의해 요동 지역에서 발생하였고 고조선 중심지가 요녕성 지역에 있었음을 논증하여 기존의 틀을 강화하는 내용이었다.

1970년대 이후 북한 학계는 한국인의 조상은 한반도에서 기원했으며, 민족을 구성하는 지표로서 핏줄과 언어를 강조했다. 이 핏줄과 언어를 불변으로 간주함으로써 민족 형성 시기는 상고 시기로 소급되었다. 1987년도에 출간된 『조선 통사』는 삼국 형성 이전에 민족이 형성되었다고 서술했다. 원시시대부터 '조선 옛 유형 사람'의 존재를 상정하여, 민족을 생물학적인 인종의 개념으로 설정했다.

평양의 단군릉

평양이 단군조선과 무관하다고 주장했던 북한 학계는 1993년 10월 돌연 평양의 고구려식 돌칸흙무덤(석실봉토분石室封土墳)을 단군 무덤이라고 주장했다. 북한이 단군릉이라고 주장한 문제의 고분은 『신증동국여지승람』과 『조선왕조실록』에 단군릉으로 전해지고 있는 고구려식 고분으로, 삼국시대 금동관 등 유물과 86점의 인골이 수습됐다. 북한 사회과학원은 인골이 단군 유골이 분명하다며, 평양이 구석기인 뼈가 발견된 인류 문명 발상지의 하나이며 단군조선·고구려·고려의 중심지였다고 주장했다. 이런 주장을 하는 학자들 가운데는 1990년까지 고조선의 중심지가 요동이었다고 주장한 강인숙·손영종도 있다.

내외통신은 1993년 10월 3일 서울발로 "북한이 단군 부부의 유골을 발굴했다고 공식 발표했다"고 보도했다. 북한은 10월 2일 평양 근교 강동군 강동읍 단군릉에서 '단군 부부'의 유골을 발굴했으며 이 유골은 지금으로부터 5,011년 전(기원전 3018) 것으로 확인됐다고 발표했다. 단군릉을 발굴한 북한 사회과학원은 2일 단군릉 발굴보고를 통해 무덤에서 단군 부부의 것으로 보이는 남녀 한 쌍의 뼈를 발굴했으며, 남자의 뼈를 전자상자성공명연대측정법(electronic spin resonance dating)을 적용해 2개의 연구기관에서 각각 24회, 30회 측정한 결과 BP 5011+267년(BP는 before present, 1950년 기준)의 유골로 확증했다고 북한 중앙방송이 보도했다. 발굴단은 86개의 뼈를 수습했으며 골반뼈를 기초로 분류한 결과 단군과 단군 부인 2인의 뼈로 확인했다고 밝혔다. 단군 뼈를 분석한 결과 키는 170센티미터로 당시 평균 163센티미터보다 큰 체격이었다고 발표했다. 뼈 외에도 금동왕관 앞면 장식과 돌림띠 조각이 출토되었으며 도기·조각·관못 등이 수습됐다고 발표했다.

이 발표에 이어 북한은 10월 12~13일 '단군 및 고조선에 관한 학술회의'를 개최하고 15편의 논문을 발표했다. 박시형 김일성대 교수, 전영률 사회과학원 역사연구소장 등 북한 학계의 중진들이 모두 나섰다. 발굴 상황 보고, 고조선 성립과 중심지, 고조선의 고유 문자 보유설, 일본의 대종교 말살 등이 보고됐다.

종래 북한 학계는 청동기 문화가 성립된 기원전 10세기에 고조선이 건국되었다고 주장해 왔으나, 이른바 단군릉 복원을 계기로 5,011년 전 건국을 주장, 편년을 2,000년 이상 끌어올렸다. 그동안 고조선 요동 중심설을 견지했던 강인숙은 과거 학설 철회 여부에 대한 아무런 설명도 없이 평양이 단군의 출생지이며 사망지일 뿐만 아니라 인류 문명의 발상지이며 세계 문명의 중심지라고 주장했다.

2년 뒤 1995년, 대종교 총전교 안호상 박사가 북한 '어천절' 행사에 대종교 대표 자격으로 밀입북하여 단군릉을 참배했다.

남한 고고학계와 역사학자들은 평양 단군릉에 대해 이견을 제시했다. 최몽룡 서울대 교수는 1994년 1월 『한국상고사학보』 제15호에 "단군릉 발굴에 대한 몇 가지 이견"을 발표했다. 최몽룡은 북한 발굴보고서의 연대 문제, 지리적 문제, 연대 측정 방법, 무덤 양식, 출토 유물 등의 문제를 지적하며 단군 뼈 보고서는 "학문적이라기보다는 북한의 정통성을 확보하기 위한 정치적 면이 더 강하다"고 지적했다. 북한의 이지린·강인숙·손영종·박진욱 등은 요동 지역이 고조선 중심 지역이라고 주장해 왔는데 갑자기 평양으로 옮긴 것은 고고학 연구 결과와도 맞지 않는 것이며 연대 측정 방법도 부적합하다는 것이다.

북한 사회과학원의 발굴보고서는 무덤이 돌칸흙무덤으로 규모가 273×276×160센티미터로, 종래의 북한 고고학 편년에 따르면 6~7세기에 유행한 고구려 무덤 형식으로 기원전 단군 무덤과 연결시키는 것은 무리라고 최몽룡은 지적했다. 금동관에 도금된 관편(冠片)도 고려시대 것으로 추정된다고 반박했다.

대한민국의 고조선 연구

화룡(허룽)·영안(닝안)·밀산(미산)·동경성(東京城) 등지를 33년간 전전하며 항일 투쟁을 해 온 대종교는 1946년 1월에 환국, 국어·국사교육을 통해 광복에 참여하나, 건국기 혼란에 뒷전으로 밀려났다. 건국에 참여했던 안재홍·정인보 등 지도부들도 6·25 때 납북됐다. 대한민국은 건국 후 단군 개국일을 국경일(10월 3일 개천절)로 정하고 단기 연호도 사용했으나, 학계의 단군 연구는 1980년대까지 큰 진전이 없었다.

이기백의 고조선 실존설

이기백이 책임편집한 『한국사 시민강좌』 제2집(1988)이 고조선 연구의 제문제를 총정리했다. 이기백은 고조선은 허상이 아니고 실상이라고 주장하고, 실상을 명확하게 밝히는 것만이 참말로 우리 민족의 영예를 그러내는 결과가 된다고 역설했다. 이마니시 류가 "단군고"(『조선 고사古史의 연구』, 1937)를 통해 『삼국유사』 기록을 믿을 수 없다며 고조선을 부정한 것은 불완전한 논리라고 지적했다.

『삼국유사』 「기이(紀異)」편에 『위서(魏書)』를 인용해 "2천 년 전에 단군왕검이 있어서 아사달에 서울을 세우고 나라를 열어 조선이라고 하니 당고(唐高, 요임금)와 동시대다"라고 했는데, 시라토리 구라키치와 이마니시 류는 현존 『위서』에 이런 기록이 보이지 않는다며 고조선 실존을 부인했다. 이기백은 『위서』의 위(魏)는 삼국위(220~265), 북조 위(북위, 386~534) 등 여러 가지가 가능한데 19세기까지 확인된 『위서』만을 근거로 『삼국유사』 기록을 무시하는 것은 억지라고 반박했다. 『위략』에 고조선 후기에 관한 기록이 보이는 데서 보듯, 현전하지 않는 다른 『위서』에 고조선 기록이 있을 가능성은 충분하다는 것이다. 단군 신화와 90퍼센트 동일한 산둥성 무씨사당 화상석(武氏祠堂畵像石)은 기원후 147년에 만들어진 것이지만 그 원본은 이미 기원전 2세기에 만들어진 것이었다. 그러므로 단군 신화가 몽골 침략에 대항하기 위해 13세기에 조작되었다는 해석은 잘못된 것이며, 고조선 건국 자체를 의심하는 것은 역사학의 상식에서 벗어난 것이라고 이기백은 지적했다.

유승국 정신문화연구원장도 고조선 건국은 당요(唐堯) 즉위 25년 무진년(기원전 2333)이라고 한 『동국통감』설을 인정했다.

단군릉 이후

북한이 이른바 '단군 뼈'를 발굴, 단군릉을 축조한 1990년대에 남한 학계는 역사·종교·문학·민속학계가 종합적으로 단군을 공동연구하고 있었다.

서울대 종교문제연구소는 1994년 『단군: 그 이해와 자료』를 서울대 출판부에서 펴냈다. 단군 관계 연구 현황과 관계 자료를 전 4부로 총정리한 이 연구는 대종교 계통의 교과서 개편 주장과 소련 학자 부틴의 고조선 연구 결과 발표가 한국 학계에 준 충격의 결과다. 일각에서는 이유립 편저 『환단고기』가 장기 베스트셀러로 보급되고 있었다.

2000년 3월, 노태돈 서울대 교수가 『단군과 고조선사』를 펴냈다. 책은 노태돈 자신의 단군 연구와 서영대·정영훈·조인성 교수의 연구를 3부로 정리한 것이다.

2018년에는 신용하 서울대 사회학과 명예교수가 '고조선 문명 총서'로 『고조선문명의 사회사』를, 2019년에는 김용섭 연세대 명예교수가 고조선의 농업 환경과 국가 건설, 국가 재건 등을 정리한 『한국고대농업사연구』를 펴냈으나, 국사학계의 본격적인 평가나 논쟁은 없었다.

대종교의 국사 교과서 소송과 공청회

해방이 되었으나 일제 침략기(국권 상실기) 민족주의 사학자들이 제시한 단군조선·한사군·삼한·백제·고구려 역사지리 고증은 1970년대 초까지 무시되었다가, 1974년 첫 국정 고교 국사 교과서에 "『삼국유사』에 따르면 고조선은 단군왕검이 건국하였다고 한다(기원전 2333)"라고 고조선이 처음 기술된 후 국회 공청회와 행정소송 등 파동을 거치며 고대사 연구에 반영됐다.

그러나 1980년대 초까지도 단군조선·위만조선·한사군 등 고대 한중관계사에 관한 전문 연구자와 연구실적이 부족해서 고대사 논의가 한계가 있었던 것이 국사학계의 현실이었다. 국사편찬위원회와 대학 연구소에서 러시아·몽골 학계의 한국 고대사 연구 시론을 번역했으나 검증하지 못해 공개하지 않았다. 학설이 대립하고 논쟁이 활발한 것이 학문의 발전이고, 통설이 부단히 의심받고 비판되고 뒤집히는 것이야말로 연구가 정체되지 않았다는 증거인데, 고대사 논쟁은 원점을 맴도는 낡은 레코드판 돌리는 것과 같았다.

1960년대 본격화된 사학계의 식민사관 극복 논의와 1974년 국정 교과서 논쟁은 학계 밖 인사들까지 나선 '국사 교과서 시정 행

정소송'과 국회 공청회로 번졌다.[73]

국사 교과서 행정소송(1978)

1960년대 말부터 홍이섭·김철준 교수와 언론이 일제 식민사관 극복을 강도 높게 제기했다. 이후 국사편찬위원회의 『한국사』 25권이 출간되고 1973년에는 국사 교과서가 검인정에서 국정으로 전환되었으나, 고대사에는 미정리 부분이 많았다. 일례로 국편 『한국사』는 재야 사가들이 주장하는 '동이(東夷)문화'와 고대 한국문화의 전파 과정 등을 언급하고 식민사관을 일부 수정했으나, 고조선·한사군 등의 문제에는 진전이 없었다.[74]

일제 침략기 만주로 망명, 독립 투쟁을 한 대종교 계통 역사 연구를 계승한 재야 사학자들은 기성 아카데미 사학계를 '식민사관의 찌꺼기'라고 비난했다. 초대 문교부 장관을 지낸 민족주의 사가 안호상 박사를 비롯한 대종교 계열 인사와 박시인 서울음대 교수, 임승국·윤치도 등 재야 인사들은 1976년부터 박창암 예비역 장군이 발행하는 〈자유〉지를 통해 교과서 개편 주장과 함께 기존 사학계를 식민사관 잔재로 매도했다.

안호상 배달문화연구원 대표와 김득황 동방사상연구원 대표는 1978년 9월 29일 신문회관 회의실에서 '국정 국사 교과서 오류 및 정사 확인 소송'을 제기한다고 공식 기자회견을 통해 발표했다. 소송에 앞서 안호상은 소송 내용과 국사 교과서 내용 시정에 관한 건의서를 대통령·국무총리·문교부 장관에게 제출했다.

독일 유학생으로 문교부 장관을 지낸 안호상은 장관 재임시 '일민주의(一民主義)'를 제창하고 피히테의 "독일 민족에게 고함"을 교과서에 수록했던 독일발 낭만적 민족주의 사관의 전도사였다. 안호상·김득황·임승주 등은 1978년 10월 31일 문교부 장관을 상대로 '국정 교과서의 국정 교재 사용 금지 및 정사 편찬 특별기구 설치 등의 조치 시행 요구에 대한 불허 처분 취소' 행정소송을 제기했다. 교과서가 일제 식민사관에 의해 편찬되었으므로 그 개정이 시급하다고 지적한 이들은 8개항의 수정을 요구했다. 이들의 주장은 대체로 만주에서 독립운동을 주도한 대종교계 민족사학자들의 이론을 종합한 것으로, 단군조선의 실존, 한국 고대사의 활동 무대 확대가 핵심이었다. 8개항은 다음과 같다.

1) 고조선 영역 동북은 바다, 북은 헤이룽(흑룡)강, 서남은 베이징으로 수정해야 한다.
2) 단군을 신화로 돌려 부정한 것 시정
3) 단군 시대 1,200년 부인 검증
4) 연나라 위만을 고조선 창건주로 한 것은 잘못이다.
5) 위만조선의 서울 왕검성은 중국 산하이관(산해관) 부근이고, 대동강 유역설은 오류다.
6) 낙랑은 대동강 유역이 아니라 베이징 지역에 있었다.
7) 백제는 3~6세기 400년간 중국 중남부를 통치했다.
8) 신라는 통일 뒤 지린(길림)에서 베이징까지 지배했다.

건의서는 국사편찬위원회에 넘겨졌고 국편은 10월 19일 이병도·백낙준·신석호·유홍렬·이선근·전해종·조기준·한우근·김철준·이기백·최영희·고병익·이광린 등 위원과 강우철(이화여대), 이만열(숙명여대), 이용범(동국대), 이원순(서울대), 신지현·이현종(국편 실장)이 참여한 확대회의에서 안호상의 건의서를 검토했다. 일고의 가치도 없다며 묵살하자는 의견이 지배적이었으나, 문교부 요구에 따르기 위해 반박 검토의견서를 안호상에게 보냈다. 의견서는 『산해경』, 『만주원류고』 등을 인용한 안호상의 건의는 "역사의 발전 과정을 총체적으로 파악하지 못하고, 사료에 대한 비판과 해석이 결여돼 있으며, 인접 과학인 고고학의 뒷받침이 전혀 없고, 단편적이고 지엽적인 자료만으로 역사를 해석하고 있다"고 반박하고, 새로운 학설이 제시된다 해도 학계의 정설로 정립되기까지는 교과서에 수록될 수 없다고 잘라서 통보했다.

회신을 받은 안호상 측은 10월 31일 문교부 장관을 상대로 행정소송을 제기하고, 국사찾기협의회 대변지 역할을 하던 〈자유〉지를 통해 국편 위원 학자들을 더욱 강도 높게 비난하기 시작했다.

국사편찬위원 및 학자들은 중국 원전 사료를 해석할 능력이 없어 일본인들의 식민주의 사관에 의해 왜곡된 고대사 인식 체계의 틀을 고집하고 있으며, 이들이 바로 제2의 이완용이요 민족정신을 병들게 하는 매국노들이다.

그러자 국편과 학계는 11월 13일 공동성명을 발표하여, 안호상과 국사찾기협의회 등의 교과서 수정 소송과 학계 비방이 오히려 국사를 왜곡하는 것이라고 재반박했다. 안호상 등이 제시한 8개 항을 조목조목 논박하며 모두 성립할 수 없는 수준 이하의 제안이라고 일축했다.

논쟁은 국사찾기협의회와 사학계 전체의 논전으로 확산됐다. 11월 23일, 고고학연구회(회장 김원룡), 동양사학회(함홍근), 백산학회(유봉영), 역사교육연구회(변태섭), 역사학회(이기백), 한국미술사학회(최순우), 한국사학회(유홍렬), 한국서양사학회(노명식), 진단학회(김완진) 등 역사학 관련 10개 학회 대표들이 기자회견을 갖고, 비과학적 주장으로 국민을 오도하는 일체의 행위를 중지할 것을 국사찾기협의회에 촉구하는 경고 성명서를 발표했다.[75]

재야 인사들이 제기한 고대사 문제 중에는 학계가 고민해 온 문제도 있었다. 서울대 사학과 조교를 하다가 언론계로 옮긴 천관우도 기자조선과 가야에 관한 통설에 문제를 제기한 적이 있고, 백제의 중국 진출은 정인보·김상기 등이 발표한 바 있다. 김철준도 산둥과 한반도 서해안 일대를 같은 문화권으로 보는 가설을 제시했었다. 재야의 문제 제기는 일반 국민이 역사에 관심을 갖게 하고 발굴 자료가 학계에 제공되는 긍정적인 면도 있었다.

안호상 측은 행정소송 외에 1979년 2월 21일 민사소송을 추가로 제기했다. 1심에서 학문적인 내용은 사법적인 심판 대상이 될 수 없다는 패소 판결을 받고 항소해 고법까지 올라갔다가, 1981년 7월 원고 측의 소 취하로 일단락되었다.

국사 교과서 시정 국회 공청회(1981)

1981년 제5공화국이 출범하고 군인과 군 출신 인사들도 국사교과서 개편에 관심을 표시하여, 국사 교과서 문제가 이번에는 국회 공청회 도마 위에 올랐다.

안호상은 법정 투쟁에서 실패하자 국회에 국정 교과서 문제를 청원, 국사 교과서 시비가 국회로 비화했다. 안호상 국사찾기협의회 회장은 1981년 8월 31일 '국사 교과서 내용 시정 요구에 관한 청원'을 국회 문화공보위원회에 제출했다. 권정달·박현태·임덕규·김종하·송지영·오제도·조일제·이종찬 등 19명의 국회의원이 소개 의원으로 서명했다.

청원 요지는 고대사 수정이었다. 문교부 발행 초중고 국사 교과서는 일제 식민사관에 의하여 왜곡된 내용을 답습하고 있는 것이 많아 올바른 국사교육과 민족 자존심 형성에 해독을 끼치고 있으며, 광복 후 검인정 국사 교과서 편찬에 일제시대 총독부 『조선사』 편찬에 관여한 사람들이 국사학자로 행세하고 참여했다고 비판했다.

시정 청원 요지는 3년 전 행정소송과 비슷했다.

    1) 단군과 기자는 실존 인물이다.
    2) 단군과 기자의 영토는 중국 베이징까지였다.
    3) 왕검성은 중국 랴오닝성에 있었다.
    4) 낙랑군 등 한사군은 중국 베이징 지방에 있었다.

5) 백제가 3~7세기 베이징에서 상하이에 이르는 중국 동안(東岸)
을 통치했다.

6) 신라의 처음 영토는 동부 만주이고, 통일신라 국경은 한때 베
이징까지였다.

7) 삼국, 특히 백제 사람들이 일본문화를 건설했다.

국회 문공위는 1981년 9월 1일 청원을 받아들이기로 하고, 11월 26~27일 중진 사학자와 재야 인사가 국회에 출석하여 토론하는 국사 교과서 공청회를 마련했다. 학술 논쟁이 국회 공청회로까지 이어진 것은 1954년 '한글 파동'에 이어 두 번째였다.

공청회에 청원인 측은 국사찾기협의회 안호상·박시인·임승국 등이, 진술인 측은 김철준·이기백·김원룡·최영희·이원순·전해종·이용범·임병태·안승주 교수 등 한국 사학계 중진들이 나섰다. 이규호 문교부 장관은 "역사를 통해서 미래를 올바로 바라보면서 어떻게 살 것인가를 배울 수 있을 뿐 아니라 국가의 정통성과 체제의 정당성에 대한 신념을 얻을 수 있다"고 전제하고 "국사교육은 역사적 사실에 근거하여야 한다"고 주장했다. 이 장관은 "역사는 교조적이고 관념적인 도식에 의해 해석하는 데 문제가 있기 때문에 역사학은 과학이어야 한다. 그러나 역사는 단순한 사실의 나열이 아니고 인간이 살아가는 방법과 교훈 규범의 원천이기 때문에 역사학은 과학 이상이라 할 수 있다"면서, 양측이 '공동의 진리'에 접근하기를 바란다고 당부했다. 공청회 주요 쟁점은 사관, 단군·기자조선, 한사군, 동학으로 압축됐다.

그러나 1981년의 역사 교과서 국회 공청회는 냉철한 학문적 논쟁과는 동떨어진 공허한 논쟁이었고, 정치의 입김이 개입해 역사학의 권위를 추락시켰다. 역사학의 정치 도구화의 첫걸음이기도 했다.[76]

제5장

단재 민족주의 사관과 그 비판

단재 신채호 사학에 대한 논의는 1925년 변영만이 〈개벽〉에 발표한 "국수주의의 항성 단재 신채호 선생"을 비롯해 이관용·문일평·신영우 등이 단재 생전에 신문에 기고한 글이 있었으며, 1936년 단재 사후에 홍기문·정인보·안재홍·홍명희·이광수·이극로·이윤재·서세충·신석우·원세훈 등 당대 지성인들이 단재를 사학자·독립운동가로 입을 모아 높이 평가한 추도사가 있다.

단재 사학의 재평가는 홍이섭 연세대 교수가 1962년부터 『사상계』, 〈백산학보〉, 〈세계〉, 〈세대〉, 『정경연구』, 『인문과학』 등에 글들을 발표하고, 1971년 〈나라사랑〉 제3집(단재 특집호)이 신채호 유고와 백낙준·홍이섭·천관우·김철준·김영호·신수범 등의 연구논문을 실은 후 본격화했다.

1972년 『단재 신채호 전집』[77] 출간으로 다각적인 신채호 연구가 가속화됐다. 김철준·김영호·신수범이 단재 재평가 작업의 전도사 역할을 했으며 이우성·이만열·최홍규·송건호·신용하·강만길·진덕규·한영우 등이 연구에 참여했다. 1세대 국사학자들은 단재 사학을 일제 식민사학 극복의 디딤돌로 기대했다. 단재 사학은 제3공화국이 내건 민족주의와도 연계되어 민족의 자긍심 고취와 식민사학 극복 대안으로 부각되었다.

국사학계의 이러한 단재 연구 열기는 신일철 고려대 교수(철학)의 단재의 자강론적 서구사상 수용, 단재 사관의 문제 등 심층적인 연구로 전기를 마련했다. 신일철 교수의 단재 연구는 량치차오(양계초)의 변법자강론 수용, 중국 망명 시기의 사론, 사대주의 사관, '아(我)와 비아(非我)의 투쟁' 사관의 문제, 단재 민족주의 역사사상의 한계성, 단재의 무정부주의 사상 등을 검증한 것으로, 국사학자의 접근방법과 전혀 다른 시각이었다. 1972년부터 단재 연구를 발표해 온 신일철은 이를 1976년 박사학위 논문으로 정리해 국사학계에 큰 충격을 주었다. 1979년 이기백의 전국역사학대회 발표도 대체로 신일철의 논지와 같았다.

『삼국사기』 사대주의 논쟁

1970년대 홍이섭·김철준은 단재의 민족주의 사관을 식민사관의 대안으로 제시하며 한국 사학계의 체질 개선을 촉구했다. 홍이섭·김철준·김영호·신수범의 공동작업으로 『단재 전집』이 출간되어 고대사 이해 체계의 대폭 수정 촉구가 구체화되었다.

단재는 단군조선 전반기 1천 년의 정치와 문화는 선진적인 것이었으며 중국을 비롯한 동양 제국(諸國) 문화의 원류였다고 보았다. 단군 시대에 고급 종교와 문자가 있었고, 단군조선은 부여와 고구려로 이어진다고 설정했다. 『조선사연구초』, 『조선상고사』, 『조선 상고문화사』 등을 통해 고대 우리 민족이 만주와 요서 지역에 걸친 광범위한 지역에서 활동했으며, 백제와 신라가 해외에 진출했다고 주장했다.

단재가 제기한 고대사 쟁점 중 하나가 김부식 『삼국사기』에 대한 비판이다. 〈동아일보〉에 기고하고 『조선사연구초』(1929)에 전재한 "조선 역사상 일천년래 제일 대사건"이라는 논설에서 단재는 "묘청과 김부식의 서경 전투가 전통 사상과 유가의 대결이며, 국풍 대 한학파의 전쟁이며, 독립당 대 사대당의 전투며, 진취 사상 대 보수 사상의 전쟁이었으나, 김부식이 승리하여 조선 역사가 사대적, 보수적, 속박적 사상인 유교 사상에 정복되고 말았으니 이 전역(戰役)이 조선사가 독립적, 진취적 방면으로 진전할 기회를 막은 1천 년 이래의 대사건"이라고 한탄하고, 김부식을 고유 사상을 말살시킨 사대주의자로 비난했다.

단재는 『삼국사기』의 고대사가 소략한 것은 병화(兵禍)로 사료가 소실된 것이 아니라 김부식의 사대주의 사관이 사료를 없앴기 때문이라고 비판했다. 김부식은 조선의 강토를 대동강이나 한강 이남으로 비정하고, 조선의 문화를 유교화하고, 부여와 발해를 역사에서 삭제하고, 신라의 평양주(州)를 삭제하여 북방 영토를 외국에 넘기고, 당과 대결한 백제의 부여복신(扶餘福信) 대신에 투항한 흑치상지(黑齒常之)를 「열전」에 올렸다고 단재는 비판했다.

고구려의 『유기(留記)』와 『신집(新集)』, 신라의 『국사(國史)』, 백제의 『서기(書記)』, 고려 초 『구삼국사』 등의 고대 역사서가 인멸된 상태에서 고대사는 현존 최고(最古) 사서인 『삼국사기』에 의존할 수밖에 없었다. 그래서 상고(上古) 부분을 소략하게 처리한 김부식의 사관은 고려시대 이래로 여러 차례 비판 대상이 되어 왔다. 고려 후기 승려 일연은 『삼국사기』의 취약점을 보완하기 위해 『삼국유사』를 편찬하면서 고조선을 포함시켰다. 조선시대 『동사강목』, 『동국통감』 등도 『삼국사기』가 전체적으로 소략하며 사실에 어긋난다고 지적했다. 유득공은 『삼국사기』가 발해 역사를 다루지 않은 것을 비판했다. 김부식의 사대 사관으로 한국 고대사가 말살되었다는 단재의 비판은 해방 후 김철준 서울대 교수와 북한 사학계가 함께 지적했다.

그러나 김부식을 긍정적으로 평가하는 논문도 1960년대 말부터 지속적으로 나오고 있었다.

고병익은 『김재원박사 회갑기념논총』(1969)에 올린 "삼국사기에 있어서의 역사 서술"에서 "『삼국사기』가 중국 중심의 사대적 사고방식이 노출되고 있으나 조선 전기의 역사서보다는 덜 사대적"이라며 "비난의 대부분은 『삼국사기』 편찬 당시의 사상적 배경을 무시한 부당한 평가"라고 주장했다. 그는 『삼국사기』의 체제를 중국의 정사류와, 내용을 『동국통감』이나 『동사강목』과 비교하면서 『삼국사기』가 사대적이지 않고 자주적이라고 주장했다. 사대적 요소라는 것도 김부식 이전에 성립된 사서나 『삼국사기』 편찬 때 인용한 원사료의 것을 답습했을 따름이라고 반박했다.

　『삼국사기』를 부분적으로 옹호하는 고병익의 논문 발표 후 김철준은 1971년 9월 18일 한국사학회 월례발표회에서 반론을 발표하고, 1973년 3월 『한국사 연구』 제9호에 "삼국사기 성격에 대하여"를 기고했다.[78] 김철준은 고려 초의 진취적인 기상 회복을 외쳤던 서경파에 반대하고 체제 안정을 위해 사대 정책을 폈던 경주 세력이 만든 『삼국사기』가 당시 유행 학풍인 유교 사관에 젖어 스스로 우리 문화의 고대적 체질을 부인, 고조선사를 빼고 신라 건국이나 통일 등에 대한 역사인식의 퇴보를 초래했다고 지적했다.

　이에 이기백은 『삼국사기』 논쟁이 지나치게 시비를 가리는 데 집착하는 것은 역사학 입장에서 바람직하지 못하다고 지적하고 "『삼국사기』가 우리나라 사학사에서 최초로 도덕적 합리주의 사관으로 편찬된 사서"라고 높이 평가했다. 그는 『문학과 지성』 제26호(1976 겨울)에 기고한 "삼국사기론"을 통해 "『삼국사기』는 합리적인 유교 사관에 입각하여 쓰인 사서로 이전의 신이(神異)적인 고대 사서에서 한 단계 발전한 사서"라고 지적하며 김부식의 유학자로서의 합리성을 높이 평가했다. 이러한 긍정적인 시각은 신형식·정구복의 논문에도 나타난다.

　『삼국사기』 논쟁의 단초가 된 단재의 민족주의 사관과 관련해 홍이섭·이기백·김철준·이만열·한영우·김영호·안병직·신용하·윤병석·박걸순·박찬승 등 많은 역사학자들의 단재 연구논문과 저술이 쏟아져 나왔다.

신일철은 단재는 항일 민족운동의 투쟁을 위한 이데올로기를 마련했고 민족의 자율적 생존권의 회복을 강화 확대시킨 역사사상을 제시했다고 높이 평가하면서도 "단재의 '아와 비아의 투쟁' 상태로 국제관계를 파악하면 영원한 대립 투쟁이 있을 뿐 그 지양은 기대할 수 없다"고 지적했다. "단재의 민족주의를 2차대전 전 독일·일본의 민족주의 수준으로 이해하면 쇼비니즘, 권력 숭배, 전체주의의 비합리적 집단감정에 빠져 북한과 같은 유사종교 사회화할 수 있다"고 경고했다.[79]

전국역사학대회의 민족주의 사관 비판(1979)

1979년 5월 25~26일 한국서양사학회(회장 노명식)가 주관한 제22회 전국역사학대회가 '역사학에 있어서의 민족주의'를 주제로 이화여대에서 열렸다. 이기백(서강대, "단재사학에서 민족주의 문제"), 이광주(충남대, "독일 내셔널리즘과 역사가"), 전해종(서강대, "동양의 민족주의") 등이 주제발표에 나서고 천관우·송찬식·함홍근·이병주·양병우·이상신 등이 토론에 참여했다.

제22회 전국역사학대회는 일제 식민사학의 대안으로 부상한 민족주의 사관과 단재류의 사학을 비판했다. 이광주 교수는 "2차대전 전 독일 사학과 민족주의의 유착은 역사학을 국가에 한정시키고 사회와 국제사회에 대하여 맹목이 되는 중대한 결함을 드러냈다"고 지적하고, 이에 대한 반성으로 "조상의 빛나는 업적보다 우리 시대의 문제에 더 깊은 관심을 기울인 전후 독일 사학의 수정을 주목해야 한다"고 주장했다.

이기백은 "민족주의 사학이 실증사학의 대안으로 내세운 단재 사학이 비논리적으로 미화되고 있다는 느낌을 주는 것은 바람직한 일이 못 된다"며 단재 사학을 올바로 인식해야 한다고 지적했다. 이기백은 단재가 묘청과 김부식의 투쟁을 우리 고유 사상인 낭가(郎家) 사상과 유가 사상의 결전으로 이해한 것을 사례로 들며 신채호의 민족주의 사상은 지극히 관념적이며 정신주의적인 것이라고 지적했다. 단재의 1923년 「조선혁명 선언」은 무정부주의 사상에 근거한 것이며, 이후 단재는 역사의 주체를 민족보다 민중으로 보고 있다고 해석했다. 이기백은 이러한 신채호의 사상적 변신을 학계가 되도록 논외로 하려는 것은 그의 애국적 충정을 아끼려는 입장, 연구자들의 낡은 민족주의적 입장을 신채호의 권위를 빌려서 옹호하려는 입장, 연구자들의 사회사적 관점을 옹호하기 위해 신채호의 민족주의를 빌리려는 입장 등의 이유가 숨어 있기 때문이라고 지적했다.[80]

『한국사 시민강좌』의 민족주의 사관 비판(1981)

고병익·이기백이 단재 신채호의 『삼국사기』 비판에 대해 문제를 제기한 데 이어 양병우·길현모 교수도 민족주의 사학의 문제

점을 지적했다.[81]

양병우는 "민족주의 사학은 학문이 모름지기 현실에 관여해야한다는 신념에서 역사를 썼고, 역사는 하나의 '정치적 과업'이었다"고 지적했다. 그는 "민족주의 역사학이 영향을 미치려면 그것이 우선 학문이어야 한다는 것은 상식"이라고 전제했다. 자유민주주의가 비판을 받던 시대에 자유민주주의의 깃발을 외로이 쥐고 있었던 게르비누스(G. G. Gervinus)는 "역사가는 공정하고 불편부당한 마음으로 결코 진실을 떠나서는 안 된다"고 강조했음을 상기시켰다. "차근한 마음으로 모든 것을 냉정하고 신중하게 살피는 눈으로 인간의 역사를 제시하고 판단해야 한다"고 역설한 게르비누스도 "그럼에도 불구하고 역사가는 운명적인 당파인이요 자유와 진보의 타고난 투사여야 한다"고 덧붙였다. 당파성과 학문성의 길항관계를 인식하고 당파성을 지양해야 한다는 것을 강조한 것이다. 양병우는 "역사가는 신념이 강할수록 정당하지 못한 방법으로라도 세워 놓은 가설의 결론에 도달하려고 하기 쉽다"고 전제하고 "여기에 민족주의 사학의 위험이 깃들어 있고 이 위험을 극복하는 것이 민족주의 역사가의 과제"라고 주장했다.

양병우는 단재가 사료 비판이나 해석에서 불편부당하지 못했다고 지적했다. 『삼국사기』나 중국 사서들을 가차없이 비판했던 것과 달리 이른바 고기(古記)·비록(秘錄)·야사 등은 무비판적으로 수용했고, 『단기고사』를 진본 사서로 의심치 않은 게 대표적 보기라고 지적했다. 단군왕검의 '삼신 오제(三神五帝)' 교리와 '삼경 오부(三京五部)'의 자료로 제시한 것들은 객관적 검증이 부족했다고 지적했다. 역사를 국제사회의 약육강식 투쟁 속 제국주의 침략 역사로 본 단재는 사회주의적 진화론을 원용해 역사를 '아와 비아의 투쟁'으로 설정하고 대외 투쟁을 중시하여 고구려 광개토왕의 팽창과 을지문덕 같은 '영웅'을 강조했으나, 「무오 선언문」에서는 식민지 무산(無産) 민중의 항쟁을 호소하며 '민중'을 강조한 모순이 있다고 지적했다. 무정부주의적 사회주의론에 경도되어, 국제사회를 향해 자치권이나 참정권을 요구하는 외교론자와 힘을 길러야 한다는 준비론자들을 배척하고 민중의 투쟁에 의한 독립만을 주장하는 비타협주의에 빠진 결과, 상하이 임시정부에서 이승만 타도 선봉에 나서는 등 독립운동 분열에 앞장섰다고 지적했다.

길현모도 '민족' 개념은 "근대 국민국가라는 현대적이며 과학적 개념으로 바꾸어야 할 것이며, 혈통·언어·문화의 순수성·고유성에 대한 관념은 지양되어야 한다"고 주장했다. 민족주의의 사상적 기반이 보수적·복고적·폐쇄적·배타적·과거 지향적 이념에서 벗어나서 합리적·보편적·개방적·국제적·미래 지향적 이념으로 전환돼야 할 것이라고 역설했다. "우리는 이미 민족의 일체감과 소속의식을 고유 문화의 귀의를 통해서만 조성할 수 있는 시대에 살고 있지 않다"며 "민족 성원의 자유와 권리의 동등성, 사회적 권익과 복지의 평등성 등 정치적 사회적 제조건의 근대화가 민족주의의 진정한 기반이라는 것을 공감해야 한다"고 역설했다.

제6장

분단사관, 민중사관, 식민지 근대화론

역사학의 정치화와 민중사관

국사 독립 교과, 국정 국사 교과서 보급, 『한국사』 25권 편찬, 국민교육헌장 선포, 대학 국사 특수교양과목 신설, 국적 있는 교육 제창 등 제3공화국은 일제 식민사관 극복을 위한 여러 작업을 폈으나 1975년 제18회 전국역사학대회에서 강만길 교수의 분단시대 사학론의 도전을 받았다.

제18회 전국역사학대회가 '광복 30년의 한국 역사학계의 반성과 방향'을 주제로 1975년 5월 30~31일 동국대학교에서 한국미술사학회·역사학회·동양사학회·한국사학회·한국서양사학회·역사교육연구회·한국경제사학회 공동주최로 열렸다. 강만길(고려대)·윤남한(중앙대)·이민호(서울대)·윤무병(충남대)·정영호(단국대) 교수가 주제발표를 하고 이기백·송찬식·황원구·차하순·한병삼·맹인재가 토론에 참여했다.

강만길이 '분단 시대 사학'과 '민중사학'을 공식 제기했다.[82] 강만길은 "광복 30년 구석기·청동기시대 확인과 조선 후기 사회에 대한 재인식 등은 두드러진 업적"이라고 전제하고 "분단 시대 사학의 제약성으로 국사학에 대한 객관적이고 정확한 평가를 내리기 어렵다"고 주장하며 국사학의 현재성 부재 등을 비판했다. 그는 분단 시대 국사학은 궁극적으로 통일운동의 일환이어야 할 것이라며 민족통일을 역사적 과제로 한 민족사학론을 주장했다.

강만길의 이러한 주장에 대해 이기백·송찬식은 그가 주장하는 민족주의적 민족사학은 모호한 개념이라고 지적했다. '국민주의적 민족사학'이 아니고 '민족주의적 민족사학'으로 바뀌어야 한다는 강만길의 주장에 대해 한영우는 민족사학 앞에 '민족주의적'이라는 접두어를 굳이 붙여야만 하는 발상에 문제가 있다고 비판했다. 해방후 1세대 학자들은 강만길 등 해방후 2세대 학자들의 현실 참여로 국사학이 정치화의 홍역을 치를 것이라고 걱정했다.

제18회 전국역사학대회는 1960년대 후반부터 제기돼 온 식민사관 극복과 한국사학의 사론 문제를 해결하기 위한 대안으로 민족주의적 민족사학을 강만길이 제시했으나, 역사학이 통일운동이 되어야 한다는 그의 분단사관론은 건국 논쟁 등을 일으켜 역사학의 정치화를 초래했다.

'민족주의적 민족사학'으로 식민사관과 분단사학의 한계를 극복해야 한다는 강만길의 분단 시대 사학론은 창작과비평사에서 펴낸 『한국근대사』, 『한국현대사』, 『분단시대의 역사인식』과 청사출판사에서 출간한 『통일운동 시대의 역사인식』으로 정리돼 1980년대 운동권의 교본이 되었다.[83] 강만길의 분단사관론은 제6공화국 김영삼·문재인 정부의 역사 전쟁과 적폐 청산·체제 전복 논쟁의 주제가 됐다. 강만길은 민중이 역사의 주체가 되어야 한다는 민중론도 주창했다. 그는 신채호가 식민지 시대 이전에는 피지배 대중을 국민·인민 등으로 불렀으나, 1908년 「대한의 희망」에서 "상제(上帝)의 희망으로 세계가 즉유(卽有)하며 민중의 희망으로 국가가 즉유하며", 그리고 같은 해에 쓴 「역사와 애국심의 관계」에서 "허명충수(虛名 充數)의 민중으로 어찌 국가를 유지하리오"에서 민중이란 용어를 처음 썼고 1923년 「조선혁명 선언」에서 민중을 역사적 개념으로 등장시켰다고 밝혔다. '영웅주의'에서 '민중주의'로 발전한 신채호의 역사인식에서 민중사관의 뿌리를 찾을 수 있다고 강만길은 주장했다.[84]

강만길에 이어 이만열·정창열·조동걸이 1980년대에 민중사학론을 제창했다. 일제 침략기에 신채호·정인보·김상기 등의 동학 연구는 해방 후 김용섭의 "철종조 민란 발생에 대한 시고"(『역사교육』 1, 1956), 정석종의 "홍경래란의 성격"(『한국사연구』 7, 1972), 김진봉의 "진주민란에 대하여"(『백산학보』 8, 1972), 한우근의 『동학란 기인에 관한 연구』(한국문화연구소, 1971)로 이어져 한때 민란과 민중이 한국사 연구 주제가 되었으나, 사관으로 정립되지는 못했다.

1986년 2월과 1988년 9월에 보수적인 한국사 연구를 배척하고 과학적 방법으로 인민의 역사 추구를 역설하며 민중사관을 주창한 역사문제연구소와 한국역사연구회가 서울에서 결성되었다. "민중 세력에 뿌리를 둔 역사 연구만이 과학적이며 그 과학적 완전성은 사회적 실천을 통해서만 검증될 수 있다"고 주장한 한국역사연구회는 "우리는 사회적 변혁과 진보의 주체가 민중임을 의식하며, 우리의 탐구는 민중의 의지와 세계관에 부합하는 역사를 추구하는 것에 있다"는 요지의 창립선언문을 발표했다. 역사문제연구소도 "이제 우리가 사회의 민주화와 민족통일로 이어지는 새로운 역사적 국면에 접어든 단계에서, 한국 근현대사 연구는 더이상 상아탑 안에서 멈추거나 단순히 대중에게 교훈적인 방법으로 전달될 수는 없다. 한국 사회와 한국사의 주체인 민중이 자신의 역사에 대한 지식을 회복해야 할 때가 왔다"고 선언했다.

민중을 사회적 계급이나 창조적인 개혁 집단으로 인식하려는 민중주의 시도는 혼란스럽고 시대착오적인 것이었으나,[85] 민중론과 낭만적 민족주의는 1980년대 운동권 세력의 이데올로기로, 역사 교과서 개편과 체제 탄핵, 체제 전복 전쟁에 영향을 미쳤다.

전국역사학대회의 공개토론

민족적 민주주의를 표방한 제3공화국은 국학 진흥과 역사교육 강화 정책을 추진했으며, 국사학계도 한국사의 바른 인식을 위해 많은 토론과 논쟁을 거듭했다. 전국역사학대회에서 일제 식민사학 잔재에 대한 반성과 한국사 연구방법론, 역사교육 등을 주제로 토론이 이어졌다. 제6공화국에서 진행된 역사 교과서 파동은 좌편향 정권 차원의 한국 현대사 체계화 시도로, 구체적으로 1948년 대한민국 건국 부정, 건국 전후 좌파 주동 폭동 개념 규정과 국가 정통성·정체성을 검증하는 역사 논쟁을 제기했다.

대한민국 정체성·정통성 논란까지 야기하게 된 건국, 6·25, 한미동맹 등 논쟁과 일제 식민주의 사관에 순치된 국사학 반성을, 전국역사학대회의 공개토론을 통해 검증해 본다.

역사교육의 새 방향(제14회, 1971)

역사교육연구회가 주관한 제14회 전국역사학대회는 역사학회·한국사학회·동양사학회·한국서양사학회·한국미술사학회·한국경제사학회 공동주최로 1971년 6월 25~26일 단국대학교에서 열렸다. '역사교육의 과제와 방향' 주제로 전해종(동양사 교육)·변태섭(국사교육)·노명식(서양사 교육)·최재희(주체의식과 역사교육)·강우철(국사교육의 추이)·차하순(대학 교양과정으로서의 문화사의 본질)의 주제논문과, 일반연구로 최병헌의 "최치원 사산비 연구" 등 20편이 발표되었으며, 식민사관 극복과 역사 교과서 개편이 제기되었다.[86]

차하순 서강대 교수는 "일본 역사 교과서나 번역해서 강사들이 낭독하는 대학 문화사 강의를 개선하기 위해 교재 개발 등 본질적인 대책이 필요하다"고 주장했다. 변태섭은 "해방 후 한국사는 우대되어 각종 시험의 필수과목이 되었으나 식민주의 사관도 극복하지 못했다. 바른 역사의식 없는 국사 우대가 혼란을 가져올 수 있다"며, 새로운 한국사교육이 되어야 한다고 강조했다. 대학 교양과정에서 한국사가 제외된 것은 국사가 반지성적인 어용 학문으로 인식돼 온 편견 때문이라고 자성했다. 전해종·노명식은 "동양사·서양사 이해도 일제 식민지 학풍을 벗어나야 한다"고 주장했다.

해방전 세대의 식민사학 고해(제17회, 1974)

제17회 전국역사학대회는 1974년 5월 31일~6월 1일 성균관대학교에서 '한국에 있어서 근대적 사학 연구의 회고와 전망'을 주제로 열렸다. 이병도(학술원장) 박사가 주제논문을 발표하고 유홍렬(성균관대)·정재각(전 고대)·신석호(전 국편위원장)·김성식(경희대)·채희순(공주사대)이 토론에 참여했다.

제17회 대회는 식민사관에 대한 해방전 세대 학자들의 고해성사였다. 이병도는 한국 근대 사학사를 초장기(1919~1933), 중장기(1934 진단학회~한국동란), 현장기(1953 역사학회~현재)의 3기로 나누고, 강단사학이 그동안 비과학적인 사학자라고 비판했던 단재 신채호와 백암 박은식 등을 초창기 개척자로 추켜세웠다. 이병도는 과거 일제 관학자들의 통제 속에 연명되어 온 한국 역사학의 과거를 증언한 후, 과거 일제 관학의 논문 작성 방식에서 탈피하고 일본 학자의 새로운 주장에 현혹되지 말 것과, 한국 고대의 대외관계사를 새로이 조명할 필요성, 한국 사상 연구에 역점을 둘 것 등을 강조했다. 이병도가 단재와 백암을 한국 근대 사학의 개척자로 평가한 것은 새로운 발상으로 평가되었다.

신석호는 일제 때 한국사 연구는 총독부가 자료를 독점하고 논문도 일본 학자가 통제했다고 증언했다.

정재각과 김성식은 한국 역사학이 일제시대 수준을 크게 뛰어넘지 못했다고 신랄히 비판했다. 특히 정재각은 "한국 역사학은 일제 관학자들이 정책적으로 이식한 실증사학의 굴레를 벗어 버리지 못했다"며 학계의 게으름을 비판하고, "역사가의 임무는 과거의 단편적인 사실 고증을 통해 사실을 밝히는 동시에, 그 가치를 재평가하여 현재의 문제 해결과 역사 발전에 도움을 주어야 한다"고 역설했다. 일제 관학자들이 심어 놓은 문헌고증 사학이 아직도 한국 역사학을 지배하고 있어 사학 발전의 장애가 되고 있다고 한국 주류 사학을 맹비난했다. 정재각은 특히 한국 동양사가 일제 때 일본인이 만든 동양사에서 한 발짝도 벗어나지 못했다고 꼬집고 "사마천이 『사기』를 쓸 때 고조선을 「열전」으로 변방 취급한 중국의 고대 사관과 크게 다를 것 없는 것이 한국의 동양사"라고 혹평했다. 그는 한국의 동양사는 주로 중국사에 치중하고 있고, 한국 고대사와 관련 있는 터키와 중앙아시아 민족에 대한 연구는 거의 없으며, 우리 민족 형성과 깊은 관련 있는 중국 북방 민족에 대한 연구조차 소홀히 한다고 비판했다.

개항 100년 성찰(제19회, 1976)

동양사학회(회장 윤남한)가 주관하고 역사학회(이기백)·역사교육연구회(변태섭)·한국서양사학회(길현모)·한국사학회(유홍렬)·한국미술사학회(황수영)·한국사연구회(대표간사 강만길)·한국경제사학회(회장 조기준)가 공동주최한 제19회 전국역사학대회는 '개항 그 역사적 고찰'을 공동주제로 중앙대학교에서 1976년 5월에 열렸다.

이해는 1876년 2월 27일 강화부에서 '조일 수호조규(강화도 조약, 병자수호조약)'이 체결된 지 100년을 맞는 해였다. 이 조약에 따라 조선은 부산항 외에 인천과 원산항을 20개월 이내에 개항하기로 합의했다. 전국역사학대회에 앞서, 외세의 강압에 의해 개방을 약속한 조일 수호조약을 기념하는 개항 100주년 기념대회가 부산시와 경제사학회 공동 개최로 열렸다.

전국역사학대회는 기념대회의 성격을 문제 삼았다. 윤남한 동양사학회장은 침략을 경축한 개항 100주년 행사에 문제가 있었다고 지적하고, 역사학이 그 개념을 바로잡아 줄 책임이 있다고 했다. 이현종 국사편찬위원회 조사실장도 "병자조약 후 일제 침략으로 식민지로 전락했다가 일본이 패망해 식민지 굴레에서 벗어나 1960년대에 와서야 근대국가를 지향하는 한국이 일제 침략이 본격화된 개항 100년사를 일본의 메이지유신 100주년(1968)과 같은 것으로 착각하고 기념대회 등을 마련하고 축제 분위기에 젖는 것은 우스운 일"이라고 꼬집었다. 김철준 서울대 교수는 "식민지 근대화로 멍든 100년을 반성할 때 1960년대 이후 추진하는 자주적인 근대화가 꽃피울 수 있다"고 지적했다. 일제 침략에 의해 한국의 전통적인 에너지가 위축된 현상은 간과하고 일제가 주도한 식민지 근대화를 발전인 것으로 착각하는 것은 한심하다고 말했다.

역사학계 외에 한국경제학회(회장 최호진)도 5월 21일 연세대학교에서 개항 100주년 학술대회를 열어 고승제(경제과학심의회, "개항의 사회경제사적 의의"), 김삼수(숙명여대, "개항과 공동체"), 임병윤(고려대, "개항과 토지제도"), 김준보(고려대, "개항과 농업제도"), 권병탁(영남대, "개항과 수공업"), 이석륜(경희대, "개항과 금융"), 김옥근(부산수산대, "개항과 재정"), 최태호(국민대, "개항과 관세무역"), 김병하(경희대, "개항과 경제사상")가 발표에 나섰다.

한국정치학회(회장 차기벽)도 '개항 100주년의 정치적 고찰'을 주제로 25편의 논문을 발표했다.

한국 역사학의 후진성 반성(제21회, 1978)

1971년부터 전국역사학대회는 매년 '한국 역사학의 반성과 과제'를 주제로 내걸었으나 판에 박은 토론이었다. 문제의식과 해결 방법론을 재검토해야 할 전환점에 서 있었다.

지난 10년간 일제 식민지 관학이 남기고 간 실증사학에 대한 반성과 비판이 있었으나 아직도 한국 사학계는 실증사학파가 주류를 형성하고 있었다. 실증사학은 민족사의 해체 위기를 외면하고 역사학을 단편적인 사실의 고증이나 하는 것으로 인식하는 수준이었다. 실증사학의 식민지 체질을 벗어 던지지 못한 한국 역사학은 한국 현대문화의 바른 방향을 제시하지 못한 채 표류하고 있다고 김철준 등은 기성 사학을 비판해 왔다.

제21회 전국역사학대회는 '역사학과 역사의식'을 주제로 1978년 5월 26~27일 서울대학교에서 열려 식민사학의 굴레에서 완전히 못 벗어난 한국 역사학의 후진성을 반성했다. 일제와 대항한 민족주의 사학을 계승한다고 자부하는 역사학자들도 현대적인 과학적 방법을 계발하지 못해 이 시대가 요구하는 학자의 소명을 다하지 못하고 있다는 반성론이 대회에서 제기됐다.[87]

"역사의식의 방향과 역사학의 과제"를 발표한 민석홍(서울대. 서양사학)은 한국사학이 아직도 식민지 시대의 낡은 문헌고증 사학의 차원을 탈피하지 못했다고 지적했다. 민석홍은 "해방후 2세대 소장 학자들이 들고 나온 내재적 발전론·실학 등 사회경제사 연구가 문제를 제기하긴 했으나, 새로운 가설을 입증할 방법론과 구체적인 사실을 가지고 이를 통합, 일반화할 모형을 아직 제시하지 못하고 있어, 식민사관의 연장이 될 위험을 안고 있다"고 비판했다.

윤병석(인하대. 한국사학)은 "한국 사학계에 민족사학·실증사학·사회경제사학의 3대 조류가 있으나 이것들은 대체로 일제 식민지 시대 학문 수준을 크게 뛰어넘지 못했다"고 진단했다.

과거제와 조선 신분제 검증(제23회, 1980)

과거(科擧)를 주제로 한 제23회 전국역사학대회는 1980년 11월 14~15일 동국대학교에서 열렸다. 30~40대 학자들의 공격적인 논문이 많이 발표돼 새로운 쟁점을 제기했다.

이성무(국민대)는 "1899년 폐지될 때까지 936년간 실시된 고려·조선의 과거 제도는 중국보다 371년 늦게 도입되었으며, 중국처럼 계층 이동이나 사회 변동에 크게 기여하지 못했다"고 지적했다. 이성무는 중국·한국·베트남에서만 실시됐던 과거 제도가 중국에서는 가문의 혈통을 중요시하는 귀족의 세습제를 누르고 개인의 능력을 발휘케 하는 이상적인 제도였으나, 우리나라에서는 제 기능을 못했다고 밝혔다. 그는 고려시대 무신 집권기와 원의 고려 간섭기에는 과거가 신분 계층 이동에 기여했으나, 완벽한 양반 사회가 형성된 조선시대에는 과거를 통한 신분 상승이 불가능했다고 주장했다. 법제적으로는 양인(良人) 신분 모두 과거에 응시할 수 있으나, 문·무과에는 양반이 주로 응시하고 서얼·향리의 과거 응시는 제한받았다고 지적했다. 이에 대해 송준호(전북대)는 "왕권이 약화되고 양반의 권한이 강화된 조선 후기에는 과거가 양반의 전유물이 되었지만, 조선 초기에는 신분 상승의 통로가 됐다"고 반박했다.

안병직(서울대)은 김용섭의 '경영형 부농' 가설을 비판했다. "수확이 아니라 토지 면적 단위로 징수한 결부(結負)가 조선의 조세 단위"라며 김용섭의 조선 후기 농업사 연구의 맹점을 꼬집었다.

안병직의 주장은 발표장에서 설득력 있는 문제 제기로 받아들여졌다.

남천우(서울대)는 토함산 '석굴사'가 일인들에 의해 '석굴암'으로 잘못 알려지고, 석굴을 파괴하는 전실(前室)이 세워졌다고 지적했다. 그는 석굴사 앞에 세워진 승방 '석굴암'과 석굴사는 문헌에서 구분된다고 지적하고, 전실을 철거할 것을 주장했다.

김용덕(중앙대)은 종래 천민 집단으로 분류된 향·부곡민(鄕部曲民)은 군·현민(郡縣民)에 비해 한 단계 낮은 양민(良民)이라고 발표했다.[88]

동서 문화 교류 '4S 로드'와 한국(제24회, 1981)

1981년 제24회 전국역사학대회는 6월 19~20일 인하대학교에서 '동서문화의 교류' 주제로 열렸다. 황원구(연세대, 동양사학), 최석우(한국교회사연구소장, 종교사학)의 주제발표와 이인호(서울대, 서양사학)의 "서양사 역사교육의 방향"이 발표됐다.

제24회 대회는 한국사를 국제 교류 시각으로 지평선을 넓힐 것과 역사교육의 개선을 촉구했다.

황원구는 동서 문화 교류가 초원길(Steppe Road), 비단길(Silk Road), 대식길(Saracen Road), 향료길(Spice Road)의 '4S 교통로'로 이루어졌다고 설명하고, 이 네 통로를 통한 문화 전파가 한국에도 미쳤다고 정리했다.

초원길은 흑해 북동부에서 동몽골에 걸친 북위 50도의 초원 지대를 기원전 7~전 2세기에 스키타이 기마민족이 개척한 길로 동북아시아의 금(金) 문화권 형성에 기여했다. 초원길 파동이 삼한·신라·백제·가야·고구려·부여 건국에 영향을 미쳤다.

초원길에 비해 교류의 질과 양이 급증한 비단길은 기원전 139~전 126년에 한 무제가 서역에 파견한 사절이 터 놓은 길이다. 서방에서 아라비아 군마와 호박·호두·포도·불교 등이 동류했고 비단·차·제지술·지남침 등이 중국에서 서역으로 건너갔다. 신라·백제도 실크로드를 이용해 교역을 했고, 새 문명을 받아들였다.

사라센인에 의해 개척된 대식길은 페르시아만에서 인도양 말라카 해협을 지나 남양제도와 남중국의 여러 항구에 이르는 북위 20도선의 해상 교통로로 8세기 초부터 15세기 말까지 지속됐다. 고려가 대식길을 이용해 무역을 한 것은 고려가요에도 나타난다.

서세동점의 길인 향료길은 1498년 바스코 다 가마가 아프리카 남단을 돌아서 인도~동남아로 온 길로, 수에즈 운하가 개통된 1869년까지 350년간 통용되었고, 아시아 침략길(1869~1945)로도 사용돼 침공의 길(Struggle Road)로 바뀌었다.

그러나 20세기 아시아 각국은 전통을 현대사회에 맞게 재정리, 재편성하여 전통적 학문과 사상을 재창조하는 자기 정체성 확인을 서두르고 있다. 한국문화는 삼한의 철과 비단, 통일신라 왕릉의 무인 석상이나 처용 설화 등에서 보듯 고대로부터 선진 문화와 교류하면서 새 문화를 창조한 역동적인 문화였다. 한국 전통문화는 한반도에 갇힌 문화가 아니었다. 망국 전 조선조 위정척사 사관과 북한의 주체사관과 유사한 제6공화국의 전근대 전체주의 체제를 지향하는 자폐적인 민족주의 부상은 소련 붕괴 후의 세계화 흐름에 역류하는 시대착오적인 특이한 현상이라고 국제 정치학자들은 해석한다.

제국주의와 한국 역사(제26회, 1983)

제26회 전국역사학대회는 '근대사에 있어서의 제국주의'를 주제로 1983년 5월 27일 연세대 강당에서 열려, 청산해야 할 제국주의의 본질을 다각적으로 검토했다. 그동안 학계가 '서세동점(西勢東漸)'이라고 표현해 온 제국주의를 정치·경제·역사학의 시각으로 종합 분석했다.

진덕규(이화여대, 정치학)는 "아시아의 근대화는 서구 제국주의의 영향으로 왜곡된 근대화의 길을 걸었으며 민족주의도 저항적인 것으로 변질됐다"고 지적했다. 동아시아 제국주의의 기본 구조를 영국을 축으로 하는 해양 세력과 러시아의 대륙 세력의 각축으로 시작된 '지배 약탈'과 '복종 피탈' 국가 간 종속 관계로 규정한 진 교수는 일본이 식민지 위험에서 벗어나 근대화를 이룬 것은 두 세력의 대결 구조 상황의 산물이며, 한국이 일제의 제물이 된 것도 이런 맥락에서 풀이할 수 있다고 주장했다. 일본의 근대화와 국력 증대를 통해 러시아를 견제하려는 영국 등 해양 세력의 제국주의적인 의도가 일제에 의한 한국 식민지화까지 연결됐다는 것이다. 영국의 러시아 견제 정책뿐만 아니라 미국의 루스벨트까지 합세해 일본의 한국 식민화를 인정, 한국은 서구 열강과 일본의 이중적 제국주의 침탈 구조를 경험하게 되었다. 이러한 기본 구조가 영국 대 러시아, 미국 대 러시아가 연계되어 일본을 견제하는 새로운 대결로 변용되어 한국 분단의 희생까지 강요하는 사태로 몰고 왔다는 것이 진 교수의 분석이다. 『해방전후사의 인식』 공동저자인 진덕규는 "2차대전 후 중국은 제국주의를 극복하였으므로, 동아시아에서 제국주의 침략과 냉전에 의한 분단의 모순은 한국에만 남아 있다"고 주장했다.[89]

1980~90년대의 새로운 쟁점

1980년대 소장 학자 세대교체

이성무·한영우의 양반 논쟁으로 상징되는 1980년대의 40대 학자 부상과 국사 교과서 논쟁은 국사학의 세대교체를 앞당겼다. 정치·경제·사회적 혼란에도 1980년 초 40대 소장 학자들의 역저가 쏟아져 나왔고, 학회 운영도 이들이 도맡았다. 이성무(국민대)의 『조선 초기 양반 연구』, 박용운(성신여대)의 『고려시대 대간제도 연구』, 김원모(단국대)의 『근대 한미교섭사』, 이융조(충북대)의 『한국선사문화 연구』, 홍일식(고려대)의 『개화기 문학의 사상적 연구』 등 1980년 3월에 쏟아져 나온 저술들은 박사학위 논문을 단행본으로 펴낸 것이었다. 이보다 앞서 조동일(영남대)의 『한국소설의 이해』, 정순목(영남대)의 『퇴계교학사상 연구』, 원유환(홍익대)의 『조선 후기 화폐사 연구』, 김인회(연대)의 『한국인의 가치관』 등이 박사논문을 단행본으로 출간하며 주목받는 한국학 저술로 꼽힌 바 있다.

1980년 한국학 연구기관의 공동학술연구비도 40대 학자에 집중되었다. 서울대 한국문화연구소는 한영우("조선 전기 사학사"), 신용하("박은식 사상 연구"), 박병호("개화기 법률제도 연구", 이상 서울대)를, 한국연구원은 민현구(국민대, "고려시대 토지제도"), 이태진(서울대, "조선시대 농업기술 연구")을, 한국정신문화연구원은 최승희(계명대, "한국고문서 연구")를 지원했다. 1980년대 초에 나온 이들 저술은 1960~70년대 초에 나온 저술들보다 자료를 광범위하게 인용하고 있으나, 거시적인 이해는 부족하다는 평을 받았다.

40대 소장 학자들의 활발한 활동에 대해 김철준은 "학계의 진정한 세대교체가 시작되었다"며, 외국 이론으로 전통문화를 도식화하는 안일한 자세는 반복하지 말아야 한다고 지적했다.

학회들의 실무 담당자도 30~40대 소장 학자로 개편됐다. 한국사연구회는 대표 이재룡(숭전대)을 비롯하여 간사 이태진(서울대)·최병헌(서울대)·이범직(명지대)·문명대(동국대)·신재홍(국편) 등 임원 전원을 40대가 맡았다. 진단학회는 대표로 추대된 전해종(서강대)만 제외하고 간사 홍승기(전남대)·이성규(서울대)·성백인(명지대)이 모두 30~40대였다. 역사학회도 회장 김원룡을 제외하고 총무 한영국(인하대), 간사(한국사 정만조, 서양사 오인석, 동양사 조영규) 전원이 40대로 바뀌었다. 학계 주역으로 부상한 40대 학자들이 1970년대 말부터 1980년대 초에 북한·일본·미국에서 밀수입된 한국 현대사 왜곡 이론에 대한 학계 차원의 연구와 대응이 미흡해 제6공화국의 역

사 전쟁과 체제 전복 전쟁 파동에 대한 책임 추궁이 국사학계로 쏠리는 것은 이들의 업보인 것 같다.[90]

식민사관 변형한 기마민족설

1948년 기마민족설을 발표하여 일본 학계에 큰 파문을 던졌던 에가미 나미오가 연세대 국학연구원(원장 민영규) 개원 기념 제1회 국제학술회의에 참석하기 위해 1977년에 방한했다.

에가미는 중앙아시아사 전공으로, 메소포타미아의 원시 농촌 유적 등을 발굴해 일본의 오리엔트 연구에 새 지평을 연 학자다. 이번 방한은 1972년에 이은 두 번째 방한으로, 조치(上智)대의 유 프라테스강 하류 발굴조사단장으로 시리아의 루메타 고분을 발굴하던 도중 한국에 온 것이었다.

1977년 11월 19일 학술회의는 '고대 동북아시아에 있어서의 기마민족'이라는 주제로 에가미 교수가 발표하고 김정학·고병익·이기백·김원룡 등 한국 학자들이 약정토론을 벌이는 형식으로 진행됐다. 흉노문화의 위치와 동서 문화교섭사 및 아시아 제민족과 문화의 형성 등에 관심을 갖고 연구해 온 에가미는 퉁구스 계통의 북방 기마민족이 한국을 거쳐 일본으로 건너가 야마토 정권을 수립하여 천황족이 됐다는 기마민족 일본 정복설을 주창했다. 그는 "일본의 양식 있는 학자들은 패전 전에도 일본 고대 문화 원류가 한국임을 알고 있었다"면서, "기마민족 일본 열도 정복설을 1948년에 처음 발표했을 때는 천지가 뒤바뀌기라도 한 듯 찬반양론이 시끄러웠으나 최근 고고학·문헌고증학·신화학이 이 학설을 뒷받침하고 있어 정설로 굳어 가고 있다"고 자신 있게 말했다.

에가미의 기마민족 일본열도 정복설은 부여·고구려계의 반수렵·반농업적인 북방 기마민족의 한 무리가 철기 무기와 말을 타고 한반도로 남하하여 마한 지역에서 백제를 건국한 다음, 김해 지방을 근거지로 변한(임나) 지역을 지배한 것으로 시작된다. 변한 지역에 있던 기마민족 진왕(辰王) 정권이 일본에 건너가 북규슈의 왜인 세력을 정복, 변한에서 쓰시마~대한해협~현해탄을 건너 북규슈의 쓰쿠시(筑紫)까지 아우르는 한·왜 연합왕국을 만들었다는 것이다.

기마민족설은 고대 일본의 문화적 성장과 그 전환을 전 아시아적인 규모의 역사 무대와 결부시킨 거시적인 해석으로 날조된 황국사관을 극복하는 탁견이었으나, 그의 한·왜 연합왕국론은 임나일본부설의 변형일 뿐이라고 한국 학계는 비판했다. 기마민족설은 에가미에게 많은 시사점을 준 기타 사다키치의 '일·선 양민족 동원론(日鮮兩民族同源論)'의 변형으로, 임나일본부설을 기마민족 이동설로 재포장한 것에 지나지 않는다고 한국사학자들은 반박했다.[91]

이성무·한영우의 양반 논쟁

과거 제도와 관련 있는 조선 초기 사회 신분 제도와 사림(士林)에 관한 이성무·한영우 두 교수 간의 논쟁이 20년간 지속됐다.

논쟁은 1974년 한영우 교수가 국정 고교 국사 교과서에 "조선 초기는 과거를 통한 개방적인 신분 이동이 가능한 사회였다"는 가설을 기술한 것을 이성무 교수가 비판한 데서 시작되었다.

한영우는 조선 사회가 15세기까지 양인·천인의 구분만 있었고 선비·농민·공상인을 아우르는 양인은 관리가 될 수 있는 평등 사회였으나, 이러한 개방적인 사회 신분 제도가 16세기 사림파 등장 후 4계급의 신분 세습제로 고정돼 사회적 모순을 드러낸다고 기술하였다. 이에 대해 이성무는 『창작과 비평』 1974년 여름호 특집 '국사 교과서의 문제점'에서 한영우의 "양천제에 기초한 민본주의·능력주의 등은 역사적 사실과 거리가 먼 허구의 개념"이라고 일축하고, 15세기도 양반 위주의 국가였다고 반박했다.

한영우·이성무의 양반 논쟁은 1970년대 시작돼 1990년대까지 계속된다.

이성무는 조선 초기부터 사회 신분이 양반·중인·평민·천민으로 구분되었다는 종래의 학설을 견지하면서, "조선 초기 향리"(『한국사연구』 제5호, 1970), "조선 초기 기술관과 그 지위"(『유홍렬박사 화갑기념논총』, 1971) 등에서 조선 초기 중인의 존재를 밝혔고, "15세기 양반론"(『창작과 비평』, 1973), "양반"(『한국사 10』, 1974), 『조선 초기 양반 연구』(일조각, 1980) 등을 통해 조선 초기에 양반 제도가 정착됐음을 주장했다.

한영우는 "여말선초 한량과 그 지위"(『한국사연구』 4, 1969), "조선 초기 상급서리 성중관"(『동아문화』 14, 1971), "조선전기 성리학파의 사회경제사상"(『한국사상대계 2』, 1976), "조선 전기의 사회 계층과 사회 이동에 관한 시론"(『동양학』 제8집, 1977)을 통해 15세기 기본 신분은 양인·천인으로 양분된다는 가설을 입론했다.

이성무는 법제적으로 양·천 양대 신분으로 나뉘지만, 실제적으로는 양반과 비양반 또는 양반·중인·양인·천인으로 구분해야 한다며 종래의 학설을 지지했다.[92]

후에 한영우는 조선왕조 500년 동안 문과 과거 급제자 1만 4,615명의 신원을 방목(榜目)·족보·실록 등을 자료로 조사 정리한 『과거, 출세의 사다리』(전 4권, 지식산업사, 2013)를 통해 자신의 가설을 뒷받침했다. 그는 방목에 기재된 조선시대 문과 급제자의 성관(姓貫)이 1천 개이며 성관이 기록되지 않은 급제자 440여 명이 각기 다른 성관을 가지고 있다고 가정하여 조선 문과 급제자의 성관은 1,500개에 이른다고 추론했다. 조선시대 성관을 약 3천 개로 추정할 때 전체 성관의 절반 정도에서 문과 급제자가 배출되었다는 것이다. 방목에 성관이 누락된 급제자 중에 노비·서얼 출신도 있었다는 사실은 과거 제도가 신분 이동에 기여했음을 방증한다고 한영우는 주장했다.[93]

이는 그가 줄곧 주장한, 조선 초기 15세기에는 양인과 천민(노비)만 구분되었음을 과거 급제자 분석으로 확인한 것이다. 조선시대 신분 구조는 법적으로 '벼슬아치=양반'과 '비(非) 벼슬아치=평민=서인'으로만 구별되었는데, 벼슬아치는 평민 집안에서도 나왔으며 일단 벼슬아치가 나오면 양반으로 자처했기 때문에, 노비를 제외한 대부분의 법적인 평민도 주관적으로는 양반이었다고 해석했다. 예를 들어 백범 김구는 안동 김씨 후손이지만 그의 조상 김자점(金自點)이 인조 때 정치적으로 실각한 뒤에 황해도로 낙향하여 거의 200년 넘게 평민으로 살아왔다. 그래서 호를 '백정(白丁)'과 '범인(凡人)'을 합하여 백범으로 자칭했다. 그러나 백범도 주관적으로는 안동 김씨 가문의 후손으로 양반의 자부심을 결코 버리지는 않았을 것이라고 한영우는 주장했다. 양반과 중인·평민의 구별이 애매해진 것은 500년 동안 벼슬아치가 나오지 않은 성관이 거의 없기 때문이다. 조선 후기에는 노비층까지 양인으로 신분을 바꾸면서 문과 급제자가 배출되었다. 이렇게 온 국민이 양반이 되었지만, 벼슬아치가 많이 나온 집안과 적게 나온 집안을 비교하는 등급의 차이는 있었다고 한영우는 주장했다.

요컨대 조선시대 과거는 신분 상승의 시스템이었다. 과거 보러 가는 것을 최고 통수권자인 임금의 얼굴을 보러 가는 '관광(觀光)'이라고도 했다. 열심히 공부하면 정승 판서도 될 수 있다는 희망은 젊은이들을 공부벌레로 만들었고, 억울하면 공부해 출세해야 한다는 관념을 심어 주기도 했다.

그러나 과거 급제자 전수 조사에 따르면 신분 낮은 급제자 비율은 태조·정종대 40퍼센트에서 태종 50퍼센트로 정점을 찍은 후 세종 33.4퍼센트, 세조 30.42퍼센트로 낮아지다가 선조대에 16.72퍼센트로 격감된다. '패거리 정치'의 부작용도 있었다. 19세기 전반 안동 김씨 세도정치에서 안동 김씨 과거 급제자가 급증한 것, 종친의 권한을 강화하는 정책을 추진했던 흥선대원군 이하응 집권기에는 전주 이씨 급제자가 급증한 것 등이 그 보기다.

식민지 근대화론과 반일 종족주의 논쟁

1960년대에 정치·경제·사회학계의 참여로 한국사 연구의 지평이 넓어진 데 이어, 1970년대에는 4·19 세대 사회과학자들의 신학설이 기성 학계에 큰 충격을 주었다.

해방 30주년인 1975년에 3·1운동 관계 저술로 윤병석의 『3·1운동사』(정음문고)와 안병직의 『3·1운동』(춘추문고) 등 2권의 문고본이 나왔는데 이 중 안병직의 『3·1운동』이 천도교 측의 강력한 항의로 신문에 사과문을 내는 사태가 벌어졌다. 문제가 된 안병직(서울대, 경제학)의 저술은 『역사학보』에 발표했던 3·1운동 관계 논문을 정리한 것으로, 천도교 측은 안병직이 천도교 3세 교주의암 손병희를 '소극적 친일파 또는 예속 자본가'로 규정하는 등 3·1정신을 모독했다고 항의했다.

안병직의 식민지 근대화론

안병직은 해방 50주년인 1995년에도 '식민지 근대화론'을 발표해 국사학계에 큰 충격을 주었다. 5월 26~27일 한양대학교에서 '사료와 실증' 주제로 열린 제38회 전국역사학대회 중 '해방 50주년 기념: 해방 전후사의 검토' 주제로 열린 한국사부 발표에서 "한국 근대사 연구가 '침략과 저항' 구도 속에 매몰되어 있는 것은 시대착오다. 근래 국제 학계에 제시되고 있는 '침략과 개발' 구도 사관으로도 일제 침략 시대사를 조명할 필요가 있다"고 주장했다. "한국에 있어서의 경제 발전과 근대사 연구"라는 발표문에서 안병직은 일제시대의 각종 통계를 제시하며 식민지 시대의 근대화를 '침략과 개발'로 평가하자고 주장했다. "한국 근대사는 '침략과 저항', '수탈과 저개발화'가 일방적으로 관철되는 장(場)이 아니라 '수탈과 개발'이 서로 교차하는 장이었으므로, 한국 근대사를 온전하게 파악하려면 양 시각으로 종합적으로 파악해야 한다"는 것이었다.

안병직은 "1960년대 한국의 경제 발전은 자생적인 것만이 아니고 독립운동을 담당했던 민족 세력이 주체가 된 것도 아니며, 20세기 후반기 세계 자본주의 일환으로 전개된 것"이라고 주장하며, 1960년대 한국 경제 발전 담당 세력은 다양했으며 만주군 육군 중위 출신 박정희가 중심인물이었음을 간과해서는 안 된다고 덧붙였다.

이는 1960년대 한국 경제 개발을 일제 식민지 근대화와 연속적으로 파악한 것으로서, "만약 한국 근대사 연구에서 독립운동사를 특권화한다면 근대사 연구는 현대사 연구와 무관하게 되어 그 불모성이 명백하게 되고 말 것"이라고 안병직은 주장했다. 이런 주장은 일본 교토대 나카무라 사토루의 중진자본주의론을 수용한 것이다.[94]

'침략, 수탈, 저항'으로만 보는 근대사관은 시대착오라며 '침략과 개발'이라는 시각으로 파악해야 한다는 안병직의 주장은 폭탄선언이었다. 일제시대사 연구에 대한 비판에서 한 걸음 더 나가 일제하 식민지 조선의 변화를 개발로 평가해야 하며 1960년대의 한국 경제 개발도 일제시대와 연속적인 면이 있다는 안병직의 발표에 대해 근현대사 전공 국사학자들의 반박이 쏟아져 나왔다. 안병직은 한국 현대사의 기본 과제가 '종속으로부터의 탈출을 위한 독립운동'보다는 '선진화를 위한 독자적인 문화의 건설'이라고 전제하고, 독립운동사를 특권화한 근대사 연구는 그 불모성이 명백해진다며 근대사 해석을 위한 사관의 수정과 방법론 개선을 촉구한 것이다. 이러한 파격적인 일제시대사 인식 전환 주장은 검증 대상은 될 수도 있으나 때아닌 일제 식민지 개발 재평가는 일본의 한국 침탈사의 본질을 호도할 위험이 있다고 역사학계는 반박했다. 일부 경제학자는 1960년대 한국의 경제 발전이 일제하 토지조사사업·철도·도로·창고·은행·전기 부설·토지개량사업·전시 공장 건설과 무관하지 않다는 나카무라 사토루 일본 교토대 교수의 중진자본주의론(중진화=근대화)을 수용한 것이라며, 일본의 신식민사관의 이식이라고 비난했다.

광복 50년에 일제 침략기 연구가 일본 학자의 식민지 근대화 이론에 국사학계가 흔들리는 이 사태는 매우 충격적이었다. 2차대전 패전 반백년에 일본의 한국 식민지 지배가 한국의 자본주의를 발전시켰다는 일본 학계의 변형된 오리엔탈리즘을 한국 경제학계가 인정하는 것이기 때문이다. 시골 수리조합에 남아 있던 일제 침략기 자료까지 이른바 조선 식민지 개발 입증 자료로 공개되었다. 경제사부 발표에서 길인성 서강대 교수는 일제 침략기인 1926년부터 1945년까지 한국인의 신장이 작아졌다는 통계 자료를 근거로 일제의 한국 침탈이 한국의 경제 발전에 기여했다는 주장은 허구라고 반박했다.

일제 침략기에도 한국인들이 변화에 적응하며 노력했다는 것은 큰 무리 없는 주장이지만, 제3공화국의 산업화가 일제 침략기에 깔아 놓은 레일 위를 달렸다는 주장은 문제가 있었다. 일제가 대륙 침략을 위해 한반도에 세웠던 공장들은 6·25로 파괴되어 '한강의 기적'에 크게 도움이 되지 않았다. 6·25전쟁 휴전 후 제1공화국의 전후 복구 사업과 경제개발계획을 밑받침한 미국의 경제 지원과 한국군 베트남 파병 후 미국의 안보 보장과 한국 국민의 의지가 한국 산업화를 가능케 한 것이다. 나카무라의 중진자본주의론과 안병직의 중진자본주의론 수용에 대해 국사학계가 명쾌하게 학술적으로 반론을 제시하지 못한 것으로 사회과학계 일부 학자들은 지적했다.[95]

일제 침략이 한국 근대화에 기여했다는 일본 정치가의 망언은 외교적인 언사로 마무리 되지만, 학자의 주장은 간단히 끝날 문제가 아니었다. 일본 극우 지식인들의 일본 제국주의의 한국 침략 합리화와 유사한 소리가 한국뿐 아니라 미국 대학에서도 들리고 있었기 때문이다. 일제 침략을 합리화하기 위해 한국사를 타율(他律)·정체사관(停滯史觀)으로 왜곡한 식민사관을 청산하기도 전에 한국 학계는 제2의 식민사관의 도전을 받고 있었다. 이들 저술은 일제의 한국 경제 침탈 과정을 '농공업 개량과 새 제도 도입'으로 평가하여 일제시대를 민족자본 형성기로 부각시키고 있다. 이들은 제국주의 침략 전 단계의 조선의 자생적인 변화 추구와 자본주의 진화 잠재력을 과소평가하고 있다. 미국 학계의 이러한 주장은 1970년대의 한국 경제 성장이 미개한 한국 사회를 깨운 일제 침략기 식민지 개발에서 비롯된 것이라는 나카무라 등의 중진자본론을 수긍한 것이다. 그런 마당에 한국 경제학자가 나카무라 등의 중진자본론을 지지해 국학계에 큰 충격을 준 것이다.

일본 학계의 식민지 근대화론 재도전에 대응하기 위해 압축 성장한 한국 근현대사를 이론화할 가설의 창출과 새 연구방법 도입이 요청된다. 일본의 한국학 연구가 국제사회에서 영향력이 있는 것은 일본의 학문 수준이 높고 외국 학계의 일본학 전공자들이 우수하기 때문이다. 우리나라도 우선 국내 한국학의 질을 높이고 우수한 해외 한국 학자를 지원하여 한국학의 저변을 확대하고 연구의 질을 높여야 할 것이다.[96]

일본 학자의 시바 료타로 비판

1995년에는 일본 학계에서도 식민지 근대화론에 대한 비판이 제기됐다. 경제학자 다무라 도시유키가 소설가 시바 료타로를 "해묵은 식민지 근대화론을 재탕하는 일본 지식인의 편협한 사고"라며 고발한 것이다.

한국에서는 광복 50주년 주제로 한 학술회의가 잇달아 열려 일제 식민 문화 청산과 한국의 산업화 추진을 검토하는 동안, 일본 학계 일각에서는 일본의 자긍심을 일깨우며 한국 멸시와 우월주의가 담긴 식민지 근대화론을 다시 제기하여, 한국에 대한 일본 우월주의의 편견 극복이 새로운 어젠다로 떠올랐다. 1945년 패망한 일본의 자신감 회복에 따른 패전 전의 오리엔탈리즘 부활의 파동이었다.

서울대 강명규(경제학) 교수는 일본열도의 국수주의 열풍 속에서 전후 일본의 오피니언 리더로 추앙받는 시바 료타로의 한국 멸시 사관을 비판한 도쿄도립대 다무라 도시유키 교수가 『현대사상(現代思想)』 1995년 3월호에 기고한 "고증 시바 료타로의 '경제학': 문명사관의 루트 탐구"[97]를 〈문화일보〉에 제공했다. 다무라의 기고를 바탕으로 "시바 료타로의 식민사관"이란 제목의 칼럼이 나간 뒤 "시바 료타로가 그런 사람이 맞느냐"는 질문이 많이 왔다. 『문예춘추』를 애독하는 한국 지식인들이 시바 료타로가 역사를 왜곡하고 한국을 멸시한 위선자라는 것이 충격이라는 반응이었다.

다무라는 "시바의 한국 멸시의 근원에는 전전(戰前)의 일본을 제외한 아시아 정체론의 오리엔탈리즘이 있고, 이것은 후쿠다 도쿠조의 식민사관을 연상케 한다"고 지적했다. 그는 "패전 후 50년에도 일본 중심주의 사관을 주장하는 저명한 지식인이 있고 그런 사람이 많은 국민의 뿌리 깊은 지지를 받고 있다는 사실에 곤혹과 불안을 금치 못해 시바 료타로를 비판하는 글을 쓰게 됐다"고 고백했다. 『주간 아사히』에 실린 라이샤워와의 대담에서 시바가 "일본 침략기 조선이 화폐가 없고 상업을 금지한 나라였으며, 그것과 일본의 한국 침략과 무관하지 않다"는 논리에 경제학도로서 놀랐다고 다무라는 고백했다.

시바는 1980년 11월 4일 〈아사히신문〉에 김대중 사형 판결 재판에 대한 글을 쓸 때도 "일제 침략기에도 화폐경제가 없었던 후

진국 조선에서 연원한 나라에서 일어난 사건"이라며 이미 폐기 처분된 후쿠다 도쿠조의 정체성론을 인용하며 "한국은 국제사회 일원으로 자격을 못 갖춘 나라"라고 주장한 바 있다. 『한나라 기행(韓の國紀行)』(1978)에서는 "조선의 늙은 농부가 태고의 백성처럼 선한 얼굴인 것은 경쟁 원리가 봉쇄된 조선식 전제 체제에 기인한 것이며 경쟁 원리의 결여, 상업의 봉쇄, 화폐 폐지, 봉건제 결여 등은 일본이 아시아적인 것으로부터 해방된 것과 비교된다"고 했다.

다무라는 시바의 견해를 "일본판 오리엔탈리즘에 지나지 않는다"고 일축했다. 메이지유신과 일본 근대화를 미화하기 위해 이웃 나라를 터무니없이 모욕하는 작가가 일본 독자를 냉정한 사실 인식보다 추상적 관념으로 열광케 하여 사실을 왜곡하게 한 것은 잘못이라며, "이런 작가를 표창한 일본 정부는 도대체 어떤 작품을 평가 대상으로 했는지 의문이며, 일본 독자에게 한국을 왜곡시킨 작가가 그 오류를 어떻게 수습할지 의문"이라고 비판하고, 당시 아직 생존한 시바 료타로가 한국을 비하한 잘못의 근거를 밝혀야 하며 부적당한 글이었다면 설명해야 한다고 충고했다.

일본 작가의 오만한 식민사관 오류를 철저한 검증으로 고발한 다무라의 시바 료타로의 경제학 비판은 일본 학문과 학자의 높은 수준에서 나온 것으로, 시바 료타로류의 일본 식민주의 시각을 맹목적으로 추종하는 한국 엘리트 그룹의 일본 베끼기를 경고하는 사건이었다.

반일 종족주의 논쟁

안병직의 식민지 근대화론은 사반세기 뒤 이영훈의 『반일 종족주의』(미래사, 2019) 논쟁으로 이어진다.

식민지 근대화론을 공식적으로 발표하기 전 1987년에 안병직은 이대근 성균관대 교수 등과 함께 '낙성대경제연구소'를 설립하여 한국경제사에 관한 자료 수집 및 연구로 한국 근현대사 해석의 새 지평을 열었다. 안병직이 제기한 식민지 근대화론 연구 저서 및 논문들이 이 연구소에서 혹은 연구소를 거쳐 간 학자들에게서 나왔다. 이영훈·이우연·주익종 등이 국사학계의 토지조사사업, 위안부 문제, 징병·징용의 진실, 고종 재평가, 낭만적 민족주의 사관 등에 관한 신용하·한영우·이태진 등의 기존 학설을 반박하는 가설을 제기했다.

이영훈은 2019년 『반일 종족주의』의 프롤로그 "거짓말의 나라"에서 "정치인들이 거짓말을 정쟁의 수단으로 삼게 된 것은 거짓말하는 학문에 큰 책임이 있다"고 주장하고, 역사학과 사회학이 거짓말의 온상이라고 지적했다. 고대사에서 현대사에 이르기까지 거짓말을 많이 했으며 대통령까지 공식 행사에서 거짓말을 서슴지 않고 낭독하기에 이르렀다며 역사학계를 공격했다. 이영훈은 "조선왕조를 망친 주범은 나라를 자신의 가업으로 여긴 어리석고 탐욕스런 고종 등이었으나 고종을 계몽 군주로 떠받드는 엉터리 학설이 국사학계에서 대두하더니 교과서에까지 실렸다"고 비판하고, "조선을 망국으로 이끈 고종이 아관파천한 길을 박원순 서울시장이 '고종의 길'로 기념하는 쇼를 기획하기도 했다"고 지적했다(15쪽). 그는 "고종이 조선을 팔아넘긴 덕분에 왕족은 일본 황실의 왕공족(王公族)의 신분으로 편입되어 호의호식했으나, 2천만 백성은 망국민으로 전락했다"며 이런 고종을 계몽 군주로 부추기며 고종의 대한제국을 대한민국 건국 기원으로 삼자고 주장한 국사학계가 건국 논쟁을 일으키게 한 온상이라고 비판했다.

『반일 종족주의』에는 이영훈의 "신용하 교수의 토지조사사업 연구의 비판 검증", "반일 종족주의 신화", "일본군 위안부 문제의 진실", 이우연 낙성대경제연구소 연구원의 "조선 노동자 강제 동원", "노예노동의 허구", 주익종 전 대한민국역사박물관 학예연구실장의 "친일 청산 사기극", 정안기 서울대 객원연구교수의 "특별지원병(송요찬, 임부택, 함병선 장군 등) 실증적 연구" 등이 실려, 국사학계에 대하여 일제 침략기에 대한 진실 규명을 제기했다.

이우연 낙성대경제연구소 연구원은 군함도의 조선인 노동자 강제 동원을 부정하는 일본 국제역사연구소의 심포지엄에 참가해 "군함도의 조선인들은 강제 동원된 사람들이 아니다"라고 발표했다. 일제하 조선인 징용은 처음에는 자발적인 모집에서 시작하여 전쟁 말기에 이르면 이름만 자발적일 뿐 점점 '강제 동원'의 성격으로 바뀌어 갔기에 구분하기가 어려우나, 모두를 강제 동원으로 획일화하는 것은 정직하지 않다고 주장한 것이다.

2019년 8월 유튜브 채널 '이승만 학당'에서 이영훈·이우연이 징용당한 조선인을 주제로 한 대담이 일본 TV에 방영되고 『반일 종족주의』가 베스트셀러가 되었다고 일본 언론이 보도했다. 당시 조국 청와대 민정수석은 『반일 종족주의』를 "구역질 나는 저술"이라고 비난했고, 이영훈 등 공동집필자들이 조국을 고발하기도 했다.

『반일 종족주의』 집필자 중 낙성대연구소 출신들은 안병직 서울대 명예교수의 제자들이다. 『반일 종족주의』의 주제는 안병직이 나카무라 사토루의 중진자본주의론을 수용해 1995년 해방 50주년 기념 전국역사학대회에서 제기했던 '한국의 중진자본주의론'을 뒷받침하는 것이다.

2019년 『반일 종족주의』 출간(7월) 2개월 뒤에 도리우미 유타카(鳥海豊) 선문대 교수(한국역사연구원 상임연구원)가 『일본학자가 본 식민지 근대화론』(지식산업사)을 출간하여 〈경향신문〉과 〈중앙일보〉가 서평을 했다. 〈경향신문〉은 이 책을 『반일 종족주의』의 반론으로, 〈중앙일보〉는 식민지 근대화론의 프레임을 인정하는 가설로 상반되게 평가했다.

도리우미는 일제 지배로 식민지 조선의 경제가 발전했다는 식민지 근대화론을 1) 식민지 조선의 경제가 발전하였다는 '식민지 조선경제 발전론', 2) 일제에 의해 조선의 경제가 발전했다는 일제에 의한 경제발전론, 3) 일제의 조직적·구조적인 수탈은 없었다는 '조직적 수탈 부재론', 4) 일제 침략은 정치 분야에서는 악이었지만 경제 분야에서는 악이 아니었다고 하는 '일제의 경제악 부정론', 5) 식민지 시대의 경제 발전의 이익이 조선인에게 평등하게 파급되었다고 하는 '경제 이익의 평등파급론'의 다섯 가지로 분류했다.

그에 대한 반론으로 도리우미는 1) 식민지 조선의 경제 발전은 인정하지만 그것은 일제에 의한 것이 아니었다, 2) 일제는 조선의 공업 발전을 억제했다, 3) 조직적인 수탈은 없었다고 하지만, 도로나 철도 건설을 위해 강제된 토지 기부는 수탈이며, 쌀 수출이 경제적인 거래라 하여도 시장가격보다 부당하게 쌌던 만큼은 수탈이라고 할 수 있다. 토목 공사에서 조선인 노동자의 저임금과 수리조합 사업에서의 부당한 수리조합비도 수탈에 해당한다, 4) 일제 권력은 금융을 장악해서 조선인의 자금을 일본인에게 이동하도록 했다. 일본인에게 조선인이 부당하게 손해를 당해도 법이 제재를 하지 않는 것은 일본인의 이익을 일제 권력이 지킨 것이며 그것은 일상생활에 다반사였다, 5) 경제 이익 평등파급론은 사실이 아니다. 식민지 조선의 일본인과 조선인의 압도적인 빈부 격차로 부정된다는 등을 제시했다(283쪽).

도리우미는 '토지와 쌀 수탈이 없었다는데 왜 조선 사람은 가난하게 살았는가?'와 '조선 사람은 더 가난해졌는데, 일본에서 온 사람들은 어떻게 대부분 부자가 됐는가?'란 의문에서 식민지 근대화론의 모순을 탐구하게 됐다고 밝혔다. 이 합리적인 의문은 "일본 제국주의가 조선에 '불공정한 시장'을 만들어 일본인들에게 이익을 몰아 준 식민지 정책 때문이었다"는 사실 확인으로 풀렸다며, 한국 학계가 일제시대사를 과학적으로 정밀하게 분석해야 할 것이라고 지적했다.

신용하도 『반일 종족주의』에 대한 반론으로 2019년 10월에 『일제 조선토지조사사업 수탈성의 진실』(나남)을 서둘러 출판했다. 그는 "이른바 뉴라이트 경제사학도들이 일제의 조선토지사업을 한국 토지 약탈이 아니고 조선에 혜택을 준 획기적 근대화 정책으로 높이 상찬한 것에 대한 반론으로 쓴 책"이라고 머리말에 밝혔다. 『반일 종족주의』가 한국 농민이 토지조사사업을 환영했다고 주장하고, "이영훈 교수가 신용하의 연구서와 연구논문들을 '사료도 읽지 않고 일제 토지 약탈을 주장하는 엉터리 연구'라고 공격하고 있어 많은 사람들이 이런 비판이 근거가 있다고 생각할지 몰라 오해를 풀기 위해 책을 서둘러 썼다"고 덧붙였다.

신용하는 일제 식민지 정책 미화와 옹호에 적합한 작은 '조각'이나 '부분'의 사례와 숫자만 보고 이것을 부당하게 '전체'의 증거로 미화하고 확대 일반화하면서 기존의 실증 연구를 과격한 비판으로 공격하는 것은 수준 낮은 것이라고 반박했다. 미야지마 히로시(宮嶋博史)의 『조선토지조사사업사의 연구』(도쿄대 동양학연구소, 1991)[98]를 펴낸 연구에 동참한 국내 학자 몇 사람이 합동연구하여 낸 책은 무시했으나, 『반일 종족주의』는 그 주장이 지나쳐 서둘러 문고본으로 반박하게 됐다고 설명했다. 그동안 미야지마의 연구를 무시한 것은 그가 20세기 초 조선왕조 말기의 토지 소유 제도를 10세기 고려 초기와 같은 이념상의 농경지 공전제(公田制)로 오해했을 뿐 아니라, 일제 조선토지조사사업을 한국에서 토지 사유제(근대적 소유제)를 처음으로 확립시킨 '세계사적' 근대화 정책으로 결론지은 황당한 주장이었기 때문이라고 지적하고, 『반일 종족주의』에 대한 반론을 10개장에 걸쳐 전개했다.

제7장

건국, 6·25, 4·19를 보는 눈

한국은 제2차 세계대전 후 출범한 신생 독립 국가 중 건국·산업화·민주화를 제일 먼저 성취한 국가다. 2010년에는 원조받던 나라가 개발도상국을 돕는 선진국 대열에 합류했다. 국제교역량도 2010년 세계 10위 국가다.

그러나 2020년 한국은 정체성의 위기, 세대 간 갈등, 이념 대립, 사관 논쟁이 심각하다. 지난 100년의 역사와 인물 평가가 양극단으로 갈리고 있다. 국사학은 학문 연구의 객관성·가치 중립성·진실 추구와 유리된 편향성 있는 이데올로기를 노정하고 있다. 1987년 개정 헌법에 의해 선출된 김영삼(YS)-김대중(DJ)-노무현-문재인 대통령 시대에 일관된 분열·반란·반동의 정치와 대중의 증오심과 복수심을 키운 르상티망(울분)은 체제 부정의 기폭제로 작용했고, 대한민국 역사를 부정하는 자학사관을 학교교육에 확산시켰다.

32년 만의 민간인 출신 대통령 시대를 연 YS는 1993년, 취임 첫 3·1절 기념사에서 "동맹보다 민족이 중요하다"고 공언하고 "YS정부는 상하이 임시정부로부터 법통을 이어받았다"고 선언함으로써 1948년 대한민국 건국의 정통성을 부인하고, 초중고교 역사 교육 과정 개편에 착수해 역사 교과서 논쟁을 일으켰다.

YS의 '역사 바로세우기'는 강만길이 1975년 전국역사학대회에서 제기한, "'국민주의적 민족사학'이 아니고 '민족주의적 민족사학'으로 바꾸어야 한다"는 '분단사관론'을 실천한 것이다. 민중사관·통일사관으로 확대된 강만길의 분단사관론에 대해 당시 이기백·송찬식·한영우가 반론을 제기해 논쟁이 벌어졌고, 김철준·홍이섭 등 해방후 1세대 학자들이 "역사학을 정치화할 위험한 발상"이라고 걱정한 것이 현실화되었다.

YS가 불붙인 1948년 대한민국 건국 부인은 문재인 대통령이 2019년을 건국 100주년이라고 주장하고 많은 국사학자들과 좌편향 교사들이 이에 동조함으로써 절정에 이르렀다. 1948년 대한민국 건국을 YS 이래 DJ-노무현-문재인 정부가 부인하고 있으며, 이승만·박정희 대통령을 분단과 외세의 앞잡이로 폄훼하고 있다.

이 장에서는 대한민국 정통성을 부정하는 건국 논쟁을 비롯해, 4·19와 5·16을 재조명하는 사회과학자들의 연구를 검증한다.

대한민국 건국 논쟁

대한민국 건국 부정과 이승만 폄훼

백성에서 국민으로

연세대 현대한국학연구소(창립 소장 유영익)는 2004년 11월 12~13일 제6차 국제학술회의에서 건국 대통령 이승만의 재평가를 한국 학계에 제의했다.

학술회의에서는 고정휴(포항공대), 이정식(펜실베이니아대), 김한교(신시내티대), 차상철(충남대), 전상인(한림대), 박명림(연세대), 오영섭(연세대), 정진석(외대), 온정일(육군사관학교), 유영익(연세대)의 논문이 이승만 연구의 새 장을 열었다.

이정식 펜실베이니아대 정치학과 명예교수는 "이승만 건국 대통령의 단독 정부 수립 비방론의 타당성을 먼저 검증해야 한다"고 주장했다. 이승만의 대한민국 건국은 미국·소련의 군정을 끝내고 진정한 독립을 이룬 것이고, 왕조시대 '백성'을 근대국가의 '국민'으로 승격시킨 정치혁명이었다. 그러나 상하이 임정 인사 일부는 불참했고, 북조선인민위원회는 분열 행위라고 규탄했고, 남조선노동당은 무력 동원 반대 투쟁에 나섰다. 지금도 이 세 세력의 후예들이 이승만이 주도한 대한민국 건국을 부정하고 있다.

이정식은 "이승만을 '건국의 아버지(Founding Father)'라고 존경하는 젊은이는 적고 도리어 민족을 분열시킨 원흉이라고 규탄한다"고 지적하고, 학자들까지 그렇게 비방하고 정부도 그렇게 가르치는 왜곡된 국사교육을 방관 주도했다고 비판했다. 그는 이승만 혹평은 건국과 6·25 혼란기에 개인과 가족·친지가 겪은 경험이 좌우하고 있고, 한국 학계의 현대사 연구도 분단되어 있기 때문이라고 주장했다.

이승만이 1948년 남한만의 5·10 총선거를 서두른 '정읍 선언' 배경을 이정식은 다섯 가지로 정리했다.

1) 이승만이 남달리 국제정세에 해박했다.

2) 미소 간의 냉전이 악화되고 화해 가능성이 전혀 보이지 않았다.

3) 소련이 북한에서 단독 노선을 따르고 있었다.

4) 미국의 한반도 정책이 표류 상태이고 남한의 정치·경제가 혼돈 상태였다.

5) 이승만이 미국 정부를 불신했다.

이승만은 남북 지도자들의 대화를 위해 5·10 선거를 연기하자는 김구 등의 제안을 거절했다. 첫째, 한반도에 대한 결정권을 쥐고 있는 강대국들의 대립이 악화되고 있는 상태에서 아무리 남과 북 지도자들이 합의를 거듭해도 남북 분단 해소가 불가능함이 자명했고, 둘째, 5·10 선거를 연기할 경우 다시 총선거를 할 수 있을지 기약할 수 없고, 셋째, 독립 정부가 서지 못하면 남한은 미국의 통치하에 남을 수밖에 없는 상황에서 북한은 단독 정부 수립을 공개적으로 진행하고 있었기 때문이다.

북한은 이미 1947년 11월에 임시헌법제정위원회를 조직한 데 이어 1948년 2월 8일 조선인민군을 창설하고, 2월 10일에 조선 임시헌법 초안을 발표했다. 스탈린은 1945년 9월 20일 소련군 점령 지역에 단독 정권을 수립하라는 지령을 내렸다. 이 지령은 스탈린 소련군 총사령관과 안토노프 참모장 공동 명의로 연해주군관구 제25군 군사평의회에 발송된 것이다. 이 전보 제2항에 "소련군 점령 지역에 반일적인 민주주의 정당 조작의 광범한 연합을 기초로 한 부르주아적 민주주의 정권을 수립할 것"을 지시했다. 이 전보에는 남한을 점령한 미군과의 협의나 한반도 통일 문제는 언급이 없고, 연해주군관구 군사평의회가 북조선의 민간 행정 지휘를 담당하라고 했다. 1948년 4월 27일부터 30일까지 평양에서 열린 남북제정당사회단체회의에서 김구와 김규식은 김일성·김두봉의 대한민국 건국 반대와 주한 미군 철수 주장에 동조했다.

이정식은 "한국 현대사 연구가 정치 목적을 위한 선전선동보다 진실 찾기에 봉사해야 한다"고 지적했다. 냉전은 1947년 3월 12일 트루먼 독트린 발표로 시작되어 1989년 베를린 장벽이 무너지고 1991년 소련이 붕괴되면서 끝났다. 1947년에 냉전이 시작되면서 모든 나라는 미국 주도의 자본주의 진영과 소련 주도의 사회주의 진영 노선 중에서 선택할 것을 강요받았다. 이승만은 미국 중심의 냉전 질서를 선택한 것이고, 김일성의 민주기지론은 소련 중심의 냉전 질서에 편승한 것이다. 중간파는 남북 협상을 통해 통일 수립을 추구하는 노선이었다.

1948년에 대한민국이 건국되면서 법적·제도적으로 영토와 주권을 지닌 국가가 만들어졌고 참정권을 지닌 국민이 생겨났다.

1948년 8월 15일에 미군과 소련군 3년 군정을 마감하고 유엔의 승인을 받은 대한민국이 건국한 것은 전근대 왕조의 백성을 근대 국민국가의 국민으로 승격시킨 정치혁명이었고, 농지개혁으로 조선왕조의 기득권 세력을 해체한 대전환의 역사였다. 그러나 빨치산 활동, 김일성의 6·25 남침 등 국가의 주권과 영토는 끊임없이 위협받았다.

건국기 혼란과 6·25 극복

6·25전쟁 중 1951년의 부산 정치파동은 내각제와 대통령 직선제 개헌 움직임이 대결하는 형국이었다. 이 갈등은 단순히 권력을 장악하기 위한 정쟁 차원에 그치는 것이 아니었다. 그것은 작게는 미국의 영향권 내에 들어간 국회와 상대적으로 미국 영향력에서 자유로운 행정부 사이의 힘겨루기로, 크게는 한국전쟁을 휴전으로 봉합하여 또 한 번 분단선을 설정하려는 미국·일본과 북진통일을 주장하는 이승만 사이의 싸움이었다. 그 정점이 부산 정치파동이라는 것이 김일영의 분석이었다.[99] 미국은 처음에는 휴전 추진에 반기를 드는 이승만을 제거하고 장면을 대신 앉히려 했다. 그러나 결국 미국은 이승만을 계속 지원하기로 바꾸었다.

유영익은 이승만 건국 대통령은 '건국의 아버지'와 '통일을 저해하고 민주주의를 압살시킨 시대착오적인 독재자'라는 두 개의 얼굴을 가진 야누스를 닮은 거인으로 평가되고 있다고 해석했다. 그는 장준하·신상초·송건호, 그리고 리차드 알렌이라는 가명으로 이승만 전기 *Korea's Syngman Rhee: An Unauthorized Portrait*를 쓴 존 테일러 등이 이승만을 부정적으로 평가했으며, 이러한 평가를 종합해 김삼웅이 이른바 '이승만 죄악상'을 12가지로 간추려 이것이 중·고·대학 교재에 검증 없이 인용되어 일반 국민에게 보급 확산되고 있다고 지적했다.

김삼웅은 1) 분단의 책임, 2) 친일파 중용, 3) 한국전쟁 유발 내지 예방 실패, 4) 독립운동가 탄압, 5) 헌정 유린, 6) 정치군인 육성, 7) 부정부패, 8) 매판경제, 9) 양민 학살, 10) 극우 반동, 11) 언론 탄압, 12) 정치보복 등을 이승만이 우리 현대사에 남긴 '악의 유산'이라고 열거했다.[100] 유영익은 김삼웅류의 비판론이 이승만 평가뿐만 아니라 대한민국 현대사를 어둡게 그리고 있으나, 1942년 이래 이승만의 자문과 홍보를 맡으며 이승만을 지켜본 로버트 올리버(Robert T. Oliver, 1909~2000)가 이 대통령이 애국심, 학문적 실력, 역사적 형안, 투지, 종교적 초월성 등 자질 면에서 당대 어느 정치가보다 뛰어난 인물이었다고 평가한 것을 반론으로 제시했다.

올리버는 『이승만: 신화에 가린 인물』[101]에서 이승만의 업적을 다음과 같이 요약했다.

1) 여수·순천 반란사건과 같은 국가 위기로부터 신생 대한민국을 구출하고 국가보안법을 제정, 국가 존립의 기본 조건인 안보를 확보했다.

2) 6·25전쟁 중 국민들의 국가에 대한 충성을 확보했고 미국 정부를 설득해 강력한 군대를 육성했다.

3) 공산주의 경력이 있는 조봉암을 초대 농림부 장관으로 기용, 지주 출신 의원들로 가득 찬 국회에 압력을 가하여 농지법을 통과시켜 농지개혁을 완수하고, 농협을 만들어 농민들을 전통적인 고리대금업자들에게서 해방시켰다.

4) 건국 초 어려운 재정 여건에도 교육에 우선순위를 배정하여 학교·교사·교재에 집중 투자하여 국민교육 수준을 높이고, 해외유학을 장려해 경제 개발에 필요한 인력 풀을 확대하는 등 교육 대통령으로 기억될 만한 업적을 남겼다.

5) 신생 대한민국이 군사·경제 면에서 미국과 유엔의 원조에 매달리는 속국(client state)이었지만, 탁월한 외교를 통해 한국을 진정한 주권 국가로 대접하게 만들었다.

올리버는 이 대통령이 신생 대한민국의 건국기의 혼란과 6·25와 같은 재앙을 극복하면서 대한민국의 안보와 외교·군사·경제·교육 등을 튼튼한 기반 위에 올려놓아 1960년대 경제 발전의 기초를 다졌다고 높이 평가한 것이다. 구체적으로 ▲유엔의 한반도 유일 합법 정부 승인(1948. 12)과 유엔군 참전, 이승만 라인 선포, 한미 상호방위조약 체결 등 탁월한 외교 수완, ▲6·25 발발 당시 국군 병력은 북한군의 2분의 1인 10만 명이었으나 1952년 25만 명(16개 사단), 1954년 65만 명(2군 20개 사단)으로 늘리고 군 자질도 향상시켜 이들이 한국 근대화에 기여케 한 것, ▲농지개혁을 실행하고 경제발전계획을 수립했으며 재임중 산림녹화를 강조한 것, ▲1959년 96퍼센트가 취학케 하여 문맹을 퇴치하고, 식민사관 극복 등 식민지 잔재 청산을 독려한 일 등을 업적으로 들었다.

해방 후 남북 정치 지형

해방 직후 우리 민족의 과제는 반제국주의·반봉건·근대 국민
국가 건설이었다. 1945년 자유민주주의와 자유시장경제를 지향
하는 근대 국민국가 건설을 구상하는 지도자는 이승만과 소수의
미국 유학생, 기독교(개신교) 신자, 월남 지식인이 전부였다. 미국
의 불확실한 한반도 정책으로 남한은 공산화될 뻔했다. 제2차 세
계대전이 끝날 무렵 미국 정부의 한반도 정책은 1) 카이로 회담에
서 소련 및 영국 정부와 합의한 대로 적당한 시기에 독립, 2) 임시
정부를 승인하지 않고 모든 독립운동 세력을 동등하게 취급, 3)
국제 신탁통치하에 두는 것이었다.

1943년 11월 22일부터 5박 6일간 열린 카이로 회담에서 프랭클
린 루스벨트 미국 대통령, 윈스턴 처칠 영국 총리, 장제스(장개석)
중국 총통은 "우리는 일본에 의한 믿을 수 없는(treacherous) 한국인
노예화를 염두에 두면서(mindful) 일본이 패망한 후 한국을 가능한
가장 빠른 순간에 자유 독립시킬 것을 결의했다"는 미국 측 해리
홉킨스(Harry Lloyd Hopkins) 특별보좌관이 준비한 초안에 처칠의 제
안으로 "적절한 절차에 따라(in due course)"를 삽입해 발표했다. 무조
건 독립에서 조건부 독립으로 변한 것이다.[102]

얄타 회담(1945. 2. 11)에서 미국은 대일 전쟁에 소련이 참전할 것
을 촉구하며 러일전쟁 전 러시아의 동북아 영향력 복원을 제안

했다. 1945년 8월 6일 미국이 히로시마에 원자폭탄을 투하하자, 8월 9일에 소련이 서둘러 참전했다. 8월 15일 일본의 포츠담 선언(1945. 8. 10) 수락으로 2차대전은 끝났으나 소련의 참전으로 한반도는 미국과 소련 군대가 진주하여 분단된다. 1945년 8월 12일 소련군은 청진에 상륙했고, 미군은 류큐(오키나와)에 있다가 1945년 9월 8일 인천에 상륙했다.

38선은 일본이 그은 분할선

임진왜란 중 일본은 명나라와 한반도 분할을 논의했으며, 러일전쟁 직전 러시아 남하에 위협을 느낀 일본이 1896년에 38도선을 경계로 한반도 분할을 제기한 바 있다. 1903년 7월, 영일동맹에 위협을 느낀 러시아도 39도선 이남에서 일본의 우위권을 인정하고 그 이북의 땅을 중립지대로 할 것을 제의했다. 일본이 압록강 선까지의 지배와 만주에 대한 이권을 요구하며 러시아의 39도선 분할안을 거절함으로써 러일전쟁이 일어났다. 당시 고종은 중립을 선언했지만 영향력은 없었다.

조선이 일본 식민지로 전락한 후, 태평양전쟁 막바지에 일본은 조선과 만주의 대미·대소 작전 준비 강화(1945. 5. 30)를 위한 작전 분담 지역을 대체로 38도선을 경계로 북쪽은 관동군 지휘 하에, 남쪽은 일본 대본영이 직접 지휘하는 관할 지역으로 편입했다.

1945년, 이 38도선이 한반도 분할 경계선으로 다시 등장했다. 8월 12일 청진에 진주한 소련군이 남진하자 미국은 일본군 항복을 받을 경계선으로 38선을 제의하고 소련이 동의(8월 11일 러스크 대령, 본스틸 중령 작성)함으로써 분계선이 확정됐다. 38선은 얄타 회담이 결정한 신탁통치 실시 전의 일시 경계선이었으나, 한국민의 반대로 신탁통치가 실시되지 않음으로써 실질적인 분단선이 되었다.

건준, 인민공화국, 북조선노동당

해방 후 서울의 정치 세력은 김성수·송진우 중심의 우익, 여운형의 사회주의, 박헌영의 공산주의, 기독교계 인사 중심 종교 세력 등이 주축이었다. 조선총독부는 송진우에게 치안권과 행정권 인수를 타진했으나 송진우는 거절했다. 8월 15일 총독부는 여운형에게 치안권과 행정권을 위임했다. 여운형은 8월 17일 위원장 여운형, 부위원장 안재홍으로 건국준비위원회(건준)를 조직하고 8월 26일에 선언과 강령을 발표했다. 건준 조직에는 앞서 1944년 8월에 여운형과 조동호 등이 결성하고 이여성·김세용·이만규·이상백 등이 가담한 '건국동맹'이 중심이 되었다. 건준은 8월 31일 12부 1국의 준(準)정부를 조직하고, 지방 지부도 145개 조직했다. 그러나 안재홍 부위원장은 건준이 좌경화된다며 탈퇴했다.

9월 6일, 건준은 경기여고에서 전국인민대표자회의를 개최하여 1,300명의 인민 대표가 모인 가운데 여운형을 임시의장으로 '조선인민공화국(인공)' 수립을 선포했다. 인공 수립은 좌익이 주도했지만 충칭(중경) 임시정부 추대 운동을 의식한 임기응변으로 이승만 주석, 여운형 부주석, 허헌 국무총리를 선출했다.[103]

9월 9일, 하지 중장은 한반도에 미군정 개시를 선포했다. 9월

11일, 박헌영이 조선공산당을 창당하여 '8월 테제(부르주아 민주주의 혁명론)'를 채택하고 부르주아 혁명, 토지혁명을 제시하며 당 조직과 대중 조직에 힘썼다. 9월 16일, 송진우·김성수 등 보수적인 명사와 유지들을 중심으로 지주와 부르주아 세력을 대변하는 한국민주당(한민당)이 창당하여 충칭 임시정부 추대 운동에 앞장서며 건준과 인공 세력 타도를 분명히 했다. 9월 24일, 안재홍의 주도로 신민주주의·신민족주의를 표방하는 중도우파당을 결성하며 좌우 연합, 민족 단결을 주장했다.

한편 북에서는 10월 10일 조선공산당 북조선분국이 창설됐다. 11월에는 조만식을 당수로 조선민주당(조민당)을 창당했으나 간부 다수가 월남했다. 12월, 중국에서 조선독립동맹 간부들이 입북하여 1946년 2월 김두봉 등을 중심으로 조선신민당을 창설했다.

조선공산당 북조선분국은 조선공산당의 하부 조직임을 표명하였지만 실제로는 독자적으로 활동했다. 북조선분국은 12월 17~18일 북조선조직위원회 제3차 집행위원회에서 김일성을 책임비서로 선출하고 1946년 초부터 '북조선공산당'으로 호칭했다. 1946년 2월 8일 북조선 중앙행정기구인 북조선임시위원회를 조직하고 김일성을 위원장으로 선임했다.

북조선임시위원회는 1946년 3월 5일 토지개혁 법령을 공포했다. 3월 23일, 북조선인민위원회 11개조 당면 과업을 구체화한 '20개조 정강'을 발표했다. 6월 24일 노동법령 및 남녀평등권 법령을 실시했다.

이승만의 5단계 건국

이승만은 1945년 8월 14일 밤 11시 워싱턴에서 라디오 방송을 통해 일본의 항복을 들었다. 1941년부터 이승만 독립운동을 도운 굿펠로 대령(미 전략첩보국 부국장)이 환국 수속을 도와주었으나 미국 정부가 여권을 내주지 않아 한 달이 지나갔다. 9월 13일과 24일, 서울의 미군정사령관 하지 중장이 "남한의 정치 안정을 위해 이승만 귀국이 필요하다"고 상신하여 미 국무부는 9월 27일 이승만이 개인 자격으로 귀국하는 것을 승인했고, 맥아더 사령부도 이승만의 도쿄 경유 환국을 허락했다. 맥아더는 하지 중장에게 귀국하는 이승만을 '국민적 영웅'으로 대우하라고 지시했고, 10월 16일 이승만이 일본을 떠날 때 미 군용기를 이용하도록 조처했다.

유영익은 이승만이 주도한 대한민국 건국 과정을 5단계로 설정했다.[104]

제1단계: 국내 정치 세력 통합 시도(1945. 10. 23~11. 16)

1945년 10월 16일 귀국한 이승만은 10월 23일 조선호텔에 한민당·조선공산당·인민당·국민당 등 65개 정당 및 사회단체 대표 200여 명을 모아 독립촉성중앙협의회(독촉중협)를 결성하고 회장이 되었다. 이승만은 KBS 방송을 통해 "공산당과 협력할 의사가 있다"고 공언하고, 10월 21일 박헌영과 4시간 동안 회담했다. 박헌영은 '친일파 반역자'를 제거하면 돕겠다는 조건부 협력을 약속했지만 협조가 없었다. 이승만은 11월 7일 공산당이 제의한 인공

주석직을 사퇴한다고 선언했고, 조선공산당은 11월 16일 독촉중
협에서 탈퇴한다고 선언했다. 이어 여운형의 인민당과 안재홍의
국민당도 독촉에서 탈퇴했다. 독촉중협을 통해 강대국의 신탁통
치 계획을 좌절시키려던 이승만의 노력은 실패했다.

제2단계: 반탁, 미군정과 협력, 국내 정치 기반 구축(1945. 12~1946. 5)

1945년 12월 28일 미국과 소련은 '모스크바 의정서'를 발표했
다. 미·소·영·중 4개국의 5년간 신탁통치를 거쳐 코리아를 독립
시키겠다는 내용이었다. 남한은 우익의 반탁과 좌익 및 중도파의
찬탁 세력으로 양분되었다.

이승만은 1946년 2월 8일 대한독립촉성국민회(독촉)라는 범우익
정치단체를 발족시켰다. 2월 14일에는 미군정이 자문기관으로 설
립한 '남조선 대한국민대표 민주의원'의 임시의장직에 취임했다.

이승만과 의원들은 2월 23일 한국의 자립적 민주주의 과도정권
수립과 기타 긴급한 문제 해결에 필요한 제조치를 취하기 위한
민주의원의 규범을 정한 「대한국민대표 민주의원 규범」을 제정했
다. 이 규범에 따라 2월 26일 투표로 이승만을 의장, 김구를 총무
로 그리고 김규식을 부의장으로 선출했다. 3월 15일에는 이승만
의 건국 청사진이 담긴 「임시정책대강」 27개조를 의결 공포했다.

민주의원을 매개로 한 이승만의 과도정부 수립 운동은 3월
15일 이후 진전되지 못했다. 1946년 2월 28일 미국 국무부가 3월
20일부터 서울에서 개최될 제1차 미소 공동위원회에 대비하여,
맹렬하게 반탁 운동을 벌여 온 이승만과 김구 등 우파 인사들에

대하여 "호의를 보여서는 안 된다"고 맥아더에게 지시했기 때문이다.

이승만은 4월 15일부터 6월 하순까지 남선 순행 지방 유세를 통해 반공·반소 독립촉성 강조 강연을 했다. 그 결과 해방 직후의 좌경 일변도 구도가 우익 우세 구도로 전환되었다.

이승만은 6월 11일 700여만 명의 회원이 가입한 남한 내 최대 우익 단체 독촉국민회의 총재직에 취임했다. 1946년 7월 조선여론협회가 서울 세 장소에서 6,716명을 대상으로 실시한 '누가 초대 대통령이 될 것인가'를 묻는 여론조사에서 이승만 지지도(29%)가 김구(10.5%), 김규식(10.3%), 여운형(10.3%), 박헌영(1.3%) 등을 압도했다.

제3단계: 정읍 선언과 방미 외교(1946. 6~1947. 4)

1946년 3월 20일 미소 공동위가 열렸으나, 임시정부 수립 협상이 결렬되고 5월 초 휴회했다. 6월 3일, 이승만은 정읍에서 "이제 우리는 무기 휴회된 미소 공동위원회가 재개될 기색도 보이지 않으며, 통일 정부를 고대하나 여의케 되지 않으니, 우리는 남방만이라도 임시정부 혹은 위원회 같은 것을 조직하여 38 이북에서 소련이 철퇴하도록 세계 공론에 호소하여야 될 것이니 여러분도 결심하여야 될 것이다"라고 호소했다.

정읍 선언 후 이승만은 6월 29일 과도정부 수립을 위한 '민족통일총본부' 조직을 발표했다.[105] 총재 이승만, 부총재 김구, 협의원으로 이시영·조성환·오하영·김성수·이범석·윤보선·김동원·허

정·방응모·이묘묵·김순애·노마리아, 정경부에 김병로·심상덕·
이윤영, 노농부에 고창일·장자일·전진환, 선전부에 홍성하·장석
영·김선량, 청년부에 김철수·김효석·김산·박용만, 부녀부에 박
현숙·박승호·임영신·황신덕이었다. 그러면서 '민족통일 선언문'
을 발표한다.

> 광복 대업을 완성하기에 민족통일이 최요(最要)이니 현 시국의 정
> 세, 총 민의의 요망을 순응하여 민족통일총본부를 설립하고 차
> (此)로써 대한민족이 다시 통일함을 자(玆)에 선언한다. 본부의 주
> 의는 안으로는 동족 단결을 장려하며 파당적 구별이나 분열적 행
> 동이 없기를 공도(共圖)하며 밖으로는 연합 우방들과 협동공작을
> 취하여 대업을 속성한다. 금후부터는 모든 정당이나 단체가 다
> 전 민족의 공의를 존중하여 통일전선을 장애나 방해하는 폐가 없
> 기를 기대한다.

이승만이 임시정부 수립을 추진할 범민족 기구로 민족통일총본
부를 발족시킨 것은 임시정부가 남북을 아우르는 통일 민족국가
건국을 위한 과도적 성격의 정부라는 것을 알리기 위함이었다.

이승만의 남한 임시정부 수립 운동은 답보 상태였다. 하지 중장
이 5월 25일부터 새 정치고문 버치(Leonard M. Bertsch) 중위를 앞세워
중도우파 김규식과 중도좌파 여운형을 중심으로 이른바 좌우 합
작 운동을 개시하면서 이승만과 김구를 배척했기 때문이다. 7월
10일 버치 중위의 지원으로 출범한 좌우합작위원회는 김규식을

위원장으로 하여 우익 대표로 김규식·원세훈·안재홍·최동오·김붕준 등 5명, 좌익은 여운형·성주식·정노식·이강국 등 5명을 선정하여 7월 26일 첫 회의를 가졌다.

7월 27일, 좌익은 미군정의 좌우 합작을 반대하기 위한 '5원칙'을 발표했다. 5원칙은 박헌영이 평양에서 돌아온 뒤 조선공산당이 채택한 신전술이다. 5원칙 발표 후 좌익에서는 여운형 세력만 좌우 합작 운동에 참여했고, 공산당은 미군정과의 협조를 포기하고 폭력혁명 노선으로 선회했다.

조선공산당 산하 노동조합전국평의회(전평)는 1946년 10월 파업 단행을 계획했다. 9월 24일 철도노조 파업을 시발로 전신·전화·운수·금속·화학·출판·신문 등 40여 개 노조단체 노동자 25만 명이 가담한 시위를 벌여 사망자 1천여 명(경찰 200명 피살), 행방불명 3,600명, 부상자 2만 6천여 명이 생겼다.[106] 10월 유혈 폭동은 조선공산당 지도부가 조직적으로 선동 지휘했고 북한 김일성이 배후에서 지원 개입하였으며, 북한에 주둔한 소련군도 총파업 단계부터 자금을 지원한 사실이 소련 붕괴 후 공개된 기밀문서에서 밝혀졌다.[107]

소련 군정의 최고 책임자인 연해주군관구 정치사령관 시티코프(T. F. Shtikov) 상장은 1946년 9월 9일자 일기에 "박헌영이 조선공산당이 사회단체들을 어떻게 지도해야 하는지에 대해 소련군 당국에 문의했다"고 기록했다. 이어 10~11일자 일기에는 북조선노동당 김두봉 위원장을 호출, 남조선 정세와 지원 대책을 토의한 다음 소련군 참모들과 협의했다고 기록했다. 그 결과 평양 주재 소련군 민정사령관 로마넨코(Andrei A. Romanenko)가 9월 28일 평양에서 개최한 연석회의에 서울 주재 소련 부영사 샤브신과 김일성·여운형 등이 참석해 노조원들의 임금 인상, 체포된 공산주의자들의 석방, 좌익 신문 복간, 조선공산당 지도자들에 대한 미군정청의 체포령 철회 등 요구 조건이 받아들여질 때까지 파업을 계속하라고 지시했다. 로마넨코는 이 자리에서 파업 지원금 500만 엔을 요청받고 200만 엔을 지급했다.

시티코프는 10월 폭동이 한창 진행되던 10월 21일자 일기에서, 조두원 조선공산당 중앙위원이 김일성에게 남한의 빨치산 부대가 '반동 진영'을 상대로 벌이고 있는 전투를 본격적으로 할지를 묻는 보고서를 김일성이 자신에게 보고했다고 썼다. 평양으로 도피한 박헌영이 빨치산 부대원의 식량과 탄약이 부족하다고 보고하고 투쟁 방침을 교시해 줄 것을 요청했다고도 썼다. 계속하여 12월 6~7일 박헌영에게 혁명 자금으로 39만 엔과 122만 루블을 지원했다고 했다.

신전술 등장 후 좌익의 공산당·인민당·신민당 3당 합당이 추진되었지만 박헌영 지지 세력과 여운형 세력으로 분열했다. 9월 총파업과 10월 폭동으로 좌익 내부 분열이 고조되고 좌우 대립이 심화됐다. 박헌영 지지 세력이 중심이 되어 11월에 남조선노동당(남로당)을 건설했다.

미군정의 좌우 합작 운동과 조선공산당의 적극적인 움직임을 보고 이승만은 한국 문제를 모스크바 협정 틀에서 벗어나 유엔 문제로 만드는 것을 구상했다. 이승만은 1946년 9월 10일 임영신을 민주의원 주미 위원 겸 대한민국 전권대표로 임명하여 뉴욕으로 보내, 워싱턴에서 한국위원부를 관장하고 있는 임병직 의장과 더불어 10월 23일 뉴욕에서 개최될 제1차 유엔 총회에 한국 독립 문제를 상정하도록 지시했다. 10월 20일 뉴욕에 도착한 임영신은 프랭클린 루스벨트 대통령의 부인 엘리너 루스벨트의 소개로 트리그브 리(Trygve Lie) 유엔 사무총장을 만나 한국 문제를 청원, 리 사무총장이 11월 2일 유엔 총회 본회의 상정을 공표케 했다. 그러나 미소 양국 정부가 한국 문제는 '미국과 소련이 처리해야 할 특수 문제'라고 주장, 한국 문제의 유엔 총회 상정을 완강히 반대하여 결국 본회의에 상정되지 못한 채 보류되었다.

임영신이 한국 문제 본회의 상정 보류를 보고하기 전에 미군정이 '남조선 과도입법의원'을 발족시키기 위해 10월 17일부터 22일까지 민선 입법의원 45명을 뽑는 간접선거에서 이승만 라인의 우익 후보들이 압승을 거두었다. 이 결과에 놀란 하지 중장은 좌우합작위원회와 상의하여 당선된 우익 의원 3명에게 선거 무효 처분을 내리고 재선거를 하라고 지시했다. 격노한 이승만은 11월 2일 하지를 찾아가 좌우합작위원회 위주의 정권 이양 계획을 포기하지 않으면 하지를 공개 비판하겠다고 말했으나 하지는 이를 무시했다. 이에 이승만은 하지에게 "내가 직접 미국을 방문해 미군정의 실책을 세상에 폭로하고 한국 문제를 유엔에 제출하겠다"고 선언했다. 이승만은 이날 오후 기자회견을 열어 "한국 문제가 유엔 총회에 제출된 이때에 사정을 밝힐 필요가 있는 고로 도미할 준비를 하는 중"이라고 발표했다.

이승만은 12월 5일 맥아더 장군을 만나 2시간 회담을 하면서 미소 합의에 의한 한국 문제 해결은 불가능하므로 한국 문제를 유엔에 이관하는 안을 본국 정부에 건의해 줄 것을 요청했다. 맥아더는 1947년 2월 22일 신임 마셜 국무장관에게 한국 문제에 관한 미소 간의 외교 교착을 타개할 4가지 정책 대안의 제1안으로 한국 문제 유엔 이관을 제의했다.

이승만은 1946년 12월 8일 미국에 건너가 12월 10일부터 트루먼 대통령, 마셜 국무장관 지명자, 스파크 유엔 총회의장 등과 면담을 시도했으나, 미 국무부가 '공적 자격(official status)을 갖추지 못한 인물'이라는 이유로 방해해 면담은 모두 실현되지 않았다. 이승만은 12월 12일 올리버 박사를 칼턴 호텔로 초치해서 국무부에 제출할 「한국문제 해결책」이라는 정책건의서를 작성했다.

1) 분단된 한국이 통일되고 총선거가 실시될 때까지 남한을 다스릴 과도정부를 선거를 통해 수립할 것

2) 이렇게 수립된 남한 과도정부를 유엔에 가입시킴으로써 미소 점령군의 한반도 철수와 기타 중요한 문제들에 관해 미소와 직접 협상할 수 있도록 할 것

3) 한국의 경제 복구를 위해 일본에 대한 배상 청구를 조속히 개시할 것

4) 다른 나라들과 평등하며 어떤 특정 국가에 대해 편중되지 아니한 전면적 통상권을 한국에 부여할 것

5) 한국의 통화를 안정시키기 위해 국제 외환 제도를 수립할 것

6) 두 나라 점령군이 철수할 때까지 미국 안보군(security troops)을 남한에 계속 주둔시킬 것[108]

이승만은 1947년 1월 4일 올리버 박사를 매달 1천 달러에 개인 대변인(personal representative)으로 채용했다. 그 후 올리버는 13년 동안 이승만의 외교 및 홍보 담당 보좌관으로 일했다. 이승만은 미 국무부에 1947년 1월 17일 올리버가 국무부 빈센트 극동국장에게 「한국문제 해결책」을 직접 제출하도록 했다. 빈센트 국장은 이 문건을 마셜 국무장관과 국무부 점령지역담당차관보 힐드링 소장에게 상정했다. 마셜 국무장관은 2월 15일 애치슨 국무차관에게 한국 문제 조율을 위해 국무부·육군부·해군부 3부 조정위원회 산하에 '한국문제 중간특별위원회'를 설치 가동하고 그 결과를 자신과 패터슨 육군장관에게 보고하도록 지시했다.

1947년 3월 12일 마셜은 트루먼 독트린을 선포하고, 3월 13일 "한국 문제 해결에 소련이 협조하지 않는다"고 비난하면서 "남한에 독자적으로 정부 수립을 추진할 용의가 있다"고 발언했다.[109]

이승만은 1947년 3월까지 백악관·국무부·육군부 등에 "좌우합작 운동을 중단하고 남한 선거를 통해 반공 과도정부를 수립하라"는 취지의 외교 언론 활동을 열심히 했으나 공식적인 반응은 얻어 내지 못했다. 3월 22일 〈뉴욕 타임스〉에 "미국은 남한에 과도 독립 정부 수립을 위한 새로운 프로그램을 개발 중"이라는 성명서를 발표했으나 미 국무부는 이승만 개인의 가정에 불과하다고 전면 부인했다. 이승만은 4월 4일 힐드링 차관보가 알선해 준

상용기를 타고 미국을 떠나 도쿄에서 맥아더를 만나고, 맥아더가 준비한 비행기로 중국 난징(남경)에서 장제스 총통과 회담하고, 4월 21일 이청천 광복군사령관, 장기영 비서와 함께 장제스가 제공한 자강호편으로 김포공항으로 돌아왔다.

제4단계: 한국 문제 유엔 총회 상정, 5·10 총선거(1947. 5~1948. 5)

서울에 돌아온 이승만은 4월 23일 기자회견에서 미국이 "한국 독립 정부 수립을 적극 찬성했고, 중국 정부와 민중 여론도 동일하다"고 보고하고, 27일 서울운동장에서 열린 귀국 환영대회에 참석했다.

5월 21일 미소 공동위를 재개했으나 7월까지 공전했다. 소련은 북한 진주 즉시 공산 위성국가 수립에 착수하고 있었기 때문에 공동위 결의는 불필요한 절차였다.

이승만의 예상대로 제2차 미소 공동위는 7월 29일 정돈 상태에 빠졌다. 마셜 장관은 3부 정책위원회 산하 한국문제담당 특별위원회 국무부 대표인 앨리슨(John M. Allison) 동북아국 부국장의 '앨리슨 계획'을 채택하여 8월 6일 트루먼 행정부의 공식 정책안으로 건의 채택케 했다. ▲워싱턴에서 한국 문제를 다룰 4대국 외무장관회의를 개최할 것을 소련에 제의하고, ▲전 한국에서 총선거를 통해 인구 비례로 국회의원을 선출하되, ▲소련이 거부하면 유엔 감시 하에 남한만의 총선거를 실시하여 단독정부를 수립한다는 내용이다.

마셜은 9월 17일 유엔 총회에 참석, "그동안 미소 공동위원회가 어떠한 합의도 하지 않아 한국 문제를 유엔에 상정하지 않을 수 없다"는 취지로 연설했다. 11월 14일 유엔 총회는 유엔 임시한국위원단(UNTCOK) 감시 하에 남북한 총선거를 실시하여 독립 정부를 수립한다는 결의안을 채택했다. 소련은 반대했다. 1948년 1월 8일, 한국위원단이 입국해 남한 정치 지도자 면담을 개시했으나 소련은 위원단이 북에 들어가는 것을 불허했다. 2월 26일, 유엔 소총회는 '가능한 지역'에서 총선거를 실시하는 안을 가결했다.

한국 문제를 유엔에 이관한 후 민족자주연맹 중심의 중도파 민족주의자들과 한독당은 남북지도자회의를 통해 건국을 협의하기 위해 1948년 2월 26일 김구와 김규식이 김일성·김두봉에게 회담 개최를 제의했다. 김일성·김두봉은 3월 15일 유엔 결의에 의한 선거를 반대하는 평양 대표자회의를 역제의한 후, 3월 25일 남북 제정당사회단체 대표자연석회의를 제의했다. 4월 19~23일 김일성 주도로 열린 연석회의는 남의 단독 선거, 단독 정부 수립을 반대하는 데 주력했다. 김구와 김규식의 요청으로 4월 26~30일 열린 남북 요인회담은 들러리 행사로 끝났다.

1948년 5월 10일, 제주도를 제외한 남한 전역에서 단군 이래 최초의 국회의원 총선거가 실시됐다. 전 유권자의 79.7퍼센트가 등록하여 그중 95퍼센트가 투표에 참여했다.

제5단계: 헌법 제정, 대통령 선출, 유엔 승인(1948. 6~12. 12)

1948년 5월 31일 제헌국회가 임시국회의장 이승만의 사회로 개원했다. 개원식에서 이승만 임시의장은 이윤영 의원의 대표 기도로 국회를 개원할 것을 제안했다. 재적 의원 198명 중 188명의 압도적 지지로 초대 국회의장에 정식 선출된 이승만은 "이 민국은 기미년 3월 1일 13도 대표들이 서울에 모여서 국민대회를 열고 대한 독립 민주국임을 세계에 공포하고 임시정부를 건설해 민주주의 기초를 세운 것입니다. 이 국회는 그 국민대회의 계승"이라고 선언함으로써 대한민국이 1919년 4월 23일 서울에서 선포된 한성 임시정부(대통령 이승만)의 법통을 계승했음을 강조했다.

7월 17일, 대한민국 헌법이 공포되었다. 제헌헌법에는 앞서 1946년 3월 19일 이승만이 민주의원 의장으로 공표한 27개조 「임시정책대강」에 포함됐던 농지개혁, 의무교육제 도입, 친일파 처벌 등을 의무화하는 내용들이 반영되었다.

새 헌법에 따라 7월 20일 국회에서 실시된 정부통령 선거에서 이승만은 180표의 압도적 다수의 지지로 초대 대통령에 당선되어 7월 24일 취임식을 가졌다. 8월 2일 국무총리 이범석을 위시한 초대 내각이 발족하고, 8월 15일 대한민국 정부 수립 기념식을 개최하여 대한민국 탄생을 국내외에 선포했다. 장면이 이끄는 대한민국 대표단이 1948년 12월 8일 유엔 정치위원회 결의를 거쳐 12월 12일 제3차 유엔 총회에서 48 대 6으로 대한민국 승인 결의안을 이끌어 냈다.

이승만 분단 책임론 비판

단독 정부는 북한이 먼저 추진

대한민국 건국은 유엔의 권위를 이용해 합법적이고 평화적인 방법으로 성취한 것이다.

소련이 북한에 위성국가를 수립하려 하자 이에 대한 대응으로 이승만은 남한 과도정부 수립을 결단했다. 이승만은 미 국무부로부터 기피인물로 냉대받았으나, 미국 감리교단과 언론에 호소하여 여론을 움직여 미국이 1947년 9월부터 이승만을 신뢰하고 대한민국 건국을 지원하는 결단을 내리게 했다. 이승만은 유엔 감시 하에 다수 국민이 참여한 선거로 건국 정통성을 확보했다.

분단의 책임을 이승만에게 돌리는 것은 정직하지 않다. 신탁통치를 했다 하더라도 미소 대립과 좌우 투쟁은 지속됐을 것이다. 단일 정부를 수립하는 길은 전쟁뿐이었다.

김일영은 브루스 커밍스(Bruce Cumings)와 그 '똘마니들(children)'이 이승만을 '미국의 앞잡이', '분단과 전쟁 책임자'로 각인시키고 있는 것은 잘못이라고 지적한다.[110]

단독 정부 수립 작업은 북한에서 먼저 시작했다. 스탈린은 1945년 9월 20일 평양에 주둔한 소련군 사령부에 '부르주아 민주주의 정권'을 세우라는 비밀지령을 보냈다. 북한은 해방 첫해 조만식 등 민족주의자를 숙청하고 1946년 2월 북조선임시인민위원회를 수립했다. 1947년 북조선인민위원회로 개편하고 1948년 2월 군 창설 헌법 초안을 작성했다. 국가·국기 제정 등, 북한의 공산 정권 수립은 남한보다 일관되고 명확하게 추진됐다.

1948년에 대한민국이 건국되면서 법적·제도적으로 영토와 주권을 갖춘 '국가'가 만들어졌고 참정권을 지닌 '국민'이 생겨났다. 그러나 제주 4·3사건, 여수·순천사건, 지리산 빨치산 활동 등으로 남한의 주권은 끊임없이 위협받았고 외부로부터 주권과 영토의 위협을 받았다. 헌정은 '입헌적 국가이성' 상황에 놓이게 되었고 그 여파는 지금도 계속되고 있다.[111]

이승만과 김구

2008년 11월 26일 '대한민국 정부 수립과 그 지도자들' 주제로 명동회관에서 열린 건국 60주년 기념 학술회의에서 정윤재·심지연·박명림·차상철·이완범·김기승·김인식 교수는 김구·김규식·신익희·김성수·이승만·조소앙·안재홍·이시영·서재필 등 해방과 건국 정국의 주역들을 새로운 시각으로 해석했다.[112]

"김구와 대한민국 정부 수립"을 발표한 박명림은 1948년 열린 이른바 '남북조선 제정당사회단체 지도자협의회'의 성격과 김구의 역할에 대해 새로운 해석을 했다. 박명림은 1948년 2월 26일 김구와 김규식이 김일성·김두봉에게 "남북 정치 지도자 간의 정치협상회의를 통하여 통일 정부 수립과 민주국가 건설에 관한 방안을 토의하자"고 보낸 서신으로 시작된 남북지도자회의에서 김구는 들러리 역할에 그쳤다고 분석했다.[113] 소련 군정과 김일성은 김구의 제의를 심각하게 논의했다. 김일성은 "김구를 만나 보았자 아무런 소득이 없다"고 주장했으나 소련 군정 측은 "김구는 어리석은 인간이기 때문에 만날 필요가 있고 그를 설득할 수 있다. 그는 동의할 것이다. 북한에 머물 수도 있다"고 판단하여 김구의 제의에 적극 응하기로 결정하고,[114] 3월 15일 김일성과 김두봉 이름으로 김구와 김규식에게 "단독 정부를 반대하고 통일 독립을 위한 전조선 정당사회단체 대표자회의를 평양에서 열 것"을 제안했다.[115] 이 제안은 김구와 김규식의 제안에 대한 답신 형식이 아니라 소련 점령군과 김일성 집단이 제안하는 형식이었다. 김규식은 북행에 앞서 "독재 배격 민주주의 국가 건립, 독점 자본주의 배격 사유재산 제도 승인, 전국적 총선거를 통한 중앙정부 수립, 외국에 군사 기지 제공 불가, 미소 양군 당국 철퇴 조건 및 기일 협정 공표" 등 5가지 조건을 북한 김일성 측에 제시했다.[116]

김구는 "이미 조국을 위하여 생명을 던진 몸이니 나의 가는 길을 막지 말라. 내가 이번에 가서 성과가 없다면 차라리 38선에서 배를 가르리라"라는 성명을 발표하고 4월 19일 북행을 감행했다. 그러나 이승만은 김구와 김규식에게 "우리가 협상을 한다면 스탈린과 해야지, 애송이 김일성과 협상에서 무엇을 기대할 수 있겠느냐?"며 평양행에 부정적이었다.

김구가 4월 19일 평양에 가기 전 김구는 북한의 주 공격 대상이었다. '살인강도단 두목 김구 이승만 타도하자', '삼천만이 다 죽더라도 숙망이던 황제 노릇 해 보고야 말겠다'는 김구 비방 포스터와 삐라가 평양시내 건물마다 붙어 있었다.

4월 19일부터 26일까지 남북조선 제정당사회단체 대표자연석회의가 열렸고, 27일부터 30일까지 남북조선 제정당사회단체 지도자협의회가 열렸다. 두 차례 회의에서 김구가 의례적인 인사말을 했을 뿐, 남에서 간 인사들은 철저하게 소외되고 좌파들이 주도했다. 통일 정부 수립을 위한 구체적 방안이나 정책 토론은 없었다. 소련 군정의 사전 검토와 지시대로 진행되었다.

이승만 건국 노선에 반대한 김구와 김규식은 대표자협의회 공동성명서에서 김일성·김두봉의 대한민국 건국 반대와 주한 미군 철수론에 동조했다. 성명서는 5월 10일 예정된 남한 선거를 반대하기 위해 지도자협의회가 열렸음을 분명히 하고, "남북 정당사회단체 지도자들은 우리 강토에서 외국 군대가 철퇴한 후에 내전이 발생할 수 없다는 것을 확인한다"고 선언했다. 공동성명서는 "외국 군대가 철퇴한 후 북조선노동당·남조선노동당·한국독립당·민족자주연맹·근로인민당 등 56개 정당 단체들은 공동명의로써 전조선정치회의를 소집하여 임시정부를 수립하고 선거를 통하여 통일적 민주 정부를 수립하여야 할 것"이라고 했다.

김규와 김규식은 4월 30일 공동성명서에 "남북조선 정당사회단체 지도자들은 외군이 철거한 후 내전이 발생할 수 없다는 것을 확인한다"고 서명했으나, 공산당에 속은 것이다. 1949년 주한 미군이 철수하자 1950년 김일성·스탈린·마오쩌둥(모택동)이 모의한 6·25전쟁이 일어난 것이 그 증거다.

김구는 북한의 남침 가능성을 짐작하고도 미군 철수와 남한 단독선거 반대에 동의했던 것 같다. 김구는 류위만(劉馭萬, 류위완·유어만) 유엔 한국위원회 중국 대표와 7월 11일 인터뷰에서도 북한의 남침을 예측하고 있었음을 밝혔다. 김구는 "북한군의 확장을 3년

The following is the gist of the talks carried on between Mr. Kim Koo and Minister Liu Yu-man, Chinese Minister at Seoul, over an hour beginning from 11:00 a. m., July 11th, 1948, in a surprise visit made by the Minister.

Liu: I have been holding you in great esteem as an honest man, more than for any other reason. I myself am a plain outspoken man, though I am diplomat, my appointment to Seoul being the very first job of official character. I have come to talk with you as between an honest man and an honest man, even if I have to offend you sometimes.

Kim: (merely nods appreciation.)

Liu: Ever since my return from the trip to Shanghai as one of the UN Commissioners, not a day passed without my wishing very much to see you. I know your daughter-in-law is away to China. So is your son. Um, too, is not living with you. I never thought of any one else who could interpret for me. So you see how I could not come and see you as often as I wished.

Kim: It is true that those you mentioned are not with me now, but still I have someone else with me who can serve you as interpreter.

Liu: I have a letter for you from O Chul-sung but left at the legation. You shall get it later on. Chinese Foreign Minister Wang Sieh-gul will soon follow it up with his own. Actually President Chiang Kai-shek meant to do so himself, but he was advised by the Foreign Minister to wait till he received my report of this interview. I know all these three letters will convey one same message, that is, to ask you to cooperate with Dr. Rhee. We all heartily wish Dr. Rhee and you and Dr. Kimm Kyusic concertedly to uphold the South Korean regime. There is a Chinese proverb saying, "Brothers may quarrel within the house, but they must not invite, in so doing, outsiders' insult." Whatever differences you may have among yourselves, you are still brothers in the face of the common danger of the Soviet-dominated world communism. I regard Kim Sin, your son, as a brother. So you can take my words as those addressed by a son to his own father from the bottom of his heart, even if they happen to hurt. If you believe in Communism and mean to subscribe to it, though I refuse to suppose you do, please say so. And we shall part political enemies never to see each other again.

Kim: (gravely smiling) I knew all the time what was coming. As a fact I have something on my mind, which I have kept away even from the closest of my colleagues and which I think it improper to divulge to you now. I tell you this much; in no distant future, I will make everything clear, whether my friends, including you, like it or not. I hope you can wait, can't you?

Liu: I do not ask you to tell me what is in your mind now. On the contrary, I even ask you not to. Well, I have done with the message I am entrusted with, but I should like, with your permission, to give my personal views which, I hope, will perhaps of some use in making your final decision regarding what you are turning over in your mind.

Kim: (seems to show an expression of civil acquiescence, though not of anything like welcome.)

Liu: Whenever I sounded Dr. Rhee on the possibility of his coopera-

류위만(유어만) 자유중국 공사(유엔 한국위원회 중국 대표)가 1948년 7월 11일 오전 11시 경교장으로 김구를 방문하여 나눈 대화를 정리한 비밀문서 『유어만 김구 비망록』(이화장 소장)의 첫 페이지. 류는 "형제끼리 집안에서 다툴망정 바깥 세력을 끌어들여서는 안 된다"는 중국 격언을 인용하며, 공산주의에 대항하기 위해 김구가 이 박사(이승만)·김규식과 협력할 것을 촉구하는 것으로 말문을 연다.

간 중단하더라도 남한에서 무슨 노력을 하더라도 공산군 수준에 맞서는 군대 건설이란 불가능합니다"라고 북한의 준비된 병력을 소개하며 "러시아는 아주 손쉽게 그것을 남진하는 데 써먹을 것이고 단시간에 인민공화국이 선포될 것"이라고 공산군 침공을 단언했고, 그 예언은 적중했다.[117]

북한 정권과 6·25전쟁

조선민주주의인민공화국

1945년 8월 8일 소련은 일본에 선전포고를 했다. 소련은 얄타회담에서 대일전 참전을 조건으로 사할린 부속 도서 반환, 뤼순(여순)항 조차권 등 옛 러시아 제국의 극동 지역 이권 재확보를 미국으로부터 약속받았다. 소련은 일본 관동군과 만주군을 무너뜨리기 위해 제1극동전선, 제2극동전선, 자바이칼 전선 등 3개 전선을 조직했다. 치스차코프 대장이 지휘하는 제25군이 8월 11~20일 웅진·나진·청진·나남을 점령했고, 21일에 원산, 24~25일 함흥과 평양에서 일본의 항복을 접수하고 북한에 진주했다. 북한에 진주한 소련군에는 한국인도 있었다. 동북항일연군 교도파(東北抗日聯軍敎導旅, 일명 88여단) 소속 1,354명 중 한국인이 103명이었다.

김일성 동행 그룹은 9월 19일 원산항에 도착했다. 김일성이 평양에 도착할 때 직함인 평양 주둔 경무사령부 부사령관(고문에 해당)

은 소련군 지도부로부터 받은 직책이다. 소련군이 평양에 도착한 후 처음 조직한 조선공작단위원회의 멤버는 김일성 외에 최용건 (서기)·김책·안길·서철·최현 등이었다.

소련군 도착 전 8월 15일 현재 북한은 지역마다 다른 조직이 있었다. 평안남북도에서는 기독교 민족주의 세력을 기반으로 한 민족자본주의 계열이 건준 지부를 결성했다. 함경남북도는 혁명적 농민조합과 노동조합 운동 전통이 강한 지역으로 사회주의자들이 주도했다. 황해도는 사회주의 계열과 민족자본주의 두 세력이 경쟁했다. 평양은 민족자본가 층이 두텁게 존재했고 기독교 민족주의 운동이 활발한 지역으로, 조만식이 지도자였다.

북한은 분단 정부 수립 작업에 들어갔다. 스탈린은 1945년 9월 20일 소련군 점령 지역에 부르주아 정권을 수립하라고 지령했다. 11월에 북조선 행정 10국을 중앙집권적으로 조직하고, 1946년 2월 8일 김일성을 위원장으로 하는 북조선임시인민위원회를 조직했다. 7월 22일에는 북조선 민주주의 민족통일전선위원회가 조직되었다. 7월 28~29일 북조선공산당과 조선신민당을 통합하여 북조선노동당(위원장 김두봉)도 조직했다.

1947년 11월 14일 유엔에서 한국 임시위원단을 조직하자, 나흘 뒤 18~19일 열린 북조선인민회의 3차 회의에서 헌법 제정을 논의했다. 1948년 2월 8일 조선인민군을 창건하고, 1948년 4월 29일 북조선인민회의 특별회의는 헌법을 채택했다. 9월 9일 조선민주주의인민공화국을 수립했다.[118]

미국의 오판

해방부터 6·25 전야까지 남북한은 전혀 다른 세상이었다. 시·
소설·음악·미술·연극·종교·교육 모두 다른 길을 걸었고 좌우 분
열이 극심했다. 임화가 〈타는 깃발아〉라는 혁명가를 노래할 때
박목월은 「나그네」라는, 인생을 관조하는 시를 발표했다.

타는 깃발아

아 타는 깃발
열 스물 또 더 많이 나부끼고
민중의 깃발
붉은 인민의 깃발은 (…)

나그네

강나루 건너서
밀밭 길을
구름에 달 가듯이
가는 나그네

길은 외줄기
남도 삼백 리

술 익는 마을마다

타는 저녁놀

구름에 달 가듯이

가는 나그네.

채만식의 『민족의 죄인』, 염상섭의 『38선』, 계용묵의 『별을 헨다』, 김동리의 『역마』, 황순원의 『카인의 후예』 등은 해방 직후의 시대상을 알려 주는 소설들이다.

미국이 1949년 주한 미군을 철수하여 북한을 오판하게 하고 1950년에는 한국전에 개입하는 양극단을 오고간 것은 미국의 정책에서 한국 문제의 우선순위가 낮았기 때문이다.[119]

김일성이 6·25를 도발하게 한 국외 요인으로는 1) 1949년 10월 중국 대륙이 공산화되었고, 2) 1949년 6월에 주한미군이 철수를 완료하였으며, 3) 1950년 1월 미국의 극동 방어선에서 한국과 대만을 제외한다는 애치슨(D. G. Acheson) 미 국무장관의 성명이 있었고, 4) 1949년 말경 김일성이 모스크바를 방문, 남한 무력 침공 계획에 대한 스탈린의 승인을 받아 냈다는 것 등을 들 수 있다.

1939년 소련이 2차대전 직전 나치 독일과 불가침조약을 체결했으나, 1941년 독일의 소련 침공으로 미국의 전통적인 대소 방어론은 후퇴했다. 루스벨트는 소련 문제 등 전시 외교를 국무부에서 떼어내어 자신이 직접 관장했다. 1945년 얄타 회담 후 소련은 대일본전에 참전할 것을 선언했다. 그 대가로 러일전쟁 전 러시아가 극동에서 가졌던 이권 회복을 약속받았다. 대공황으로부터 미국 경제를 회생시킨 4선의 루스벨트 대통령의 정책을 미국민은 지지했으나 그의 대소련 정책은 문제가 있었다. 2차대전 마무리 과정에서 소련을 대일 전쟁에 참여케 함으로써 한국을 분단국가로 만들고 동유럽 여러 나라를 소련 위성국가로 전락시켰다. 전쟁은 이겼으나 국제정치에서 큰 실수를 한 것이다.

2차대전 종전 후 미국의 대한 정책은 소련과의 협조 체제였다. 미국의 아시아 기본 정책은 중국과 러시아의 아시아 지배 체제 인정이다. 한국은 명목상 독립만 주고 소련 영향권에 들어가는 것을 용인하자는 것이다. 1947년 중반기부터 워싱턴의 전략이 수정됐으나 한반도의 중요성은 미국의 국가 안보상 긴요한 원조 국가 16개국 중 15위 순위였다.

유럽 중심에서 미국과 소련이라는 초강대국 대립 체제로 바뀌는 시기에 1945년 5월부터 연말까지 소련과 중공에 대결하는 정책의 밑그림이 그려졌다. 국무부가 다시 미국 외교의 전선에 나서고, "소련은 미국의 관용을 이용해 약속을 위반하는 세계적 불량배(World Bully)이기 때문에 미국이 강력 대처하여야 하고 자유세계를 방어하기 위해 십자군이 되어야 한다"는 트루먼 외교가 자리 잡는 과정에서 6·25가 발발했다.

1949년 주한 미군의 철수는 한반도가 미국의 사활적 이익이 걸려 있는 지역이 아니라는 전략적 판단에 근거하여 결정된 것이다.[120] 6·25전쟁까지 2차대전 후 미국 외교의 우선순위에서 한반도는 중요한 지역이 아니었다. 한반도는 미국의 세계 전략상 주변부로서, 미국이 한반도를 놓고 소련과 대결할 만한 가치가 없다고 평가했다.[121] 동아시아 정책의 무게중심은 일본이었다. 미국무부 정책기획국장 케넌은 일본을 세계 5대 산업 지역의 하나로 평가, 일본 우대 정책을 수립했다. 미국의 금융 전문가 다지(Joseph Dodge)는 일본 부흥 정책을 통해 아시아에서 자유무역과 경제 발전에 의한 자본주의 질서를 수립하고자 하였다.

주한 미군 철군 결정은 1948년 4월에 확정됐다. 미국의 아시아 방위 개념은 이미 1948년 초 애치슨의 '도서(島嶼) 방위선' 전략 개념으로 확정되었다. 일본과 필리핀을 잇는 방어선을 설정하고, 지상군보다 해군과 공군으로 극동 방어 방법을 선택했다. 미 군부는 주한 미군 철수가 미국 안보 이익 훼손이라는 국무부의 의견을 수용하지 않았다. 「맥아더 보고서」는 북한의 전면적 침공에 충분히 대응할 수 있도록 한국을 지원하는 것은 미국의 능력 범위를 넘어서는 것이라고 지적했다. 철군 기한은 1949년 6월 30일로 확정했으나 철군을 완료하기 전 미 육군부는 6월 27일 북한의 전면 남침 보고서를 국무부에 제출했다. 맥아더의 극동사령부에서 작성한 유사시 작전계획인 '차우차우 작전(Plan Chow Chow)'에는 소련의 명백한 공격 가능성이 배제되어 있고 침공 시 미국인 소개(疏開)를 제시한 정도였다.

1950년 1월 12일 애치슨의 연설은 미국이 직접 개입 관리해야 할 방위선이 알류샨열도~일본~오키나와~필리핀을 잇는 U자형의 내부 지역이라고 발표했다. 이 개념은 소련과의 전면전을 염두에 둔 것이었다. 이 구상은 1947년 6월 합참이 최초로 기안한 극동에서의 비상전쟁계획, 이른바 '문라이즈(Moon Rise) 계획'에서 제시됐다. 소련과 전쟁이 발발할 경우 한반도로부터 일본으로 철수하여 전략공군력을 기초로 전쟁을 수행한다는 것이있다. 애치슨 연설은 도서 방위선에서 미국의 개입 의사의 재확인, 그 밖의 지역에 대해서는 다자주의적 억지 전략 원칙 확인이었지만 북한과 소련의 오판을 가능케 했다.

치밀하게 계획된 남침

북한은 1945~48년에 정치 제도가 완성되고 정치권력이 단일화, 공고화되었다.

북한은 소련군·인민위원회·공산당 3자 정립 구도로 해방 후 사회주의 혁명을 일차 달성했다. 소련군은 지침과 자원 제공, 공산당은 정책화, 인민위원회는 동의를 창출하는 조직이었다.

1946년 말경 북한은 약탈·폭동·혼란·무절제·폭력 사태·파업·압살 없이 탈식민화를 추진했다. 북한에서 혁명적 사회 변환 과정이 평탄하게 진행된 이유의 하나는 이런 변화에 거부감을 갖는 계층 또는 사람들이 대거 남하한 데 있다. 1945~47년에 월남한 북한 인구는 100만 명가량이었다. 이는 1947년 현재 북한 인구의 10퍼센트였다.

소련은 1946년 5월경부터 북한에 대한 원조를 시작했다. 산업 시설을 조선 인민 소유로 양도하고 산업 재가동을 위해 소련 기술자들을 2~3년 기한으로 파견하여 연료 및 원료·양식을 공급했다. 북한만의 단독 정부 수립에 대비한 것이다. 북한 정권이 수립된 지 4개월 만인 1948년 12월 25일, 소련은 북한에 주둔한 소련군을 철수시켰다.

1948년 5·10 선거에서 남한의 정치 세력 판도는 우익 대 좌익, 그리고 우익 내 이승만 대 비이승만 세력, 이중의 균열 구조였다. 5·10 선거 당시의 좌익의 도전은 대한민국 건국을 방해하는 이데올로기 투쟁이었다. 이승만 대통령은 '평등 실현, 민주화 국리민복, 산업화 민족자존' 세 가지 목표를 갖고 노력하자고 호소했으나 제주 4·3사건이 장기화하고 여순사건 등 반란이 계속되자 1948년 11월 20일 국가보안법을 제정하고 학도호국단을 편성했다.[122] 월남인 급증, 해외 교민 귀국 행렬로 물가는 불안했다. 이승만은 정치와 경제의 이중 난제와 싸워야 했다. 이승만은 토지개혁을 단행, 지주 등 기득권 세력을 대변하는 한민당과 결별했다. 강한 반공 정책에 친북 세력도 등을 돌렸다. 1948년 9월 4일부터 1949년 4월 30일까지 친북 세력 8만 710명을 체포하고 군대 장교의 3분의 1 이상을 축출하고 국회의원의 7퍼센트 가량을 투옥했다.

6·25 직전 남한은 심각한 경제난에 허덕이고 있었다. 1950년 1월경 쌀값이 6주 동안 2배나 올랐으며 매일 6퍼센트씩 상승했다. 공산 게릴라 소탕을 위해 재정의 40퍼센트를 국방비로 썼다. 악성 인플레이션으로 인한 고물가가 서민을 어렵게 했다.

미군정 산하 국방경비대와 해안경비대가 대한민국 수립으로 국군 육·해군으로 개편되었다. 1949년 4월에는 해병대, 10월에는 공군이 편성되어 병력은 약 10만에 이르렀다. 그러나 장비가 빈

약하여 북한의 군사력과는 비교할 수 없는 상태였다. 예비군도 없이 8개 사단 중 4개 사단은 38선에서 먼 후방에 배치되어 공산 게릴라 소탕에 여념이 없었다.

6·25 직전 한국의 정보기관에 따르면 북한군은 10개 보병사단, 1개 기갑사단, 1개 항공사단, 1개 방공연대에 보병 12만 명, 경비대 3만 4천 명, 전차병 5천 명, 항공병 2천 명을 보유한 것으로 추산되었다. 화력은 포 1,600문, 50대의 T34 탱크와 SU76 자주포, 211대의 야크 전투기와 IL10 폭격기를 보유하였다. 한국군은 8개 보병 사단, 1개 기병연대로 병력은 9만 5천 명이었다. 포병 화력은 M3 105밀리 곡사포 91문, 24대의 장갑차가 주종이었고 공군력은 단 12대의 연락용 경비행기와 10여 명의 훈련된 조종사가 전부였다.

북한은 1948년 3월 기관단총, 1949년 2월 박격포·소총탄·수류탄·포탄 생산에 들어갔고, 이해부터 본격적인 전쟁 준비에 나섰다. 1949년 3월 17일 조소 군사비밀협정을 체결하고, 3월 18일에는 중공과도 상호방위조약을 맺었다. 8월경 군사력 강화와 전쟁에 대비하는 3가지 조치로 첫째, 무력후방위원회를 조직하여 군수 물자 공급 책임을 맡기고, 둘째, 전 인민적 조국 보위 체계를 수립하여 군사 훈련과 군사 기술 보급 사업을 진행하고, 셋째, 지방 인민자위대를 조직하고 중국 국공내전에 참가했던 동북 3성 내 조선족 의용군 2만 5천 명을 북한에 배치시켰다. 10개 북한군 사단 13만 명이 38선에 배치되었고, 10만 명의 예비군까지 후방에 조직되었다.

김일성과 박헌영은 1949년 1월부터 남한에 대한 전면적 침공

계획을 세워 놓고 스탈린과 마오쩌둥의 동의를 얻기 위해 모스크바를 두 번(1949년 3월 초와 1950년 3월), 베이징을 한 번(1950년 5월) 방문하여 적극적인 설득 작업을 벌였다. 1949년 3월 5일 김일성과의 회담에서 스탈린은 김일성의 남침 계획에 대해 회의적이거나 신중한 반응을 보였지만 1950년 4월 다시 만났을 때 "국제 환경이 유리하게 변하고 있다"면서 '북조선의 통일 과업 개시'를 동의하고, "중국 마오쩌둥의 동의를 받으라"고 강조했다. 마오쩌둥은 1950년 5월 15일 김일성과 만났을 때 스탈린의 태도를 확인한 다음 "만일 미국이 참전한다면 중국은 병력을 파견해 북한을 돕겠다"고 약속했다. 전범 김일성의 6·25 남침은 김일성이 소련·중공과 협의한 국제전이었다.

김일성은 1950년 4월 초 조선노동당 중앙정치위원회에서 무력 통일안을 확정시키는 한편, 이러한 침략 계획을 은폐하기 위하여 남북통일 최고입법회의의 서울 개최, 남북 국회에 의한 통일 정부 수립을 주장하는 등 평화 공세를 펼쳤다.

1950년 6월 25일 새벽, 북한 공산군은 38선 전역에 걸쳐 전면 남침을 개시하였다. 6월 26일 김일성은 "남한을 '해방'시켜 '조선민주주의인민공화국'으로 하여금 조국 통일을 성취하기 위한 전쟁"이라고 방송하였다.

미국은 유엔 회원국들에 한국에 원조를 제공할 것과 북한에 대해서는 어떤 원조도 중지할 것을 요청하였다. 6월 27일, 미국 트루먼 대통령은 미 해·공군이 한국군을 지원하도록 명령하였다. 그날 안전보장이사회는 유엔 회원국들에게 북한의 무력 공격을 격퇴하고 국제 평화와 한반도의 안전을 회복하기 위하여 필요한 원조를 한국에 제공할 것을 요청하는 권고문을 채택함으로써 미국의 군사 조치를 추인했다. 6월 28일 도쿄에 있던 미 극동군 사령관 맥아더 원수가 내한하여 전선을 시찰하고 미 국방부에 지상군 파견을 요청했다. 유엔은 7월 7일 안전보장이사회에서 한반도의 유엔 군사 활동을 위하여 미국에 최고지휘권을 위임하는 결의를 채택하여, 맥아더가 유엔군 총사령관에 임명되고 유엔군의 파견이 결정되었다. 7월 14일 대전에서 이승만 대통령도 한국군 전시작전지휘권을 유엔군 사령관인 맥아더에게 이양한다는 각서를 썼다.

6월 27일 서울을 점령한 북한군은 7월 3일 한강을 건너 남진을 계속하였다. 일본에 주둔하고 있던 미 제24보병사단이 한국으로 이동, 적의 진격을 저지하려 하였으나 전세를 만회하기에는 역부족이었다. 7월 20일에는 대전에서 미국 제24사단장이 북한군의 포로가 되는 대패를 했다.

북한군 점령 지역에서 민족 해방을 표방한 북한은 인민재판이라는 피비린내 나는 숙청을 벌였다. 점령 지역에서는 직업동맹·농민동맹·민주청년동맹과 여성동맹 등 여러 전위단체들이 조직되었고, 7월 14일부터 9월 13일까지 점령 지역의 시·군·면·리(동)까지에 전부 인민위원회를 조직하여 전쟁 수행을 위한 동원 정책을 취하였다.

무산된 북진통일

낙동강 전선에서 총반격을 시작한 유엔군은 9월 15일 새벽에 인천 월미도에 기습 상륙하고 그다음 날 인천을 함락시켰다. 9월 28일에는 서울을 수복하고, 동해안과 서해안을 따라 38선에 가깝게 북상하였다.

한국 정부는 전쟁을 숙원인 통일을 달성하기 위한 절호의 기회로 여겼다. 9월 미국 트루먼 대통령도 "한국인은 자유·독립과 통일할 권리가 있다"고 발표함으로써 통일 문제를 긍정적으로 보았다. 미국 정부는 9월 11일 소련과 중공이 개입할 위험이 없으면 38선 이북에서 군사작전을 전개할 수 있게 하는 합동참모본부의 지령을 맥아더에게 보냈다. 인천상륙작전 이후 전세가 호전됨에 따라 다시 9월 27일 38선 이북에서의 군사작전을 허가하였다.

8월 20일 중공의 저우언라이(주은래)는 트리그브 리 유엔 사무총장에게 전보를 보내 "조선 문제 해결에 깊은 관심을 갖는다"고 하였으며, 9월 30일 다시 유엔군의 38선 돌파를 '방관할 수 없는 사태'라고 밝혔다. 10월 3일에는 베이징 주재 인도 대사를 통하여 만약에 한국군만이 38선을 넘을 경우에는 중공의 파병은 없을 것이나 유엔군이 38선을 넘어서 북진하면 중공군이 파병될 것을 미국에 경고했다.

한국군은 이미 10월 1일에 38선을 넘어 북상하고 있었고, 유엔에서는 유엔군의 북진에 대한 찬반양론이 있었다. 1950년 10월 7일 유엔 총회는 한반도의 통일과 부흥안을 압도적 다수(찬성 47,

반대 5, 기권 7)로 채택했다. 이 결의에서 유엔은 한국에 개입하는 원래의 목적이 통일·독립·민주 한국을 수립하는 것임을 상기시키고, 한국전쟁을 수행하기 위해 6월 25일과 27일에 채택한 안전보장이사회의 결의에 기초한 유엔군의 행동 및 회원국들의 대한 원조의 중요성을 확인하고 다음과 같은 내용을 밝혔다.

1) 한반도의 안정을 확보하기 위하여 필요한 모든 조치를 취한다.

2) 한국의 통일·독립·민주 정부를 수립하기 위하여 남북한 대표 단체의 협력을 얻어 유엔 주관 아래 선거를 실시한다.

3) 이러한 목적을 달성하기 위해 필요하다면 유엔군의 행동은 한반도의 어느 부분에서도 구애받지 않는다.

4) 1949년 10월 20일에 설치한 유엔 한국위원회의 임무를 계승하기 위해 7개국으로 구성된 유엔 한국통일부흥위원회(UNCURK)를 설치, 운영한다.

이로써 유엔군이 38선을 넘어서 진격하는 것이 허락되었고, 10월 7일 이 날짜로 유엔군의 북진도 본격화되었다. 다만, 한국군 외의 유엔군은 소련 및 중국 국경에서부터 240킬로미터(150마일) 밖에서만 그 행동이 허용되었다.

맥아더는 다시 북한에 항복을 권고하였다. 동해안을 따라 북상하던 군단은 10월 10일 원산을 점령하였고, 서부전선을 담당하고 있던 미 제8군은 10월 20일 평양을 점령하였다. 10월 26일에는 미 제10군단이 상륙하여 한국군을 지원하였다. 유엔군의 공식적인 북진과 북한 영토의 점령은 이제 한국 정부가 내세우고 있는 통일 정책이 구체화될 수 있는 계기가 되었다.

10월 1일 이승만 대통령은 유엔 사무총장에게 1) 남북한을 단일 정부 밑에 통일할 것, 2) 북한군은 즉각 무기를 버리고 항복할 것, 3) 유엔군은 평화가 확보될 때까지 한반도에 계속 주둔, 4) 유엔은 한국에 재정 원조를 제공할 것 등 한국의 통일을 위한 4개 조건을 제시하였다.

유엔 한국문제중간위원회는 10월 13일 북한 지역을 한국 정부의 통치 아래 두지 않을 것을 명백히 하고, 통일 정부를 수립하기 위한 총선거가 행해질 때까지 유엔군 사령관의 통치 아래 둘 것을 결의하였다. 맥아더 사령관에게는 한국 정부의 권한을 38선 이남에 국한시킬 것과 북한에 새로운 민간 행정기구를 설치하도록 지시했다.

한국 정부는 통치권을 38선 이남에 국한시킨다는 유엔의 결의를 거부하고 한국 정부가 임명한 이북 5개도 지사가 군부대와 함께 북한 수복 지구에 진입하도록 하였다. 이승만 대통령은 10월 17일 유엔이 북한의 총선거를 관장하기보다는 오직 감시하고 충고하고 원조할 것을 희망한다고 하였다. 다시 21일 유엔 회원국들에게 유엔이나 어느 외국의 간섭 없이 한국 정부는 북한에 민정을 수립할 의향임을 명백히 하였다. 그러나 한국 정부는 북한에 진입한 5개도 지사는 모두 개인 자격으로 들어간 것이라고 공식 발표하였다.

10월 21일 평양과 원산에 각각 미 군정부가 창설되어 시정을 관할하였다. 이승만 대통령은 10월 29일 수복된 평양을 방문하여 북한의 해방과 통일 의지를 명백히 하고, 한국 정부는 북한 대표의 협력을 얻어 그 통치권을 전체 한반도에 미치도록 할 것을 바라나 유엔이 한국의 권한을 38선 이남에 국한시키고 있는 상태임을 밝혔다. 또한 30일 기자회견에서는 남북한 총선거는 반대하고 한국 국회가 북한을 위하여 유보하고 있는 100석을 채우기 위한 북한만의 선거를 주장하였다.

그러나 한국 정부의 통일 정책은 역전되었고 그 희망은 무산되기 시작하였다. 중공은 1950년 10월 9일 베이징방송을 통해 "유엔군의 38선 돌파를 허용한 10월 7일의 유엔 결의는 위법이며, 미군의 북한 진입은 중국의 안전에 대한 중대한 위협이고 이를 방관하지 않을 것"이라고 경고하였다. 이러한 상황에서 10월 15일 트루먼 대통령과 맥아더 장군의 웨이크 회담이 열렸다. 웨이크 회담에서 맥아더 장군은 낙관적이었다. 북한군의 군사적 저항은 11월 23일 추수감사절까지는 끝나리라는 견해였다. 중공군의 개입 가능성은 전혀 없으며, 중국의 동북부 지방에 있는 30만 병력 가운데 압록강 연안에 배치되어 있는 것은 10만~12만 5천 명이고, 이 중에서 오직 5만~6만 명만이 북한을 원조할 수 있으리라는 것이다. 더구나 중공은 공군력을 보유하지 못하였기 때문에 개입할 때는 최대의 손실을 볼 것이라고 전망하였다. 소련의 개입 가능성에 대해서도 맥아더는 부정적이었다. 이러한 맥아더의 낙관론에 만족한 트루먼은 귀로에 샌프란시스코에서 "유엔군은 조만간 전 한반도의 평화를 회복하리라고 확신한다"고 언명하였다.

그러나 중공군이 이른바 '의용군'이라는 명칭으로 일시에 3개 사단 이상을 한국에 투입한 것은 웨이크 회담 바로 다음날이었으며, 미국이 이 사실을 확인한 것은 그로부터 열흘 뒤였다. 10월 24일 한국군 제6사단이 청천강 상류에 있는 운산에서 중공군으로 보이는 적군에 의하여 포위되었고, 이를 구원하기 위한 미 제1기병사단도 그달 26일에 포위당해 고전하였다.

중공군의 참전은 11월 4일 '각 민족 당파'의 모임에서 공식 발표되었고, 그 표어가 '항미원조, 보가위국(抗美援朝, 保家衛國)'이었다.

중공군의 개입으로 일시 주춤하였던 연합군은 11월 24일 다시 압록강을 향해 본격적으로 진격하였다. 11월 25일과 26일에 중국군이 18개 사단 병력으로 서부전선을 공격, 방어선은 붕괴되었다. 맥아더는 11월 28일 '완전히 새로운 전쟁'에 직면해 있다는 특별성명을 유엔에 보냈다. 동부전선의 미 제10군단은 원산~흥남 선에, 서부전선의 미 제8군은 37도선 근처에 머물렀다.

북한군은 12월 26일 다시 38선을 넘어 남진하였다. 맥아더는 미국에 지상 증원군을 요청하고 새로운 정치적 결정과 전략 계획을 제시하였다. 그러나 전면전의 위험을 경계하던 트루먼 대통령은 이를 받아들이지 않았으며, 오히려 한반도의 유엔군 철수안에 더욱 관심이 있었다. 맥아더는 중공군의 개입 가능성을 놓고 대응책을 논하면서, 11월 3일에는 "필요하다면 한반도에서 미국은 원자폭탄 사용도 고려 중"이라는 강경한 태도를 표명했다.

이에 대해 영국은 깊은 우려를 표명하였다. 무조건 독립에서 조건부 독립으로 카이로 선언의 내용을 바꿨던 영국이 5·10 선거 반대에 이어 유엔군에 의한 한국의 통일 기회를 또 방해했다. 12월 8일에 발표된 트루먼·애틀리(C. R. Atlee) 성명은 한반도에서 유엔의 목적을 평화적으로 달성하기 위해 모든 노력을 기울여야 한다는 내용이었다. 이는 미국의 한국에 대한 정책이 근본적으로 약화된 것을 의미하는 것이었다.

12월 12일 인도가 아시아·아프리카 13개국의 지지를 받아 유엔 총회에 한국 휴전의 기초 조건을 조사하기 위한 3인위원회를 구성하자는 결의안을 제출하고 미국이 이를 지지했다. 3인위원회는 당시 총회의장이던 이란 대표 엔테잠(N. Entezam), 캐나다 대표 피어슨(L. B. Pearson), 인도 대표 라우(B. N. Rau)로 구성되었으며, 이들은 중공과 접촉하기 시작하였다.

1950년 12월 16일 트루먼이 국가긴급사태를 선언하였으나 전황에는 별로 영향을 주지 못하였고, 질서 있는 철퇴 작전이 중요 관심사였다. 공산군은 1951년 1월 4일 다시 수도 서울을 점령하고, 한국 정부는 피난길에 올랐다(1·4후퇴). 맥아더는 계속 중공의 공업 지대 폭격을 포함한 4개 항목에 달하는 전면 대응을 주장하였으나 본국 정부와의 긴장감만 높아졌을 뿐 그의 의견은 수락되지 않았다. 유엔 총회는 2월 1일 미국의 제의로 중공을 '침략자'로 규정하는 결의안을 찬성 44, 반대 7, 기권 9라는 압도적인 다수로 채택하였다.

트루먼 행정부는 유엔군의 작전이 주효하여 다시 38선을 돌파하고 제공권을 장악하여 유엔군이 유리한 조건으로 교섭할 수 있으리라고 전망하면서도, 우유부단했다. 미 합동참모본부는

1951년 2월 21일 나진에 대한 폭격 금지를 명하고, 3월 1일 다시 압록강 연안의 중국의 발전 시설에 대한 폭격도 금함으로써 현지 사령관인 맥아더에게 제한 전쟁을 강요하였다. 트루먼도 38선에서 휴전할 생각을 굳혔으며, 38선을 약간 넘은 선에서 교섭을 시작하려 하였다. 맥아더의 군사 전략은 협상을 추구하는 트루먼의 외교 전략과 갈등을 빚게 되었다.

미 국무부는 국방부 및 합참과 협의하여 한반도에서 전쟁을 휴전하자는 내용을 담은 대통령 외교 성명의 초안을 작성하여 1951년 3월 19일 파병국에 동의를 구하는 한편, 그다음 날 맥아더에게도 그 취지를 전달하였다. 이에 대한 맥아더의 반응은 3월 24일의 공산 측에 대한 위협적인 성명이었다. 유엔이 제한 전쟁을 버리고 중공 연안 지역이나 내륙에까지 확전할 경우 중공은 군사적 붕괴의 위험에 빠질 것이고, 유엔은 최선을 다하겠다는 내용이었다.

미 국무부는 즉각 맥아더의 월권적 발언을 힐난하는 성명을 발표하였고, 합참은 맥아더에 대하여 1950년 12월 6일에 지시한 대로 군사·외교 정책에 관한 발표는 반드시 사전에 국무부나 국방부의 승인을 얻도록 명령하였다. 4월 11일 트루먼은 이례적인 심야 기자회견을 통하여 맥아더의 해임을 발표하고 후임에 리지웨이(M. B. Ridgway) 제8군 사령관을 임명하였다.

1951년 4월 공산군의 춘계 공세는 70만 명 대군을 동원한 공격이었고, 이에 대한 역공세가 되풀이되면서 전쟁은 더욱 격렬해졌다. 그러나 미국 정부가 제한 전쟁을 목표로 하였기 때문에 전반적 전황은 교착 상태에 빠져들었다.

휴전회담

말리크(J. Malik) 주 유엔 소련 대표가 1951년 6월 23일 총회 연설에서 휴전회담을 제기하였다.

1952년 5월 26일 일어난 부산 정치파동(후술)이 7월 4일 대통령 직선제 개헌(1차 개헌)으로 마무리되었다. 1952년 11월 미국 대통령 선거에서 공화당의 아이젠하워가 당선되었다. 그는 당선되면 전쟁을 끝내기 위하여 한국을 방문하겠다고 공약한 터였다.

휴전회담이 교착된 상태에서 1952년 12월 3일 제7차 유엔 총회에서 인도가 제안한 포로 송환에 관한 결의안이 압도적 다수결로 통과됐고, 1953년 3월 5일 소련의 스탈린이 사망함으로써 휴전 교섭이 가속화되었다. 1953년 3월 28일 공산 측은 휴전회담 재개를 제의하였고, 소련의 새 지도자들과 협의를 마친 중국 저우언라이 수상은 송환을 희망하지 않는 포로를 중립국에 맡겨 그들의 귀국 문제를 정당하게 해결하자는 새로운 제의를 하였다.

많은 인명과 재산의 손실을 입은 한국은 6·25 침략전쟁을 분단 상태로 마감하려는 미국 계획에 동조할 수 없었다. 공산군 치하에서 강제로 의용군에 징집되었다가 유엔군에 잡힌 '반공 포로'를 공산 측에 넘기려는 미국의 휴전 협상을 이승만 대통령은 전면 반대했다. 이승만 대통령은 "휴전은 일종의 자살행위이며, 필요하다면 한국군만으로 전쟁을 수행하겠다"고 공언하였다. 클라크 사령관과 주한 미국 대사의 설득에도 불구하고 이승만은 휴전회담이 재개되기 이틀 전인 4월 24일 아이젠하워에게 "중공군이 북한에 주둔한 상태에서 휴전이 성립된다면 한국군을 유엔군 사령관의 지휘권에서 빼내겠다"고 통고하였다. 한국민들도 통일 정책을 지지하여 휴전을 반대하는 시위가 계속되었고, 5월 12일 포로 관리를 위한 인도 군인의 입국마저도 거부하고 나섰다.

미국은 경제·군사 원조에 관한 아이젠하워의 친서를 이승만에게 보내 휴전에 동의할 것을 종용하였으나 이승만은 휴전 협상을 거부했다. 5월 30일 이승만은 아이젠하워에게 한미 상호방위조약의 체결과 모든 외국군의 동시 철수를 제안하였다. 6월 4일 공산 측은 유엔 측의 최종안에 원칙적 동의를 보내왔고, 6일 아이젠하워는 이승만에게 휴전 성립 후에 한미 방위조약을 교섭할 용의가 있으며 한국에 대한 군사 및 경제 원조를 계속할 것을 약속하였다. 6월 8일 한국 대표가 불참한 가운데 양측은 포로 송환 협정에 서명하였다.

한국 정부를 무마하기 위하여 미국은 이승만을 초청하였으나, 이승만은 바쁘다는 이유로 거절한 채 6월 18일 새벽에 미국에 사전 예고 없이 2만 7천 명의 반공 포로를 석방했다. 미국은 이승만을 설득하기 위해 6월 25일 로버트슨(W. S. Robertson) 국무차관보를 대통령 특사로 파견하였다. 로버트슨은 16일간 서울에 머물면서 이승만과 교섭, 7월 11일 이승만은 휴전에 동의하였다. 이때 미국이 제시한 조건은 크게 네 가지였다.

1) 한미 상호방위조약 체결을 위한 교섭을 시작한다.

2) 장기간 대한 경제 원조를 제공한다.

3) 휴전협정 성립 후에 개최될 한국의 정치적 통일에 대하여
   90일간 아무런 구체적인 성과가 없을 때 한국은 그 회의에서
   탈퇴한다.

4) 한국군의 증강을 위한 미국의 원조 약속

1953년 7월 27일 휴전협정이 이루어짐으로써 3년 1개월에 걸친 전쟁은 막을 내렸다. 아이젠하워 대통령은 휴전협정이 서명되던 바로 그날 미국 의회에 대한 경제 원조 확대 계획을 제출하여 승인을 받고, 그날 유엔군으로 파병된 16개국은 장래에도 한국에 대한 침략에 공동으로 대처하겠다는 공동선언을 하였다.

휴전 성립 10일 후인 8월 7일 덜레스 미 국무장관이 서울에 와서 한미 상호방위조약에 가조인하였다. 가조인 공동선언을 위한 고위정치회담에서는 한국의 평화적 통일을 추구할 것과 90일 이후에도 성과가 없을 때 양국은 동시에 회담에서 탈퇴할 것을 합의하였다. 8월 28일 유엔 총회는 한반도 문제를 둘러싼 정치회담의 개최를 촉구하는 결의를 채택함으로써 10월 26일부터 다시 판문점에서 정치회담을 위한 예비회담이 개최되었다. 12월 13일 딘(A. Dean) 유엔 대표가 회담 결렬을 선언함으로써 무기 휴회로 들어가 버렸다. 그동안 유엔 측은 1954년 1월 23일에 설득 기간이 지난 송환 거부 포로 2만 3천 명을 석방하였다.

그 뒤 4월 26일부터 4대 강국과 중공, 남북한 그리고 유엔 파

병국을 포함한 외상회의가 제네바에서 열렸다. 7월 21일까지 약 3개월에 걸친 제네바 회의는 인도차이나를 북위 17도선을 경계로 남북 월남으로 분할하여 휴전을 성립시켰을 뿐, 한국의 통일 문제는 예상했던 대로 실마리조차 풀지 못하였다. 한반도 문제는 6월 15일 유엔 파병 16개국이 토의 종결 선언을 남긴 채 끝남으로써 분단 상태가 지속되고 휴전협정만이 유일한 공식 문서로 남게 되었다.

이승만·미국 대립과 부산 정치파동

김일영은 연세대 현대한국학연구소가 주최한 '이승만 대통령의 역사적 재평가' 국제학술회의(2004. 11. 12)에서 발표한 논문 "이승만 대통령과 근대 국민국가의 형성"과, '한국과 6·25전쟁' 주제 학술회의(2000. 10. 6)에서 발표한 논문 "한국전쟁중 북진통일론과 두 갈래 개헌론의 관계" 등을 통해 부산 정치파동 재조명을 제의했다. 그는 1952년 5월 26일에 일어난 부산 정치파동은 제2대 대통령 선출을 둘러싼 이승만 정부와 국회·군부·주한 미 대사관 사이의 암투가 표출된 것이라고 분석했다. 국회와 군부에서 이승만을 낙선시키고 장면을 당선시키려는 공작이 진행되고 있었으며, 이 작업의 중심에 주한 미국 대사관이 있었다고 주장했다.

이승만은 경찰과 특무대를 통해 육군본부 내의 흥사단(평안도) 인맥이 장면과 결탁해 1952년 5월 29일 국회에서 대통령 선거를 전격 실시, 장면을 대통령으로 선출할 계획이라는 보고를 받고

5월 25일 비상계엄을 선포했다. 원용덕을 육해공군 총사령관 겸 헌병사령관으로 보임해 계엄 사무를 총괄토록 했다. 이승만 대통령은 육본 병력에 출동을 명령했으나 이종찬 참모총장은 군의 정치적 중립을 내세워 거부했다. 앞서 5월 14일 이용문 장군(육본 작전교육국장, 당시 차장 박정희)은 선우종원 총리비서실장을 찾아가 "이종찬 참모총장도 알고 있고 주한 미국 대사관 묵계도 얻어 두었으니 반 이승만 라인 의원들과 힘을 합쳐 쿠데타를 일으키자"는 제안을 했었다고 김일영 교수는 당시 미 대사관의 문서와 장면 비서실장 선우종원의 회고록을 통해 고증했다. 이종찬도 대통령 지시에 불복하고 미 대사관저를 야반에 찾아가 쿠데타를 모의했다.[123]

1차 개헌, 이른바 '발췌개헌안'이 통과된 다음날인 1952년 7월 5일, 클라크 유엔군 사령관은 테일러 미8군 사령관이 만든 이승만 제거를 위한 '에버레디 플랜(Ever Ready Plan)'을 합참에 상신했다. 유엔군에 의한 쿠데타였다.

차상철도 논문 "이승만과 한미 상호방위조약"에서 비슷한 사실을 증명했다. 차상철은 6·25전쟁이 "1950년 10월 중공군 개입 후 완전히 새로운 전쟁이 되었다"고 분석하고 "트루먼 정부는 '독립적이고 반공적인 통일 한국'의 달성이라는 원래의 전쟁 목표를 수정하여 1951년 봄에는 '독립적이고 반공적인 분단된 한국'이라는 전전(戰前) 상태로 원상회복을 원했다"고 밝혔다.

1951년 3월 미국 국무부는 38도선을 따라 휴전할 것을 제의하는 정책 초안을 작성했으며 5월 중순에 이를 공식 정책으로 확정했다. 이승만은 "휴전은 한국에 대한 사형 집행 영장"이라고 단언, 트루먼의 한반도 정책 변경을 반대했다. 1951년 10월 ~1953년 7월의 휴전회담 중 이승만이 휴전을 결사반대하자 미국은 이승만을 제거하는 '에버레디 플랜' 실행을 검토했으나, "이승만 추종 군대와 충돌하는 것을 우려해 협상을 해야 한다"는 클라크 사령관의 건의를 받아들여, 이승만이 요구한 한미 방위조약 체결로 휴전을 타결한다.

이승만 대통령은 미국과의 결속 강화가 가장 확실한 국가 발전 전략이라고 여기고 있었다. 미국을 붙들기 위해 미국 정책에 반대하는 전략을 구사하기도 했다. 미국의 휴전 추진에 단독 북진을 고집했고 반공 포로 석방 등 초강수를 썼으며 민중 동원을 했다. 클라크는 재임중 부산 정치파동, 반공 포로 석방, 휴전협정 조인 등으로 자주 이승만을 만났으며, 『다뉴브강에서 압록강까지 (From the Danube to the Yalu)』에서 특히 이승만의 반공 포로 석방을 대단한 결단으로 평가했다.

제2차 세계대전 후 한국은 반공 투쟁의 전진기지이자 자본주의 경제, 민주주의 정치 체제의 진열장이었다. 이승만 대통령은 이러한 국제 상황을 제대로 읽고 미국에 한국의 안보 책임을 요구 달성한 것이라고 평가하는 것이 정치학자들의 공통된 의견이다. 이 상황을 증언하는 올리버 교수의 일기가 있다.

1951년 5월
무초 대사가 조병옥 내무장관의 사표 수리에 항의했다. 조병옥은 무초의 사람이었다. 그를 통해 미국인들은 다음 선거(대통령)를 통제하려고 했다. 무초는 조병옥이 사라졌기 때문에 다른 인물을 찾았는데 (…) 온화한 장면 총리였다. 국무부는 다가올 몇 해 동안 한국을 손아귀에 두고 싶었다. 선거는 한국전쟁을 제한전(조기 휴전을 의미)으로 끌고가려는 미국의 계획을 실현시키는 데 매우 중요한 것이었기 때문이다(1951년 봄 전쟁 전 상태로 휴전하는 것이 미 국무부 정책 초안이며 5월 공식 정책으로 확정. 휴전회담: 1951. 10~1953. 7). 만약 미국이 자신들의 계획에 동조하는 한국 대통령을 갖게 된다면 미국으로서는 중국이 한반도의 절반을 갖게 할 수도 있다고 계산하고 있었다. 이승만의 재선은 이러한 미국의 계획과 맞지 않을 것이다. 이승만이 어떤 조건도 붙이지 않고 한국의 완전 독립을 계속 주장하리라는 사실을 그들은 알고 있었다.[124]

한미 상호방위조약

한미 상호방위조약 체결에 관한 연구는 이완범과 차상철의 논문이 실증적이고 충실하다. 이완범의 연구논문[125]을 간추려 한미 상호방위조약을 정리한다.

이승만 대통령은 1948년 8월 15일 정부 수립 선포 기념식에서 "한미 간의 친선만이 민족 생존의 관건"이라고 말했다. 1949년 1월 1일, 미국이 신생 대한민국을 승인(1948년 8월 16일 자유중국의 대한민국 승인 후 국가로는 두 번째)하자 이승만 대통령은 장면을 초대 대사로 임명(1949년 3월 25일 위싱턴 DC에 상주 대사관 설치)하고, 조병옥을 대통령 특사 겸 유엔 대표단 단장으로 임명해 조병옥 특사와 장면 대사를 통해 미국과 상호방위조약 체결을 타진했다. 미국 행정부는 남한의 전략적 가치를 낮게 평가해 한미 상호방위조약 체결은 의제로 삼지도 않았다. 이승만 대통령은 태평양·아시아 국가를 중심으로 한 '태평양 동맹' 결성을 추진했다. 대만 장제스 주석, 필리핀 퀴리노 대통령과 함께 태평양동맹조약(Pacific Pact)을 협의했으나, 미국은 아시아에서 지역 군사안보동맹 결성이 적절치 않다고 지적하면서 퀴리노에게 경제적 지역연합을 추진하도록 권유했다. 퀴리노 대통령은 발을 뺐고 1949년 8월 6일 장제스와 이승만만이 회동해 집단안전보장을 추구하는 데 합의했다.

1949년 6월 29일 주한 미군은 500여 명이라는 소수의 군사 고문단만을 남기고 철수했다. 이승만 대통령은 철군 직전인 5월 중순 철군 대비안으로 1) 북대서양조약기구(나토)와 비슷한 태평양조약 결성, 2) 외부의 침략에 대한 상호 방위를 목적으로 하는 미국과 한국 간의 협정 체결, 3) 트루먼 대통령의 공개적인 한국 방위 약속 중 하나를 선택할 것을 요구했다.

그러나 미국은 이에 대해 부정적이었다. 확고한 공약이나 동맹조약 대신, 1950년 1월 26일 한미 간에 '군사고문단 설치협정' 및 '한미 상호방위 원조협정'이 체결되었다. 한미 상호방위 원조협정은 양국 국회의 동의가 필요한 조약(treaty)보다 한 단계 낮은 협정(agreement)이었으므로 군사동맹 체제의 구축과는 거리가 먼 '원조를 통한 방위 강화' 정도에 그쳤다.

한국은 1950년 3월 9일 미국으로부터 1,097만 달러에 달하는

병기, 탄약, 해군 함정 부품, 통신 장비, 수리 부속품, 병기 제작용 화약 뇌관 등을 지원받을 수 있었고 해군 및 공군 무기를 구입할 수 있었다. 미국의 대한 군사 원조는 소련의 대북한 군사 원조에 비해 그 규모가 매우 작았다.[126]

이승만 대통령은 다자간 지역안보체제 구상인 태평양동맹조약 체결은 장기적 과제로 남기고 단기적 과제로 양자간 방위조약의 체결을 추진했다. 휴전회담 분위기가 무르익자 이승만 대통령은 1951년 6월 30일 성명을 통해 남한이 휴전에 동의하는 조건으로 1) 중공군 철수, 2) 북한군 무장 해제, 3) 유엔에 의한 제3국의 북한 원조 방지, 4) 한국 문제에 관련된 국제회의에 한국 대표 참가권, 5) 한국의 주권과 영토 보전에 분쟁을 야기할 결정이나 계획에 대한 반대 등 다섯 가지를 제시했다.

7월 19일 이승만 대통령은 무초 대사와 콜터(John B. Coulter) 장군과 회담에서 "한국민들의 불안을 희망으로 보장해 줄 수 있는 태평양동맹이 체결되길" 희망했다. 이승만은 1949년 봄에 한미조약에 대해 이미 말했음을 상기시켰다. 그러나 미국은 한국을 미국의 지역안보 구상의 주도국에서 배제하려 했다. 미국이 당시 이승만 주도의 동북아 집단안보체제 구축 프로젝트에 회의적이었던 이유 중 하나는 일본 중심주의와 충돌하기 때문이었다. 일본과 한국의 적대적인 관계 때문에 나토와 같은 동맹체의 구성이 어렵다고 생각한 미국은 한국을 배제하고 1951년 9월 8일 '미일 안전보장조약'을 체결했다. 이 조약은 1952년 4월 28일에 발효되었다.

1951년 9월 1일 미국은 호주·뉴질랜드와 태평양안전보장조약(ANZUS)을 체결해 '소지역안보체제'를 구축했다. 그리고 1951년 8월 30일 필리핀과도 '미국·필리핀 안전보장조약'을 맺었으나 한국은 배제했다. 미국은 한국에 전쟁 후 미군 혹은 군사고문단의 계속 주둔을 약속하고 보장하는 선에서 매듭지으려 했다.

1952년 3월 4일 트루먼 대통령이 이승만 대통령에게 보낸 서한에 대해 이승만은 3월 21일에 보낸 답장에서 "한국과 미국이 상호방위조약을 체결해야 한국민들이 휴전을 수용하도록 설득할 수 있다"고 지적했다. "만약 미국이 이 요구를 들어주지 않으면 한국은 버려질 것이라는 판단으로 한국인들은 차라리 싸우다 죽을 것"이라면서 단독 북진 통일을 암시했다.

이어 한국군 증강 계획에 박차를 가해 줄 것을 부탁했다. 미국 정부의 고위 관리가 "일본의 도움 없이 한국인들은 스스로를 방위할 수 없다"는 의견을 개진했다는 루머에 대해, "만약 이 루머가 정책으로 전환된다면 공산주의자들은 애국자로 고무될 것이며 공산주의와 싸우는 국군은 사기가 저하될 것"이라면서 "과거의 쓰디쓴 경험으로 인해 많은 한국인들은 일본의 지배를 받느니 차라리 공산주의에 귀의할 것"이라고 분석했다.

4월 30일 애치슨 미 국무장관은 트루먼 대통령에게 한국과 안보협정을 맺을 필요가 없다고 보고했다. 결국 트루먼 대통령은 이승만 대통령의 단독 북진을 '공상'이라고 일축하며 이승만의 조약 체결 제의에 대해 직접적인 언급을 회피해 묵살했다.

조기 종전을 공약으로 내걸어 대통령에 당선된 아이젠하워가

1953년 2월 취임하며 휴전을 가속화시켰다. 1952년 11월 30일 이승만은 아이젠하워 대통령 당선자에게 친서를 보내 "극동의 평화를 위해 미국이 일본과 체결한 조약과 유사한 한미 간의 상호방위조약"을 체결하는 것이 필수적이라고 주장했다. 1953년 초부터 아이젠하워 행정부는 한국에 대한 정책을 재검토하면서 국무부 극동국에 한국과의 안보조약 체결에 관한 연구를 일임했으며, 1953년 2월부터 본격적으로 국무부에서 한미 상호방위조약 체결을 논의하기 시작했다.

1953년 4월 3일 이승만 대통령은 변영태 외무장관을 통해 브리그스(Ellis O. Briggs) 주한 미국 대사에게 한미 상호방위조약 체결을 정식으로 요청했다. 4월 8일 양유찬 주미 대사는 덜레스 미 국무장관을 만나 상호안보조약 등에 대해 논의했다. 이승만의 방위조약 체결 추진에 대해 미국의 전쟁 지도부(아이젠하워, 덜레스 국무장관, 콜린스 육군참모총장)는 한국과의 상호방위조약 체결에 부정적이었다. 대신 16개 유엔 참전국들의 명의로 「대제재선언(The Greater Sanction Declaration)」을 공포하고 동시에 한국군을 20개 사단으로 증강시켜 주는 것을 구상하고 있었다. 아이젠하워 대통령은 브리그스 대사와 클라크 유엔군 사령관을 통해 이 같은 미국의 입장을 이승만에게 전달하도록 지시했다. 이에 브리그스와 클라크는 5월 25일 경무대를 예방해 한국이 휴전에 협조하는 대가로 미국이 한국의 안보를 위해 유엔 참전국이 공동으로 한국의 안보를 보장하며 재침 시에는 전쟁을 한반도에 국한하지 않겠다는 취지의 「대제재선언」을 발표했다. 이승만은 유엔 참전국의 대제재선언은 무

의미한 것이며 유엔군을 철수시켜도 좋다면서, 현재 상황에서는 아이젠하워 대통령에게 협조할 수 없음을 명백히 했다.

5월 30일 미국은 국무장관과 국방장관이 주재한 확대회의에서 미국이 태평양 국가나 필리핀과 맺은 방위조약과 유사한 조약을 한국과 체결하자는 데 합의했다. 아이젠하워 대통령은 이를 즉각 수용했으며 클라크 사령관과 브리그스 대사에게도 지급으로 통보되었다. 한국이 휴전에 협조하고 유엔군 지휘권 내에 남아 있겠다는 조건 아래 미국은 한국과 상호방위조약에 관한 논의를 할 준비가 되어 있음을 이승만에게 전하라는 것이 통보 내용이었다.

미국은 6월 25일 국무부 극동담당차관보 로버트슨을 한국에 아이젠하워 대통령의 특사 자격으로 급파해 한미 상호방위조약 체결을 논의하게 했다. 이승만과 로버트슨은 6월 26일부터 7월 10일까지 2주간 '작은 휴전회담'을 가졌다. 로버트슨은 6월 26일 "한국은 많은 유엔군 병력의 생명과 피의 대가로 확보하려는 휴전을 방해할 권리가 없다"는 표현이 담긴 덜레스 미 국무장관의 6월 22일자 항의 서한을 이승만에게 전달하는 것으로 회담을 시작했다.

이승만은 7월 3일 "우리는 미국을 확고히 신임했지만 과거에 미국으로부터 두 번씩이나 배반당했다. 즉, 1910년 일본이 대한제국을 병합했을 때와 1945년 한국이 분단되었을 때다. 현재의 상황은 또 다른 하나의 배반 같은 것을 시사한다. 만약 우리가 이제부터 우리 친구들(미국인)에 대해 지금까지 품고 있던 무조건적인 신뢰를 의심하기 시작한다면 당신(들)은 우리를 탓하겠느냐"라고 반문했다. 계속된 회담에서 이승만 대통령은 "우리가 미국과의 협력을 (무조건) 계속하다간 우리도 또 하나의 (자유)중국이 되어버리든가 그렇지 않으면 또다시 40년 전 한국의 모습으로 전락할 것이다. 우리가 어제의 적들에게 팔릴 바에야 차라리 한국이 통일될 때까지 전쟁을 계속할 것"이라며 북진 의사를 비쳤다.

이승만은 7월 4일 로버트슨에게 휴전협정에 동의하는 대가로 상호방위조약을 체결하고 경제 원조를 해 달라고 요구했다. 이승만은 한국 국민들이 한미 상호방위조약을 기정사실로 믿을 수 있도록 상호방위조약을 상원에서 급히 통과시켜 달라고 7월 7일 재차 촉구했다. 이날 이승만 대통령은 로버트슨에게 미국 측 조약 초안에 "조약 체결 당사자 중 어느 한쪽이 무력 공격을 당할 경우 다른 한쪽이 즉각적이고 자동적인 지원을 한다는 조항이 빠진 사실에 실망한다"면서, "한국은 필리핀·호주·뉴질랜드 등과 달리 적대국으로부터 공격을 받으면 순식간에 치명타를 입을 나라이므로, 미국이 최소한 '일본 내와 그 부근에' 주둔을 허용한 미일 안보조약 수준의 조약을 한국과 체결하기를 바란다"고 역설했다.

7월 9일 이승만은 "유엔군이 한국의 이익에 배치되는 행동을 하지 않는 한 한국군을 그 휘하에 남겨 둘 것"과 "휴전에 서명하지는 않겠지만 그것을 방해하지도 않을 것" 등을 약속했으며, 미국은 1) 휴전 후 한미 상호방위조약 체결을 보장하며, 2) 전후 복구를 위한 경제 원조를 제공하고, 3) 한국군의 전력을 육군 20개 사단으로 증강하며 해군과 공군 장비를 지원하고, 4) 휴전 후 열릴 정치회담에서 90일이 지나도록 진전이 없을 경우 한미 양국은 이 회담과는 별도로 통일 방안을 협의한다는 약속을 했다.

한미 간 이견은 이렇게 2주간에 진행된 수차례 회담을 거치면서 조정되었으며 7월 11일 공동선언을 발표했다.

7월 27일 판문점에서 휴전협정이 체결되어 전쟁이 끝났다. 이날 이승만은 덜레스 국무장관에게 "미국이 필리핀과 체결한 것과 같은 조약으로는 대규모의 공산군이 한반도에 남아 있는 상황에 적절하게 대처할 수 없다"며 또다시 압박했다. 또한 한국을 무력으로 공격할 우려가 있는 국가로 북한은 물론 일본을 거론했다.

덜레스는 8월 4일 서둘러 내한했다. 8월 5일 이승만은 덜레스에게 "일본이 여전히 한국을 식민지화하려는 야욕을 버리지 않고 있기 때문에 한국 국민은 소련보다도 일본을 더욱 두려워한다"고 말하면서, "미국이 일본을 군사적·경제적으로 강화시키는 것은 현명한 일이 아니며 일본의 한국 재점령 야욕을 반드시 분쇄해야만 한다"고 강조했다. 이승만 대통령의 한미 상호방위조약 구상은 공산권의 침략만이 아니라 일본의 팽창주의 위협에도 대항하고자 한 것이었다.

미국은 한미 상호방위조약을 매개로 하여 남한에 대한 공산주의 세력의 침략 위협, 이승만의 북진 무력 통일 의지도 단념시키는 '이중 봉쇄'의 효과를 기대했다.

8월 7일 이승만은 한국 분단에 대한 미국의 책임을 다시 거론했다. 그러면서 한미 간의 상호방위조약은 나토 조약과 같이 유사시에 미국의 '즉각적이고 자동적인 개입'이 보장되어야 한다고 주장했다.

8월 8일 덜레스 국무장관과 변영태 외무장관이 경무대에서 한미 상호방위조약에 가조인했다. 미국은 비록 임시적인 조치였지만 이승만의 북진 가능성을 제어할 수 있었다. 1953년 10월 1일에는 변영태 외무장관이 방미해 워싱턴에서 덜레스와 공동서명함으로써 정식 조약이 조인되었다.

이승만 대통령의 '벼랑끝 외교' 전술은 한미 상호방위조약, 미군 주둔, 한국군 20개 사단의 현대화, 전후 복구 사업 지원을 미국이 약속하게 했다. 이 동맹이 한국의 방위에 결정적 역할을 해 북한군의 재침을 막아 내고 대한민국의 경제 성장이 있게 한 초석이 되었다.

미국은 한미 공동성명서에서 향후 3~4년간 10억 달러의 경제 원조를 하겠다고 약속했다. 협정의 조인으로 이승만 정부는 침략을 방어할 수 있는 군사력과 전후 재건 사업을 뒷받침할 수 있는 경제 원조를 보장받았다. 원조의 구체적인 액수는 매년 미 의회의 검토와 승인을 거쳐야만 했기 때문에 확정된 것은 아니었지만, 당시 이승만 정부는 10억 달러 도입을 낙관하였다. 성명서 전문에 구체적인 액수가 명시되었기 때문이었다.

1953년 12월 12일 판문점에서 정치회담 예비회담이 성과 없이 끝나고, 12월 26일 아이젠하워는 주한 미군 2개 사단의 조기 철수를 발표했다. 이에 반발한 이승만은 '협상'이 아니라 '무력'에 의한 통일을 주장해 온 기존의 입장을 되풀이하면서 북진을 언급했으며, 라오스와 인도차이나에 한국군을 파병할 것을 제의하면서 육군 15~20개 사단의 추가 증강을 포함한 한국군의 대폭적인 강화를 미국에 강력히 요구했다.

한미 상호방위조약은 1954년 1월 15일 대한민국 국회가 비준했으며 1월 26일 미국 상원이 비준했다.

그러나 이승만이 3개월 시한부로 응했던 제네바 정치회담이 1954년 6월 15일 성과 없이 끝나자 미국은 이승만이 다시 북진을 감행할까 노심초사했다. 1954년 7월 26일부터 30일까지 워싱턴을 국빈방문한 이승만 대통령에게 아이젠하워 대통령은 두 차례의 정상회담에서 경제 및 군사 협력에 관한 협정을 추가로 마련하자고 제안했다. 이에 따라 한국에 대한 미국의 군사 및 경제 원조 규모에 대한 실무자 간의 협상이 시작되었다. 이것이 후일 이름 지워진 「한미 합의의사록」 마련을 위한 협상이었다. 미국이 이를 제안한 의도는 이승만의 군사적 모험에 대한 견제였다.

한미 정상회담 후 한 달 이상의 협상 끝에 9월 초 한미 합의의사록의 초안이 작성되었다. 합의의사록에는 한국이 미국과 협력하고 한국군을 유엔군 사령부의 작전지휘권 하에 남겨 둔다는 조건 하에 미국은 한국에 7억 달러 상당의 경제 및 군사 원조를 제공한다는 내용이 담겨 있었다. 이는 미국의 해외 원조 중 가장 규모가 큰 것이었다. 미국은 비록 통일 조항을 삭제하는 데 합의했으나, 한국 정부에 '평화적 방법'에 의한 통일만을 지지할 것이라는 점을 분명히 했다.

한국의 통일 방안, 군사 원조 규모 등에 대한 의견 불일치로 협상은 4개월간 지속되었으며, 1954년 11월 17일 서울에서 최종 합의되어 「경제 및 군사 문제에 관한 한미 합의의사록」이라는 이름으로 체결되었다. 이로써 한미 상호방위조약은 1954년 11월 18일에 발효될 수 있었다.

합의의사록에 의하면 미국이 한국에 1955회계연도에 4억 2천만 달러의 군사 원조와 2억 8천만 달러의 경제 원조를 제공하고, 10개 예비사단의 추가 신설과 79척의 군함과 약 100대의 제트 전투기를 제공하는 조건으로, 한국은 "국제연합 사령부가 대한민국의 방위를 위한 책임을 부담하는 동안 대한민국 국군을 국제연합 사령부의 작전통제권 하에 둔다"(제2조)는 데 동의했다. 미국의 안대로 유엔 사령부가 없어지지 않는 한 한국군은 유엔군의 작전권 아래 있어야 한다는 조항에 동의하는 조건으로 내걸었던 대한 원조 액수를 구체화했으며, 당초 조약에서 합의된 군대 규모(총 67만 9천 명)에서 72만으로 증원(해·공군 강화와 10개 사단의 예비사단을 합쳐서 증원)하는 실리를 챙겼다. 이는 사상 최대 규모의 상비군으로 전쟁 전 10만 수준에 비하면 비약적 성장이었으며 한국은 아시아권에서 무시할 수 없는 군사 강국이 되었다. 작전통제권 이양과 미군 주둔으로 인한 자존심 손상과 군사적·경제적 차원의 실리적 혜택을 교환한 것이라고 할 수 있다.

미국은 정전협정 이후 이승만이 작전권을 되찾아 단독 북진을 할까 우려했으므로 한국군 지휘권을 계속 가지려 했으며, 합의의사록을 통해 이를 실현시켰다. 미국은 조약에 챙기지 못했던 이승만의 군사적 모험에 대한 견제를 합의의사록에 담았다.[127]

한미 상호방위조약의 의미는 6가지로 정리할 수 있다.

1) 한반도 및 그 주변의 장기적 평화가 유지되었다.

2) 한미동맹에 따른 미국의 확고한 대한 방위 보장에 힘입어 한 국은 1970년대 전반기까지 GNP의 4퍼센트라는 비교적 적은 국방비를 쓰면서 경제 개발 우선 정책으로써 경이적인 경제 성장을 이룩할 수 있었다.

3) 한미동맹은 국군의 비약적인 팽창을 이루었다. 대한제국이 일 본에 병탄되었을 때 보유 병력이 8천 명 정도였던 데 비해 한 미동맹 조약에 따라 한국은 20개 사단을 현대화했고, 70만 대 군을 갖게 되었다. 역사상 처음으로 아시아에서 무시 못 할 군 사 강국이 되었다.

4) 미국은 한미동맹을 통한 남한의 정치적 안정이 동북아권의 안 정에 필수적이라고 인식했기 때문에 남한의 민주화를 후원했 다.

5) 한미동맹의 결과 미국의 지원으로 한국은 외교망을 확대했다.

6) 한미동맹으로 과거 동양에서 가장 폐쇄적이었던 은둔국 한국 은 '팍스 아메리카나'를 구가하는 미국과 맹방이 됨으로써 서 구문명에 완전히 개방되었다. 원래 대륙국가였던 한국은 태평 양 국가로 탈바꿈했다.

1954년 11월 17일 마무리된 「경제 및 군사 문제에 관한 한미 합 의의사록」과 1966년 체결되고 1967년부터 발효된 「한미 주둔군 지위협정(SOFA)」 등 정부 간 및 군사 당국 간의 각종 안보 및 군사 관련 후속 협정과 한미동맹의 제도적인 틀이 만들어져 이승만의 대한민국 안보 계획은 완성되었다. 그의 생명과 자리까지 건 미국과의 다툼의 결과였다.

1948년 8월과 9월 남북한의 독자적인 정부 수립 후 2년도 안 되는 시점에 북한의 기습으로 일어난 6·25전쟁은 미소 냉전 시대 최초의 이데올로기 전쟁이었다. 이 전쟁은 정치·사회·경제·문화 등 모든 분야에서 한국 현대사를 규정짓는 상처와 굴절의 유산을 남겼다. 전쟁은 남북의 격차를 가져왔다. 6·25전쟁에서 5·16혁명까지 10년간은 북한이 남한보다 나은 조건이었다.

그러나 1953년 이래 한국은 한미동맹의 보호 우산 아래 군사·정치·외교·경제·사회·문화 등 인간생활의 모든 면에서 획기적인 변화를 겪게 되었다. 1953년 한미 상호방위조약에 의해 결속된 한미동맹에 의해 지금도 주한 미군이 대북 억지력으로 존재하고 있다.

이승만 대통령은 건국에 절대적으로 공헌한 정치가다. 한반도 내 유일한 합법 정부로 유엔의 인정을 받았으며, 6·25전쟁에 유엔군 참전, 이승만 라인 선포, 한미 상호방위조약 체결 등 탁월한 외교 수완을 보여 주었다. 이승만은 북한·수정주의자·586 운동권 등으로부터 '맹목적인 친미주의자'나 '미국의 앞잡이'로 폄훼되기도 했으나, 미군정과 싸워서 대한민국을 건국했고, 미 국무부와 싸워 직선제 개헌을 강행했으며, 벼랑끝 외교로 한미 방위조약을 체결했다. 1954년 7월 아이젠하워 대통령의 초청으로 미국을 방문한 이승만 대통령이 한일 관계 협의 중 자리를 박차고 나가는 아이젠하워에게 호통을 쳤다는 일화도 있다. 이승만은 대한제국 시대부터 미국식 의회민주주의와 공화제를 모범으로 삼았으며 이를 한국에 도입하는 데 성공했다.

한편 미국의 리버럴 좌파나 용공 분자들은 이승만을 혐오했다. 이승만은 미 공화당 보수파의 후원을 받았고, 미 민주당 용공 분자들과 대립각을 세워 싸웠다고 할 수 있다. 차상철의 표현을 빌리면 이승만은 지미(知美)주의자·연미(連美)주의자이지 맹목적인 친미·숭미(崇美)주의자는 아니었다는 것이다.

이승만의 '4·19 전야 3년'

대한민국 73년 역사는 혁명의 역사다. 2차대전 후 세계사의 관점에서 대한민국 건국은 근대 국민국가를 지향하는 정치혁명의 첫걸음이었다.[128] 국제적으로 제국주의 침략과 질곡에서 벗어난 독립국가로 공인받았고, 전근대 왕조국가 체제의 신민을 국민으로 만든 근대 국민국가를 지향하는 혁명이었다. 농지개혁을 통해 새로운 사회경제 구조와 새로운 기반을 만들어 가던 시점에 스탈린과 마오쩌둥을 등에 업고 전체주의 체제로 통일하려고 김일성이 획책한 6·25전쟁이 터졌다. 대한민국 헌정 체제는 국가 보위를 위해 자유가 유보되는 입헌적 국가이성 상황에 놓이게 되었고, 전시 상태의 여파는 제5공화국까지 강도를 달리하면서 계속되었다. 이런 특수 상황을 고려하지 않고 근대국가가 이미 완성된 것처럼 과거완료형 사고로 건국 공간의 혼란과 6·25 전시 상황을 통치한 이승만 대통령 정치를 혹독하게 비판하는 것은 실사구시가 아니다.

대한민국 역사에서 이승만의 건국과 6·25 극복, 국가 근대화 업적은 안 보이고 분단의 책임자로 지탄받고 있다. 건국을 반대한 세력과 역대 정권의 앞선 정부 부정의 역사 왜곡 때문이다. 민주화와 농지개혁을 단행하는 등 국민국가를 지향한 이승만 대통령의 혁명적인 대전환에 조선왕조와 일제시대의 기득권 세력들이 이승만을 배척하고 독재자로 매도한 데 이어 4·19 후 정권을 잡은 한민당 계열의 민주당 정부부터 이명박 정부까지 이승만과 대한민국 초기 역사를 폄훼했다. 특히 박정희 정부에 앞서 산업화의 밑그림을 그린 1957~60년의 '4·19 전야' 3년은 3·15 부정선거에 묻혀 버렸다.

1958~60년 국무회의록

건국이념보급회는 정동교회 아펜젤러홀에서 매월 '이승만 포럼'을 열어 이승만의 독립 투쟁과 대한민국 건국 역사를 재조명하고 있다. 2020년 8월 제110회 포럼까지 인보길(뉴데일리 대표), 남시욱(전 문화일보 사장), 정일화(전 한국일보 논설위원), 허문도(전 조선일보 도쿄 특파원), 박석흥(전 문화일보국장) 등이 새로운 사실을 찾아내 학계의 이승만 연구를 촉구했다.

2017년 2월 '4·19 재조명과 4·19 전야 3년'이라는 주제로 열린 제72회 포럼에서 박석흥(대한언론 주필)은 '4·19 전야 3년의 이승만'을 재조명했다.

훨씬 앞서 〈경향신문〉은 1990년 4월 19일 이승만 대통령의 마지막 3년 국무회의록을 발굴·분석해 4·19의 진실과 이승만의 6·25 전후 처리 과정에서 제1공화국의 산업화 추진을 정리했다.

신두영(1918~1990) 전 감사원장이 1957년 6월부터 1960년 9월까지 3년간 국무원 사무국장으로 있으면서 기록한 1958년 1월~1960년 7월까지 315차례의 국무회의록은 4·19 전야 3년이 이승만 대통령이 박정희 정부의 산업화의 목표를 미리 설정한 경제적으로 중요한 기간임을 알려 주고 있다. 미농지 2,005장에 정리된 자유당 말기 3년의 국무회의록은 자유당 몰락이라는 정치과정과 이승만의 대미·대일관계 갈등, 근대화·국가안보·통일 의지를 소상하게 기록한 일차 사료다.

국무회의록은 무엇보다, 이 시기 이승만 대통령이 정치보다 산업·경제·법제 정비 등 산업화와 국가 근대화에 치중했음을 증언한다. 산업화를 위한 경제개발계획, 아파트 건설, 도시 정비, 무역, 원양어업, 산림녹화, 관광산업 육성, 조선사업, 정유·비료공장 건설 등이 검토돼, 제3공화국 산업화의 로드맵이 이때 이미 준비되고 있었음을 입증하고 있다. 3·15 선거 전해인 1959년 국무회의 1년 안건 1,288건 중 법제가 222건(17.2%), 산업 경제 219건(17%), 재정 물가 169건(13.1%), 외무 102건(7.9%), 언론 홍보가 87건(6.8%), 국방 치안이 84건(6.5%)이었으며 정치는 8건(5.7%)으로 분석되지만 정치 안건 8건에도 3·15 부정선거 논의는 없었다고 신두영은 증언했다.

국무회의는 매주 화요일과 금요일 정기회의와 임시회의까지 합쳐 1년에 120여 회 개최되었다. 화요일 오전 경무대에서 열리는 국무회의만 대통령이 주재하고 화요일 오후와 금요일 중앙청에서 열린 국무회의는 수석국무위원이 주재했다. 대체로 주요 안건은 대통령이 직접 주재하는 화요일 오전 경무대 회의에 상정됐고 화요일 오후 회의에서는 오전에 대통령이 지적한 쟁점들이 토의됐다.

〈경향신문〉에 공개한 국무회의록은 신두영 사무국장이 대통령에게 직접 보고하기 위해 취재수첩과 대학노트에 기록한 것을 미농지에 묵지를 대고 3부를 만들어, 1부를 경무대에 보고하고 1부는 국무원 소장, 1부는 사무국장 자격으로 보존한 문서다. 4·19 뒤 소각될 뻔한 신두영 소장본을 김기억 비서관이 보관해 빛을 보게 된 것이다. 깨끗한 글씨로 정리된 국무회의록은 마치 속기록처럼 대통령 발언을 특유의 말투 그대로 기술하고 있다.

화요일 오전 9시 경무대 대통령 집무실 옆방에서 열리는 국무회의는 국무위원 12명과 국무원 사무국장, 법제실장, 공보실장, 대통령 비서관 1명이 서열대로 3줄로 앉아서 기다리다 대통령이 입장하면 회의가 시작된다. 한 번 회의에 토의된 안건은 10~19건이었다. 회의 시작은 대통령이 현안이나 반공 외교 문제에 대해 말문을 여는 경우가 많았으며, 각 부 장관의 보고를 듣고 대통령이 질문을 하기도 했다. 국무위원석은 책상 없이 국무위원들이 보고서를 들고 앉아 회의를 했다. 국무회의는 본래 합의체 의결

신두영 사무국장이 정리한 1959년 국무회의 안건 통계

1959 국무회의 안건 분류
(구분(적요), 건수(%) 비고)
1) 정치(정당, 선거, 국회) 68건(5.2%) 정당 17
2) 외무 102건(7.9%) 대일 44
3) 국방 치안 84건(6.5%)
4) 산업 경제(금융, 농축수산(양곡), 관광, 에너지 219건(17.0%) 무역 48,
　　외원 46, 비료 42, 양곡 30
5) 재정 물가(세수, 외원, 물가, 환율, 예산) 169건(13.1%)
6) 국토보전과 건설(사방, 준설, 기타 건설) 43건(3.3%)
7) 보건 사회(노동, 주택, 방역, 구호) 78건(6.1%) 구호 34, 노동 17, 주택 14
8) 교육 학술 10건(0.8%)
9) 문화 체육(문화, 종교) 16건(1.3%)
10) 홍보(언론, 정부 PR) 87건(6.8%) PR 55
11) 법제 222건(17.2%)
12) 기타 일상 업무 보고 190건(14.8%)
회계[합계] 1,288건(100.0%)

기관이지만 대통령이 국무위원들에게 강의하는 시간이 많았다. 대통령이 국무회의를 국무위원 교육 기회처럼 활용한 것이다.

1957년부터 1960년까지 3년간 국무회의에서 이승만 대통령은 미국의 공산권 유화 정책과 친일 정책을 강도 높게 비판했고 해외시장 개척, 경제 개발, 사방사업, 식목, 주택건설사업 등을 독려했다. 그의 '강의식' 국무회의는 해방후 1세대 신진 관료가 대거 기용된 1959년까지 계속됐다.

전근대 사회로부터 벗어나 자주국가를 지향하고 산업화를 모색한 4·19 전야 3년은 3·15 부정선거와 4·19에 묻힌 '공백의 역사'다. 신두영의 국무회의록은 4·19 전 1958~60년까지 3년간 이승만 정부가 무엇을 했으며, 199명이 희생된 3·15 부정선거의 이면사를 풀 단서를 제시한다.

전후 복구와 경제 개발

6·25전쟁 후 한국은 미국이 주도하는 안보 체제와 세계 자본주의 체제의 하위체제에 편입되었다. 한미 군사동맹으로 안보를 튼튼히 한 이승만 대통령은 산업화 기초작업과 대미·대일관계 정립 등 자주적인 근대국가 기반을 다지기 위해 노력했다.

이때쯤 이승만은 한민당 세력이 건국 초기에 설계한 내각책임제와 대통령 중심제 '조합 정치' 체제와 '사랑방 정치'를 대체로 정리하고 자본주의 근대국가의 새 패러다임을 설정했다. 경제개발계획 수립, 산림녹화, 수출 장려와 관광 개발, 관료 체제 정비,

이승만의 4·19 전야 3년을 기록한 국무회의록 발굴 기사(경향신문 1990. 4. 19)

원양어업, 이민, 한국군 해외 파견 등이 이 기간에 모색되었고, 이때 세워 놓은 기본 틀은 이승만 대통령 하야와 4·19를 겪은 후 5·16 뒤에 혁명정부와 제3공화국에 의해 실행되었다.

경제는 임가공 산업 체제에서 수입 대체 산업화로 변신을 모색하고 소비재 산업 중심으로 독과점적 재벌기업이 형성돼 한국도 자본주의 경제 체제로 패러다임 시프트의 시동을 걸었다. 면방·제당·제분의 '3백(白)' 산업이 주축이었던 시기에 자본주의 경제 체제 구축을 정부가 모색한 것이다. 자유당 말기에 2000년대 국제사회에 나가 경쟁하려는 대기업 출범과 한국의 내부 개혁이 다각적으로 모색된 것은 획기적인 것이다.

이 시기에 한국 자본주의 체제를 공고히 한 대기업 그룹이 형성되기도 했다. 1945~49년에 18명, 1950~60년에 25명이 근대적 기업체의 골격을 세운다. 대기업 자본가들의 출신 배경은 가난한 영세 농가 아들, 영세 상인, 중간층 농가, 피난 지주, 지주의 아들 등으로 다양했다. 부모 덕에 사업 자금을 마련한 대기업가는 김연수(삼양사), 박두병(동양맥주), 조홍제(효성), 이병철(삼성) 등 네 사람뿐이었다.[129] 새 재벌그룹 형성의 주역으로 정주영 등 월남한 근로자 출신, 장사꾼 등 새 인물을 이승만 정부가 선택했다. 조선왕조 시대의 지배계급으로 일제 이후 6·25까지 지속됐던 기득권 세력과 전혀 다른 세력을 이승만 정부는 육성한 것이다. 이 과정에서 부패한 왕조 세력과 친일 세력이 일부 정리됐다. 공주 김갑순 등 큰 부자들이 도지 수입만 받는 중간 계층으로 전락했다.

농어촌 고리채 해결과 벼 품종 개량

1958년 1월 2일 국무회의에서 김현철 재무장관이 "농민이 고리채로 고심하고 있으므로 이것을 해결하여 줄 방법을 성안 중"이라고 보고했다. 이승만 대통령은 "이자를 많이 받지 못하게 하는 법률이 있을 것이니 그것을 시행하고, 정부가 그것을 물어 줄 수는 없는 것이나 농업은행에 맡겨서 잘 보아 주도록 해야 할 것이다. 이자를 안 갚아도 하게 하여줄 도리는 없는가?"라고 질문했다. 김현철 재무가 "이자 문제가 아니고 원금이 문제"라고 대답하자 대통령은 "고리대금을 하는 자가 많으니 그것을 다 처벌할 수가 없다는 것은 잘 알고 있다. 그러나 그 일부를 엄벌함으로써 그러한 폐습을 고칠 수 있을 것"이라며 법으로 농촌 고리채 정리를 촉구했다. 농지개혁을 실시하고 농업은행을 만든 이승만 대통령은 정권 말기까지 농촌 고리채 문제와 싸웠다.

1958년 1월 7일 국무회의에서 이승만 대통령은 "미국 토인이 재배하고 있는 와일드라이스(wild rice)는 우리나라 황무지에도 적당한 작물이라고 생각한다. 농림부 장관은 바빠서 직접 연구할 수 없을 것이니 적당한 사람에게 여기 내가 가지고 있는 문헌을 주어서 연구시키도록 하라"고 지시했다.

생산과 무역 장려

1958년 1월 21일 국무회의에서 '실업가 동남아지구시찰 친선여행 귀환'이 보고됐다. 이승만 대통령이 "목적이 일본에 대항하여 우리의 상권을 신장하고 그로써 우리 물량을 보호 진흥하는 것이다. 나가는 사람은 먼저 '세일즈맨십(salesmanship)'을 연구하여 가지고 갔어야 효과를 거둘 수 있었을 것이다. 해태(김)만 하여도 일본이 산다고 한다, 안 산다고 한다 하는 농락을 당하고 있는데 이 역시 우리가 홍콩 기타 지역에 수출 못 하는 때문으로 안다. 우리 배로 실어서 가지고 가서 팔도록 하라", "남궁(극동해운 사장 남궁 련南宮鍊)이 배를 미국에 보내는데 적재할 물건이 없어서 돌을 싣고 갔다 한다. 수출할 것을 좀 만들어라. 다시마라도 가공해 팔아라"고 지적했다.

1958년 2월 4일 국무회의에서는 공예품 생산 기술 보급에 관한 건의에 이 대통령이 "국민에게 돈 만드는 법을 가르치라"고 당부했다. "독일인들이 건설을 잘하여 가고 있는 것 부럽다. 조성철(중앙산업 사장) 같은 사람은 사업을 알고 능력도 있는 사람이라고 생각한다. 국민에게 사업이라는 것은 무엇인가? 즉 '돈 만드는 법'을 좀 가르쳐 주어서 조모와 같은 실업가가 많이 나오도록 하여야 한다"고 역설했다. 구체적으로 "직물이 외국인들의 찬사를 받고 있으니 좀 더 활발한 선전을 하여 볼 만한 것이다", "견직물 수출에 대한 미국의 정책은 부당한 짓이며 몇몇 사람의 농간이니 이것을 미국에 선전하여 가며 싸워야 한다. ICA(미 국제협력처) 기타 원조 물자를 사 오는 나라에 대하여는 그만 한 우리 생산품을 사 달라고 요구도 해야 할 것이다" 등을 지적했다.

1959년 6월 30일 국무회의에서 이승만 대통령은 '수출 진흥 외교원' 양성을 지시했다. "외국에 물건을 팔아야 하며 그것을 위하여 외교원을 양성하도록 하여야 한다"는 지적에 최재유 문교장관은 "한양대학에서 해당 학과 설치를 계획 중"이라고 보고했다.

기술자 양성과 노동조합 육성

1958년 1월 14일 국무회의에서 기술자 양성 교육과 외국 기술 도입에 관한 건이 논의 됐다. 송인상 부흥장관은 "신년도 ICA 계획에는 직업교육 부문(주로 인하공대)에 약 50만 달러를 배정하였다"고 보고했다.

1958년 2월 18일 경무대에서 열린 국무회의에서 대통령이 이중과세를 폐지하도록 국민을 지도하라고 지시한 후 첫 안건으로 이응준 체신장관이 "국제체신노조 대표가 3월 말경에 내한한다 하므로 우선 형식적일망정 체신노조를 조직시킬 수밖에 없다"고 보고하며 대통령 의향을 타진했다. 이승만 대통령도 동의했다. "노동조합을 잘 지도하는 것은 반공의 견지에서는 극히 중요한 일이다. 노조에서 회관을 하나 가졌으면 한다는 말을 들었다. 큼직한 회관을 하나 마련하여 주고 서로 잘 단결하여 정부 정책에 따라서 나가도록 하여야 할 것이다. 농민을 위하여는 농업은행을 만들어 주었으나 노동자에 대하여는 아무것도 하여 준 일이 없다"고 고백하며 노동자에 관심을 표명했다.

도시개발과 아파트 건설

4·19 전야 3년간 무장공비 소탕, 연좌제로써 월북 부역자 가족

관리, 철도·도로·교량 복구, 발전소 건설, 비료·시멘트·판유리 공장 건설, 국산품 전시회, 일인일기 교육, 보건소 확충 등이 진행되었다. 1957년을 전후해 전후 복구 작업이 본궤도에 올랐다. 유리공장 건설, 당인리 화력발전소 가동, 전화 보급, 도시 정비, 철도 보수, 충주비료공장 건설 등이 이루어졌고 이 대통령은 수출을 검토하라고 지시하고 경제개발계획을 미국과 검토하라고 독려했다.

1958년 3월 31일 국무회의는 서울 도시개발과 상하수도 개선, 아파트 건설 등을 토론했다. 이승만 대통령은 "서울 도심에 5층 건물을 세워 1층은 상가로 이용하고 2층 이상을 주택으로 전용하면 좋을 것 같다"고 안을 내놓고 성실한 기업체에 맡겨 보라는 당부까지 했다. 1) 조성철은 사업 능력이 있는 사람이다. 근자 그가 지은 아파트가 잘된 것이라고 생각한다. 이러한 사업가가 많이 생기게 해야 할 것이다. 2) 중심부의 중요한 행로에는 4층 이상의 건물을 짓고 1층은 점포로 하고 2층부터를 주택으로 하면 토지를 잘 이용하는 것이 되고 외국인들에게도 부끄럽지 않게 될 것인데 이런 것을 개인에 맡기어서는 안 된다. 3) 국제은행에서 자금을 차용하여 사업을 계획적으로 추진하는 등 베를린과 같이 만들어 보도록 유의하라. 4) 판잣집은 철거되어야 할 것이다(노점도 포함). 5) 불결한 정호(우물)를 없애고 상수도를 확장해야 한다. 내무부 장관은 500만 시민의 식수와 기타 용수가 충분할 만한 계획을 세워 양수장 확장을 원조 기관들과 협의하라. 6) (서울 시민의 불결한 생활에 대해) 문화인다운 생활을 할 수 있게 잘 연구하여 보라. 흙벽돌을 이용하여 소규모 주택 건설을 하도록 장려하여 천막 판잣집을 없애도록 하여야 할 것이다.

관광사업 개발

1958년 5월 23일 회의에서 관광사업과 국토 미화 사업의 적극 추진에 관한 건을 협의했다. 내무부 장관의 발의로 무허가 건물의 철거와 예방, 공원 지대 침식 방지, 관광도로 신설 정비, 주요 공로와 철도 부근의 조잡한 건물 난립 방지 등을 논의했다.

1960년 1월 12일 국무회의에서 김일환 교통장관이 "미8군이 장병의 일본 여행 회수를 연 2회에서 연 1회로 줄이고 1회는 한국 내에서 보내도록 지시가 있을 것으로 추측되며 따라서 근일 8군 관계관과 같이 현지에 가서 시설 개선에 대한 의견을 교환하고 있는 중"이라고 보고하자 대통령은 "자연 풍경이 우리만 못한 스위스도 관광으로 많은 수입을 보고 있다. 앞으로 관광 개발에 노력을 하도록 하라"고 지시했다.

주택 건설, 관광 개발, 무역, 도시계획 등에 대해 이승만은 아이디어도 많이 내놓았다. 큰 문제가 없으면 전문인력을 버리지 않았다. 은행장을 10년 가까이 한 사람도 있다.

원양어업 관심

1959년 2월 17일 회의에서 이승만 대통령은 "원양어업, 특히 참치잡이 등이 유망한데도 선박이 부족하니 조선에 주력하여야 할 것이다. 일본이 태평양은 물론 우리 근해의 어장까지도 독점하려고 미국이 한국의 조선을 원조하지 않도록 공작하고 있지만 미국 협력을 얻도록 노력해야 할 것"이라고 강력하게 지시하며 "나가면 잡고, 잡으면 돈이 된다"고 역설했다. 대통령은 "수산업자가 자발적으로 한 것이 상당한 성과를 거두고 있는데도 선박 부족으로 일본을 당할 수 없다고 하니 내무·재무·부흥·상공이 모여서 몇십 척의 배를 마련할 것을 연구하여 보고하도록 하라"고 지시했다.

4월 14일 경무대 국무회에서 원양어선 출어에 관한 보고가 있었다. 구용서 상공장관이 "원양어선 2척을 조선공사에서 건조하기로 계획되어 있으며 필요한 자재도 확보되었으며 도입한 어선의 설계도 떠 놓았다"고 보고하자 대통령은 "어물어물하지 말고 곧 추진하여야 한다. 반도라는 것은 도서와 같은 것이므로 상선단과 해군이 있어야 지켜 갈 수 있다"고 훈시하며 원양어업과 조선사업을 강하게 밀어붙였다. 한국이 해양 세력으로 발돋움해야 한다고 이승만은 내다보았다.

산림녹화와 사방사업

1959년 8월 11일 국무회의에서 이승만 대통령은 사방사업 촉진을 촉구했다. 대통령은 "다년간 사방을 하여 왔다고 하나 점점 더 황폐하고 있으니 다음과 같은 방법을 연구하여 산림녹화의 실을 거두도록 하라"고 지적했다. 이 대통령은 산림녹화를 위해 석탄 채굴과 수송에 군 수송 체제까지 동원하라고 지시했다. 이때 현역 군인으로 석탄 수송을 맡았던 김일환이 교통부 장관으로 발탁됐다.

국무회의에서 산림녹화와 사방사업은 중요한 항목이었다. 1960년 4월 12일 이승만 대통령이 참여한 마지막 국무회의에서도 사방 관리 사업이 보고됐다. 이 대통령은 산이 푸르러질 때쯤이면 우리나라 국민도 잘살 것이라고 예언했는데, 그것이 제3공화국에서 실현됐다. 오늘 아름다운 금수강산이 회복된 것은 이승만 대통령의 산림녹화 사업을 박정희 대통령이 계속하여 추진한 결과다.

경제개발계획 수립

경제개발 3개년계획 완성

1958년 9월 2일 국무회의에서 송인상 부흥장관(1957. 6~59. 3)이 주한 미국 대사가 미국의 한국 원조 정책 변화와 구체적인 변화 지침를 통보해 왔다고 보고했다. 유엔 한국재건위원회(UNKRA)가 1952~53년 한국 경제 실태를 조사하여 1953년에 한국경제개발 5개년계획안을 마련했던 미국이 1년 단위 군사 원조 마감에 따른 장기 개발계획 수립을 한국 정부에 촉구한 것이다. 송인상 장관은 방미하여 허터 국무장관대리를 만나 장기 경제개발계획 기본 방향을 미국과 협의했다. 원조를 1년 단위가 아니라 3~5년으로 해 줄 것을 제의해 동의를 받았다. 송 장관은 귀국 후 미국 원조 재원인 '대충(對充)자금'으로 운영되는 산업개발위원회(EDC)를 부흥부 산하 자문기구로 대통령령에 의해 설립, 경제개발 연구에 착수했다.

1959년 8월 5일 국무회의에서 신현확 부흥부 장관(1959. 3~60. 4)이 장기 개발계획 수립을 보고하지만, 송인상 장관이 기획한 것이다. 이 대통령은 자유당 말기 장관들을 사랑했지만 송인상 장관을 크게 신뢰해서 정책 보고를 하면 "Very good"이라고 칭찬했고 외국 대사에게도 "한국에도 해박한 경제장관이 있다"고 자랑했다. 신현확 부흥부 장관은 "3개년계획이 1주일 이내에 완성될 것이며 이를 위한 전문가 모리스 박사는 이미 도착했고 기타 전문가 일행도 불일 도착하리라" 하며 "경제부흥(6.3%)을 내용으로 한 백서를 영문으로 만들어서 외국인들에게 주겠다"고 보고했다. 이승만 대통령은 한글로 된 『부흥백서』를 보면서 "한문을 안 쓰고 한 것이 잘하였다"고 칭찬하고 "중국어를 전공하여 한문을 쓸 줄 아는 자가 필요하니 그러한 학교가 있어야 할 것이라"고 지시했다.

부흥부 산하 산업개발위원회는 미 오리건 대학 팀의 자문을 받으며 7개년계획 개발 작업을 전반부 3년, 후반부 4년으로 잡아서 전반부 3개년계획(1960~62)을 1959년 12월 31일 확정했다.

1960년 1월 26일 국무회의에서 신현확 부흥부 장관이 "경제개발 3개년계획이 완성되어 금일부터 국무회의에서 의논하게 되었다"고 계획의 주요 지표를 보고하고, 이승만 대통령이 긴급대책을 수립하라고 지시했다. "미국이 평화 정책에 협조하여 달라고

하기로 그대로 있었으나 일본이 차차 커 가고 있으며 우리를 악선전하고 근자에 와서 미국은 환율 변경을 요구하고 있는 형편이니 하등의 대책 없이 이에 응하고 보면 또 오르게 되고 이를 되풀이하게 될 것인즉 재정 경제의 긴급대책을 강구하여야 할 것이며, 현재 우리가 처하고 있는 형편이 만연히 있을 수 없으니 미국에 사람을 보내어서 교섭하여야 할 것이다."

1960년 4월 15일, 4·19 전야의 정국 불안 속에서 중앙청 국무회의에서 부흥부 장관이 수정 제의한 경제개발 3개년계획이 채택되었다. 경제 성장, 투자, 생산, 고용, 국제수지 등 개발 목표와 정책 방향 등이 별책으로 보고됐다. 경제개발 3개년계획의 5대 계획목적은 생산력 극대화, 국제수지 개선, 고용 기회 증대, 국민 생활 수준 향상, 산업 구조 근대화였다. 경제 성장 목표치는 5.7퍼센트였다.

제1공화국 마지막 국무회의가 의결한 경제개발 3개년계획은 4·19로 '종이 계획'에 그치고 말았다. 그러나 이 계획안이 기본안이 되어 군사혁명 정부의 경제개발 5개년계획이 완성되고, 3개년계획을 입안한 인재들이 제3공화국의 경제 개발 추진 세력으로 참여한다.

대일 문제

일본 예속경제 탈피
2차대전 전후 처리 과정에서 루스벨트 미 대통령과 국무부의 조지 케넌, 애치슨 등은 일본을 중심으로 하는 동북아 지역 통합 전략 입장에서 한국 문제를 다루었다. 실제로 일본은 6·25전쟁 중 병참 기지가 되어 전후 경제 성장의 전기로 활용했다. 이종원과 브루스 커밍스는 미국의 동아시아 지역 통합 전략을 "한국을 일본 공업화를 위한 배후지(=경제적 요인), 일본 방위를 위한 앞마당(=안전보장적 요인)으로 설정했다"고 비유했다.

이승만 대통령은 미국이 한국에 지원한 상당한 원조액이 일본에 흘러들어 가는 데 문제를 제기하고 일본과의 교역을 일시 정지시키기도 했다. 이승만의 이런 대응은 한국전쟁 후 미국이 주도한 지역 통합 전략과 충돌하는 것으로, 미국이 이승만을 경계하는 정책 결정 요인으로 분석된다.

1959년 2월 14일 국무회의에서 대일 관계 악화에 관련되는 경제 문제를 검토했다. 송인상 부흥부 장관이 "수출불 약 240만 달러가 독채(篤債) 정리로 들어가 버리는 것 외에 ICA 자금에 의한 물자 도입이 곤란에 봉착하는 중 비료 도입 시기를 잃게 되고 통신 자재와 코르타르, 피치, 염소(鹽素), 수산 자재 등이 못 들어오게 됨으로써 타처에서 구입함에 시일을 요할 것이며, 이러한 사태는 결국에 화폐발행고가 위험선까지 가 있으면서도 물가 안정을 유지하여 가고 있는 우리 경제에 상당한 영향을 줄 것"이라 보고하였다. 송인상 장관은 대일 통상에 관하여 "대일 유조선이 오지 않을 경우 기관차용이 10일분, 발전용이 16일분 남아 있어서 우리 선박을 동원하여서라도 들여와야 한다"고 보고했다.

이승만 대통령은 "송 부흥은 우리나라의 제일가는 경제가"라며

"일본과 통상이 안 되면 곤란한 것이 많다는 것을 잘 알고 있다. 전에는 일본 제품이 시장에 범람하고 있던 것이 이제는 없어져 가고 있으니 우리가 조금 더 잘하여 일인이 하는 것은 우리도 하도록 해야 할 것이며, 특히 비료는 생산 시설을 해야지 언제까지나 외국산에 의존하여서는 안 될 것이다"라고 말했다.

1959년 6월 13일 국무회의에서 교착 상태의 대일 통상에 관하여 송인상 재무장관이 제시한 통상 복구안과 통상 단절안을 검토한 후 외무·내무·법무·재무 4부 장관이 대통령에게 보고했다. 대통령은 "한국 무역이 일본에 대한 종속성을 벗어나야 할 날이 오게 될 것이나 현재 거래 중에 있는 것은 손해가 가도록 하기도 어려우니 잘 연구하여 보라"고 지시했다. 허약한 전후 한국 경제 체질로 저항하고 버티는 것이 한계가 있어 국무회의는 "정치적 반대를 주로 하고 만일의 경우에는 경제적 조치를 취한다"는 뜻을 첨가한 정부 대변인 성명을 발표하고 미국의 협조를 얻어 진행 중인 거래를 정상화시키는 방침을 결정했다.

재일 교포 북송 대응

1959년 6월 30일, 대일 관계에 관하여 이승만 대통령은 "한국 국민을 제 마음대로 북한에 추방하려고 하는 것은 우리나라의 주권을 무시하는 것이요, 우리 수역에 무장하고 출어하는 것은 싸움을 걸어 오는 것이라고밖에 볼 수가 없는 것이다. 우방은 이것을 그대로 방치하였다가 싸움이 붙었을 때 처리를 한다는 것인지 그들의 소견을 좀 물어보라"고 지시하면서 "서양인들 간에 최근 수십 년간 무력(실력) 정치의 폐가 생겨서 여론의 효과가 적어졌으나 차제에 우리는 들고 일어서서 정의와 정권(正權)을 국제 여론에 호소하도록 하여야 할 것"이라고 역설했다. "우리는 미국인을 위하여 수많은 사람들이 전쟁에서 죽었으며 미국 대통령이 통일이 되도록 하여 준다기에 그것을 믿고 있는 중에 일인들이 재일한인을 공산 지역으로 보내도록 방관만 하고 있으니 도시 그들이 하는 짓이 무엇이냐고 물어보고 싶다"며 미국을 원망했다.

재일 교포 북송은 1955년 5월 창설된 조총련과 북한 중앙당의 작품이다. 김일성은 일본에 조총련 학교를 건설하는 데 7억 엔을 지원했다. 1959년부터 1984년까지 9만 3,336명의 재일 교포가 북송됐다. 그중 북한 출신은 2퍼센트였고, 일본인 처(1,831명)를 포함해 일본인 6,600명도 북한에 갔다. 제1차 북송은 일본 니가타항에서 소련제 군함을 개조한 크릴리온호와 토보로스크호에 975명이 타고 청진항으로 떠났다.[130] 조총련 선전을 믿고 북한에 간 재일동포들은 민족적 차별, 계급 차별, 인권 침해를 겪으며 적대 계층으로 분류되어 적응에 실패했다.

대미, 안보, 외교

일본 재무장 반대

1958년 2월 4일 국무회의에서 이승만 대통령은 "미국이 일본의 간계에 넘어가서 류큐를 일본에 내주는 일이 있어서는 안 될 것이니 피차의 연락을 긴밀히 하고 친선 사절 교환 같은 것을 공보실에서 연구하여 보라"고 지시했다.

10월 21일에는 "덜레스가 오는 것은 장(제스)의 어깨를 두드려서 일본 재무장에 대한 것을 설득시키려는 것으로 본다. 일본은 그 헌법과 일부 공산당의 반대로 군을 확장할 수 없었으나 기시 수상이 나온 후로는 재무장하는 방향으로 나가고 있다. 외무장관은 중국 대사를 불러서 덜레스가 감군이니 일본 재무장이니 하는 말을 내놓거든 감정을 상할 만치 말을 하여 돌려보내라고 일러 주어야 할 것이다. 국방장관은 무슨 핑계든지 만들어서 미국에 가서 아는 사람들과 의논도 하고 서신으로도 연락하여 그들에게 '미국이 만일 덜레스 씨의 정책대로 일본을 재무장시킨다면 공산당을 쳐내 보내고서도 오히려 더 어려운 일을 당할 것이라'는 것을 알려 주도록 하여야 한다"고 당부했다.

1960년 1월 5일 국무회의에서 일본 침략주의 방비에 관하여 이승만 대통령은 "일본은 평화선 경비를 강화하는 등 점점 강하게 나오고 있는데 미국은 무사주의로 이를 방임하니 우리가 아세아 제국의 경성(警醒)을 촉구하여 집단방위로 일본의 침략을 방지함은 물론 국무위원이 방미하여 실정을 잘 설명하도록 하고 재외공관에서 이 방면에 활동을 하도록 하는 등 대책을 연구하여 보라"고 말했다.

핵무장과 원자력 연구

1958년 2월 4일 이승만 대통령은 "여러 가지 애로가 있어서 심한 말까지 한 일이 있으나 결국은 국군에서 제일 먼저 원자 무기를 가지게 되었으니 기쁘게 생각한다. 그러나 이것은 시작에 불과하고 앞으로 계속 노력하여 완전한 것으로 만들어야 할 것"이라고 발언했다. "원자력원은 어찌 되고 있느냐?"는 대통령의 질문에 최재유 문교장관은 "원자 연구차 해외유학 중인 학생이 금년 12월이면 약 20명 환국할 예정이며, 관계 서적 5천 권과 문헌복사카드 4천 장(매당 약 300쪽의 내용을 갖는 것임)이 도착하였다"고 보고했다.

1958년 3월 31일 국무회의에서 다시 대통령이 원자 문제에 관한 실적이 어떤가 질문하자 김정렬 국방장관은 "소요 수의 8할이 도착했다. 탄두를 타국에 주려면 국회의 승인을 얻어야 하는 미국의 제도로 보아 탄두를 국군에 주는 것은 지연될 것이나 제트기 때의 예(4년간 타국에는 안 주었음)로 보아 멀지 않아 해결될 것으로 생각되며 탄두도 세계 여러 나라에서 만들고 있으므로 미국의 전매특허가 아니니 조속 해결될 것으로 보며 3월 중에 시험을 한다"고 보고했다.

1960년 1월 5일 회의에서 이승만 대통령은 "일인들은 외원(外援)을 거절하고 자립하여 나가고 있으며 잠수함 기지 무기를 자가생산하는 현재, 미국은 공산주의를 막아 내기 위하여 시작한 대한 원조이지만 이것을 언제까지 계속하지는 않을 것이니, 우리가 자립하지 못하면 노예밖에 될 도리가 없을 것이라고 생각되니 원자력을 개발하고 군비에 관한 위원회라도 만들어서 이순신 장군의 대를 이을 만한 기술자를 기르고 그를 위하여 필요하면 돈을 좀 쓰도록 할 것이며, 현재 잘 안 되고 있는 조선공사 시설을 잘 조작하여 무엇을 만들 수 있도록 하여야 할 것이라"고 역설했다.

항구 정박 시설과 조선사업 추진

1959년 1월 6일 국무회의에서 이승만 대통령은 "휴전 후 미국 해군이 우리 근해에서 물러가고 나니 말로는 반도라고 하나 섬과 다름없는 우리나라로서는 후방이 허술하다. 상선단이라도 만들어서 유사시에 대비하여야 할 것인데 진해에서 건설 중인 조선소는 예산 관계로 지지부진한 상태에 있으니 해군에 외국인과 잘 접촉할 수 있는 사람을 몇몇 채용하여 미국에 가서 레미니제 씨 등과 연결하여 미 국회를 움직여서 예산을 좀 얻도록 시켜야 하겠다"고 지시했다. "손원일(전 해군참모총장·국방장관, 당시 주 서독 대사)이 있었으면 좀 도움을 얻었을 것"이라고 아쉬워했다.

대미 관계와 한국군 해외 파병 검토

이승만 대통령은 몸에 밴 유교철학, 오랜 경륜 등으로 장관 수준보다 높은 통찰력을 갖고 있었다. 국제관계 감각이나 정보 분석 능력도 앞섰던 것이 국무회의 강의에도 나타났다.

1959년 2월 17일 국무회의에서 이승만 대통령은 양유찬 주미 대사에게 "과거엔 장관 문책 경질이 빈번했으나 지금 각료는 전과 판이하여 일을 잘하고 있다", "내 후임자 걱정을 하는 이가 있으면 이 대통령의 몇 배 되는 사람을 양성하고 있다고 일러 주라. 그리고 우리들도 그러한 자신을 가져야 한다"고 했다. "미국인들에게 내정 간섭을 하지 말라고 가르쳐 주어야 한다. 그들은 부산 때와 비슷한 내정 간섭을 또 하고 있다. 타국의 정책 싸움에 관여하였다가 장차 국민이 깨닫게 되면 '양키 고 홈'이 나오게 될 것이라는 것도 주의를 주도록 해야 한다"고 역설했다.

1959년 8월 5일 국무회의에서 이승만 대통령은 한국군 해외 파병 검토를 지시했다. "아이젠하워 대통령은 이제 무엇을 좀 하여 보려고 하고 있는 듯하며 금반 라오스 사태는 좀 일을 키워 보려는 것 같으니 우리가 이 판에 나서야 할 줄 안다. 재무는 외화를 차입이라도 하여 많이 보유하도록 하여야 할 것이며 미 국회의 동향이 아직도 분규 중에 있으므로 자칫하면 약한 자가 손을 보기 쉬운 것이니 그들에게 잘 알리도록 하여야 할 것이며 '양키 고홈'이 안 나오도록 주의하라고 충고를 하여 주어라."

통일과 민주주의의 의지

1958년 8월 26일 국무회의에서 이승만 대통령은 "세계 전부가 반대를 하더라도 우리는 통일하기 위하여 우리 힘으로 싸워야 한다. 우리 손으로 우리나라를 통일하여야 세계 각국이 우리를 높게 평가하여 준다. 지금부터는 다만 기회를 보고 있는데 지금이 적당한 시기인가 아닌가를 잘 생각하여야 할 것이다. 미국 같은 어리석은 짓은 우리가 하여서는 안 된다"며 통일을 포기하지 않았다.

1960년 이 대통령은 대미 우호와 민의를 국무회의에서 자주 언급했다. "군주주의도 그렇지만 민주주의에서는 특히 민위방본(民爲邦本)으로 국민을 좋게 하여 주어야 하지만 그렇다고 국민이 하자는 대로만 따라가면 국가가 바로 서지 못할 염려도 없지 않으

니 국민을 위한다는 것이 국가를 해하게 되는 일이 없도록 정부
는 주의해야 할 것"이라고 말했다.

4·19 두 달 전인 1960년 2월 첫 주 국무회의에서는 "물은 배를
띄우기도 하지만 뒤집기도 하는 것"이라고 경고하며 민의를 잘
읽어야 한다고 했다.

문화

1958년 1월 18일 회의에서 이승만 대통령은 "공자의 도가 없는
나라로서 문화를 자랑하기 어렵다고 생각한다. 불교도 우리가 없
앨 수 없는 것이며 우리 불교가 본래 타국의 불교와 닮아서 고상
한 것이고 상당한 재산이 있던 것을 일인들이 대처승을 대치하여
버려 놓은 것이므로 이것을 시정하려고 하여 왔으나 아직도 대처
승이 남아 있는데 이것을 결말 지우지 못하고 내가 없어지면 다
시 혼란이 있을까 염려된다"고 걱정했다.

1959년 5월 19일 국무회의에 '대한민국 정사 편찬 계획'이 상
정되었다. 앞서 1958년 12월 10일 이승만 대통령은 김상기·이병
도·신석호·이홍직 등 당대 국사학계 석학들을 경무대로 초치해
국민에게 애국심을 고취할 좋은 역사책을 만들어 국민의 사상을
계도할 것을 당부했다. 이로써 국사편찬위원회에 특별위원회가
구성돼 편찬 계획을 상정한 것인데, 문교부가 심의를 철회했다.
이 대통령의 1958년 지시는 5·16 뒤 문교부와 국편의 국사 교과
서 국정화와 『한국사』 25권 편찬으로 결실을 본다.

1958년 2월 4일 국무회의에서 신두영 국무원 사무국장이 공문서 가로쓰기를 제안해 통과되었다. 신두영 사무국장이 "장차 타자기를 사용하게 되고, 대외 문서의 왕래가 증가함에 따라 공문서 횡서가 연구되어야 할 것이므로 국무원 사무국으로 하여금 시험적으로 실시케 하여 봄이 어떠하냐"고 제의해 전원 이의 없이 양해사항으로 접수했다.

이승만 하야의 진실

이승만 대통령이 제1공화국 말기 국무회의에서 집중적으로 강조했던 산림녹화, 사방사업, 농어촌 고리채 정리, 아파트 건설, 공무원 기강 확립 등은 이 대통령이 하야하고 5·16 후 단행되었고, 이 작업에는 이 대통령 밑에서 훈련받은 신두영·송인상·신현확·최규하 등 관료들이 참여했다.

국무위원들이 해방 후 배출된 신진 엘리트로 교체돼 국가 발전 계획 등을 세우던 중에 제1공화국이 붕괴된 것은 이승만과 미국의 아시아 정책이 정면충돌한 것도 한 원인이 되었다. 1960년 이 대통령은 미국의 대소련 유화 정책과 일본 위주의 아시아 정책을 비판하며 대미 외교 강화를 강조했다. 이 박사는 반공과 대일 항쟁으로 최고의 권위를 인정받은 지도자였다. 미국과 연계된 야당의 비난이나 군 일부의 쿠데타 음모도 대통령을 흔들지 못했다. 건국 이래 좌파 준동도 잘 잠재우고 6·25를 극복한 지도자로 국민의 절대적인 지지를 받았기 때문이다.

이승만 대통령에 대한 민심의 이반은 이기붕 중심의 후계 구도가 굳어지면서부터였다. 이 대통령도 정부통령 선거를 앞두고 국무회의에서 가끔 이기붕을 염려하는 발언을 했고, 4·19 직전에는 자유당 포기까지 검토했으나 너무 늦게 판단한 것이었다. 야당과 자유당 일각에서는 반 이기붕 연합 전선 같은 것이 나타나기도 했다.

이기붕 세력은 강경파를 앞장세워 온건파를 배격했다. 국무위원 중 이기붕을 불안해 하는 친 이승만 사람들부터 제거했다. 국무회의에서 선거를 너무 의식하지 말라고 대통령은 말했지만 체제 내 양심 세력의 사기가 떨어졌다.

부정선거 추궁에 장관들 딴청

1958~60년의 국무회의록은 3·15 부정선거와 4·19를 접한 이승만의 태도와 관련해 그간 잘못 알려진 것들을 재검증할 필요를 제기한다.

1960년 4월 11일, 3·15 정부통령 선거 부정 규탄 마산 시위에 참가했다가 실종됐던 김주열 군의 시체가 눈에 미제 최루탄이 박힌 채 바다에 떠올라 제2차 마산 사태가 일어났다. 다음 날인 4월 12일 국무회의의 주요 안건은 1) 세계보건일 행사, 2) 사방공사 추진 상황, 3) 해외 교포 관광단 내한, 4) 진주 소싸움, 5) 체신행정 성장, 6) 시국 안정 등이었다. 이날 이승만 대통령이 "선거에 문제가 있는 것이 아닌가" 하는 질문을 세 번이나 했으나, 내무장관은 부정선거 사실을 숨기고 "마산이 좌익 분자가 노출 정리되지 않은 지역이라 공산 계열 책동이 가능성이 많다"고 보고했고, 이 보고에 기초한 대통령 담화문이 발표돼 학생 데모에 기름을 부었다.

국무회의까지 이기붕 계열 사람으로 진용이 짜여, 새로운 정당 창당을 검토하는 대통령의 대안도 먹히지 않았다. 이 대통령은 "정당(자유당)을 내버리고 새로 만들어 본다는 것도 생각할 수 있는 일이지만 무슨 생명이 좀 보여야지"라고 한탄하며 "지금 말들 하는 것을 들어서는 안정책이 못 된다. (국민들이) 이 대통령이 싫다고 한다면 내가 사퇴하는 것이 좋을 것 같다"고 말하고 스스로 먼저 사퇴를 비쳤다.

내무부 장관이 3·15 부정선거를 사실대로 보고했더라면 4·19로 인한 199명의 희생 없이 재선거와 이승만 대통령 하야로 수습될 수 있었음을 문서는 말해 준다. 이승만 대통령이 3·15 부정선거를 보고받지 못했다는 사실은 당시 매카너기 주한 미 대사가 미국에 보낸 문서로도 확인된다.

▶ 대통령＝정부가 잘못하는 것인지 민간에서 잘못하는 것인지 몰라도 아직도 그대로 싸우고 있으니 본래 선거가 잘못된 것인가? (1)

▶ 내무＝(마산 사건의 진상과 경찰의 대비 조치를 보고하고) 사건의 배후를 다음과 같이 추측하고 있다고 보고. 1) 민주당이 타지방의

六. 政局安定에 關하여

大統領 "政府가 잘못하는 것인지 民間에서 잘못하는 것인지 아도 이직도 그대로 싸우고 있으니 本來選擧가 잘못 된 것 인가?" 하시는 下問

內務- (軍隊의 狀況과 蒐集의 對備措置를 報告하고) "休의 背後는 各地方의 더 는 扇動하고 있으나 今番馬山事件의 直接背後라는 確証은 잡지못하고 있음니다."

陸이不少하여 近日中으로 陸軍을 政리하려고 하는 中이올시다

報告

1960년 4월 12일 국무회의록

No. 1064, 4월 12일
(오른쪽에서 3~6행)
6. 정국 안정에 관하여
대통령 – 정부가 잘못하는 것인지 민간에서 잘못하는 것인지 몰라도 아직도 그대로 싸우고 있으니 본래 선거가 잘못된 것인가? 하시는 하문

데모는 선동하고 있으나 금반 마산 사건의 직접 배후라는 확증은 잡지 못하고 있으며, 2) 6·25사변 당시 좌익 분자가 노출되지 않은 지역이니 만치 공산 계열의 책동 가능성이 많다고 보며 따라서 군·경·검의 합동조사반을 파견하여 두려고 한다 (내무장관의 회고록에는 자신의 발언 중 밑줄 친 부분은 삭제됐다. 본인도 잘못한 것으로 인식한 것 같다).

▶ 대통령＝학생들을 동원하였다고 하는데 사실 여하?

▶ 국방＝학생들이 주동하고 있는 것은 아니라고 보고.

▶ 문교＝배후에 공산당이 있어서 조종하고 있는 것이 아닌가 하며 학교에서 이 같은 일을 단속하는 조례를 만들도록 추진 중에 있다는 보고.

▶ 대통령＝그것은 누가 하는 운동인가?

▶ 내무＝민주당 신파가 극한투쟁이니 하며 하고 있는 일이라는 보고.

▶ 대통령＝그것이 정당 쌈이라고 할 수 있는가?

▶ 내무＝연유가 거기에 있다고 본다.

▶ 대통령＝이번 선거 때문에 그런 일이 생겼다. 선거가 없었으면 일이 잘되어 갔으리라고 생각할 수가 있을 것인가? (2)

▶ 국방＝민주당의 극렬분자의 작란이지만 민주주의 발전 과정에 있는 우리나라 실정으로는 완전한 페어플레이를 기대하기 어렵다.

▶ 대통령＝나로서는 말하기 부끄러운 말이지만 우리 국민은 아직 민주주의를 하여 나가기까지 한참 더 있어야 할 것이며 정

정서하기 전, 속기록에 가까운 1960년 4월 12일 국무회의록

(가운데 행간 바로 아래부터)
P(대통령) – 학생들을 동원하였다고 하는데.
(국방, 문교가 차례로 답한 뒤)
P – 누가 하는 운동인가? 책임을 누가 지는지를 알았으면 좋겠다.

당을 하여 갈 자격이 없다고 보며 정당을 내버리고 새로 하여 본다는 것도 생각을 할 수 있는 일이지만 무슨 생명이 좀 보여 야지, 그렇지 않으면 그리하여 보아도 마찬가지가 될 것이며, 어린아이들을 죽여 물에 던져 놓고 정당을 말하고 있을 수 없 는 것이니만치 무슨 방법이 있어야 할 것인바 이승만이 대통 령을 내놓고 다시 자리를 마련하는 외에는 도리가 없다고 보 는데 혹시 선거가 잘못되었다고 들은 일이 없는가? (3)

▶ 국방=우리 형편은 안정 요소가 불안정 요소보다 많은 만치 과히 염려할 것은 없다고 보며 정부가 너무 유화책을 써 온 것 이 이같이 된 이유의 하나이기도 하다. 이제는 홍 내무가 지혜 있이 처리하여 가고 있으니 잘될 것이라는 의견.

▶ 체신=국회를 열어 놓고 자유당이 손 들어서 하나씩 처리해 가면 되고 민주당의 데모도 이젠 문제가 안 되며 다만 공산당 의 책동을 막는 방안이 필요하다.

▶ 재무=정부로서도 더 이상 후퇴할 수 없으니 대책을 강구하 여야 할 것이다.

▶ 대통령=지금 말들 하는 것을 들어서는 안정책이 못 된다고 보며 이 대통령을 싫다고 한다면 여하히 할 것인가를 생각할 필요가 있는데 나로서는 지금 긴급히 또 좋다고 생각하는 것 은 내가 사면하는 것이라고 생각한다. (4) 잘 연구하여 보라.

4·19 일주일 전인 이날 국무회의에서 이 대통령은 "선거가 잘 못된 것이 아닌가" 하고 세 번이나 추궁했지만 장관들은 허위 보

고하거나 딴청을 부렸고 아무도 사실을 보고하지 않았다. 이날 국무회의에서도 서대문파의 국정 농단 사실이 확연히 드러났다. 1956년 김창룡 특무대장 제거 후 대통령에게 직보되는 정보가 차단된 것이 서대문파의 국정 농단을 가능하게 한 것으로 보인다.

4·19 당일 이승만을 만났던 매카너기 대사가 미국에 보낸 보고서에도 이승만이 "신뢰하는 두 장관이 거짓말을 했거나 나쁜 상황(선거 부정의 진상)을 숨겼다는 것을 믿을 수 없다고 주장했다"는 내용이 있다.[131] 매카너기 전문에는 4월 12일 대통령에게 거짓 보고했던 내무·국방장관이 매카너기 미국 대사와의 대화에서는 선거 부정을 일부 시인해 이 대통령이 당황했다는 내용도 보인다.

신두영 사무국장은 1990년에 국무회의록 복사본을 저자에게 넘기며 "4·19는 재검토되어야 한다"고 역설했다. 선거 부정에 대한 대통령의 국무회의 추궁, 자유당 해체, 재선거, 헌법 개정과 대통령 사퇴 등이 제기돼 수습 기회가 여러 번 있었으나 이기붕을 추종하는 장관들의 판단 잘못으로 학생들이 희생되고 이 대통령이 망명했다고 신 사무국장은 증언했다. 신 사무국장은 대통령 하야 성명서를 만들면서 "이런 글을 쓰기 위해 내가 공부했나 후회도 했다"고 회고하며 "혼란스러워 글을 쓰고 나서 아끼던 만년필도 분실했다"고 털어놓았다.

4·19 당시 조선일보 정치부 차장으로 현장을 취재했던 조용중 전 연합통신 사장은 "4·19는 조직되지 않은 민중의 폭발하는 무서운 노도와 힘, 그 위에 미국이 가해 오는 노골적인 압력, 충성을 맹세했던 장관·경찰·군 등 관료 집단의 배신 등 3각 파도가 이승

만을 무너뜨린 것"이라고 분석했다.

미국의 역할

3·15 부정선거 전인 1959년 10월까지 주한 미 대사를 지낸 월터 다울링은 "자유당은 1956년 선거 때의 부통령 후보 패배가 되풀이되지 않게 하기 위해 어떠한 노력도 아끼지 않을 것"이라고 내다보았다. 다울링은 자유당 정부가 선거운동을 간섭하고 투표 행위를 뒤엎을 것이라면서 미국의 대응책을 건의했다.[132] 그중 다음과 같은 내용이 보인다.

> 1) 가능한 한 많은 미국과 국제 언론이 한국에 주재하면서 보도 또는 논설로 한국의 정치 상황을 보도하도록 할 것
>
> 4) 한국 경찰에 대한 미국의 원조를 재검토할 것
>
> 5) 언커크 또는 참전 국가들의 선거 감시
>
> 6) 그 밖에 한국에 대한 원조 문제

한 달 뒤 미국이 만든 대응책은 다울링 대사의 건의를 전적으로 수용한 것이었다. 미 국무부는 "이승만과 한국 정부는 특히 미국 신문의 비판에 민감하기 때문에 많은 미국 신문 특파원이 상주하도록 해야 한다. 이럴 경우 현지 언론으로 하여금 보다 정확한 보도를 할 수 있도록 고무할 것"이라고 내다보았다. 영국의 〈더 타임스〉가 "대한민국에서 민주주의를 기대하는 것은 쓰레기 더미

에서 장미꽃이 피기를 바라는 것 같다"는 기사를 내보냈으며, 국내 언론의 반 이승만 기사도 폭주했다. 오죽하면 이승만 대통령이 하야를 결심하고 매카너기에게 마지막으로 한 말이 "이제 선동적인 언론 플레이를 끝내 달라"는 부탁이었다.

다울링이 여섯 번째로 제시한 '한국에 대한 원조 문제'는 1959년부터 구체화됐던 것으로 보인다. 1956년 3억 2,670만 달러, '57년 3억 8,289만 달러, '58년 3억 2,127만 달러이던 미국 원조액이 1959년에 갑자기 전년 대비 1억이 급감한 2억 2,220만 달러, 1960년에도 2억 4,359달러로 삭감되었다. 국가 재정의 거의 반을 원조가 차지하던 시대에 원조액의 4분의 1이 삭감되자 서민 경제가 극도로 악화되었다. 야당의 '못 살겠다 갈아 보자'라는 정치 구호는 이런 사정에서 나왔다. 대한 원조 조정으로 이승만을 통제한다는 다울링의 방안은 정확한 정책 제안이었던 셈이다.

4월 19일 경무대 앞에서 경찰이 발포, 사망자가 생긴 뒤 매카너기는 본국 정부 훈령을 기다리지 않고 반 이승만 성명을 발표하고, 바로 이승만 대통령에게 3·15 부정선거와 4·19 학생 희생을 추궁했다. 매카너기가 경무대로 들어갈 때 미 CIA 한국지부장 실바(Peer de Silva)는 김정렬 국방장관에게 "빨리 이승만에게 사태를 보고하고 대책을 세우도록 하라"고 전화를 했다고 회고했다. 그때까지 국방장관은 대통령에게 3·15 부정선거의 진상을 숨겼고, 매카너기를 만났을 때에야 부정선거를 시인했다.

매카너기가 이승만 대통령과 4·19 대책을 협의할 때 국방장관과 내무장관이 동석했다. 이승만은 매카너기의 3.15 부정선거 질문에 "내가 신뢰하는 두 장관이 거짓말을 했거나 나쁜 상황을 숨겼다는 것을 믿을 수가 없다"고 말했다. 4월 12일 국무회의에서 내무장관과 국방장관의 3·15 부정선거에 관한 거짓 보고를 믿고 있었기 때문이다. 이승만은 "나는 국민들로부터 소외당하지 않고 있다. 이번 사태는 민주당이 배후에서 선동하고 있다"고 주장하면서 화살을 민주당과 장면에게 돌렸다고 매카너기는 본국 정부에 보고했다. 장면을 거론한 것은 부산 정치파동 때 미국이 장면을 대통령으로 세우려고 한 음모를 연상해서였던 것 같다.

이승만과 매카너기의 외교적 논쟁은 장장 50분을 끌었다. 매카너기는 본국에 보내는 전문에 "동석했던 김과 홍으로부터 상당한 부정선거가 있었다는 제한된 증언을 받았고, 선거 부정이 선거 결과에 영향을 끼칠 정도로 나쁜 것은 아니었다고 그들이 이 대통령을 안심시켰으나 대통령을 당황하게 한 것처럼 보였다"고 덧붙였다. 대통령에게 거짓 보고했던 장관들은 미국 대사 앞에서 대법원에서 선거 무효 판결이 나올 수도 있다고 증언했다.

이날 허터 미 국무장관은 아이젠하워 대통령의 승인을 받아 이승만에게 아주 강한 경고 각서를 발표했다. 4월 21일 각서를 전달하기 위해 매카너기가 다시 이승만을 만났을 때 90분의 설전이 있었다. 이승만은 이 자리에서도 허터 국무장관 팀이 너무 친일적이라고 공격했다. 이승만 대통령은 국무회의에서 미국과 결속을 강조하면서 일본이 한미 관계 결속을 깨고 있다고 지적하며 대미 외교 적극성을 여러 번 역설했다.

4월 19일과 21일에 이어 26일 매카너기가 세 번째로 경무대에

왔을 때 이승만은 "나는 어제 저녁 학생들로부터 3·15 부정선거 전모를 처음으로 알게 됐다"며 "부정을 저지른 혐의자와 책임자를 엄중히 처벌하겠다"고 다짐했다. 이승만 사퇴를 기정사실화한 미국은 이범석 등 우파의 동향을 주시하라는 훈령을 보내고, 이어 이승만을 하와이에 망명시키는 것으로 4·19를 마무리했다.

부산 정치파동과 4·19를 직접 취재한 언론인으로서 『대통령의 무혈혁명: 1952 여름, 부산』(나남, 2004)을 펴낸 조용중은 2010년 4월 7일 열린 4·19 50주년 기념 관훈클럽 세미나에서 이승만 하야에 결정적인 역할을 했던 매카너기와 다울링 등의 활동을 정리했다. 그는 이승만 하야 성명을 보고받고 "이승만의 현명하고 정치가다운 자세"라고 긍정적으로 반응한 미 국무부의 공식 발표에는 이승만과의 오랜 인연을 끊는 데 성공한 미국의 안도감이 담겨 있었다고 해석했다.[133]

4·19 전야 3년의 역사는 자유당 말기의 국무회의록뿐 아니라 1990년대 소련 해체 후 김일성 정권 수립 과정에서 소련의 분단 정책과 6·25 관련 기밀문서, 미국의 한국 관련 비밀문서 등이 잇따라 공개되거나 발굴되면서 전모가 밝혀지게 되었다. 이기붕을 추종하는 서대문파 관료 집단의 배신, 미국의 압력, 학생 시위, 군의 침묵으로 이승만은 불명예 퇴진했다.

3·15 부정선거는 이승만 대통령이 사전 협의나 진두지휘한 것이 아닌 서대문파의 반란이었다. 4·19 촉발의 직접적 요인인 3·15 부정선거에서 이승만 대통령이 소외되었음은 4·19 일주일

전인 4월 12일 국무회의록에서 직접 확인될 뿐만 아니라, 그전 1959년 1년간의 국무회의록 여기저기서도 간접 증명된다. 대통령으로서 국정 전반을 책임져야 한다는 논리로 3·15 부정선거 책임을 져야 하겠지만, 적어도 이승만 자신은 3·15 부정선거를 공모하지 않았으며 선거 부정이 사실이라면 바로잡으려고 했다는 것이 1960년 4월 12일 국무회의록에서 확인됐다.

미완의 '제2혁명'

제1공화국 말기 3년의 국무회의록과 소련·미국 문서 공개로 이승만 비방과 대한민국 건국 부정은 좌파의 프로파간다로 밝혀지고 있다. 정치학·외교학 등 인접 학문의 연구로 이승만은 산업화 진입을 위한 디딤돌을 6·25 전후 처리 과정에서 착실하게 준비한 것으로 확인되고 있다.

이승만 대통령은 자유민주주의 근대국가 건국이라는 '제1혁명'의 첫걸음을 내디딘 후 이어 6·25 전후 처리 과정에서 도시화, 교육 강화, 국제무역 독려, 농수산·공업 현대화를 통해 농업 사회를 탈피하는 산업화 기초를 다져 제3공화국의 산업화 혁명의 길로 가는 길의 기초를 깔았다. 산업 인력 양성, 경제개발계획 수립, 도로 정비, 토목사업, 상하수도 정비, 아파트 건립에 의한 주택 개조 등 도시화, 산림녹화, 군 해외 파병, 항만 시설과 조선 설비 정비, 원양어업, 상공업 장려, 원자력 도입, 국가 보위 강화 등 근대화 모색이 국무회의의 주요 의제였다.

이승만 대통령의 '산업화 제2혁명'은 미완성이었지만 이승만이 지도한 인재들이 박정희 정부에 참여해 제2혁명을 완수했다. 송인상·신현확·신두영·최규하 등이 혁명정부의 자문위원에 이어 제3공화국에서 감사원장, 총리, 재무장관, 경제부총리 등으로 산업화를 구체화했다.

브루스 커밍스의 수정주의와 그 비판[134]

수정주의의 영향[135]

브루스 커밍스(Bruce Cumings)의 '6·25 수정주의'와 일본 학계의 '식민지 근대화론', 그리고 북한의 '주체사관'이 1980~90년대의 국사학을 혼돈에 빠트렸다. 그중에도 브루스 커밍스의 네오마르크시즘에 의한 한국 현대사 해석은 586 세대에게 결정적인 영향을 끼쳤다.

한국 사회를 뒤흔든 수정주의(Revisionism)는 『미국 외교의 비극(Tragedy of American Diplomacy)』 등을 저술한 미국 위스콘신대 역사학과 외교사가 윌리엄스(William Appleman Williams)와 그 제자들이 주도한 1950~70년대 초의 냉전 시대 연구 학풍이다. 위스콘신 학파라고 불리는 이들 비주류 역사학자군은 마르크시즘 내지 네오마르크시즘의 유물사관에 입각하여 "19세기 이래 미국이 추구한 대외 정책은 미국이 농업 사회에서 산업 사회로 전환하는 데 따른 경제적 필요에 기인한 것"이라고 주장하며 기존의 정통주의 (traditional/orthodox) 학파 및 현실주의 학파의 통설에 반기를 들고 수정을 제기한 것이다. 그중에서도 급진적 수정주의자로 알려진 콜코(Gabriel Kolko)는 "미국의 대외 정책은 미국 자본주의의 위력과 이익을 극대화하는 데 있었다"는 기본 관점 하에 제1·2차 세계대전, 한국전쟁, 베트남 전쟁 등은 모두 미국 자본주의 체제의 경제적 필요성 때문에 발단되거나 미국이 참전한 것으로 보았다.

이들은 6·25전쟁도 수정주의 해석의 근거로 제시했다. 언론인 스톤(Isidore F. Stone)은 1952년 『한국전쟁 비사(The Hidden History of the Korean War)』에서 6·25는 맥아더·이승만·장제스·덜레스 간 '침묵의 음모'에 의해 발단된 전쟁이라고 추론했다. 1961년 『냉전과 기원 1917~1960』을 발간한 플레밍(Denna F. Fleming)은 스톤의 추론을 정밀화했다. 콘데(David W. Conde)는 1968년 일본어로 발간된 『조선전쟁의 역사 1950~1953』을 통해 대한민국 정부의 정통성을 부인하고 북한을 '민족 해방의 정통 세력'으로 파악하는 입장에서 6·25 북침설을 내세웠다. 1972년 『힘의 세계: 세계와 미국의 대외 정책 1945~1954(The Limits of Power: The World and United States Foreign Policy, 1945-1954)』을 펴낸 콜코 부부는 한국전쟁은 맥아더가 이승만과 공모하여 북한의 침략을 유도했다는 유도설을 주장했다.

이 같은 왜곡된 수정주의 학설은 베트남 전쟁 진행 중 미국의 브루스 커밍스, 로버트 시몬스(Robert Simmons), 존 메릴(John Merrill), 영국의 존 핼리데이(John Halliday), 호주의 개번 맥코맥(Gavan McCormack) 등 한국 현대사 연구자들에게 상당한 영향을 끼치면서 확대됐다.

6·25 수정주의 학설이 한국 현대사 연구에 영향력을 발휘하게 되는 것은 1970년대 베트남 전쟁 참전 반대 운동에 앞장섰던 아시아 전문가들의 기관지 『아시아정책 비판학자 휘보(Bulletin of Concerned Asian Scholars)』의 편집장 브루스 커밍스의 한국 현대사 관련 논저들이 한국에 소개되고부터다. 신좌파(the New Left)의 이론적 기수였던 커밍스는 1975년 컬럼비아대 정치학과에서 "해방의 정치: 한국 1945~1950(The Politics of Liberation: Korea, 1945-1950)"이라는 논문으로 박사학위를 취득했다. 이 논문을 바탕으로 1981년 『한국전쟁의 기원: 해방과 분단정권의 등장, 1945~1947(The Origines of the Korean War: Liberation and the Emergence of Separate Regimes, 1945-1947)』과 1990년 '폭포의 큰 울림, 1947~1950(The Roaring of the Cataract, 1947-1950)'이라는 부제가 달린 제2권을 출판했다. 커밍스는 폴라니(Karl Polanyi)와 월러스타인(Immanuel Wallerstein)의 세계체제론(the world systems theory)에 입각하여 미국·한국·일본에 산재한 방대한 양의 한국 현대사 관련 역사 자료를 활용해 한국 해방 전후사를 정리했다. 그가 제시한 총체론적·구조주의적 한국 현대사 인식체계는 새로운 연구방법으로 한국학 전공 학자들의 주목을 받았다.

브루스 커밍스의 『한국전쟁의 기원』 2권은 한국전쟁의 기원을 1930년대 일제시대까지 거슬러 올라가 추적한 것이다. 커밍스는 1945년 해방 전후 미국의 대한 정책과 미군정의 남한 통치 실태를 파헤침과 동시에 여운형의 건국준비위원회와 이의 후신인 인민공화국, 대구 10월 폭동, 제주 4·3사건, 여수·순천 반란사건 등을 소상하게 서술하였다.

커밍스의 한국 현대사 관련 저술이 한국 학계에서 폭발적 인기를 모으면서 활용된 것은 1982년 3월 제5공화국이 '이데올로기 금서 기준'을 완화한 다음부터였다. 커밍스의 저술은 1980년대 '지식혁명'의 기폭제이자, 한국 현대사의 연구와 서술 양식에 '코페르니쿠스적 전환'의 충격이었다고 진보 학자들은 칭찬했다. 그 결과 1983년 이후 커밍스의 수정주의 사관을 추종하는 한국 현대사 연구물이 서점가에 '홍수처럼' 쏟아져 나왔다. 1990년대 초반까지 국내의 한국 현대사 연구의 흐름은 수정주의가 그 주류를 형성했다. 한국 학계가 해방 후 역사와 6·25 연구가 미흡해 커밍스 논문 한 편에 충격을 받았고, 초중고교 역사 교과서까지 이에 부화뇌동한 것이다.

브루스 커밍스의 6·25 수정주의설은 큰 반향을 불러일으켰으나, 소련 붕괴 후 러시아 비밀문서가 공개됨으로써 커밍스의 추론은 허구로 밝혀져 모두 무너졌다. 특히 남북한에 대한 그의 평가와 전망은 편견이었음이 밝혀졌다.

유영익의 커밍스 비판

유영익은 커밍스 이론의 문제점을 크게 7가지로 정리했다.[136]

> 첫째, 커밍스는 "해방 당시 한국은 사회혁명, 계급혁명이 성취될 여건이 성숙되어 있었다"고 주장했다.

둘째, 커밍스는 "외세가 아니었다면 한국의 사회혁명은 성공했을 것"이라는 명제를 내걸었다.

셋째, 커밍스는 "38선 획정의 일차적 책임은 물론, 단독 정부 수립에 의한 남북 분단 고착화의 책임이 미국에 있다"고 주장하였다.

커밍스의 이 세 가지 주장은 모두 사실과 다르다. 단독 정부 수립은 북한이 먼저 책동했으며 스탈린의 1945년 9월 20일 전문에서 비롯하여 1946년 2월 8일 북조선인민위원회 발족으로 구체화되었다.

넷째, 커밍스는 대한민국 정부와 이승만에 대해서는 시종 비판적으로는 서술하는 반면 북한 김일성에 대해서는 호의적인 평가로 일관했다.

다섯째, 커밍스는 1948년 5월 유엔 한국임시위원단 감시 하의 총선거를 통해 탄생한 대한민국을 '정통성을 결여한 일종의 괴뢰 정부'로 간주했다. 그러나 그런 평가는 오히려 북한 정권에 적합하다는 것이 당시 소련 군정 최고책임자인 시티코프 상장의 일기로 밝혀졌다. 북한이야말로 토지개혁까지 철저하게 소련 지도로 수행한 괴뢰 정권이었다. 반면 대한민국은 루스벨트나 조지 케넌의 계산과 다르게 남한 지도자의 노력으로 건국된 나라였다.

여섯째, 김일성과 북한 정권에 대한 커밍스의 평가는 호의적이었고, 1950~60년대 북한이 이룩한 경제 성장은 전 세계 사회주의권에서 가장 돋보이는 성과였다고 높이 평가했다.

일곱째, 커밍스는 한국전쟁의 기원과 관련해 "1950년의 기본 쟁점들은 해방 직후 3개월 동안에 이미 제기된 것들이었고, 이 쟁점들이 공개적 투쟁으로 번져 농민 봉기, 노동 파업, 게릴라 전쟁, 38선 지대의 공개적 전투 등으로 10만 명의 목숨을 앗아갔으며 이러한 사건들이 모두 6·25전쟁 발발 전에 발생하였다"고 밝히고, "1950년 6월 25일은 시작이 아니라 대단원(denouement)이었다"는 터무니없는 주장을 폈다. 커밍스는 6·25를 '내전(civil war)' 내지 '시민적 혁명전쟁(civil revolutionary war)'으로 규정했다. 나아가 6·25전쟁은 기본적으로 민족 해방 전쟁이기 때문에 "이 전쟁을 누가 시작했는가"라고 묻는 것은 우문이라고 못 박았다. 그러나 커밍스도 『한국전쟁의 기원』 제2권에서는 북한 인민군이 6월 25일 남한을 침략한 사실을 일단 시인한다. 다만, 북한군의 6월 25일 침략은 남한군의 옹진반도 공격에 대응한 작전으로 발단되었을 가능성이 높다고 사족을 달았다.

6·25전쟁은 소련·중공·북한이 공모한 국제전쟁이라고 세계가 공인하는데도 커밍스가 내전이라고 고집하는 것은 역사학자의 진실 찾기를 망각한 것이다.

커밍스의 『한국전쟁의 기원 1』은 1982년과 1983년에 트루먼 재단의 '트루먼 저작상'과 미국 역사학회의 '존 페어뱅크 저작상'을 각각 받았다. 제2권에 대해서는 서평이 엇갈렸으나 이 책 역시 미국의 국제학연구협회로부터 '퀸시 라이트 저작상'을 받았다. 커밍스가 미국 학계의 상을 받은 것은 미국의 문제이고, 전범 김일성이 일으킨 6·25전쟁에 대한 왜곡은 오류로서 시정되어야 한다.

커밍스가 1973년에 발표한 "미국 정책과 한국의 해방(American Policy and Korean Liberation)"이라는 논문을 김학준은 '전통주의적 해석에 대한 하나의 폭격'에 비유한 바 있다. 김학준은 『한국전쟁의 기원 1』을 "해방 이후 한국 정치 분야에서 그리고 전후의 한미관계사 분야에 있어 의문의 여지 없는 기념비적 대작"이라고 높이 평가했다. 그러나 김학준도 소련 문서가 공개되자 "구소련 문서 공개로 브루스 커밍스의 6·25 수정주의가 수정(修正)이 불가피하게 됐다"고 선회했다.

나아가 유영익은 커밍스의 영향으로 한국 사학계에 특이한 연구 경향이 나타났다고 분석했다.

첫째, 한국 현대사 연구의 초점이 1945~53년의 8년간에 집중되었다. 따라서 이 기간의 역사를 19세기 후반의 개화시대사와 1905년 이후 일제시대사에 연결시키거나 1953년 이후의 현대사에 결부시키는 작업을 등한시했다.

둘째, 한국 현대사의 연구가 민중운동을 지나치게 강조한 나머지 정사 연구가 경시되었다. 그 결과 대한민국사와 이승만 연구가 김일성 연구에 비해 뒤떨어지는 현상이 빚어졌다.

셋째, 현대사 연구의 초점이 좌익운동에 모아짐으로써 남한 정치·사회의 실세였던 우익 세력에 대한 연구가 간과되었다.

넷째, 독립운동사 연구가 사회주의 운동 및 김일성 계열의 무장 항일 운동이 강조되어 3·1운동을 위시하여 국내 민족 개량주의

자들의 독립운동과 '외교 독립운동' 등은 상대적으로 소홀히 취급되었다.

다섯째, 사회·경제사를 지나치게 중시한 나머지 정치사·외교사·문화사 등의 연구가 저조했다.

수정주의의 한계와 악영향

커밍스의 수정주의 학설이 반공 보수 이데올로기 일색이었던 한국 역사학계에 참신한 자극제가 되었던 것은 사실이다. 총체적·분석적 연구방법론과 풍부하게 인용된 미국 측 자료들은 국내 한국 현대사 연구의 새로운 지평을 열어 준 면도 있다. 예컨대 『한국전쟁의 기원 1』은 1941~53년의 한미관계사 정리, 한국의 민중운동사 발굴, 한국전쟁사의 쟁점화와 연구 수준 제고, 북한 현대사 연구 촉진, 세계체제론·종속이론·계급이론·농민운동이론 등 서구 사회과학계의 최신 이론 도입과 미국에 있는 한국 현대사 관련 자료 발굴 등에 공헌을 하였다. 그러나 커밍스의 논저는 한국 역사에 대한 편견과 허점이 많아 한국 사회에 부정적인 영향이 컸다. 유영익은 커밍스 수정주의 이론의 다섯 가지 문제점을 지적했다.[137]

첫째, 커밍스의 목적론적 연구방법이 문제였다. 커밍스는 1970년대 미국 신좌파 이론의 대변자였다. 그의 글은 전반적으로 네오마르크시즘의 이념적으로 편향된 시각으로 미리 결론을 상정해 놓고 이에 맞추어 가설을 세우며 사료를 선별·동원하는 '꿰어 맞추기' 식으로 논의를 전개했다. 1946년 이른바 '10월 인민혁명'은 커밍스가 상정한 것처럼 인민에 의해 자연발생한 것이 아니었다. 로마넨코 평양 주재 소련군 사령관이 김일성·여운형과 샤브신 서울 주재 소련 부영사에게 자금까지 지급하며 지시한 폭동이었다.[138]

둘째, 커밍스의 저술은 이념적으로 편향되었기 때문에 역사적 사건이나 인물 판단 등에서 균형 감각을 결여하고 있다. 스탈린·마오쩌둥·김일성의 한반도 공산화 합의를 무시하고 "한국전쟁은 내전이었다"는 무리한 주장을 했다. 그는 이승만에 대해서는 비판적이면서 김일성에 대해서는 비판을 조심했다. 중세 사회에서 근대 사회로 전환한 이승만의 대한민국 건국혁명의 의미[139]를 평가하지 않았다.

셋째, 역사를 음모론으로 단정해서 대한민국의 남남 갈등의 단서를 제공했다. 6·25전쟁의 도발 책임까지 남한 정부와 미국의 음모로 추정했다. 그는 한국전쟁의 기원을 이승만과 미국의 일부 세력의 음모로 상정한 후 그들의 '침묵의 음모'가 완벽하게 실행에 옮겨진 것이 6·25전쟁이라고 추단하였다. 커밍스는 사회과학자로서의 냉철한 지성과 진실 추구, 가치 중립성을 도외시한 특정 집단의 이데올로기에 충실한 프로파간다 도구였다.

넷째, 진실을 외면하고 자료를 편향적·제한적으로 이용하여 견강부회가 심했다. 커밍스는 문헌과 통계 자료 등을 아전인수식으로 선별·활용하였을 뿐만 아니라 북한 선전 자료를 엄격한 사료 비판 없이 원용하였다. 국문 자료의 경우, 자기 논지에 맞지 않는 이승만 자료·문헌·증언은 대부분 이를 무시하거나 "믿을 수 없다"느니 "조작되었을 것"이라고 일축하고 북한 측 김일성의 연설문이나 〈로동신문〉의 논설 등은 사료 비판 없이 인용하였다. 미국·한국·일본에 산재한 방대한 양의 문헌을 정리했으나 그가 인용한 미국 자료 및 영문으로 번역된 미국 첩보기관의 이승만 관련 보고 자료는 객관성과 중립성이 결여된 것이 많았다.

예를 들어 커밍스는 대한민국 건국 전 9월 총파업과 10월 폭동, 여수·순천사건과 게릴라 활동 등을 농민항쟁 내지 민중봉기와 같은 저항운동으로 높이 평가했다. 그러나 이 유혈 폭동들은 조선공산당 지도부가 조직적으로 선동 지휘하고 북한 김일성이 개입했고 소련군 당국도 총파업 단계부터 자금을 지원한 사실이 소련 붕괴 후 공개된 기밀문서에서 밝혀졌다. 9월 총파업과 10월 폭동을 지휘했던 소련 군정 최고 책임자인 연해주군관구 정치사령관 시티코프 상장의 일기로 전모가 공개됐다.

커밍스는 1950년 6월 25일의 북한의 군사적 행동은 "남한 전체의 점령과 공산화를 목표로 한 것이 아니었다"고 주장하지만, 김일성은 '옹진반도 작전'을 개시한 다음 바로 서울 침공을 단행했다. 김일성이 중공·소련과 계획한 6·25 남침을 객관적 사실로 입증하는 러시아 문서가 공개되었는데도 6·25는 북침이라고 주장하는 국사학자들이 있다는 것이 기이한 현상이다.

다섯째, 커밍스의 한국에 대한 전반적 인식에 문제가 있다. 커밍스의 저술은 미국이 수집한 자료를 사회과학적 분석 도구를 활용한 면에서 새로운 것이지만, 한국사 전반에 대한 건전한 이해

결여와 미국과 갈등 관계였던 이승만·박정희 정부에 대한 선입견으로 편향적인 기술이 많았다.

미국 수정주의자들의 논저는 미국적 시각에서 미국의 대외 정책을 비판하는 데 초점을 두고 집필된 글이었다. 수정주의는 역사상에 나타났다가 사라진 여러 학설이나 이론과 마찬가지로 장점과 단점이 있는 하나의 일과성적 외래 사조였다. 커밍스의 수정주의는 이데올로기적 편향성과 수정주의 사가들의 방법론적 결함 및 자료 활용의 한계 등으로 인한 기본적인 문제점 때문에 냉전 종식 이후 수정이 불가피한 가설이었다.

그러나 오랫동안 반공·안보 논리에 익숙했던 국내 학계는 수정주의 논리의 충격에서 벗어나지 못하고 수정주의를 신뢰하고 있다. 기본 가설이 틀린 커밍스 수정주의 논리가 아직도 영향력이 있다는 것은 특이한 현상이다. 미국 외교사학계의 비주류 학풍에 불과했던 수정주의가 한국에서 1980년대 초부터 1990년대 초에 걸쳐 현대사 연구의 주류 학풍으로 자리 잡았고 지금도 영향력이 있다. YS 이후 문재인 정부까지 27년간 벌어진 역사 전쟁도 브루스 커밍스의 수정주의 충격의 진동이었다. 『고개 숙인 수정주의』의 저자인 전상인 서울대 교수는 '커밍스 콤플렉스'와 '커밍스 알레르기'가 한국 현대사 연구를 오랫동안 지배해 왔다고 회고하고 한국에서 수정주의 종말을 단언하는 것은 성급하다고 경고하며, 수정주의가 수정 대상이 되는 이 시점이 한국 전통주의 현대사 연구의 진정한 출발점이라고 주장했다.[140]

국사학의 학문적 후진성에 대한 반성과 더불어, 냉전 시대의 전통주의와 1980년대 운동권의 수정주의를 지양하고 '제3의 새로운 연구 시각'을 개발하자는 반성이 필요하다. 아직도 불식되지 않고 있는 수정주의로 왜곡된 한국 현대사 서술의 오류와 586 운동권의 좌편향 정치이념을 바로잡아야 할 것이다.

알렌의 이승만 폄훼

리차드 알렌(Richard C. Allen)의 『한국과 이승만(Korea's Syngman Rhee: An Unauthorized Portrait)』[141]은 4·19 1주년 기념 기획도서로 출판되어 이승만 폄훼의 교본이 된 책이다. 알렌은 가명으로, 미8군 사령관으로 이승만 제거 계획(에버레디 플랜)에 깊이 관여했던 맥스웰 테일러(Maxwell D. Taylor, 1901~1987) 대장의 아들 존 테일러(John M. Taiylor, 1930~)다.

아버지 맥스웰 테일러는 1952~54년 주한 미8군 사령관으로 재임중 휴전 추진으로 이승만 대통령과 대립 관계였으며 1954년 2월에는 한국군 공병 소령(김기옥)의 저격 위협을 받기도 했다. 이후 케네디 대통령의 특별군사보좌관으로 봉사하다가 합참의장을 거쳐 존슨 행정부에서 베트남 주재 대사를 역임했다. 맥스웰 테일러는 6·25전쟁 중에는 미국 국익을 위해 이승만 대통령과 다투었으나 월남 패망 후 "한국의 이승만과 같은 지도자가 베트남에도 있었다면 베트남은 공산군에게 패망하지 않았을 것"이라고 이승만을 재평가했다.

그러나 아들 테일러의 『한국과 이승만』은 이승만뿐만 아니라 그의 시대 한국인과 대한민국사까지 싸잡아 폄훼한 저술이다. 남정옥 국방부 군사편찬연구소 책임연구원은 『한국과 이승만』이 "최초의 체계적인 이승만 비판서이지만, 아들 존 테일러가 아버지 맥스웰 테일러와 다투었던 이승만 대통령에 대한 개인 감정이 원색적으로 표출된 책"이라고 분석하며 객관성과 균형 감각이 결여된 저술이라고 평가했다. 문제는 감정적으로 쓴 오류투성이 책이 아직도 이승만 건국 대통령과 대한민국사를 폄훼하고 매도하는 근거로 금과옥조처럼 인용되고 있다는 사실이다.

제8장

건국 시점과 국사 교과서 전쟁

해방 후 초중고교 국사 교과서는 오랫동안 초등은 국정, 중등(중고교)은 검정 체제였다.

박정희 대통령이 '국적 있는 교육'을 주창함에 따라 제3공화국에서 처음으로 중고교 국사 교과서 국정화 작업이 이루어졌다. 1974년부터 2002년까지 중고교 교육 현장에서 국정 국사 교과서가 사용되었다.

국사 교과서 파동은 1990년대 이후의 대한민국 건국 시점 논쟁과 맥락을 같이한다. 1993년 취임한 제14대 김영삼 대통령(YS)은 취임 직후 첫 3·1절 기념식에서 "동맹보다 민족이 중요하다"고 종족적 민족주의 이념을 표방하며 '건국·국가이념·국가 정체성·정통성' 논쟁의 불을 지폈다. YS는 자신의 '문민정부'가 상하이 임시정부의 법통을 이어받은 것이라 선언함으로써 대한민국 건국의 정당성과 정통성을 전면 부정했다.

이어 제15대 김대중 대통령(DJ)은 취임 첫해인 1998년 건국 50주년 경축사에서 '제2의 건국'을 선언, '1948년 체제'를 대체할 것을 암시했다.

제16대 노무현 대통령은 대한민국 역사를 '정의가 패배하고 기회주의가 득세한 역사', '특권과 반칙의 역사'라고 폄훼했다. 노무현 정부는 친일반민족행위 규명위원회를 설치 운영하고 민족문제연구소의 『친일인명사전』 간행을 지원했다.

2017년 취임한 제19대 문재인 대통령은 2019년 3·1운동 100주년을 맞아 대한민국 건국 기점을 1919년 '상하이 임정 수립'으로 선언, YS가 1993년에 제기한 1948년 대한민국 건국을 부인하는 '역사 전쟁'을 본격화했다.

전근대 사회의 신민을 근대 국민국가의 국민으로 승격시킨 1948년 대한민국 건국의 정치혁명과 제3공화국의 산업화 기적을 폄훼하는 YS-DJ-노무현 정부의 초중고교 역사 교과서 서술에 대한 지식사회의 문제 제기에 이명박-박근혜 정부가 수정 작업에 나섰으나 박근혜 정부 말기까지 근본적인 개선은 없었다. 박근혜 정부 교육부가 2017년 새 국정 교과서를 제작했으나 문재인 대통령이 2017년 5월 12일 행정명령 제2호로 국정 교과서 폐기를 명령해 새 교과서는 교육 현장에 보급되지 않았다. 2018년 7월 27일 문재인 정부 교육부가 고시한 새 교육과정으로 제작된 교과서가 보급됐으나 편향 기술, 오류 등 많은 문제가 제기되고 있다.

제3공화국의 국사 교과서 국정화

국적 있는 교육

해방후 1세대 학자들의 식민사관 극복 논의는 5·16 뒤 가열되어 정부도 문교부 장학실과 편수국에서 이 문제를 공식 논의하기 시작했다. 1969년 말 한우근·이기백·이우성·김용섭이 공동연구한 「중고등학교 국사교육 개선을 위한 기본 방향」을 내놓았다. 한국문화사의 상한을 구석기시대로 끌어올릴 것과, 새로운 발굴로 확인된 청동기시대 설정 등에 합의하며 국사 교과서 편찬 기본 원칙으로 1) 국사의 전 기간을 통하여 민족의 주체성을 살린다, 2) 민족사의 각 시대의 성격을 세계사적 시야에서 제시한다, 3) 민족사의 전 과정을 내재적 발전 방향으로 파악한다, 4) 제도사적 나열을 피하고 인간 중심으로 생동하는 역사를 서술한다, 5) 각 시대 민중의 활동 참여를 부각시킨다 등 5가지를 제시했다.

1969년에 만든 민족사관·내재적 발전론·민중사관을 포괄한 중고교 국사교육을 위한 기본 방향 지침은 1980년대 민족주의적 민중사학을 선도하는 배경이 되었다.

민족적 민주주의를 표방한 제3공화국은 1972년 3월 24일 전국교육자대회에서 박정희 대통령이 '국적 있는 교육'을 주창했다. 박 대통령은 "우리 교육도 외국 교육 형태 모방과 추종에서 탈피하여 우리 국가 현실에 맞는 교육, 즉 우리 교육의 본령을 찾아야 할 때"라고 주장하며 '국적 있는 교육'을 교육계에 요구했다.

박정희 정부의 국적 있는 교육 슬로건은 외국 교육방법론 복사에 급급했던 교육학에 대한 국내 언론의 비판과 일본 도쿄대 사학과 도야마 시게키(遠山茂樹)의 '1950년대 일본의 무국적 교육' 비판[142]을 수렴한 것이었다. 도야마는 『전후의 역사학과 역사의식』 제2장(1950년 전후의 문제의식의 격동) 제6절 '국민적 역사학'에서 "1951년 10월 역사교육자협의회 제3회 대회가 미국 시스템 직수입 사회 교과서가 무국적인을 기른다고 비판했다"고 지적하고 "교육이 '민족의 자부심과 독립심 있는 일본인' 양성을 목표로 해야 한다"고 주장했다.

도야마는 패전 직후 맥아더 미군정 지도하에 이루어진 일본의 교육 민주화가 수입 학문의 성격상 현실에서 유리된 관념적·추상적 인식과 현재성 부재를 초래했다고 비판했다. 미군 점령 하의 1950년대 일본 역사교육의 문제를 지적한 도야마의 '무국적 교육'론이 한국에서 1972년 '국적 있는 교육'과 1975년 '분단 시대의 민족주의적 민족사학'으로 나타난 것이다.

문교부는 1972년 5월 11일 국사교육 강화 방침으로 교과과정 개편 등 국사교육 기본 방안을 발표하고 국사교육강화위원회를 발족했다. 위원회는 박종홍(대통령 교육문화담당특별보좌관), 장동환(사회특보), 한기욱(정부비서관), 박승복(국무총리행정조정실장) 등 4명과 이선근·김성근·고병익·이기백·한우근·이우성·김철준·강우철·김용섭·이원순·이광린·최창규·이현종·이홍직·변태섭 등 학자 16명, 모두 20명 위원으로 구성했다. 20명 중 이선근·강우철·이광린·최창규·김철준·이원순·이기백으로 소위원회를 구성하고 일을 추진했다.[143] 문교부가 이 작업에 정치사상사·철학·국제정치학·서양사학·정치학자를 참여시키지 않고 국사학자 중심으로 추진한 실수가 후에 제6공화국 교과서 파동과 1980년대 이데올로기 혼란을 초래한다.

국사교육강화위는 국사 교과의 독립이 필요하다는 제1차 건의서를 제출하고, 각 시대별 주제 항목에 대한 구체적인 내용을 제시했다. 이것은 교과서 집필의 준거틀이 되고 국사학계의 공인 학설이 되었다. 문교부는 대학에 국사를 특수교양과목으로 신설하고 중고교 국사를 사회과로부터 독립한 교과로 신설키로 하고, 8월 31일 문교부령 제325호로 「중학교 교육과정 개정 및 고등학교 국사교육 강화안」을 확정하여 중고교 국사 교과서 국정 개편을 확정했다. 이전 제2차 교육과정은 검인정 체제로 중고등학교에서 11종의 국사 교과서가 교재로 사용되고 있었다.

문교부는 1973년 교육과정 개정에서 국사교육의 일반 목표로 1) 주체적인 입장, 민족사의 정통성 인식, 문화민족 후예로서 자긍심, 2) 시대적 특성의 종합적인 파악, 민족사의 특색, 3) 세계사적 차원의 이해, 민족사의 특징 탐구, 4) 우수한 민족문화의 창조적 역량 이해, 민족문화의 계승 발전 의식 함양, 5) 실증적 탐구와 민족적 가치관에 입각한 국사 체계화 등 5가지를 제시했다. 여기에는 민중사관과 내재적 발전론은 제외되었다. 국사학계의 사회주의 사관 동조에 문교부는 거리를 두었다.

국사 교과서 국정화는 1973년 6월 23일 발표됐다. 8월 31일 개정 공포한 교육과정(커리큘럼)에는 구석기시대의 존재, 고조선의 성립과 문화가 교육 내용으로 들어갔다. 식민사관을 극복하는 해방 후 학계의 업적을 반영하는 국정 국사 교과서 편찬을 문교부가 확정했으나 필진 선정이 쉽지 않았다. 식민사관 극복을 역설했던 국사학계는 문교부가 막상 교과서 개편 작업을 결정하자 대부분의 학자가 외면했다. 국정 국사 교과서 편찬은 『한국사』 25권 작업을 진행 중인 국편이 맡게 되었다. 첫 국정 국사 고교 교과서의 집필은 김철준·한영우(한우근 대신 조선사 담당)·윤병석, 중학 교과서는 신형식·변태섭·이현종 등이 맡았다.

국정 교과서에 대한 반발

1974년 2월 22일 문교부는 새 국정 국사 교과서를 신학기부터 학생들에게 보급한다고 발표했다. 국사 교과서가 배포되자 새 교과서에 대한 비판이 일어났다. 해방 후 4반세기 만에 국사편찬위원회가 펴낸 국정 국사 교과서는 일제 식민사관을 탈피하기는 했으나 학계의 전폭적인 신뢰를 얻지는 못했다. 집필 기간이 1년밖에 안 되는 새 교과서가 나오자마자 국사학계를 비롯한 각계가 벌집 쑤셔 놓은 것처럼 시끄러웠다.

즉각 제기된 것은 춘원과 육당 친일 단죄에 대한 문단의 거센 반발이었다.

두 번째 제기된 주제는 동학이었다. 고대사 문제로 한국 강단사학을 비판해 온 박시인 서울음대 교수는 새 국사 교과서의 동학 평가가 부당하다고 비판하는 글을 서울대 〈대학신문〉에 기고했다. 이상은 고려대 교수도 『퇴계학보』 제6호에 국사 교과서의 성리학 서술을 비판했다.

『창작과 비평』도 1974년 여름호에 특집으로 국사 교과서의 문제점을 43쪽에 걸쳐 다루었다. 강만길(사관과 서술 체재의 검토), 김정배(상고사에 대한 검토), 이우성(고려시대), 이성무(조선 전기), 송찬식(조선 후기)이 새 교과서의 문제점과 국사학의 쟁점을 심도 있게 다루었다. 『창작과 비평』에 기고한 교과서 비판 글들엔 감정 섞인 글이나 오류도 있지만, 대체로 해방후 2세대의 성장과 역량을 반영하는 내용이었다. 그러나 이때의 비평은 아마추어 역사 애호가들의 국사 논쟁 시비에 문을 열어 주는 계기가 되었다.

그러나 일선 교사들은 새 국정 국사 교과서가 수정 보완이 불가피하지만 과거 검인정 교과서보다는 개선되었다고 평가했다.[144]

고교 교과서를 집필한 김철준은 『서울평론』 1974년 7월호에서 "『창작과 비평』의 공동집필 비평은 일제 식민주의 사관 극복에 대한 인식이 부족하다"고 지적하고, 일부 비판 중에는 신판 일본 민족주의 사학의 무비판적 모방이 보인다고 반격했다.[145]

국정 국사 교과서 비평 공방 과정에서 한국사연구회의 주도권이 해방후 1세대 학자로부터 해방후 2세대에게 넘어갔다. 교과서 파동으로 한국사연구회 대표간사 김철준이 사퇴하고 강만길이 그 자리를 맡았다. 국정 교과서 편찬 비판에 앞장섰던 강만길은 『분단시대의 역사인식』(창작과비평사, 1978)에 '국정 국사 교과서의 문제점'이란 주제로 '주체적 민족사관 세워졌는가', '민족적 유대의식 강화되었는가', '반드시 국정화되어야 하는가'를 질문했다.

김영삼 정부의 '역사 바로세우기'

김영삼(YS) 정부는 사정과 도덕정치, 세계화를 표방하며 출범했다. 개혁 정책으로 1993년 8월 12일 금융실명제를 도입하고, 1994년 4월 육사 출신들의 사조직인 하나회를 해체했다. 1994년 11월 세계화를 선언하고 1996년 9월 12일 OECD에 가입했다. 5·16과 12·12를 '쿠데타적 사건'으로 규정했으며 1995년 8월 15일 조선총독부 건물 철거를 시작, 1996년 11월 철거 완료하고 잔해 일부를 독립기념관에 옮겨 놨다. 1995년 12월 18일 「5·18 특별조치법」 입법, 과거 청산 시도와 역사 바로세우기를 주창했다. 그러나 임기중 한보 사태, 기아 사태, 아들 김현철 사건, 구포역 열차 전복 사건, 서해페리호 침몰, 성수대교 붕괴, 대구지하철 공사장 도시가스 폭발 사고, 삼풍백화점 붕괴 등 사건 사고의 연속 속에서 임기 말 국가부도(IMF 관리 체제 편입)로 오명을 남기며 김대중(DJ)에게 정권을 넘기고 퇴진했다.

정치 지도자로서 YS는 체계적이고 일관된 철학과 이론을 개발하지 못하고 즉흥적, 임기응변적이었으며, 광범위한 개혁 연합을 형성하는 데 실패하여 좌파와 우파 모두의 공격을 자초했고, 대통령 한 사람에 집중된 권력 구조와 정치권의 파당적 정치 행태를 더욱 악화시켰다는 평가를 받는다.

YS 정부는 "동맹보다 민족이 중요하다"고 공언하여 '진보형 민족주의 시대'의 개막을 예고했다.[146]

김영삼 정부 교육부가 1994년 3월 제6차 교육과정 국사 교과서 개정을 위해 마련한 「국사교육 내용전개 준거안」 시안이 공개되자 언론들은 편향된 사관이라고 비판했다. 문제의 시안은 '8.15 광복'을 '8.15 해방'으로, '6·25전쟁'을 '한국전쟁'으로, '제주 4·3사건'을 '제주항쟁'으로 '대구폭동'을 '10월항쟁'으로 표기하자는 제안이었다.[147]

교육부는 1997년 제7차 교육과정에서 기존의 '국사' 과목을 그대로 둔 채 '한국 근현대사'를 신설 분리하도록 하여 역사 교과서 파동이 시작되었다.

교과서에 민족주의와 민중사관이 틈입한 것은 일제 식민사관 극복을 우선 과제로 생각한 해방후 1, 2세대 국사학자들이 1969년에 문교부에 제출한 「중고등학교 국사교육 개선을 위한 기본방향」에서부터다. 한우근·이기백·이우성·김용섭이 만든 「새 국사 교과서 편찬을 위한 다섯 가지 기본 원칙」은 첫째, 국사 전체 기간을 통하여 민족 주체성을 살리고, 둘째, 민족사 각 시대의 성격을 세계사적 시야에서 제시하고, 셋째, 민족사의 전체 과정을 내재적 발전 과정으로 파악하고, 넷째, 제도사적 나열을 피하고 인간 중심으로 생동하는 역사를 서술하고, 다섯째, 각 시대에 있어서의 민중의 활동과 참여를 부각시킨다는 내용이다. 역사 인식의 주체를 국민이나 국가가 아니라 '민족'으로 설정하고, 그것도 민중적 관점을 강조하는[148] 이 다섯 가지 원칙이 YS 정부의 『한국 근현대사』 교과서가 나오기 전까지 교과서 편찬의 기본 지침이었다. 이러한 시각은 일제시대 항일 민족운동 과정에서 성립된 신채호 등의 혈연적 민족주의 사관을 계승하고 일제 식민사학의 굴레를 극복하기 위한 것이었지만, 국내 운동권과 북한의 사회주의 사관의 역사인식과 비슷했다.

김대중-노무현 정부의 교과서 파동

역사 바로세우기를 주창한 YS 정부의 제7차 교육과정은 고대에서 현대까지를 포괄하는 통사 체계인 기존 국사 과목을 그대로 두고, 심화선택과목으로 '한국 근현대사'를 신설하여 분리 교육한다는 것이었다. 제7차 준거안은 박찬승(목포대), 최성락(목포대), 방기중(연세대), 최덕수(고려대), 김영미(이화여대), 이범직(건국대), 정선영(충북대), 김기흥(건국대), 최완기(이화여대)가 만들었으며 현대사 부분은 서중석(성균관대)이 작성한 「제6차 준거안 보고서」 원안을 거의 그대로 수용한 것이다. 한국 근현대사 과목은 국정 국사와 달리 검정제가 도입되었다.

YS 정부에서 기획된 고등학교 『한국 근현대사』 검정 교과서는 2002년 7월 DJ 정부 말기에 첫선을 보였고, 노무현 정부 출범 초인 2003년 3월에 6개 출판사에서 검정 교과서를 학교 교육 현장에 보급했다.

이 교과서를 둘러싼 파동이 2002년부터 2008년까지 지속되었다. 학자와 교사들이 공동집필한 금성출판사,[149] 대한교과서,[150] 두산동아,[151] 법문사,[152] 중앙교육,[153] 천재교육[154] 6개사의 검정 교과서는 기왕의 국사 교과서와 전혀 다른 내용을 담아 사회에 던진 충격이 컸다. 특히 금성출판사를 비롯한 일부 교과서가 독립운동 중 사회주의 운동에 비중을 두고 이승만의 독립운동은 거의 배제하고 "정읍 발언 이후 남한만의 정부가 세워진 것은 통일 민족국가 수립이 실패한 것"이라고 서술하기도 하는 등 편향성으로 커다란 논란을 불렀다.[155] 한국 근현대사를 선택과목으로 채택한 고등학교는 2007년에 전국에 1,400여 개교였는데 이 가운데 절반이 넘는 754개교가 금성출판사 교과서를 채택했다.

2005년 1월에 창립한 '교과서포럼'은 금성출판사 간행 『한국 근현대사』 교과서를 비롯한 근현대사 교과서의 문제점을 지적하고 '대안 교과서'를 제작하기로 했다. 포럼은 2005년 1월 25일 고등학교 한국 근현대사 교과서를 비판하는 세미나를 열고, 교과서 고쳐 쓰기를 촉구하는 창립선언문을 채택했다.

> 우리 미래 세대는 대한민국이 잘못 태어났고 성장의 장애를 겪고 있는 국가라고 배우고 있다. 중고등학생들이 배우고 있는 역사 교과서에 응당 있어야 할 것이 빠져 있다. 나라를 세우고 지키며 가꾸기 위해 최선을 다한 우리의 자화상은 보이지 않는다. 독재와 억압, 자본주의의 참담한 모순만이 있을 뿐이다. 대한민국 미래 세대는 언제까지 주홍 글씨가 씌어진 옷을 입고 다녀야 할 것인가. 역사는 우리가 살아온 삶의 발자취다. 잘못된 역사 쓰기는 바로잡아야 한다.
>
> 역사 바로세우기보다 역사를 바로 씀으로써 중고등학교 교육 현

장을 바로잡고 바른 미래 세대를 올바르게 이끌어야겠다는 절박감이 우리를 하나로 뭉치게 했다. '죄 많은 나라에 태어났다'는 근거 없는 원죄의식이 불식될 때까지 교과서포럼의 노력은 계속될 것이다.[156]

북한 웹사이트 '우리 민족끼리'는 2005년 1월 28일 교과서포럼의 창립선언 비난 성명을 발표했다.

교과서포럼은 이해 4월에는 중고교 교과서의 근현대사 부분 서술의 문제점을 지적한 『한국 현대사의 허구와 진실: 고등학교 근현대사 교과서를 비판한다』를 펴내고, 3년의 공동작업 끝에 2008년 3월 『대안 교과서 한국 근·현대사』(기파랑, 2018)를 펴냈다. 이인호·이주영·차상철·복거일이 감수하고 이영훈·김재호·김용직·주익종·김일영·김영호·김광동·김세중·김종석·전상인·박효종·김영환이 필진으로 참여한 『대안 교과서 한국 근·현대사』는 큰 반향을 일으켰으나, 학교를 장악하고 있는 전교조의 벽을 허물지는 못했다. 국사학계는 이러한 교과서포럼의 시도에 대해 역비판을 시작했고 일부에서는 이러한 상황을 '과거사 내전'이라 표현했다. 북한 조선중앙방송도 2008년 4월 19일 교과서포럼의 『대안 교과서 한국 근·현대사』 발간을 비난했다.

2008년 10월 30일, 이명박(MB) 정부의 교육과학기술부(장관 안병만)는 한국 근현대사 교과서 수정 가이드라인을 발표, 31일 모든 신문이 보도했다. 교과부는 기왕에 지적된 수정 요구 대상 253개 항목을 검토 분석한 결과 자체 수정 102건(40.3%), 수정 권고 55건

(21.7%), 기타 96건(38%)이라고 밝히며 오류투성이 교과서를 방치했음을 시인했다. 교과부가 17쪽의 보도자료에 상술한 한국 근현대사 교과서 수정 권고 검토 의견은 이승만 정부의 정통성 폄하, 남북관계를 평화통일이라는 잣대로만 서술한 부분, 분단의 책임을 대한민국에 전가한 부분, 북한 정권의 실상과 판이하게 달리 서술한 부분 등 157건의 오류를 지적한 것이다.[157]

교과부는 2008년 12월 18일 교육과정교과서 발전협의회·기획재정부·국방부·금융감독원·대한상공회의소·한국소비자원·전경련 등 33개 단체에서 제기한 253개항의 개정 요구 중 금성(73), 두산(26), 대한(16), 천재교육(26), 중앙(40), 법문사(25) 등 모두 206곳을 수정·보완토록 했다고 발표했다. 그러나 MB 정부의 교과서 개편 지시는 자구 수정으로 그쳤다.

이명박 정부의 한국사 교과서 개악

제17대 이명박 대통령 정부는 사회과학계의 역사 교과서 수정 제기를 수용해 한국 근현대사 교과서의 오류를 바로잡기 위한 역사교육과정 개발추진위원회(위원장 이배용)를 구성, 2009년 새 교육과정을 만들고 2010년 검정을 거쳐 2011년 고등학교 『한국사』 교과서 6종을 보급했다. 교과부는 2011년부터 사용할 고등학교 『한국사』 교과서에 현대사를 포함하여 조정하도록 한국교육과정평가원에 맡겨 개정 교육과정을 만들어 새 교과서를 펴냈다. 한국교육과정평가원은 이성무 한국문화역사연구원장, 박광기(대전대)·이주영(건국대)·오성(세종대)·노대환(동양대)·김돈(서울산업대)·황경숙(성신여대) 교수와 김양수·박영준·서민호·안병학·조경민 교사 등 13명의 검정위원을 위촉해 고등학교 한국사 교과서를 펴냈으나, 앞선 노무현 정권의 한국 근현대사 교과서의 성향과 대동소이하다고 역사학자들은 지적했다. 학계 원로들도 집필자·사관·절차에 문제가 있다고 비판하는 등 MB 정부의 고등학교 검정 한국사 교과서 왜곡에 대한 성토가 산불처럼 번졌다.

학계와 언론계는 왜곡투성이 고교 한국사 교과서의 전면 개정을 석 달간 끈질기게 요구했다. 2011년 4월 28일 서울 프레스센터에서 열린 고등학교 한국사 교과서 분석보고회에서 언론인 조갑제는 "대한민국 현대사를 부정적으로 가르치게 함으로써 대통령이 정체성 수호라는 헌법상 의무를 위반하였으니 탄핵감"이라고 주장했다. 이계성 전 양천고 교장은 "2009년 12월 국사를 필수에서 선택과목으로 바꾼 이주호 장관이 1년 4개월 만에 다시 필수로 하는 조령모개식 정책으로 교육을 혼란시키고 있다"면서, 국사 교과서 시정을 위해서 교과부 장관부터 바꿔야 한다고 주장했다. 2011년 5월 20일 창립한 한국현대사학회도 검정 한국사 교과서는 정치적 목적과 이념의 색안경으로 역사를 왜곡한 거짓이 많다며, 진실을 추구하는 객관적인 역사 해석과 서술을 국사학계에 촉구했다.[158]

검정 고교 한국사 교과서 논란으로 한 세대 전 운동권의 반체제 의식 수준을 뛰어넘지 못한 해묵은 이념 논쟁이 재연되고 있다고 역사학계는 한탄했다. 국회의 국사편찬위원회 감사 보고에서 교과부도 "고등학교 한국사 교과서의 오류와 교과서 서술 개념의 혼란 등 많은 문제점이 있음을 인식하고 있다"고 시인했다.

문제의 한국사 교과서는 근현대사(7개장 380쪽)가 큰 비중을 차지하고 그중 3분의 2를 정치사 위주로 서술하여, 고대사와 중세사(2개장 50쪽) 해석이 엉성하며 문화 발전과 대한민국의 정체성을 가르칠 내용이 소홀하다고 국사편찬위원회는 지적했다. 일선 교사들은 잡다한 사건 나열과 공인되지 않은 역사 해석이 산만하게 서술돼 학생들의 건전한 역사인식 계발과는 거리가 먼 설득력 없고 혼란스럽기만 한 부담스런 교재라고 평가했다. 예를 들어 상하이 임시정부의 '국민대표회의' 기술은 현장을 목격한 김구의 『백범일지』 증언과 달랐다. 김구는 모스크바와 연결된 이동휘 국무총리가 자신에게 공산혁명을 함께 하자고 권고하는 등 임시정부에 좌우 분파적 충돌이 격렬한 가운데 "모스크바에서 받아 온 돈으로 상하이에서 개최된 국민대표회의라는 것은 잡동사니회였다"고 기록했다. 김구는 임시정부 내무총장 직권으로 모스크바 돈 횡령범 사살을 명령함으로써 국민대표회의를 마무리했다고 기록했지만, 검정 교과서는 이러한 임정 내 좌우 대립에 주목하지 않고 창조파·개조파만 부각시켰다. 또 대한민국 건국 이전에 북한에 소련의 위성국가 수립이 진행된 것과 남한의 공산화 계획이 소련의 북한 점령군 사령관 문서 공개로 확인됐으나 검정 교과서에는 언급되지 않았다.

MB 정부 교과부는 고교 한국사 교과서 오류는 수정하면서도 중학교 『역사(하)』의 같은 오류 지적사항을 외면하거나 소략하게 처리하여 고교 한국사와 비슷한 편찬 지침으로 기술한 오류를 그대로 남겼다. 예를 들어 스탈린 지시로 1945년 9월부터 북한에서 소련 종속국가 수립이 구체화되고 남한에서는 남로당이 사회주의 국가 수립을 획책하고 있던 1946년 6월 3일 이승만 건국 대통령이 정부 수립을 촉구한 '정읍 선언'에 대해 교과부는 고교 한국사 교과서의 오류 수정을 지적했지만, 중학교 『역사(하)』에는 정읍 선언에 대한 기존의 서술 내용을 방치했다.

2013년 10월 21일, 박근혜 정부의 서남수 교육부 장관은 이명박 정부 한국교육과정평가원에서 제작한 8종 고등학교 한국사 교과서의 오류 829건을 수정해야 한다고 발표했다. 2008년 10월 MB 정부 안병만 장관이 노무현 정권의 고교 한국 근현대사 교과서의 오류로 지적한 157건의 다섯 배가 넘는 숫자였다.[159] 학자들은 MB 정부가 뒷날 온전하지 못할 것이라고 미리 걱정했다.

박근혜 정부의 역사 교과서 국정화

유관순 없는 역사 교과서

제18대 박근혜 대통령 정부 출범 후 국가 정체성과 한국 근현대사 논의가 더 혼란스러워졌다. 이명박 정부가 준비하고 박근혜 정부 교과부가 검정해 보급한 한국사 교과서는 개악의 극치였으며 그런 수준의 독립기념관·대한민국역사박물관 등의 전시와 담당자 인사로 대한민국의 총체적인 역사인식 혼미를 드러냈다.

2013년 6월, 고교생 69퍼센트가 "6·25전쟁은 북침"이라고 응답한 역사인식 조사 결과[160]에 청와대는 "역사교육을 바로잡아야 한다"고 발표했다. 박근혜 대통령은 국사교육 개선을 2013년에만 공식 석상에서 3번이나 주장했고 국사편찬위원장, 교육부 장관, 청와대 교육문화수석, 한국학중앙연구원장, 독립기념관장, 동북아재단 이사장 등을 경질했으나 국사 교과서 개선이나 국가 정체성 정립의 실마리조차 찾지 못했다.

전 정부에서 제작한 것이긴 하지만 박근혜 정부가 2013년 4월에 보급한 새 검정 한국사 교과서 4종은 유관순 열사를 아예 누락시키고 있었다. 교육부가 주최한 국사교과서 발행체제개선 토론회에서 "유관순은 친일파가 조작한 영웅"이라고 폄훼하는 막말이 등장하기까지 했다. 이 토론회에서 홍후조 고려대 교수가 "역사를 전공한 집필자들이 유관순 열사의 역사적 의미를 모를 리 없는데 4종 교과서에서 뺀 것은 편향된 인식을 공교육 교과서에 반영한 것"이라고 비판하자 김정인 춘천교대 교수가 "유관순은 친일파가 만든 조작이라는 연구에 의해 뺀 것"이라고 망언을 한 것이다. 김정인 교수의 막말은 시인협회가 2013년 펴낸 『사람: 시로 읽는 한국 근대 인물사』에 실린 정호승의 「그리운 미친년 간다」에서 유관순 열사를 '창녀', '술집 작부', '문둥이', '바람난 어머니' 등의 비속어로 모독한 데 이은 두 번째의 망발이었다.

김정인 교수 발언은 정상우 서울대 강사가 국사편찬위원회 연

독립운동으로 서대문형무소에서 옥고를 치른 유관순 열사 3대. 왼쪽부터 유 열사의 작은아버지 유중무(柳重武, 1875~1956, 건국훈장 애국장), 유관순(건국훈장 독립장), 5촌 조카(유중무의 손자) 유제경(柳濟敬, 1917~2012, 건국훈장 애족장).

지령리교회 교역자였던 유중무는 아우내장터 만세운동을 주도했고, 사살된 형 유중권(유관순의 아버지)의 시신을 메고 주재소에서 항의하다 체포 투옥됐다. 유제경은 1941년 공주보통학교 졸업 앨범 편집위원으로서 앨범에 단군기원을 표기하고 무궁화를 넣은 일과, 장기국민학교 교사로서 학생들에게 자주독립을 고취했다는 죄명으로 체포돼 공주, 대전, 서대문형무소를 거쳐 중국 하이난다오(해남도)로 끌려가 강제 노역을 하다가 해방 직전 구속기간이 만료돼 귀환했다.

유관순 열사와 조카 유제경은 법정에서 일본인에 의한 재판을 거부해 중형을 선고받았다. 한편 유제경은 서대문형무소 수감중 김동인을 만났는데, 김동인은 "왜 구속됐는지 알 수 없다"고 했다고 한다.

구비 지원으로 발표한 논문을 인용한 것이어서 교육부와 국사편 찬위원회, 서울대 국사학과가 연계된 한국 현대사 인식의 문제를 노정한 것이었다. 기독교·동학 등 신세력이 일제에 대항해 민족의 자주독립을 선언한 3·1운동은 구체제를 뛰어넘어 근대 국민국가 수립의 기초를 다진 혁명의 도화선이었다. 3천 명이 참여해 19명이 순국하고 30여 명이 다친 아우내장터 3·1 만세운동을 주도한 유관순 열사는 기독교교육을 통해 나라의 독립, 인간의 자유·평등을 배워 3·1운동을 선도한 상징적인 인물이었다. 아우내장터 만세운동 현장에서 아버지 어머니가 순국하고 작은아버지-본인-조카 3대가 서대문형무소에 투옥되고 형무소에서 투쟁하다 옥사한 유 열사를 친일파가 조작한 허상이라고 폄하한 정상우는 "유관순은 북한이 인정하지 않는 역사상"이라고 거짓 주장을 했다. 그러나 북한 고등중학교 『조선력사』 6권은 "16살 녀학생인 류관순은 재판정에서도 재판의 부당성을 견결히 단죄하였으며 감옥 안에서도 굴함 없이 싸우다가 희생되었다"라고 유관순 열사의 투쟁을 기록하고 있다. 심지어 일본 『소학사회』 6학년 교과서도 유 열사가 일본 법정에서 "일본인에게 우리들을 심판할 권리가 없다. 죄인으로 심판받아야 할 대상은 오히려 일본인이다"라면서 일본의 재판을 거부한 자주독립 정신을 기술했다.

김정인과 정상우를 가르쳤던 서울대 명예교수는 유관순 열사 폄훼로 표출된 국사학계 일각의 반미·반기독교 의식은 운동권 세대의 집단의식이라며, 이것을 바로잡아 줄 용기 있는 선배나 스승이 없다는 것이 문제라고 고백했다.

역사학대회, 교과서 왜곡과 국사학계 비판

2014년 제57회 전국역사학대회에서 동양사·서양사·일본사 학자들이 '운동권의 학술 전사'를 자처하는 국사학자의 당파성과 국사학계 일각의 역사인식 왜곡을 비판했다. 이성규 서울대 교수(동양사학)는 "역사학자가 '운동권 학술 전사'로 자처하고 역사 논쟁을 서명운동과 시위로 해결하려는 풍조는 학문으로서의 역사학을 부정하는 것"이라고 개탄했다. 이 교수는 "학자들이 당파성을 피할 수 없다면 자신의 이데올로기를 밝혀서, 절대진리의 대변자로 자처하지 말아야 한다"고 비판하고, "역사 논쟁은 전문성과 객관성의 바탕 위에서 진행되어야 한다. 학술 논쟁은 다수결로 판결할 수 없다"고 주장했다.

최갑수 서울대 교수(서양사학)도 "국가 정체성과 정통성의 구체적 표현의 하나가 국가의 역사 정리"라며, 교과서 파동의 주체인 국사학계가 이데올로기 기치를 내건 역사교육 편향성을 벗어나야 할 것이라고 지적했다. 시민사회의 국사학과 국사교육 개선 촉구를 경청할 것과, 폐쇄적 아카데미즘은 지양해야 한다는 조언도 했다.

이화여대 함동주 교수(일본사학)는 "전국역사학대회 공동주제로 '국가 권력과 역사 서술'이 선정된 것은 한국 역사학계가 직면한 위기를 보여 준 것"이라고 진단하며 "국사학이 객관성과 과학성의 맹신으로부터 벗어나서 스스로 구축한 지식 체계에 대한 비판과 성찰이 절실하다"고 지적했다. 국사학계의 극단적 민족주의와 편협한 전체주의 논리에 입각한 역사 담론과 역사인식의 문제도 제기했다.

전국역사학대회에서 동양사·서양사·일본사 학자들이 국사학의 이데올로기 편향과 투쟁 일변도 경향에 제동을 걸고 나선 것은 1994년 「제6차 국사교과서 개정준거안」에서 시작돼 김대중-노무현-이명박-박근혜 정부까지 지속된 국사 교과서 왜곡에 대한 경고다. 역사는 국가 공동체의 과거를 재구성하고 해석함으로써 오늘을 이해하고, 내일을 준비할 수 있도록 하는 학문이다. 세계 모든 역사 교과서가 각 국가의 삶 향상에 기여한 제도와 체제의 형성 과정과 각종 도전과 역경을 극복하고 성취한 역사를 기록하고 있으나 한국사 교과서는 반란 세력을 동정하고 대한민국 건국을 부정적으로 인식하도록 유도하고 있다고 사회과학자들은 비판한다. 앞의 유관순 열사 삭제에서 보듯 해묵은 오류조차 고치지 않는 국사학계에 대하여 김기정 연세대 교수(정치학)는 국사학의 혼미는 현재와 미래에 대한 문제의식과 통찰력을 결여한 채 과거 모순의 방부 처리에만 몰두한 결과라고 분석했다. 국사 연구가 사소한 사건에 집착하고 분석보다 서술적 논증에 치중하고 적실한 방법론으로 접근하지 못하고 있다고 지적했다.[161]

역사 교과서 국정화

박근혜 정부 교육부는 2015년 9월 「창의융합형 인재양성에 중점을 둔 2015 개정교육과정」을 고시했다. 새로운 교육과정 총론의 주요 개정 방향은 첫째, 인문·사회·과학기술 기초 소양을 균형 있게 함양하고, 둘째, 학생들의 꿈과 끼를 키울 수 있는 교육과정을 마련하고, 셋째, 미래사회가 요구하는 핵심 역량의 함양이 가능한 교육과정을 마련한다는 3가지였다. 이와 함께 11월에는 중학교 『역사』와 고등학교 『한국사』 교과서의 발행을 검정에서 국정으로 전환하는 「중고등학교 도서의 국·검·인정 구분」을 확정 고시했다. 자라나는 세대가 올바른 역사관과 국가관을 확립하고 미래로 나아갈 수 있도록 하기 위해서 객관적인 역사적 사실에 근거하고 헌법 가치에 충실한 올바른 역사 교과서를 만들어야 할 것이라고 제시했다.

국정 역사 교과서 편찬을 맡은 국사편찬위원회(위원장 김정배)는 2016년 2월 「2015 개정교육과정에 따른 역사과 교과용도서 편찬기준」을 확정했다. 국편이 제시한 역사 교과서 개발 준거 원칙은 첫째, 창의적 사고력을 배양할 수 있도록 내용의 질을 관리하며, 둘째, 역사 교과 지식 상호간의 연계성을 고려하여 맥락이 통하는 서술이 될 수 있도록 하고, 셋째, 토론 학습에 유용한 내용을 개발하고, 넷째, 역사적 사실을 오류 없이 서술할 수 있도록 학계의 최신 학설을 충실히 소개하며, 마지막으로 편향성을 지양하도록 서술해야 한다는 것이었다. 교과서 집필진에게는 역사 교과서 일반 편찬 기준으로 세계사의 흐름 속에서 우리 역사의 위치를 개관적으로 파악할 수 있도록 할 것, 특정 이념이나 역사관에 편향되지 않고 자유민주주의 이념 등 헌법적 가치에 근거하여 내용을 서술함으로써 전체적인 역사상을 정확하게 파악할 수 있도록 하며, 역사적 사건의 성과와 한계를 객관적 사실에 입각하여 균형 있게 서술하도록 할 것 등 14개항을 제시했다. 중학교『역사』교과서는 구석기시대부터 중국의 동북공정, 일본의 독도 시비까지 다루도록 했다. 고등학교『한국사』는 역사적 사실의 이해를 통해 과거를 성찰하면서 현재를 이해하고 나아가 미래를 전망할 수 있는 안목을 기르는 것을 학습 목표로 설정했다.

2016년 11월 28일, 고등학교『한국사』와 중학교『역사』의 현장검토본이 집필자 46명 중 31명의 명단과 함께 공개되었으나, 12월 9일 국회의 탄핵소추로 박근혜 대통령이 직무정지됨에 따라 12월 27일 국정 역사 교과서는 1년간 사용을 유예하며 동시에 검정 교과서를 함께 도입하기로 결정되었다.

문재인 정부의 '자유' 없는 민주주의

2017년 5월 10일 취임한 제19대 문재인 대통령은 5월 12일 행정명령 제2호로 역사과 국정 교과서 폐기를 명령했다. 이에 따라 교육부는 5월 31일, 중고교 역사 교과서 발행 체제를 검정 교과서만 사용하도록 고시하고 교육부 소속 역사교육정상화추진단을 해체했다. 이로써 박근혜 정부의 중고교 국정 역사 교과서는 현장에서 사용되지 못한 채 사장되었다.

문재인 정부 김상곤 교육부 장관은 2018년 6월 22일 초등 사회과와 중등 역사과 교육과정 개정 행정예고를 공포하고, 7월 27일 고시 제2018-162호로 교육과정 개정을 고시했다. 이 고시에 대해 헌법을 생각하는 변호사모임(헌변, 회장 구상진)과 한반도 인권과 통일을 위한 변호사모임(한변, 회장 김태훈)은 8월 26일 성명을 발표, "'자유민주주의'를 '민주주의'로 바꾸려는 것은 우리 헌법의 명문의 규정, 헌법재판소와 법원의 해석, 학계의 통설적 입장에 배치되며, 이는 특정한 역사관과 정치적 견해에 따른 것으로 헌법 제31조 4항의 교육의 자주성·전문성·정치적 중립성에도 위배된다"고 비판했다. 교육부 개정안이 기존의 '대한민국 수립'을 '대한민국 정부 수립'으로 개정하려는 데 대해서도 "이는 전통적인 국가론과 우리 헌법 제3조에 의한 대한민국의 정통성에 배치되는 것이어서 부당하다"고 지적했다.

헌변과 한변 소속 변호사 22명은 국회의원 20명을 포함한 각계각층의 청구인 1,173명을 대리하여 2018년 11월 14일 헌법재판소에 '교육부 2018-162호 교육과정 관련 고시의 위헌 확인을 구하는 헌법소원' 심판을 청구하였다. 심판청구서는 "우리 헌법의 지배 원리가 아닌 특정한 역사관과 정치적 견해에 입각한 위헌적인 내용의 교육과정을 의무교육과 보통교육의 대상인 초·중등학교 학생들에게 강요함으로써, 헌법이 보장하는 학생들의 자유로운 인격발현권과 학부모의 자녀교육권 및 제대로 된 의무교육을 받게 할 의무를 침해하고 있다. 아울러 초·중등학교 담당 교사들에게도 우리 헌법의 지배 원리가 아닌 특정한 역사관과 정치적 견해에 입각한 위헌적인 내용의 교육과정을 가르치도록 강요함으로써 헌법 제32조 6항에 의하여 법률로 보장되는 교원의 지위에서 인정되는 교사의 학생교육권도 침해하고 있다"고 주장했다.

2019년 12월 27일, 중고교 『한국사』 교과서가 문재인 정부 한국교육과정평가원의 검정을 통과했다.

국사교과서연구소(소장 김병헌)는 2020년 1월 15일 국회의원회관 제1소회의실에서 2020년 정부가 검정 공급한 중고교 한국사 교과서 긴급 진단 토론회를 주최하고 역사 교과서의 오류 시정을 촉구했다.[162]

이주천 전 원광대 교수(역사학)는 "새 한국사 교과서가 정권의 홍보물로 전락했다"고 혹평했다. 중등 교과서는 '산업화의 주역과 성과'를 정리하지 않은 편향적인 기술이고, 한미 상호방위조약 체결, 베트남 파병, 김대중 5억 달러 대북 송금 등 중요 사실도 누락됐다고 비판했다. 또 교과서 집필진에 전문지식인보다 교사가 대거 참여해 교과서 집필의 한계를 드러냈다고 지적했다.

김병헌 국사교과서연구소장은 "중구난방 역사 서술로 학생들의 역사의식을 혼란시킨다"고 비판하고, 중고교 외에 초등학교 교과서에도 사발통문, 조청 상민수륙무역장정 오역, 동학 폐정 개혁안 등의 오류가 있음을 지적했다. 2020년 7월 1일자 〈대한 언론〉도 "역사 바로세우기 어디로 가나" 제하에 중고교 국사 교과서가 정권 홍보 선전물로 전락했다고 비판했고, 〈조선일보〉도 2021년 1월 18일자 1면 머리기사로 "고교생 70퍼센트가 '천안함 폭침' 없는 교과서로 배운다"고 고교 국사 교과서의 문제점을 고

발했다.

국사 교과서 문제는 YS 정부가 1994년 교과서 준거안을 준비하고 DJ 정부가 전교조를 합법화하는 한편, 2002년 한국 근현대사 교과서를 검인정으로 제작 배포한 것이 도화선이 되었다. 일부 교과서는 남북 분단과 6·25전쟁 책임까지 대한민국에 전가했다.

국사교육 파행으로 6·25전쟁 후 세대의 국가 정체성과 역사의식 혼란은 심각하다. 사회과학 분야 학자들은 한국사를 큰 틀에서 새롭게 해석하는 국사학의 역사인식 패러다임 시프트와 새로운 사관 정립을 촉구했다. 국사 교과서는 특정 이념의 전파 도구가 아니다. 한국학계의 종합적인 연구가 결집된 최선의 교과서가 되도록 노력해야 할 것이다.

제9장

패러다임 시프트

일본 학계의 식민사관 극복과 한국사 재조명

이진희의 임나일본부설 부정

반도사관론의 결정적 자료로 일본 관학자들이 활용한 광개토대왕비문 해석에 대해 재일 사학자 이진희가 다각적으로 검증하고 임나일본부설의 허구를 반박했다.[163]

1972년 10월 재일 교포 이진희 교수의 『광개토왕릉비의 연구』(吉川弘文館)로 일본 매스컴과 지식사회는 고대 한일 관계 논쟁으로 시끄러웠다. 다카마쓰즈카 벽화의 흥분이 가라앉기도 전에 다시 임나일본부설의 허구를 공격하는 광개토대왕비문 검토가 제기된 것이다.

메이지대 강사이며 〈삼천리〉 잡지 편집인인 이진희는 『광개토왕릉비의 연구』에서 "일본 학계의 임나일본부설 입증의 결정적 자료로 활용된 광개토왕비문 탁본은 변조된 것으로, 야마토 정권이 4세기 후반 한반도에 출병해 2세기 동안 한반도 남단을 지배했다는 임나일본부설은 재검토돼야 한다"고 주장했다. 탁본과 사진 자료, 논문 등을 수집하여 10여 년 연구한 결론이었다.

앞서 그해 4월에도 홋카이도대 사에키 아리키요(佐伯有淸) 교수가 『일본역사』 제287호에 낸 "고구려 광개토왕비문 재검토를 위한 서장(序章)"이라는 논문에서 광개토왕비의 변조 가능성 검토를 정식으로 제기한 바 있다. 사에키는 논문에서 "광개토왕비문이 대륙 침략을 준비 중인 일본 참모본부에 의해 조작됐음을 암시해 많은 사람을 놀라게 했다"고 밝혔다. 나카쓰카 아키라(中塚明) 교수도 "광개토왕비문 탁본을 일본에 가져온 사람은 참모본부 스파이 사코 가게아키(酒勾景信) 포병중위였다"고 밝히고, "비문 해석을 견강부회한 결과 일본 역사를 미궁으로 몰았다"고 비판했다. 교토대 우에다 마사아키(上田正昭) 교수도 "고대 한일관계사를 재검토할 때가 되었다"면서 그 가장 구체적인 사례가 광개토왕비문 해석이라고 고백했다.

이진희에 의하면 광개토왕비는 개간 작업을 하던 농민이 발견하여 1880년 지사에게 보고했고, 1881년 일부 글자를 탁본했으며, 비면의 이끼 등을 태우고 쌍구본(雙鉤本)이 작성된 것은 1882년이었다. 사코 가게아키가 1883년에 일본에 가져온 이 쌍구본을 참모본부 편찬과에서 해독 해석하는 과정에서 비문의 일부 해석이 조작되었다.

　서기 414년에 세운 광개토왕비문이 일본을 떠들썩하게 만든 것은 메이지유신 이후 국수주의 학자들의 일본 군국주의의 역사 체계화의 결정적 자료로 이용했기 때문이다. 광개토왕비문에는 왜(倭)와 관련된 글자가 382자 나오는데, 일본은 그중 '신묘년' 이하를 "신묘년(391)에 왜가 와서 백제와 신라를 신민(臣民)으로 삼았다"고 해석해 왜가 강력한 통일국가를 이룩하고 한반도 남부까지 식민지로 했다는 결론을 내린 것이다. 당시 일본 군부가 동원한 도쿄제국대 도리이 류조(鳥居龍藏)를 비롯하여 세키노 다다시, 이마니시 류, 구로이타 가쓰미 등 1급 학자들은 광개토왕비를 통한 임나일본부설 전파뿐만 아니라 식민사관 수립의 전위대들로, 이후 한국사 왜곡에도 결정적인 역할을 했다. 일제는 도쿄대 시라토리 구라키치 교수의 건의로 광개토대왕비를 도쿄로 옮기려고 준비하다가 포기했다.

　6·25 뒤 재일 조선인 단체에 투신했던 이진희는 1981년 3월 김달수·강재언·서채원과 함께 조총련을 공식 탈퇴하고 8월 20일 한국을 방문했다. 1982년 5월 1일 〈경향신문〉에 '한국 속 일본' 연재를 시작하면서 자신의 청춘을 다 바친 조총련을 떠나게 된 데는 '사회주의란 무엇인가' 하는 의문이 점차 커졌던 것이 한 원인이 되었다고 고백했다. "1960년대 중반부터 조총련계 단체에 김일성 신격화 바람이 불어 민족학교에서도 개인 숭배를 강요해와 나는 이 같은 체제에 더는 추종할 생각이 들지 않았다"고 전향 동기를 기술했다.

1983년 4월 23일 서울 프라자호텔에서 한일 양국 학자 15명이 참여한 한일 고대사 심포지엄을 열었고, 이어 25일과 27~28일 춘천·광주·부산에서 하타다 다카시 도쿄도립대 명예교수를 비롯하여 니시타니 다다시(西谷正, 규슈대), 오토마스 시게타카(乙益重隆, 국학원대), 이진희의 강연회도 있었다. 이진희는 『일본서기』의 「신공황후기(神功皇后紀)」, 이소노카미신궁(石上神宮, 나라현 덴리시)의 칠지도(七支刀), 광개토왕비문 등을 근거로 임나일본부설을 정한론자들이 일본의 한국 침략 합리화의 근거로 삼았다고 설명했다.

하타다 다카시는 "일본 관학자들은 조선사의 전체상을 묘사할 때 예외 없이 조선은 보잘것없고 좋은 점은 하나도 없는 나라로 인상 지우는 역사상을 만들어 냈다. 조선 사회는 정체, 낙후돼 있다는 '정체성론', 조선인에게는 자력으로 역사를 창조하는 능력이 없으며 언제나 대륙이나 일본 같은 강한 세력에 의존해 왔다는 '타율성론' 등이 일본 역사가에 의해 주장돼 왔다"고 해방 전 일본 학자들의 한국사 왜곡을 지적했다.

일본 교과서 왜곡 비판

1975년 재일 교포 학자 몇 사람이 이런 일본 교과서를 분석해 『교과서에 씌어진 조선』이라는 책을 출판했다. 그 뒤 이진희의 광개토왕비문 변조 고발, 한국의 무령왕릉 발굴, 일본 다카마쓰즈카 벽화가 발견되고 일본 교과서가 바뀌기 시작했다. 일부 교과서는 이른바 임나일본부설도 삭제했다. 임진왜란 전후 처리를 바르게 함으로써 선린 관계가 회복되고 조선 통신사를 통해 일본이 새로운 문화를 배웠다는 사실이 교과서에 등장했다.

그런데 1982년 일본 문부성의 검정을 받고 1983년 4월부터 일본 고등학교에 보급된 일본사·세계사·현대사회 교과서들의 근현대 한일관계사 서술이 개악된 것이 문제가 되었다. 일본의 조선 침략을 은폐, 합리화하는 표현들이 새 교과서에 등장했다. '침략'은 '진출·진공'으로, '탄압'은 '진압'으로 고치라고 문부성이 지시한 것이 밝혀졌다. "토지조사사업이란 명목으로 농민들로부터 토지를 수탈했다"고 서술한 것은 "토지조사사업 결과 많은 농민이 토지에 관한 권리를 잃었다"로 수정케 했다. 3·1운동과 관련, "조선 독립 만세를 외치는 집회와 데모가 일어나 순식간에 조선 전체로 파급됐다"는 표현도 "조선의 독립을 선언하는 집회가 열려 데모와 폭동이 조선 전토에 파급됐다"로 바꾸게 했다. 관동대지진 때 한국인이 8천여 명 학살당한 사실의 서술도 모두 삭제당하고, 조선어 말살 정책은 "조선어와 함께 일본어가 공용어로 사용되고 나아가 신사 참배도 장려했다"로 바꾸게 했다.[164]

일본의 교과서 왜곡은 2001년에 다시 한 번 불거졌다. 최병헌 서울대 국사학과 교수는 2001년 12월 22일 일본 문부과학성의 검정을 받아 2002년부터 사용할 일본 중학교 역사교과서의 왜곡과 문제점을 지적한 "일본의 역사교과서 왜곡과 역사인식의 문제"를 도쿄에서 일본 학계를 상대로 발표했다. 최병헌은 "근현대사는 피해와 가해의 역사가 각인되어 있기 때문에, 피해를 당한 나라가 가해를 입힌 나라의 역사 교과서에 역사적 사실이 어떻게 쓰이는가에 관심을 갖고, 그 서술이 왜곡된 경우에 그 수정을 요구하는 것은 당연한 것"이라고 주장했다.

일본의 새 중학교 역사 교과서는 기존 교과서를 중심으로 개편한 7종 이외에 '새 역사교과서를 만드는 모임'이 편찬한 1종이 추가된 모두 8종으로, 모두가 개악하는 방향으로 편찬되었지만 그 중 후소샤(扶桑社) 발행의 '새 역사교과서를 만드는 모임'의 것이 왜곡과 편견이 심각했다.

앞서 1982년 역사 교과서 왜곡으로 인하여 국제적 파동을 일으킨 일본 정부는 이를 계기로 하여 왜곡된 내용의 시정을 약속하고 1980년대 중반부터 개선이 진행되기 시작하여, 1990년대에는 식민지 지배의 실태나 침략전쟁 사실, 종군위안부, 난징 대학살, 731부대, 강제 연행, 강제 징용, 동남아시아에서의 주민 학살 등 전쟁 범죄, 오키나와 전투의 진상 등의 사실들이 거의 모든 교과서에 실리게 되었다. 청소년들이 바른 역사인식을 가지기 위해서 전쟁을 가해와 피해, 가담과 저항이라는 측면에서 다면적으로 배우는 것이 교과서에도 어느 정도 가능해진 것이다. 이것은 국제적으로는 아시아 여러 국가를 비롯한 국제적인 비판 여론과 32년간 싸워 온 '이에나가 교과서 재판'을 비롯해 일본 국민들의 끈질긴 노력에 의한 성과였다.

이에나가 교과서 재판은 1977년 8월 29일 일본 최고 재판부가 이에나가 사부로(家永三郎)가 집필한 고교 『신일본사』 교과서(三中堂)의 '731부대'에 관한 글을 전면 삭제하라는 문부성 검정의 수정 의견을 재량권을 일탈한 위법이라고 선고한 것이다. 2001년 교과서 왜곡 파동은 그러한 추세의 일본의 역사교육에 대한 전면적인 도전이었다. 신편 역사 교과서의 역사 왜곡 사건은 1990년대 중반 이후 일본 사회의 우경화에 편승하여 망언으로 줄곧 이어져 온 일본인의 왜곡된 인식이 수면 위로 떠올라 자칭 '자유주의 사관'이라는 이름으로 본격적인 역사 재해석 작업을 공개적인 정치운동 차원에서 전개한 결과가 역사 교과서로 구체화했고, 이를 국가가 공인한 것이었다.

역사 교과서 왜곡은 일본 안에서도 전문적인 역사학자·교사·학부모·시민단체 등 사이에 격렬한 반대운동을 일으켰다. 이들이 특히 '새로운 교과서'의 채택 저지에 총력을 집중한 결과, '새 교과서를 만드는 모임' 교과서의 채택률은 당초 목표한 10퍼센트에 한참 모자라는 0.039퍼센트에도 미치지 못했으나 '새 교과서를 만드는 모임'이 검정에 재도전할 의사를 분명히 함으로써 일본 역사교과서의 국수화는 장기전으로 돌입했다고 최병헌은 진단했다.

조선사연구회의 한국사 재조명

일본 조선사연구회는 "한국사의 과학적 연구를 통해 한일 양국의 우호 친선을 다진다"는 강령 아래 1945년 이후에 한국사 연구를 시작한 학자들이 중심이 되어 1959년에 결성된 연구단체다. 조선사연구회는 『조선사입문』(太陽出版社, 1966)과 『조선의 역사』(三省堂)에 이어 1981년에는 한국사 연구의 쟁점을 모은 『신조선사

입문』(하타다 다카시 감수, 龍溪書舍, 1981)[165]을 펴냈다.

조선사연구회의 2011년 『조선사 연구입문』(名古屋大出版會)[166]은 조선사연구회의 세 번째 한국사 연구 입문서로, 식민사관 극복 방법론으로 등장한 '내재적 발전론' 등을 조명했다. 일본의 1960~70년대 조선사 연구를 주도한 연구 조류는 1945년 이전의 조선 사회 정체론과 타율성론을 비판하고 한국 역사의 자율적·주체적 발전을 구명하려는 내재적 발전론이 대세였으나, 그 이론에 의문을 제기한 것이다.

내재적 발전론은 일제 식민주의 사관인 정체론·타율성론 극복을 지향하고, 한국 내부의 요인을 기축으로 하여 그 역사적 발전의 전체상을 그리고 한국 사회의 독자적인 역사적 특질을 밝히려는 방법론이었다. 이 내재적 발전론에 따라 1960~70년대에는 고대국가 형성 과정, 고려~조선 초기의 군현제와 토지 제도, 조선시대 후기의 상품경제 발전과 자본주의 맹아의 발생, 실학, 근대 개화파의 개화사상 등 연구에 많은 성과가 있었다.

그러나 안병태는 1975년, 북한과 한국의 자본주의 맹아 연구가 발전적 요소만 추출하는 부조적(浮彫的) 방법이라고 비판했다.

가스야 겐이치(糟谷憲一)도 1981년 한국 근대정치사 연구의 내재적 발전적 조류가 1) 일국사적 방법이며, 국제적 계기와 내부의 여러 변동과의 관련 구명이 뒤떨어져 있고, 2) 사회구성사·경제사 연구와의 결합이 약하며, 3) 국가권력 동향, 열국의 침략 정책 전개를 포함하여 정치 과정을 전체로서 구조적으로 구명하는 데는 이르지 못했다고 비판했다. 미야지마 히로시는 1984년 중국과 한국의 자본주의적 근대화 무렵에 유교적 에토스(유교적 도덕관습)의 자리매김을 시도할 필요가 있음을 주장했다.[167]

1990년 나미키 미사히토(並木眞人)는 내재적 발전론에 입각한 한국 근대사상은 서구적인 근대를 전제로 하는 역사상이라고 비판했다. 강재언의 개화파 연구(1970)나 가지무라 히데키(梶村秀樹)의 사회경제사 연구의 문제점도 지적했다.

하시야 히로시(橋谷弘, 1991)는 근현대사 연구의 내재적 발전론에는 1) 근대적인 구미를 모델로 발전을 주장하는 입장과 2) 비(非)구미적 발전에서 지향성을 찾아내려고 하는 입장이 있다고 정리했다.

미야지마 히로시는 2004년 다시 내재적 발전론의 문제점으로 1) 한국사의 발전을 파악하는 모델을 유럽이나 일본의 역사 발전에서 찾은 것, 2) 내재적인 요인을 중시하는 만큼, 한국사의 전개를 동아시아 세계와의 유기적인 관련에서 파악하는 시도가 진행되지 않았던 것을 거론했다. 미야지마는 2006년에도 주자학에 근거한 국가 체제 기반에는 집약적 벼농사의 확립에 따른 소농 사회의 형성이 있었던 점과, 조선 사회의 주자학화 배경에도 소농 경영의 확립이 있었음을 설명했다.

단군조선과 한사군 문제에는 큰 진전이 없으나, 삼한 문제는 스즈키 야스타미(鈴木靖民, 1995)와 다케다 유키오(武田幸男, 1995)의 주목할 연구논문이 발표됐다고 이노우에 나오키(井上直樹)는 평가했다. 스즈키 야스타미는 『삼국지』「한전(韓傳)」에 보이는 '변진(弁辰)의 철'을 단서로 수장들이 자원 채취·제조·보관 등의 권한 분배와 교역 기능을 기초로 '신지(臣智)-대인(大人)-노비'의 신분 질서를 형성했다고 하며, '구야한국(狗耶韓國)'을 한(韓)제국의 중심으로 간주했다. 다케다 유키오(1995, 1996)는 신지·읍차(邑借)의 분석으로부터 당시 삼한이 여러 소국의 병존 사회였음을 밝히면서, 진왕(辰王)이 한족(韓族) 통치의 강화를 노리는 공손(公孫) 정권의 지원을 토대로 여러 한국(韓國)에서의 대외적인 재지(在地) 기관의 최고 수장으로 등장하여 특정 한국과 연결된 교섭 네트워크를 이루었다고 상정했다.[168]

오길환은 다케다 유키오의 백제 담로(擔魯) 연구와 영산강 유역의 전방후원형 분묘를 주목했다. 다케다 유키오(1980)가 백제 지방 통치 체제로 4세기 후반의 성촌(城村), 5세기 후반의 왕후태수(王侯太守), 6세기 초의 담로, 6세기 후반의 방군성(方郡城)이 지방 통치의 근간이었다고 처음 발표한 후에 노중국·김영심·정윤제가 담로제 연구에 참여했다.

영산강 유역에 5세기 후반~6세기 초에 축조된 전방후원형 분묘의 피장자는 재지 수장설, 왜계 백제 관료설, 왜인설 등이 2000년 충남대 백제연구소 조선학회 연구서에 발표됐다.[169] 요시이 히데오(吉井秀夫)도 영산강 유역 전방후원분 유적 유물 발굴 조사에 참여했으며 박천수·이정호·서현주 등의 옹관 연구를 높이 평가했다. 일본에서 '임나 백제'로 취급되던 영산강 유역 전방후원분이 한일 학계의 새 연구 영역으로 떠오르며 강인구의 전방후원분 주장을 '한여름 밤의 꿈'이라고 비웃었던 것은 성급한 판단이었음이 드러났다.

조선사연구회는 2009년에 창립 50주년을 맞기까지 1천 회의 월례발표회를 개최했고, 2010년 한 해에도 47회의 연구대회를 열었다. 도쿄에 본부를 두고 간토(關東)와 간사이(關西) 2곳에 분회를 두고 있었다.

그 밖에 2000년 이후 일본에서 나온 한국사 개설서로 다케다 유키오의 『조선사』(山川出版社, 2000), 다나카 도시아키(田中俊明)의 『조선의 역사』(昭和堂, 2008), 요시다 마쓰오(吉田光男)의 『한국 조선의 역사』(放送大學教育振興會, 2016) 등이 있다.

사회과학자들의 한국 현대사 재조명

2000년대 이후 한국사 연구는 정치학·국제정치학·사회학·경제학·철학·서양사학·동양사학 등 인접 학문과 언론의 참여를 통해 지평이 확대되고 있다.

정치학자 한흥수, 역사학자 유영익 등이 한국 현대사 연구의 획기적 전환의 기폭제 역할을 했다. 유영익·한흥수 두 교수의 개인적 업적도 주목할 만하지만, 해방후 4세대 사회과학자들을 참여시켜 한국 현대사를 국제관계 시각으로 접근하게 한 선구적 연구가 높이 평가된다.

한국 현대사가 수정주의 사관, 북한 주체사관, 일본의 오리엔탈리즘의 충격으로 흔들릴 때 반론을 제기한 박지향·김일영·이영훈의 해방전후사 재인식 작업도 국사학계와 지식사회에 큰 충격을 주었다. 『해방전후사의 인식』, 『해방전후사의 재인식』, 『탈냉전사의 인식』, 『대한민국건국사』 등 한국 현대사를 주제로 한 집단논쟁도 주목할 만하다.

한국사연구회도 한국사 연구를 점검하는 공동작업으로 지식산업사에서 『한국사 연구입문』(1981)과 그 제2판 『한국사 연구입문』(1987), 제3판 『새로운 한국사 길잡이(상)(하)』(2008)를 펴내고 있다.

정문연 현대사연구소, 『한국현대사의 재인식』

한흥수 연세대 교수(전 정치학회장)가 1997년 4월 한국정신문화연구원 현대사연구소장을 맡아 착수한 『한국현대사의 재인식』 6권을 1998년에 펴냈다. 정치학·경제학·역사학·사회학·철학 분야 학자들이 공동연구한 『한국현대사의 재인식』은 대한민국사를 사회과학적 인식으로 접근한 것으로, 국사편찬위원회가 2차례 펴낸 『대한민국사』나 정문연의 『현대한국정치사』(1987)보다 구체적인 역사 정리로 평가된다.

『한국현대사의 재인식』은 22권으로 백산서당에서 완간되었다.

『해방전후사의 인식』, 『해방전후사의 재인식』, 『탈냉전사의 인식』

『해방 전후사의 인식』은 1980년대 386 운동권의 교양 이념 도서로 첫 권이 1979년 10월에 한길사에서 출간됐다. 기왕에 발표

된 논문을 모아 간행한 『해방 전후사의 인식』은 1980년대 대학가
운동권에 큰 영향을 주었다. 송건호 전 동아일보 편집국장, 진덕
규 이화여대 교수, 김학준 서울대 교수, 오익환 경향신문 외신부
기자, 김도현 영남일보 편집부장, 임종국 저술가, 조동걸 안동대
교수, 백기완 백범사상연구소장, 유인호·이종훈 중앙대 교수, 염
무웅 문학평론가가 공동집필한 이 책은 발간 11일 만에 판금되었
다가 1980년 '서울의 봄'으로 해금되었고 이후 1989년까지 모두
6권으로 완간되었으며, 1980년대 운동권의 '재야 역사 교과서'로
불리며 인기를 끌었다. 일부 필자는 북한 학설을 소개해 북한의
근현대사 인식 체계를 알 수 있게 했다.

『해방전후사의 인식』 제1~3권은 해방 3년사(1948년 건국까지), 제
4권은 해방 8년사(한국전쟁 종전까지), 제5권은 북한 현대사, 제6권은
쟁점과 과제를 다뤘다. 2004년 출간 25주년을 맞아 재출간했다.

『해방 전후사의 인식』에 대한 본격적인 비판이 2006년 『해방
전후사의 재인식』에서 시작되었다. 민족주의 사관을 비판해 온
박지향(서울대 교수, 서양사학), 김철(연세대 교수, 국문학), 이영훈(서울대 교
수, 경제학), 김일영(성균관대 교수, 정치학) 등이 공동편집한 『해방 전후
사의 재인식』은 머리말에서 『해방전후사의 인식』에 담긴 민족 지
상주의와 민중혁명 필연론이 우리 현대사 해석에 끼친 폐해를 우
려하고, 편협하지 않고 균형 잡힌 역사 이해를 강조했다. "1979년
첫 권이 출간된 『해방전후사의 인식』(전 6권)은 1980년대 이른바
민주화 투쟁 시기를 대변하는 책으로, 한국 근현대사에 대한 시

각을 민중사관으로 전환시켰다"고 지적하고, 민족 지상주의, 민중혁명론 등 『해방전후사의 인식』이 제기한 여러 주장에 대해 검증했다.

『해방 전후사의 재인식』은 제1권 해방전사, 제2권 해방후사로 민족주의적 시각에서 벗어난 새로운 연구성과를 발굴했으며, 일제시대부터 1960년대까지 일상사의 문제에서부터 정치·경제·사회·문화 등 다양한 영역을 포괄하는 30편의 논문과 편집위원의 대담 1편으로 구성되어 있다. 카터 J. 에커트(하버드대, 한국학), 기무라 미쓰히코(아오야마가쿠인대학, 국제정치경제학) 등의 외국 학자들뿐만 아니라 이완범(한국학중앙연구원, 정치학), 신형기(연세대, 국문학) 등 『해방전후사의 인식』의 일부 필자들까지 참여했다.

친일과 민족주의, 일제 잔재의 단절과 연속, 해방 정국과 대미관계, 분단과 한국전쟁, 1950년대와 이승만 정부에 대한 재평가 등을 논하고 있는 『해방전후사의 재인식』은 현대사에 대한 다양한 시각들을 보여 준 새로운 연구성과다.

한국사회과학계는 『해방 전후사의 인식』에 담긴 민족 지상주의와 민중혁명 필연론을 검토하고 균형 잡힌 역사 이해를 요구했다. 학문적 연구에서 시작됐으나 정치·사회 현실 문제에 직접 개입했다는 점에서 『인식』과 『재인식』을 둘러싼 토론은 학계 안팎에서 상당한 논란을 불러일으켰다. 이 토론 뒤 강원택·박인휘·장훈 교수 등은 2012년 『탈 냉전사의 인식』(한길사)을 펴냈다. 강석훈·강원택·김호기·박인휘·박진·박진표·박태균·손열·우찬제·

이가훈·이우영·장훈·전재성·조대엽·조동호·허윤 등 386 세대 사회과학자 16명이 집필했다.

이영훈『대한민국 역사』, 양동안『대한민국 건국사』

교과서포럼의 『대안 교과서 한국 근·현대사』(2008)를 주도했던 이영훈 교수가 2013년 『대한민국 역사』(기파랑)를 간행했다. 이영훈은 "국민이 공유하는 역사가 없다", "역사는 사실을 있는 그대로 정확히 이해해야 한다"고 문제 제기하고 '나라 만들기라는 새로운 관점'을 대한민국 역사 정립을 위한 관점으로 제시했다. 해방과 건국, 국민국가 건설, 6·25전쟁을 소상하게 다루었고, 5·16혁명과 고도 경제 성장에 의한 중진 경제로의 진입을 새로운 시각으로 정리했다. 5·18 광주민주화운동, 급진 좌익 세력 부활, 민중민족주의 역사학과 문예를 비중 있게 조명했으며, 북한 역사를 30쪽으로 정리했다.

양동안의 『대한민국 건국사』는 해방 후 3년간 한반도에서 정부 수립에 관해 서로 다른 노선을 추구하는 정치 세력들이 전개한 정치 투쟁과 상호 작용·반작용하는 과정 속에서 대한민국이 건국되는 과정을 정리한 책이다. 제1부는 해방 직전 독립운동과 한반도의 일본군부터 미군정 출범 및 이승만·김구의 귀국과 활동까지, 제2부는 신탁통치를 둘러싼 좌우 대립부터 좌익의 제2차 폭동과 제2차 미소 공동위원회까지, 제3부는 우익 진영의 정부 수립 운동과 유엔의 남북한 총선거 결의부터 대한민국 건국까지를 다루었다.

유영익 『건국 대통령 이승만』, 김영호 『대한민국의 건국혁명』

서울대 정치학과를 졸업하고 미국 하버드대 석·박사, 휴스턴대 조교수, 고려대·한림대·연세대·한동대 교수와 연세대 현대한국학연구소 창립 소장을 역임한 유영익 교수가 『건국 대통령 이승만』, 『이승만의 생애와 건국 비전』, 『이승만의 삶과 꿈』, 『우남 이승만 문서』, 『이승만 연구: 독립운동과 대한민국 건국』, 『젊은날의 이승만: 한성감옥 생활과 옥중잡기 연구』, 『이승만 재평가』 등 건국 대통령 이승만을 재조명·재평가하는 일련의 저술을 펴냈다.

『건국 대통령 이승만』은 이승만을 생애, 사상, 업적, 보론의 4부로 정리한 것이다. 유영익은 방대하고 치밀한 자료 수집과 분석을 통해 실증적·객관적으로 이승만의 생애와 사상·업적을 정리했다. 상하이 임시정부와 하와이 교민 사회를 원만히 이끄는 통합에는 실패했지만 미 행정부를 향한 전방위적인 외교 노력으로 카이로 선언을 이끌어 낸 것, 가장 혁신적인 개혁사상가로서 건국 청사진을 그린 것, 제헌국회 의장으로 대한민국의 자유민주주의 헌법 제정과 근대 국민국가 탄생을 이끈 것, 스탈린·마오쩌둥·김일성·처칠의 공세에 반공·반일로 대처한 공헌 등을 높이 평가하고, 6·25전쟁을 극복하고 한미 상호방위조약을 체결해 대한민국의 산업화도 마련한 과정을 상술했다.

2008년 성신여자대학교 정치외교학과가 개설한 '건국 60주년 기념강좌'의 첫 연사로 나선 노재봉 전 총리가 "대한민국 건국의 세계사적 의의"라는 주제로 "1948년 대한민국 건국은 국제정치적으로는 제국주의로부터 해방, 국내적으로는 왕조 체제 종지부를 찍고 근대 국민국가를 수립하는 정치혁명이었다"며 대한민국 건국을 혁명으로 평가했다. 노재봉의 서울대 외교학과 제자인 김영호는 2013년 1월부터 매주 목요일 4시 노재봉 교수 연구실에서 서명구·조성환·유광호·권순철·이강호·이옥남·강량·도희윤 등과 2시간씩 정치학 세미나를 갖고 『정치학적 대화』, 『한국 자유민주주의와 그 적들』을 펴냈다. 특히 노재봉의 '건국혁명론'에 지적인 영감을 받아 김영호가 펴낸 『대한민국의 건국혁명』(전 2권)에서 '대한민국 건국혁명'에 미친 국제정치 질서의 변화를 거시적 관점에서 조감하고, 국내의 구체적 사건은 미시적 관점에서 상세히 서술했다.

총 26장의 2권의 책은 매 장이 독립된 논문이다. 제1~4장은 1948년 8월 15일을 대한민국 건국혁명으로 규정하는 정치사 및 역사적 관점, 제5~9장은 3·1운동부터 분단까지의 대내외 환경, 제14~17장은 이승만 정읍 선언부터 건국까지 건국 주체들의 노력, 그리고 제18~26장은 6·25, 한미동맹, 남북 통일 등을 다루고 있다.

낭만적 민족주의와 북한 전체주의 비판

사회과학자들은 1990년대 이래의 역사 교과서 파동 밑바탕에는 종족적 민족주의 역사의식이 깔려 있다고 분석한다.

고병익·차하순·길현모에 이어, 정치사상을 전공한 노재봉 서울대 명예교수(국제정치학, 전 총리)가 제자 김영호·조성환·서명구와 '정치학적 대화' 학술토론을 통해 단재 민족주의 사관의 원류와 그 부작용을 비판 검증했다. 독일의 정치적 낭만주의에서 발원해 북한 전체주의에 영향을 준 종족적 민족주의의 동아시아적 수용을 밝히고, 단재 민족주의가 국사학과 586 운동권에 끼친 영향을 분석했다.

2013년 1월부터 매주 김영호·조성환·서명구 등 제자들과 한 세미나를 정리해 2015년에 펴낸 『정치학적 대화』에서 노재봉을 비롯한 공동필자들은 "일제 침략기 식민지 조선의 종족적 민족주의가 북한의 3대 세습 전체주의 체제와 남한의 586 반체제 세력의 대북 친화적인 체제 전복 이데올로기가 되었다"고 해석했다. 독일의 정치적 낭만주의에서 연원한 '종족적 민족주의'가 히틀러·스탈린·김일성의 전체주의 체제에 이어 1948년 대한민국의 건국을 부정하고 김일성 주체사상에 동조하는 체제 전복 이데올로기가 되어 간 과정을 정리했다.[170]

노재봉은 후진국 일본의 모델이었던 독일의 정치적 낭만주의(political romanticism)가 '소외와 울분' 상태였던 식민지 조선의 지식인에게도 더할 수 없는 호소력을 가져 피와 죽음을 미화하는 낭만주의 문화로 승화되었고, 정치로 연결되었을 때 민족은 '운명공동체'로 규정되어 신채호가 '아와 비아의 투쟁'으로 역사를 규정하는 낭만적 민족주의가 되었다고 해석한 바 있다.[171] 단재의 '아와 비아의 투쟁'은 독일 민족주의의 바이블이었던 피히테의 『독일민족에게 고함』의 조선판이었으며, 피히테의 이 책을 해방 후 독일 유학생 출신인 안호상 문교부 장관이 민족교육 교재로 활용했다.

노재봉은 독일발 종족적 민족주의는 신채호·최남선의 민족주의 사관으로 절정을 이루었고, 안호상의 평양 단군릉 참배와 제6공화국의 대한민국 1948년 건국 부정으로 이어지고 있다고 지적했다. 독일의 정치적 낭만주의 사조를 선도한 피히테의 민족주의 철학에는 개인의 존재나 권리는 중요하지 않다. 동시대 사상가로서 낭만주의라는 개념을 만든 슐레겔(F. Schlegel)의 민족(Volk) 개념은 "모든 사회 성원이 하나의 개체를 이룬다"고 선언하는데, 이독일의 정치적 낭만주의 사조가 북한 헌법 제63조 "조선민주주의인민공화국에서 공민의 권리와 의무는 '하나는 전체를 위하여, 전체는 하나를 위하여'라는 집단주의 원칙에 기초한다"의 전체주의로 전승되고 있다고 노재봉은 분석했다. 신채호의 「조선혁명선언서」에 민중이라는 개념이 처음 등장하며, 독일의 낭만적 민족주의 사조가 홍명희의 『임꺽정』, 이광수의 『흙』 등 소설, 이중섭의 소 그림들, 이상범 산수화의 허리 굽은 농군으로 표현된 것이라고 노재봉은 해석했다.

조성환도 한국의 낭만적 민족주의의 뿌리가 독일의 정치적 낭만주의에서 연원한 것임을 고증했다.[172] 프랑스 혁명 후 영국과 프랑스에서 시작된 합리주의와 보편주의는 후진국 독일에도 확산되어 헤겔·칸트·베토벤도 처음엔 프랑스 혁명의 보편주의를 지지했지만, 후에 나폴레옹의 제국주의를 깨닫고 반발했다. 합리주의와 과학주의에 대한 독일의 반발은 '문명에 의해서 타락하지 않은 순수한 것'을 찾고자 하는 낭만주의로 표현되었다. 낭만주의는 '숨어 있는 전통'을 중요시했는데, 가장 중요시한 것이 언어였다. 특히 헤르더(Herder)는 종족집단의 개별 언어의 중요성을 강조했다. 식민지 시기 중국과 일본을 거쳐 한국에 들어온 낭만주의는 민족주의로 승화되어 공동사회를 강조하면서 로빈 후드, 빌헬름 텔, 임꺽정처럼 엘리트가 아닌 '민중의 영웅'이 참 영웅으로 인식되었다.

낭만주의는 독일·러시아·일본에서 비슷하게 전개되었다. 식민지 치하 한국에서도 비슷한 낭만적 민족주의 사조가 중요한 흐름으로 자리 잡게 되었다. 신채호는 역사를 통해서 조선민족의 독자성을 강조하고 찾으려고 노력하고, 적자생존의 경쟁에서 패배한 딜레마를 극복하기 위해 러시아 크로포트킨(Peter Kropotkin)이 주장한 상호부조론과 무정부주의를 채택한 것이라고 조성환은 분석했다.[173] 신채호의 민족주의는 교육과 문화를 통한 문명개화주의와, 국제질서를 직시하고 외교를 통해 독립을 쟁취하겠다는 외교 독립 노선과 정면 대립했다.

아나키스트 신채호의 민족주의 사관은 한국 민족주의 사관과 한국 사상사에 어떤 영향을 주었을까? 일제 식민통치가 강화돼 독립운동이 지리멸렬해졌을 때 저항적 민족주의를 제창한 단재의 투쟁 정신이 항일운동에 새로운 활력을 불어넣었던 것은 높이 평가된다. 서명구는 단재의 종족 중심 민족주의 사관이 대한민국 건국 후에도 여전히 대외 저항적인 배타적 민족주의를 끊임없이 추동해 왔다고 주장했다. 이에 대해 조성환은 단재류의 사상은 엘리트를 부정하고 민중을 중요시하고 정치적으로는 무장투쟁론에 귀착했다며, "신채호의 민중저항론이 586세대의 반체제 운동의 민중론에 지대한 영향을 미쳤다"고 분석했다.

언론인들의 한국 현대사 탐구

한국 역사 연구가 근대 학문으로 전환하게 되는 것은 갑오경장 이후, 특히 3·1운동 이후다. 일제 식민주의 관학의 한국문화에 대한 무지와 식민지 합리화를 위한 왜곡에 맞선 개화기 언론인들의 한국사 연구 업적은 높게 평가된다. 이후 100년간 정인보·신채호·박은식·천관우·고병익·노재봉·남시욱·김학준·손세일·조갑제·정일화·박석흥·양동안·인보길·임연철·박종인으로 이어지는 언론인들과 언론사들의 한국사 연구와 계몽은 국민의 역사의식 고취와 한국사 체계화, 특히 현대사 정리에 크게 기여했다.

2000년 이후의 성과로 낭만적 민족주의 사관의 문제점을 공론화한 〈대한언론〉의 문제 제기, 동아일보 출신 남시욱과 손세일의 한국진보세력·보수세력 연구, 이승만과 김구 연구, 조선일보 출

신 인보길의 이승만 다시 보기, 경향신문 출신 조용중·이덕주·
양동안·오익환·박석흥·윤덕환·박정진의 사료 발굴과 역사 시론
들, 한국일보 출신 박실·오인환·정일화의 연구들이 한국 현대사
연구에 던진 쟁점을 간추려 본다.

〈대한언론〉의 낭만적 민족주의 사관 특집

제6공화국의 역사 교과서 파동을 2011년부터 집중 분석했던
〈대한언론〉은 586 운동권이 주도하는 역사 전쟁의 주제인 '종족
적 민족주의 사관'을 2017~18년 집중 검토했다.[174]

한국일보 기자로 미국에 유학, 정치사상사와 국제정치학 전공
대학 교수로 귀국, 민족주의·근대화·민주화 주제 칼럼을 경향신
문·동아일보·문화일보에 기고했던 노재봉은 2011년 1월 국회도
서관에서 열린 국민대토론회에서 "오류투성이 국사 교과서 배포
와 전교조의 좌편향 이념교육 등 국가 전복 전쟁이 위험수위를
넘어섰다"고 경고했고, 독일발 정치적 낭만주의가 북한 3대 세습
전체주의 체제와 586 운동권 세력의 체제 전복 이데올로기로 수
용되는 과정과 민족주의 사관의 맹점을 2017년 1월 〈대한언론〉
에 기고했다. 노재봉은 2017년 1월 〈대한언론〉 권두 특별논단
"대중시위 촛불의 고향은 어디인가"에서 '낭만적 민족주의 사관'
의 한계와 문제점을 분석하고, 종족적 민족주의를 맹신하는 586
운동권의 좌편향 전체주의와 자유민주주의가 대결하는 체제 전
복 전쟁이 노정될 것이라고 내다보았다.[175] 독일발 낭만적 민족주

의가 남북한에 끼친 영향을 소상하게 분석한 노재봉의 기고에 이어 김영호·서명구·조성환·권순철 교수도 종족적 민족주의가 분단 한국에 끼친 영향을 〈대한언론〉에 기고했다.[176]

손세일, 『이승만과 김구』

손세일은 서울대 정치학과를 졸업하고 사상계사에 입사한 이후 신동아·동아일보·조선일보에서 기자, 편집장, 논설위원을 거친 언론인으로 평생을 이승만과 김구 연구에 전념했다. 2015년 『이승만과 김구』전 7권을 완간해 제6회 민세(民世)학술상을 수상했다. 동아일보 논설위원이던 1970년 단행본 『이승만과 김구』를 펴낸 이래 2015년 전 7권의 『이승만과 김구』를 탈고하기까지 이승만·김구 탐구에 매달려 대한민국 건국사 연구의 지평을 넓혔다.

새로운 『이승만과 김구』제1부(1, 2권)에는 1875년 황해도 평산에서 태어난 이승만과 이듬해 해주에서 태어난 김구가 3·1운동 후 상하이 임시정부에서 합류하기까지를 정리했다. 이승만은 25세부터 30세까지 5년 7개월, 김구는 20대 초반에 1년 10개월, 30대 중반에 4년 반을 감옥에서 보냈다는 공통점도 있다.

제2부(3~5권)에서는 미국에서 대한민국 임시정부의 국제적 승인을 위해 노력했던 이승만과 임시정부 경무국장에서 주석까지 된 백범 두 사람의 해외 활동을 상술하고, 이 시기 공산당의 마수를 뿌리친 것은 이승만과 백범의 공로였다고 평가했다.

제3부(6, 7권)는 해방 정국의 혼란 속에서 건국까지의 과정이다.

이승만의 귀국부터 부산 정치파동까지 이승만을 도운 윤석오의 증언이 초기 집필 과정에서 중요한 자료가 됐다.

실증적 자료 수집과 간접 증언 채록 등으로 기초자료의 지평을 넓힌 손세일의 저술은 유영익의 연세대 현대한국학연구소와 인보길의 이승만포럼 연구 결과와 함께 대한민국 건국 전후의 현대사 정리에 크게 기여했다.

남시욱, 『한국진보세력연구』·『6·25전쟁과 미국』

서울대 정치학과 졸업 동아일보 수습 1기로 동아일보에 입사, 도쿄 특파원·편집국장·논설실장·상무이사와 문화일보 사장을 지낸 남시욱은 『한국 진보세력 연구』, 『한국 보수세력 연구』, 『6·25전쟁과 미국』 등 역저로 인촌상을 수상했다. 『한국현대사』를 공저했고, 세종대 세종연구원 상임편집고문으로 국가 전략 연구 저널 *GLOBAL AFFAIRS* 제1권의 1~4호를 편집했다.

『한국 진보세력 연구』는 799쪽 분량으로, 해방 직후 좌익 세력 형성부터 2010년대 말까지 진보 세력의 계보를 5부로 나누어 총정리했다.

해방부터 4·19 전야까지를 다룬 제1부에 조선공산당·남로당·박헌영·여운형·진보당·민족주의민주사회당을 정리했다. 좌파 사학자와 전교조 교사들이 제작한 역사 교과서가 '10월 인민항쟁'이라고 기술한 10월 폭동이 소련 군정 최고 책임자인 연해주 군관구 정치사령관 시티코프 상장의 1946년 9월 11일자 일기에 의하면 로마넨코 평양 주재 소련군 민정관이 박헌영·김두봉·김일성·샤브신·여운형 등과 연석회의에서 내린 지령에 따른 것이고 200만 엔의 지원 자금까지 보낸 것임을 밝혔다.

제2부에서는 1960~70년대 지하 조직 인혁당 사건, 통일혁명당 사건, 남조선민족해방전선, 신군부 정권 하의 급진 단체 민청련·민통련·전노추·전대협, 1980년대 전반의 지하 조직 서울대 민추위·삼민투 등을 정리했다. 제3부에서는 전대협·범청학련·사노맹 사건·전교조·민노총·전학련 등을 일별했다. 제4부에서는 김대중 정부와 진보 세력, 노무현 정부와 진보 세력을, 제5부에서는 통합진보당 해산과 '촛불' 반격, 문재인 정권의 성격과 진보 세력이 집권한 대한민국 변화를 다루고 있다.

『6·25전쟁과 미국: 트루먼, 애치슨, 맥아더의 역할』(청미디어, 2015)은 6·25전쟁 65주년을 앞두고 2014년 워싱턴DC 근교 칼리지파크 국립문서기록관리청(NARA), 미주리주 인디펜던스시 소재 트루먼 도서관, 버지니아주 노퍼크 소재 맥아더 기념관에서 수집한 애치슨·트루먼·맥아더의 6·25 관련 문서를 기초자료로 정리한 것이다.

1950년 4월 스탈린과 김일성의 비밀회담에서 남침 작전계획 합의와 스탈린 남침 승인 배경 등을 제1부 권두에 밝혀 브루스 커밍스의 6·25 수정주의설을 뒤집었다. 6·25전쟁 중 미국의 한반도 통일론 수정, 부산 정치파동과 미국의 태도 등 대한민국사를 결정적으로 바꾼 역사 자료도 다수 발굴 공개했다. 6·25전쟁의 성격을 '세계 공산혁명 운동'과 '20세기 십자군 전쟁'이라는 전혀 상반된 시각으로 보는 논의도 고찰했다. 6·25전쟁에 미국이 참전하지 않을 것이라는 스탈린의 오판이 결과적으로 김일성은 전범으로 추락시키고 전쟁 피해 측인 한국을 오히려 세계 10대 선진국으로 끌어올린 전기가 되었다는 분석도 주목할 만하다. 워커·리지웨이·스탈린·마오쩌둥 등에 대한 새로운 자료들도 눈에 띈다.

부산 정치파동과 4·19의 산 증인 조용중

조선일보·동아일보·서울신문·경향신문 기자와 한국언론연구원장, 연합통신 사장을 역임한 조용중은 부산 정치파동과 4·19 현장 취재를 정리한 저술과 논문을 발표했다.

『대통령의 무혈혁명: 1952 여름, 부산』(나남, 2004)은 미국 문서와 장면 비서실장 선우종원, 백두진·허정·조병옥·이범석의 회고록, 김일영·이완범·조갑제의 논문, 곽상훈·윤치영·이재학 등의 증언을 토대로 1952년 여름 한국전쟁 조기 타결을 서두르는 미국과 6·25전쟁을 통일의 기회로 삼아야 한다는 이승만의 암투를 정리한 것이다. 부산 정치파동 때 이종찬 육군참모총장이 밤늦게 미대사관저로 라이트너 대리대사를 찾아와 "이승만·내무장관·계엄사령관은 연금하고, 구속 의원을 석방하고 대통령을 선출할 수 있다. 군은 미국 정부의 승인이 필요해 의논하는 것"이라고 쿠데타를 상의한 것을 라이트너가 워싱턴에 보고했다는 문서[177]를 발굴해 공개했다.

제7장에서 소개한 신두영 전 국무원 사무국장(후에 감사원장)의 제 1공화국 말기 1958~60년의 315회에 걸친 국무회의록은 경향신문 학술문화부장이던 필자가 신 전 감사원장 측으로부터 입수해 1990년 4월 19일 최초로 공개한 것이다.

언론인으로서 4·19를 현장 취재한 조용중도 2010년 4월 7일 4·19혁명 50주년 기념 관훈클럽 세미나에서 "4·19는 조직되지 않은 민중의 힘이 폭발하는 무서운 노도, 그 위에 미국이 가해 오는 노골적인 압력과 한때는 충성을 맹서했던 관료 집단의 배신 등 3각 파도가 이승만을 무너뜨린 것"이라고 규정했다.[178]

정일화, 『카이로선언』·『휴전회담과 이승만』

한국일보 워싱턴 특파원·논설위원·통일문제연구소장 등을 역임한 정일화가 『카이로선언』(2009)과 『휴전회담과 이승만』(2014)을 잇따라 펴냈다. 두 책 모두 이승만의 독립운동과 근대 통일국가 건국 의지를 정리한 것이다.

1943년 11월 프랭클린 루스벨트 미국 대통령, 처칠 영국 총리, 장제스 중국 총통 등이 주요 전쟁 지휘관들을 대동하고 이집트 수도 카이로에서 모여 2차대전 종전 방안을 협의하는 회담을 가진 후 발표한 카이로 선언에서 일본의 무조건 항복 후에 한국을 독립시킨다고 처음으로 발표했다. 선언은 첫째, 일본이 무조건 항복할 때까지 무자비한 공격을 할 것과 일본이 폭력과 야욕으로 차지한 모든 침략 영토를 박탈할 것과, 둘째, 중국의 빼앗긴 영토를 회복시켜 주고, 셋째, 한국을 자유 독립케 한다는 3가지 목표에 합의했다.

카이로 선언은 루스벨트 대통령의 특별보좌관 해리 홉킨스가 만든 초안을 4번 수정하는 과정을 거쳐 완성된 것이다. 첫 수정은 홉킨스, 두 번째는 루스벨트, 세 번째는 처칠, 네 번째는 공동회의에서 '카이로 코뮈니케'를 '선언'으로 격상할 것과, 이 전쟁이 영토 전쟁이 아니라는 철학을 삽입하는 데 합의함으로써 마무리되고 12월 1일 '테헤란 코뮈니케'와 함께 '카이로 선언'으로 공포되었다.

이 '한국 독립' 원칙은 뒤이은 얄타 회담과 포츠담 회담에서도 재삼 확인됐으나, 처칠이 첨가한 '적절한 과정'이라는 문구가 걸림돌이 되어 유엔으로 문제가 넘겨져, 유엔이 1948년 1월 총선거를 통한 정부 수립을 결정함으로써 1948년 8월 15일 한반도 유일의 합법 정부 대한민국이 탄생한 것이다. 선언이 "일본이 폭력과 야욕으로 점령한 모든 영토로부터 추방된다"고 규정함으로써 1905년 일본 영토로 강제 편입되었던 독도가 한국 영토로 복귀하는 국제 기준을 제공하기도 했다.

5박 6일 동안에 걸친 '별들의 회의'에서 예정에 없었던 한국 독립이 추가되게 된 비화는 한 편의 드라마를 방불케 한다. 당초 회의는 루스벨트·처칠·스탈린과 군 참모들이 모이기로 구상했으나, 스탈린이 카이로에 못 오겠다고 해서 대신 장제스가 초청되었고, 회의도 카이로, 테헤란, 다시 카이로에서 세 번 하게 되었다. 회담 사흘째인 11월 24일 오후, 루스벨트 숙소의 일광욕실에

서 해리 홉킨스가 코넬리우스 해군 준위를 불러서 코뮈니케 초안
을 받아쓰게 했다. 초안 중 한국 관련 부분은 다음과 같다.

> 우리는 일본에 의한 반역적인 한국인의 노예화를 잊지 않으면서
> 일본 패망이 있은 후 한국을 <u>가능한 가장 빠른 순간에</u> 자유 독립
> 시킬 것을 결의했다.
>
> We are mindful of the treacherous enslavement of the people of
> Korea by Japan, and are determined that country, <u>at the earliest
> possible moment</u> after the downfall of Japan, shall become a free
> and independent country.

 루스벨트는 한국 독립 문항을 줄 바꿔 쓰고 '가능한 가장 빠른
순간'을 '적절한 순간(the proper moment)'으로 고치라고만 표시했다.
여기에 홉킨스가 "일본이 폭력과 탐욕으로 취한 모든 점령 영토
는 일본의 손아귀에서 해방될 것이다"를 추가했고, 수정안을 루
스벨트가 장제스와 처칠에게 보였다. 이에 처칠이 많은 부분 수
정을 제의하고, 한국 독립과 관련해 '일본의 태평양 점령 도서 몰
수'를 '1914년 이후 점령했거나 차지한' 것으로 제한하고, '반역
적으로 도적질한(treacherously stolen)' 중 '반역적'을 빼고, "모든 점령
지는 그들의 손아귀에서 자유롭게 될 것이다"를 "일본은 점령한
모든 영토에서 추방될 것이다"로 바꾸자고 제의했다. 홉킨스가
"한국을 가능한 한 빠른 순간에 독립시킨다"고 한 것을 루스벨트
가 '적절한 순간'으로 수정한 것을 처칠은 '적절한 과정을 거쳐'로

수정했다. 처칠의 수정으로 한국 독립은 3년이 지연됐다. 처칠은 후에 6·25전쟁에서도 미국과 입장 차이를 보여 한국의 통일에 방해가 되는 역할을 했다.

이승만 '벼랑끝 외교' 조명(박실, 오인환, 인보길)

박실·오인환·인보길은 한국이 원치 않는 휴전의 대가로 한미동맹과 대한 원조를 이끌어 낸 이승만의 외교적 성과를 조명했다.

한국일보 정치부 기자 출신인 박실 전 국회의원의 『벼랑 끝 외교의 승리』(2010)는 본격적인 4·19 세대에 의한 이승만의 객관적 평가로 주목받았다. 한미 상호방위조약 비사, 편지 한 장으로 넘긴 작전통제권, 38선 돌파 시비, 반공 포로 석방, 유산된 태평양동맹, 평화선 선포, 구보다 망언, 제네바 회의 등 이승만이 관여한 수많은 외교 비사를 공개했다.

한국일보 출신으로 문공부 장관을 역임한 오인환의 『이승만의 삶과 국가』는 이승만의 성장기부터 상하이 임시정부, 태평양전쟁, 해방 정국, 6·25, 4·19, 하야와 하와이 망명까지를 660쪽에 걸쳐 소상하게 다루면서 이승만에 대한 역사적 평가도 상세히 다뤘다. 프롤로그에서 "이승만은 같은 시대 활약했던 인도의 간디, 독일의 아데나워, 중국의 쑨원(손문)과 마오쩌둥, 싱가포르의 리콴유(이광요)에 비교해 손색없는 탁월한 지도자였다"고 평가했다.

조선일보 편집국장, 디지틀조선일보 대표이사를 거쳐 인터넷 매체 뉴데일리 대표로 있는 인보길도 이승만 재조명에 적극적으로 나서고 있다. 2009년부터 '지식인 이승만 재인식' 칼럼을 〈뉴데일리〉에 연재하는 한편, 뉴데일리 부설 이승만연구소를 설립해 매월 이승만 포럼을 개최해 유영익·이주영·양동안·이영훈·류석춘·김명섭·김충남·김학은 등 학자, 남시욱·손세일·정일화·박석흥·김용삼 등 언론인, 남정옥·김재창·공정식·이대인·김창규·유동열·김상훈 등 국방·안보·군사 전문가, 손진·이경식·한준석·허문도·이영일·허도산 등 전직 관료·정치인, 이덕희(하와이 이민·독립운동 전문가), 마이클 리(전직 미 정보 당국자) 등의 이승만 재조명 성과를 공유했다. 『이승만 다시 보기』, 『이승만 현대사 위대한 3년 1952~1954』를 출간하고 유튜브 '인보길 우남이야기'를 방송하고 있다.

역사학은 시대정신과 분리될 수 없다

'국사 교과서 파동에서 국사학은 어디에 서 있으며 무엇을 하고 있는가?'

국사 교과서 파동과 건국과 6·25를 둘러싼 국가 정통성 논쟁의 수렁에 빠진 국사학에 대해 사회과학과 서양사학·동양사학·철학 등 인접 학문이 던지는 비판이다. 해마다 수많은 한국사 저술과 논문이 쏟아져 나오고 있으나 외국인에게 추천할 만한 설득력 있는 영문 한국문학사·한국철학사 한 권 없고, 1990년대 이래 네 차례나 바꾼 국사 교과서는 아직도 수준 미달이다. 3·1운동 후 100년 한국 역사학의 성과를 국사 교과서만 가지고 평가한다면 가차 없는 낙제점이다.

한국 역사학은 식민지로 전락했던 한국의 전근대의 모순과 정체성(停滯性)의 원인을 선명하게 밝히지 못했다. 100년의 한국 현대사에서 우리 민족이 어떤 교훈과 깨달음을 얻었는가를 정리하지 못했다. 한국 현대사가 세계사의 진전에 기여했는가 기여하지 못했는가, 민족의 역사적 과제를 해결했는가 해결하지 못했는가를 평가하지 못했다. 일부 586 국사학자들이 '촛불혁명론'에 편승해 거대담론을 외치고 있으나 21세기 국가가 나아갈 방향을 결정할 영향력 있는 정치인과 국민의 역사인식과 역사의식 혼란을 수수방관하는 직무유기를 하고 있다는 비판을 받는다. 국사학은 지난 100년 시기별로 일제 식민주의 사관, 북한 주체사관, 식민지 근대화론과 수정주의 사관 등 외래 학설의 충격으로 혼돈에 빠졌고 지금도 그 영향을 완전히 벗어나지 못했다. 제6공화국 운동권의 좌편향 역사의식과 교과서 논쟁의 주제인 민중론과 통일사관도 자생적인 이론이 아니고 밀수입된 것이었다고 보는 사회과학자도 있다. 끝나지 않는 역사 교과서 파동도 북한·일본·미국에서 들어온 검증되지 않은 가설을 둘러싼 전복 전쟁의 일환이었다고 원로 학자들은 한탄한다. 제6공화국 역사 전쟁은 바로 한국 역사인식과 의식의 혼돈을 알리는 경고다. 김영삼 정부에서 문재인 정부까지 여섯 번 정권이 바뀔 때마다 국사 교과서를 둘러싼 역사 전쟁이 벌어지고 있는데도 국사학계가 무사태평 안일에 빠져 있는 것은 국사학이 타이타닉 신드롬에 빠져 있는 것은 아닌지 반성할 필요가 있다고 인접 학문 분야 학자들은 지적한다.

역사학은 국민의 역사의식·비판의식·시대정신을 교육하는 학문이다. 역사학은 역사 주체의 문화와 전통적인 잠재능력과 경험을 거울삼아 현재의 문제를 해결하는 기준과 역사의 새 방향을 설정하는 기능도 하기 때문에, 역사학의 논의는 진실에 바탕을 둔 정직한 것이어야 한다. 특히 국민의 역사의식을 고취하는 역사교육은 자라는 세대에게 급변하는 시대에 무엇을 해야 국가와 인류의 번영과 개인의 행복을 실현하게 되는지를 자주적으로 판단할 수 있는 지식과 능력을 가르치는 내용이어야 할 것이다. 제6공화국이 초중고교에 배포한 역사 교과서가 그렇게 제작된 것이라고 동의할 수 있을까? 대한민국 건국 과정의 폭동, 6·25, 남북문제 등에 관한 교과서의 오류와 편향 기술에 대한 언론과 학계의 지적이 계속되는데도 교육부와 헌법재판소는 명쾌한 대답을 하지 않는다.[179] 이른바 민주화 이후 역사교육이 바로잡혔다면 오늘 한국 사회가 아노미 상태에 빠지지는 않았을 것이다.

국민의 역사의식은 시대에 따라 변하는 것이 순리다. 해방 전과 해방 후가 달라져야 하고, 건국·근대화·민주화 전후도 마찬가지다. 그러나 제6공화국의 역사교육 논쟁은 해방 직후의 이데올로기 논쟁 수준을 크게 뛰어넘지 못했다. 정치가의 선전선동 수준의 역사교육이 진행되고 있다.

20년 가까이 역사 교과서 논쟁이 치열한데도 국사학은 왜 학문의 자유와 독립을 지키려는 의지와 힘을 발휘하지 못하는 것일까? 국사학자들은 역사 교과서 오류와 왜곡된 역사교육의 부작용을 얼마나 자각하고 있는 것일까? 3·1운동 후 100년 한국 역사학과 역사교육의 성과는 어떻게 평가해야 할까? 이런 문제의식으로 이 책을 집필했지만 그 대답을 명확히 하지 못했다. 서론에서 밝힌 것처럼 이 책의 서술에 한계가 있었기 때문이다.

첫째, 이 책은 한국 역사학 100년의 자취와 역사의식을 쟁점 위주로 접근한 것이라 '근현대사와 사관'이 중심이었다.

둘째, 역사학자와 역사교육자의 문제의식을 주제로 한 사관 논쟁이 주 대상이었기 때문에 구체적인 학문 업적을 다 망라하지 못했다.

셋째, 역사학의 큰 조류와 논쟁을 다루기는 했지만 드러나지 않은 역사학 연구의 세세한 동향을 모두 고찰하지는 못했다는 한계가 있다. 다만, 1919년부터 2020년까지 국사학의 고뇌와 역사의식의 큰 줄기는 조명했다고 할 수 있다.

이 책은 일제 식민주의 사관부터 전국역사학대회에서 제기된 분단사관·통일사관·민중사관·식민지 근대화론·제국주의론 등 사관 논쟁을 개별 논문부터 집단논쟁까지 객관적으로 분석했다. 해방후 1, 2세대를 집중 조명했지만 1960년대까지 활약한 해방전 세대와 해방후 3, 4세대 학자들의 활약도 주목했다. 국사학이 교과서 논쟁으로 혼란스러운 동안 일본 학계의 한국사 연구가 심화되고 있어 일본의 한국사 연구도 고찰했다.

각종 연구비 지원으로 논문·저술·사료·연구보고서 출판이 늘고 있으나 역사학은 침체된 분위기다. 1980년대에 제기된 사관·문제의식·과제 설정·연구방법의 틀을 깨는 큰 움직임이 없다. 역사학을 둘러싼 이데올로기, 그것을 크게 감싸는 정치 상황과 사회적·정치적 영향이 역사학 침체의 중요 요인으로 여겨진다. 이 상황은 일제 식민사관을 극복할 대안으로 민중사관이 제기되었을 때 해방후 1세대 학자들이 우려했던 상황 그대로다. 역사학과 역사교육이 추구해 온 학문의 양상과 한계를 점검하고 그 개선 방향을 위한 논의가 불꽃 튀어야 할 것이다.

교과서 논쟁과 이데올로기 논쟁으로 역사학과 역사교육은 정치화되었으나, 이제는 전환점에 섰다. 무엇보다도 학문의 자유와 독립을 지키고 순수하게 진리를 탐구하겠다는 학자들의 의지가 앞서야 한다. 역사학과 역사교육이 특정 사관과 정치 세력의 포로나 도구로 전락해서는 안 될 것이다.

유물사관·사회주의 사관·민족주의 사관 등 완고하고 편협한 낡은 사관과 이념 투쟁의 질곡을 벗어던지고, 사실(史實) 추구라는 역사학의 본령으로 회귀해야 할 것이다.

박은식이 『한국통사』에서 허문(虛文)만 숭상한 청산의 대상으로 정리한 숙종·영조·고종 시대를 '위대한 영웅' 시대로 평가하는 국사학자들의 역사 해석을 사회과학자들은 "문제의식과 통찰력을 상실한 과거의 방부 처리 작업에만 몰두하고 있는 현상"이라고 비판한다. 조선 망국의 원인을 바르게 파악하기 위해서라도 국사학이 조선 후기 역사를 객관적으로 정직하게 정리해야 할 것이라고 충고한다.

제6공화국 역사 전쟁의 이데올로기인 혈연적 민족주의에 대한 국제정치학과 철학계의 검증을 국사학계도 학문적으로 검토할 시점이 되었다.

교과서 파동과 사관 논쟁의 혼란과 진통의 소용돌이 속에서도 국사학은 동양사·서양사 등 인접 분야 학자와 정치학·사회학·경제학 등 사회과학 분야 학자들이 참여하는 학제적 연구로 한국사의 지평을 확대해 왔다. 고고학·인류학·언어학·신화학·문헌고증학의 참여로 한국 고대사가 재조명되고 있는 가운데 정치학·국제정치학의 근현대사 관련 논문과 저술이 쏟아져 나와 한국사 인식의 패러다임 시프트를 이끌고 있다. 특히 근대화, 건국, 6·25와 산업화 논의는 사회과학계의 연구를 대폭 수용해야 할 것이다.

역사학은 과거 비판을 통해 현재의 문제를 해결하는 기준과 역사의 새 지표를 제시해야 하는 현재 우리의 문제와 맞물려 있기 때문에 격렬한 논쟁을 피할 수는 없다. 그러나 제6공화국의 역사 전쟁은 진실 추구, 객관성, 가치 중립성 면에서 문제가 있다고 사회과학계는 누누이 지적해 왔다. 이런 사회과학계의 비판을 국사학계는 겸허히 수용해야 할 것이다.

국가는 국민의 정신적 지향점을 하나로 모으는 이상(理想) 없이는 존속할 수 없으며, 국가를 운영하는 원칙에 대한 명쾌한 설득 없이는 국민을 통합할 수 없다. 국민의 이상 수렴과 통합을 위해 역사학은 현재의 모순을 해결하고 새 출발할 기준을 제시해야 하는 예언자적 사명도 있는데 제6공화국에서 일부 586 국사학도들은 허구로 드러난 브루스 커밍스의 수정주의 이론으로 한국 역사를 왜곡하여 분열과 반동의 정치를 선동하고 있다는 비판도 받고 있다. 역사학자가 시대가 요구하는 소명을 망각하고 역기능을 하고 있다는 것이다.

정치가나 국민의 역사의식은 당대 역사학의 수준을 크게 뛰어넘지 못한다. 국가 기념사를 들으며 21세기 한국 국사학의 수준을 짐작한다. 대사회적 기능을 충실하게 하기 위한 국사학의 분발이 요청된다. 우리 사회가 정치적·경제적으로 자주성을 확립해 가고 있지만, 자기 개성을 갖고 국제경쟁에 참여하지 못한다면 식민문화 상태를 완전히 탈피했다고 할 수 없기 때문이다.

역사학은 국민교육·사상·시대정신·정치이념과 분리될 수 없다. 그렇기 때문에 역사학자가 권력과 언론의 도구가 되어 국민에 끼친 역기능에 대해서 석고대죄하는 사태가 자주 벌어졌다. 제6공화국 역사 전쟁의 전사로 자처하는 일부 국사학도들이 총독부 조선사 편찬위원회에 참여해 민족 반역자로 낙인찍힌 최남선·이능화·이언적이나 해방 후 월북해서 한국 근현대사를 김일성 가족사로 날조하는 데 들러리 섰던 백남운·홍기문을 반면교사로 하여 역사를 왜곡하는 잘못을 반복하지 말아야 할 것이다.

역사학자의 영향력이 크기 때문에 그 책임 추궁 또한 엄중하다. 역사학자가 학문의 순수성과 상아탑의 고귀한 전통을 망각하고 권력의 앞잡이로 나서 사회에 끼친 영향에 대해선 책임을 져야 할 것이다. 학회가 국사학계 일부의 일탈을 바로잡아 주어야 할 것이다. 역사학자들의 역사인식과 역사의식이 이제는 이념 논쟁을 뛰어넘어 현대 한국 사회, 한국인, 특히 학생들의 문제 인식에 걸맞은 수준으로 격상되어야 할 것이다.

한국 역사학은 이제 독립운동사, 대한민국 건국사, 대한민국 산업화 역사를 새로운 사관으로 정리해 자라는 세대에게 새로운 역사의식을 심어 줄 때가 되었다. 역사학은 교육·정치·철학의 강한 영향을 받지만 또 그 위에 서는 학문이다. 역사학이 선진 이론과 좌우 이데올로기 논쟁에서 자유로울 수는 없지만 역사학자가 사실을 성실하게 탐구하고 정직하게 해석하면 진실에 접근할 수 있다고 생각한다. 역사학의 학문적 탐구 성과는 국민의 역사의식 성장의 밑거름이 된다. 잃어버린 대한민국의 존엄성·자존감·자부심 회복을 위해 역사학자의 사회적 책임이 강조되는 시점이다. 일제가 정치적 목적을 갖고 식민지 학문으로 이식한 국사학이 순수학문으로 발전해서 진리와 진실만을 탐구하는 역사학으로 거듭나야 할 것이다.

개관　한국 역사학의 걸림돌

1 박석흥, "일제 침략과 한국사왜곡", 『건국 60년 한국의 역사학과 역사의
   식』(한국학술정보, 2008), 49쪽; 김현구, "백제 木滿致와 蘇我滿致", 『임
   나일본부연구』(일조각, 1997), 3-5쪽.
2 나카츠카 아키라, "내재적 발전론과 제국주의 연구", 조선사연구회 편, 염
   인호 옮김, 『새로운 한국사연구 입문』(돌베개, 1983), 221-232쪽; 쓰키아
   시 다쓰히코, "내재적 발전론과 그 비판", 조선사연구회 편, 박대재 옮김,
   『한국사 연구입문』(고려대 출판문화원, 2016), 270-272쪽.
3 박효종, "민주주의 발전과 국가 정체성 정립의 혼선", 차하순 외, 『한국현
   대사』(세종연구원, 2013), 293쪽.
4 김철준, 『한국문화사론』(서울대 출판부, 1990); 『한국문화전통론』(세종대
   왕기념사업회, 1983), 6쪽.

제1장　일제 식민주의 사관의 멍에

5 이만열, "일본관학자들의 식민주의사관", 『한국 근대 역사학의 이해』(문
   학과지성사, 1981), 259-292쪽.
6 가스야 겐이치, "식민지 지배기의 한국연구", 조선사연구회 편, 박대재 옮
   김, 『한국사 연구입문』, 22쪽.
7 송찬섭, "식민사관의 논리 타율성론", 조동걸 외, 『한국의 역사가와 역사
   학(하)』(창작과비평사, 1994), 311쪽.
8 강진철, "정체성 이론 비판", 『한국사 시민강좌』 창간호(일조각, 1987),

22쪽.

9   강진철, "시까다 히로시(四方博)의 이론과 그 과오", 위의 책, 39쪽.

10 송찬섭, "일제의 식민사학", 조동걸 외, 『한국의 역사가와 역사학(하)』, 315쪽.

11 이성무, "청요직의 혁파", 『조선시대 당쟁사 2』(아름다운날, 2007), 183쪽.

12 송찬섭, "일제의 식민사학", 306쪽.

13 이만열, "일제관학자들의 식민주의사관", 266-274쪽.

제2장 식민사관에 맞선 민족주의·사회주의 사관

14 박은식, "대원군의 섭정", 백암박은식선생전집편찬위원회 편, 『한국통사 (백암박은식전집 1)』(동방미디어, 2002), 748쪽.

15 한영우, "1910년대 민족주의 역사학과 대종교", 『한국민족주의역사학』(일 조각, 1994), 10쪽.

16 한영우, "안재홍의 사학", 위의 책, 27쪽.

17 오영교, "정인보", 조동걸 외, 『한국의 역사가와 역사학(하)』, 175쪽.

18 방기중, "백남운", 위의 책, 208쪽.

제3장 해방 후의 역사 연구

19 박석홍, "건국 1세대의 식민주의 사관 극복", 『건국 60년 한국의 역사학과 역사의식』, 27쪽.

20 박석홍, "한국근대화과정의 사회와 사상연구 총서발간", 〈경향신문〉 1970. 8. 12.

21 신석호, "고대사학과 창설회고", 『고려대학교사학과50년사』(신유, 1998), 124쪽.

22 한영우(한국사특강 편찬위원회 대표) 머리말, 한국사특강 편찬위원회 편, 『한국사특강』(서울대 출판부, 1990), 3쪽.

23 박석흥, "김철준 교수 서울대 국사학 비판", 〈경향신문〉 1970년 2월 18일.

24 최병헌, "일계 김철준 선생의 삶과 학문", 대한민국 학술원, 『앞서가신 회원의 발자취』(2004), 192-196쪽.

25 박석흥, 〈경향신문〉 1972. 3. 19.

26 박석흥, "신라 백제사 강역과 국제관계", 〈경향신문〉 1973. 10. 30.

27 박석흥, "백제사회와 그 문화", 〈경향신문〉 1973. 12. 13.

28 박석흥, "공주 석장리 구석기 주거지 발굴", 〈경향신문〉 1970. 5. 22.

29 박석흥, "뉴스와 화제(학술)", 〈신동아〉 1978년 2월호.

30 경향신문사, 한일고대사 국제심포지움 '한일 고대관계사를 생각한다'(1983. 4. 23).

31 김용선, "이기백의 저술과 역사연구", 이기백 2주기 추모 학술대회 자료집(2006. 6. 5), 48쪽.

32 이기백, "학문적 고투의 연속", 『한국사시민강좌』 제4집(일조각, 1989).

33 유영익, "나와 이기백 선생", 이기백 2주기 추모 학술대회 자료집, 19쪽.

34 서옥식, "한국언론인물사(3): 고병익", 〈대한언론〉 2017년 10월호.

35 박석흥, 『동방사논총』 출간 인터뷰(김상기), 〈경향신문〉 1974. 11. 21.

36 박석흥, "뉴스와 화제(학술): 동빈 오비튜어리", 〈신동아〉 1977년 5월호; 이성규, "김상기", 조동걸·한영우·박찬승 엮음, 『한국의 역사가와 역사학(하)』(창비, 1994), 268-276쪽.

37 박석흥, "최현배", 〈경향신문〉 1970. 3. 23.

38 "박석흥 세상보기", 〈대전일보〉 2010. 2. 4.

39 김용구, "동주 이용희", 대한민국 학술원, 『앞서가신 회원의 발자취』, 336쪽.

40 박석흥, 〈경향신문〉 1982. 7. 8.

41 박석흥, "뉴스와 화제(학술)", 〈신동아〉 1978년 4월호.

42 〈경향신문〉 1974. 5. 21.

43 박석흥, "저자와의 대화: 김철준 『한국 문화사론』", 〈경향신문〉 1976. 5. 12.

44 박석흥, "국민정신교육 훈련원은 아니다", 〈경향신문〉 1977. 2. 20.

45 박석흥, 〈경향신문〉 1977. 12. 20.

46 박석흥, "뉴스와 화제(학술)", 〈신동아〉 1978년 2월호.

47   박석흥, "뉴스와 화제(학술)", 〈신동아〉 1978년 8월호.

48   〈경향신문〉 1978. 12. 12.

49   박석흥, "뉴스와 화제(학술)", 〈신동아〉 1978년 12월호.

50   〈경향신문〉 1979. 9. 19.

51   〈경향신문〉 1980. 1. 21, 9. 16.

52   〈경향신문〉 1981. 12. 24.

53   〈경향신문〉 1982. 1. 7, 8.

54   〈경향신문〉 1983. 2. 14; 박석흥, "뉴스와 화제(학술)", 〈신동아〉 1983년
     4월호.

55   〈경향신문〉 1984. 5. 17; "뉴스와 화제(학술)", 〈신동아〉 1984년 7월호.

56   박석흥, "유네스코한국위원회 영문 한국사 출간", 〈경향신문〉 1970. 8. 19.

57   박석흥, 경향신문 1976년 10월 7일; "경영형부농 허상인가(뉴스와 화제:
     학술)", 〈신동아〉 1976년 11월호.

58   박석흥, "광무개혁논쟁 재연", 〈경향신문〉 1978 8 30; "뉴스와 화제(학
     술)", 〈신동아〉 1978년 10월호.

59   이태진, 『새한국사』(까치, 2012), 485쪽 '민란의 자연조건: 수재와 전염병,
     혜성'.

60   박석윤·박석인, "조선후기 재정의 변화시점에 관한 고찰: 1779년(정조
     3년)에서 1881년(고종 18년)까지", 『동방학지』 제60호(1988).

61   최병헌·서영대, 『불교사 연구 입문(상)』(지식산업사, 2013), 6쪽.

62   최병헌, "식민지 종교와 조계종", 위의 책, 134쪽.

63   한영우, 『서울대학교 인문대학 국사학과 편람』(2002).

64   "1980년대 민중사학을 반영하는 학문 활동은 한국역사연구회 발족으로
     나타났다. 국사학과 학풍은 견실한 아카데미즘의 기초 위에서 민족과 민
     중을 포용하는 방향으로 성장했다"(위의 책, 4쪽).

65   연세사학동문회, 『연세사학의 발자취』(유풍출판사, 2006) 참조.

제4장 단군과 고조선

66 김철준, "단재사학의 위치", 『한국사학사연구』, 399-411쪽.

67 유리 미하일로비치 부틴, 이병두 옮김, 『고조선 연구』(아이네아스, 2019)
로 국역.

68 박석흥, 〈경향신문〉 1982. 11. 20.

69 박석흥, "뉴스와 화제(학술)", 〈신동아〉 1983년 1월호.

70 노태돈, 『단군과 고조선사』(사계절, 2000), 240-245쪽.

71 황장엽, 『나는 역사의 진리를 보았다(황장엽 회고록)』(한울, 1999), 145-
149, 311, 354쪽.

72 노태돈, "주체사상화와 학문의 침체", 『단군과 고조선사』, 296-297쪽.

73 박석흥, 『건국 60년 한국의 역사학과 역사의식』, 107쪽 '교과서 논쟁'.

74 박석흥, "뉴스와 화제(학술)", 〈신동아〉 1979년 1월호.

75 박석흥, 〈경향신문〉 1978. 11. 24.

76 박석흥, 〈경향신문〉 1981. 11. 26.

제5장 단재 민족주의 사관과 그 비판

77 독립기념관 독립운동사연구소, 『단재신채호 전집』(2008).

78 박석흥, "단재, 김부식의 삼국사기 비판", 『건국 60년 한국의 역사학과 역
사의식』, 123쪽.

79 신일철, "단재의 민족주의적 역사사상의 한계", 『신채호의 역사사상 연
구』(고려대 출판부, 1981), 153쪽.

80 이기백, "단재사학에서의 민족주의 문제", 『한국사상의 재구성』(일조각,
1997), 142-150쪽.

81 양병우, "민족주의사학의 제유형", 『한국사 시민강좌』 창간호, 145-149쪽;
길현모, "민족주의사학의 문제", 같은 책, 159-160쪽.

제6장 분단사관, 민중사관, 식민지근대화론

82   강만길, "분단시대 사학의 성격", 『분단시대의 역사인식』(창작과비평사, 1978), 13~21쪽.

83   박석흥, 〈경향신문〉 1975. 6. 1; "뉴스와 화제(학술)", 〈신동아〉 1975년 7월 호.

84   강만길, "신채호의 영웅 국민 민중주의", 『통일운동시대의 역사인식』(청 사, 1990), 179-206쪽.

85   Kenneth M. Wells, ed., *South Korea's* Minjung *Movement: The Culture and Politics of Dissidence* (University of Hawaii Press, 1995), pp. 11-29.

86   〈경향신문〉 1971. 6. 28.

87   〈경향신문〉 1978. 5. 26; 박석흥, "뉴스와 화제(학술)", 〈신동아〉 1978년 7월호.

88   〈경향신문〉 1980. 11. 18.

89   〈경향신문〉 1983. 5. 27; 박석흥, "뉴스와 화제(학술)", 〈신동아〉 1983년 7월호.

90   박석흥, 〈경향신문〉 1980. 3. 18.

91   박석흥, 〈경향신문〉 1977. 11. 18.

92   박석흥, "뉴스와 화제(학술)", 〈신동아〉 1984년 7월호.

93   한영우, 『과거, 출세의 사다리(1)』(지식산업사, 2013), 15쪽.

94   안병직, "한국에 있어서 경제발전과 근대사연구", 『제38회 전국역사학대 회 발표요지』(1995), 126-136쪽.

95   박석흥, "숨결말결: 식민지 근대화론", 〈문화일보〉 1995. 6. 5.

96   박석흥, "숨결말결", 〈문화일보〉 1995. 6. 16.

97   田村紀之, "考證 司馬遼太郎の「經濟學」: 文明史觀のルーツを探る", 『現代史上』 23(3), 1995.

98   宮嶋博史, 『朝鮮土地調査事業史の研究』(東京大學東洋文化研究所 報告, 1991).

99 김일영, "부산정치파동의 정치사적 의미", 『한국과 국제정치』 제9권 1호 (경남대 극동문제연구소, 1993), 31-66쪽; "전시정치의 재조명: 한국전쟁 중 북진통일론과 두 갈래 개헌론의 관계", 『한국정치외교사논총』 제23권 2호(2002), 194-225쪽.

100 김삼웅, 『한국 현대사 뒷얘기』(가람기획, 1995).

101 로버트 올리버, 황정일 옮김, 『이승만: 신화에 가린 인물』(건국대 출판부, 2002).

102 정일화, 『대한민국 독립의 문 카이로선언』(선한약속, 2010), 30-44쪽.

103 안종철, "조선인민공화국의 탄생과 좌절", 국사편찬위원회, 『한국사 52』, 103쪽.

104 유영익, 『이승만의 생애와 건국비전』(청미디어, 2019), 212-244쪽.

105 서울신문 1946. 6. 30.

106 남시욱, 『한국 진보세력 연구』(청미디어, 2018), 46쪽.

107 위의 책, 47쪽.

108 미국 외교 기밀문서(*FRUS*), 1947 VI, pp. 604-605.

109 유영익, 『이승만의 생애와 건국비전』, 228쪽.

110 김일영, "전시정치의 재조명: 한국전쟁중 북진통일론과 두 갈래 개헌론의 관계".

111 노재봉 외, 『한국 자유민주주의와 그 적들』(북앤피플, 2018), 371쪽.

112 한국동양정치사상사학회, 건국 60주년 기념 학술대회 '대한민국 정부 수립과 그 지도자들'(2008. 11. 26).

113 박명림, "김구와 대한민국 정부 수립", 위 학술대회 자료집, 19쪽.

114 김영중 엮음, 『레베데프 비망록』, 3월 9, 10, 12일.

115 송남헌, 『해방 3년사 2』(까치, 1990), 542쪽.

116 국사편찬위원회, 『자료 대한민국사 6』(1973), 822쪽; 동아일보 및 조선일보 1948. 4. 21.

117 『유어만 김구 대화 비망록』. 1948년 7월 11일 김구 자택에서 나눈 1시간 대화를 영문으로 정리해 이승만 국회의장에게 전달하고 이화장이 보관한

이승만 문서.

118 북한 사회과학원 역사연구소 엮음, 『조선통사(하)』(1958) 제5편 '현대사
회', 287-387쪽.

119 한국정신문화연구원 현대사연구소, 『한국현대사의 재인식 3』(오름,
1998), 21-47쪽.

120 위의 책, 50쪽.

121 조지 F. 케넌, 유강은 옮김, 『조지 케넌의 미국 외교 50년: 세계대전에서
냉전까지 20세기 미국 외교 전략의 불편한 진실』(가람기획, 2013), 156-
160쪽.

122 박석흥, 『한국 근현대사의 쟁점연구: 식민 종북 자학사관 바로잡는 시론』
(국학자료원, 2013), 142-143쪽.

123 "Oral History Interview with E. Allan Lightner, Jr.," by Richard D. McKinzie, 10. 26.
1973 (https://www.trumanlibrary.gov/library/oral-histories/lightner). 라이트너가
이종찬 참모총장이 쿠데타 계획을 말해 워싱턴에 보고했다고 증언했다.
동일한 내용이 장면 비서실장인 선우종원의 회고록에도 있다.

124 Robert T. Oliver, *Syngman Rhee and American Involvement in Korea, 1942-1960*.
(Seoul: Panmun Book Co., 1978).

125 이완범, "이승만 대통령의 한미 상호 방위조약 체결 추진 배경과 협상과
정", 연세대 현대한국학연구소 제11차 우남학술회의 '이승만과 6·25전쟁'
자료집(2010. 11. 19), 19-54쪽; "이승만대통령의 안보정책 구상과 한미동
맹", 국방대학원·한국정치외교사학회 한미 상호방위조약 체결 60주년 학
술회의 자료집(2013), 39-93쪽.

126 이완범, "이승만 대통령의 한미상호방위조약 추진배경과 협상과정", 김영
호 외, 『이승만과 6·25전쟁』(연세대 출판문화원, 2012), 20쪽; *FRUS* vol 16,
The Far East and Australia, 1948. 1, pp. 164-169 참조.

127 이완범, "이승만 대통령의 안보정책 구상과 한미동맹", 88-93쪽.

128 노재봉 외, 『한국 자유민주주의와 그 적들』, 370쪽.

129 장상환, "한국전쟁과 경제 구조의 변화", 한국정신문화연구원, 『한국전쟁
과 사회구조의 변화(한국현대사의 재인식 7)』(백산서당, 1999), 171쪽.

130 이주천, "재일교포 북송 60주년과 이승만의 대일외교", 제107회 이승만

포럼(2020. 1. 21).

131 McConaughy, Telegram From the Embassy in Korea to the Department of State, Seoul April 19, 1960, Midnight (Source Department of State Central FILES, 795B00/4-1960 Secret; Niact. Repeated to CINCPAC).

132 *FRUS*, Korea January 1958-November 1959, 283, Memorandum From the Assistant Secretary of State for Eastern Affairs (Parsons) to Secretary of State Herter, Washington, 10, 22, 1959.

133 관훈클럽, 4·19혁명 50주년기념 세미나 '4·19혁명과 언론'(2010. 4. 7).

134 유영익, "수정주의와 한국현대사 연구", 『한국사 시민강좌』 제20집(일조각, 1997), 58-78쪽; 차상철, "냉전의 기원과 수정주의학파"; 박명림, "한국전쟁의 기원과 성격"; 전상인, "고개 숙인 수정주의", 이상 유영익, 『수정주의와 한국현대사』(연세대 출판부, 1998).

135 차상철, "냉전의 기원과 수정주의학파", 『수정주의와 한국현대사』, 25-66쪽.

136 유영익, "수정주의와 한국 현대사연구", 『한국사 시민강좌』 제20집, 60-65쪽.

137 유영익, "수정주의 학설의 문제점", 『수정주의와 한국현대사』, 14-22쪽.

138 남시욱, 『한국 진보세력 연구』, 47쪽.

139 박석흥, 『한국 근현대사의 쟁점연구』, 112-123쪽; 김영호, "건국과 혁명", 『대한민국의 건국혁명 1』(성신여대 출판부, 2015), 17-45쪽.

140 전상인, "한국현대사 연구의 새로운 출발", 『고개 숙인 수정주의』(전통과 현대, 2001), 412-446쪽.

141 리차드 C. 알렌, 윤대균 옮김, 『한국의 이승만』(합동통신사, 1961).

제8장 역사 교과서 전쟁

142 遠山茂樹, 『戰後の歷史學と歷史意識』(岩波書店, 1968).

143 정경희, 『한국사 교과서 어떻게 편향되었나: 고등학교 한국사 교과서 편향 과정 분석』(한국사연구휘보 제163호, 2013년 겨울), 24쪽.

144 박석흥, "뉴스와 화제(학술)", 〈신동아〉 1975년 10월호.

145 김철준, "국사학과 국사교육", 『한국문화사론』, 387쪽.

146 박효종, "민주주의 발전과 국가 정체성", 차하순 외, 『한국현대사』, 294쪽.

147 정경희, 『한국사 교과서 어떻게 편향되었나』, 90-91쪽.

148 이명희·강규형, "한국 근현대사 교과서의 문제점과 개선방향", 『사회과 교육』 제48권 1호(2009), 94-95쪽.

149 김한종·홍순권·김태웅·이민석·남궁원·남정란 집필.

150 한철호·강석민·김기승·김인기·조왕호·채한철 집필.

151 김광남·김동운·유영렬·최병도·신재홍 집필.

152 김종수·허홍구·김우경·김태진 집필.

153 주진모·민병관·조동근·신영범·김진규 집필.

154 김흥수·박태균·최창희·김시억·한시준·이진기 집필.

155 정경희, 『한국사 교과서 어떻게 편향되었나』, 130쪽.

156 교과서포럼, "창립선언문", 『한국 현대사의 허구와 진실』(두레시대, 2005), 219-221쪽.

157 「한국근현대사 교과서(6종) 검토의견」(교육과학기술부 보도자료, 2008. 10. 30), 1-17쪽.

158 박석흥, "왜곡된 사관으로 얼룩진 역사교과서", 〈대한언론〉 2011년 6월호.

159 박석흥, "특정사관의 포로가 된 국사교육과 해방구(박석흥 세상보기)", 〈대전일보〉 2013. 10. 28.

160 박석흥, "6·25북침설과 대통령이 나선 역사교육 바로잡기(박석흥 세상보기)", 〈대전일보〉 2013. 6. 23.

161 김기정, "한국 정치학과 정치사 연구에서 생각해 봐야 할 몇가지 단상", 대한민국역사박물관 개원기념 한국정치외교사학회 춘계워크샵(2013. 3. 20).

162 국사교과서연구소, "2020 역사교과서 이대로 가르칠 것인가"(2020. 1. 15).

163 이진희, 『광개토왕릉비의 탐구』(일조각, 1982).

164 이진희, "식민사관 부활한 일본교과서", 〈경향신문〉 1982. 7. 23.

165 조성을·염인호 옮김, 『새로운 한국사입문』(돌베개, 1983)으로 국역.

166 박대재 옮김, 『한국사 연구입문』(고려대 출판문화원, 2016)으로 국역.

167 가스야 겐이치, "서론: 한국사연구의 과제와 현황", 위의 책, 24쪽.

168 이노우에 나오키, "국가 형성과 삼한", 위의 책, 65쪽.

169 오길환, "백제 문헌사", 위의 책, 91쪽.

170 노재봉 외, 『정치학적 대화』(성신여대 출판부, 2015), 212쪽.

171 노재봉, "대중시위 촛불의 고향은 어디인가", 〈대한언론〉 2017년 1월호 권두논단.

172 노재봉 외, 『한국자유민주주의와 그 적들』, 216-230쪽.

173 위의 책, 219쪽.

174 조갑제, "교과서 쿠테타"; 박석흥, "친북자학사관으로 얼룩진 역사교과서", 이상 〈대한언론〉 2011년 6월호; 박석흥, "유관순 뺀 박근혜정부 역사교과서", 2014년 10월호; 박석흥, "문재인정부 역사교과서는 정권홍보용인가", 2020년 7월호.

175 노재봉, "대중시위 촛불의 고향은 어디인가".

176 조성환, "종족적 민족주의의 주술에 취했다", 〈대한언론〉 2017년 9월호; 김영호, "낭만적 민족주의는 함정이다", 2018년 2월호.

177 "Oral History Interview with E. Allan Lightner" by Richard McKinzie.

178 조용중, "끝까지 저항한 이승만의 고군분투", 『4·19혁명 50주년기념 관훈클럽 세미나 논문집』, 5-17쪽.

179 곽수근, "고교생 70%가 천안함 폭침 없는 교과서로 배운다", 〈조선일보〉 2021. 1. 18.

참고문헌

가스야 겐이치, "서론: 한국사연구의 과제와 현황", 조선사연구회 편, 박
　　　대재 옮김, 『한국사 연구입문』(고려대 출판문화원, 2016).

강만길, 『분단시대의 역사인식』(창작과비평사, 1978).

_____, 『통일운동시대의 역사인식』(청사, 1990).

강진철, "시까다 히로시(四方博)의 이론과 그 과오", 『한국사 시민강좌』
　　　창간호(일조각, 2007).

_____, "정체성 이론 비판", 『한국사 시민강좌』 창간호(일조각, 1987).

경향신문사, 한일고대사 국제심포지움 '한일 고대관계사를 생각한
　　　다'(1983. 4. 23).

고대사학회 편, 『고려대학교 사학과50년사』(신유, 1998).

곽수근, "고교생 70%가 천안함 폭침 없는 교과서로 배운다", 〈조선일보〉
　　　2021. 1. 18.

관훈클럽, 4·19혁명 50주년기념 세미나 '4·19혁명과 언론'(2010. 4. 7).

교과서포럼, 『한국 현대사의 허구와 진실: 고등학교 근·현대사 교과서
　　　를 비판한다』(두레시대, 2005).

_____, 『대안 교과서 한국 근·현대사』(기파랑, 2018).

교육과학기술부, 「한국근현대사 교과서(6종) 검토의견」(보도자료,
　　　2008. 10. 30).

국사교과서연구소, '2020 역사교과서 이대로 가르칠 것인가'(2020. 1. 15).

국사편찬위원회, 『자료 대한민국사 6』(1973).

_____, 『한국사』, 전 25권(탐구당, 1973~1978).

_____, 「2015 개정교육과정에 따른 역사과 교과용도서 편찬기준」
        (2016. 2. 20).

길현모, "민족주의사학의 문제", 한국사 시민강좌』 창간호(일조각,
        1987).

김기정, "한국 정치학과 정치사 연구에서 생각해 봐야할 몇가지 단상"
        대한민국역사박물관 개원기념 한국정치외교사학회 춘계워크
        샵(2013. 3. 20).

김삼웅, 『한국 현대사 뒷얘기』(가람기획, 1995).

김영중 엮음, 『레베데프 비망록』(2016).

김영호, 『대한민국의 건국혁명』(성신여대 출판부, 2015).

_____, "낭만적 민족주의", 〈대한언론〉 2017년 3월호 이달의 논점.

_____, "낭만적 민족주의는 함정이다", 〈대한언론〉 2018년 2월호.

김영호 외, 『이승만과 6·25전쟁』(연세대 출판문화원, 2012).

김용구, "동주 이용희", 대한민국 학술원, 『앞서가신 회원의 발자취』
        (2004).

김용선, "이기백의 저술과 역사연구", 이기백 2주기 추모 학술대회 자료
        집(2006. 6. 5).

김용섭, 『조선후기농업사연구 1·2』(일조각, 1971~72).

_____, 『한국근대농업사연구』(일조각, 1975).

_____, 『한국고대농업사연구』(지식산업사, 2018).

김일영, "부산정치파동의 정치사적 의미", 『한국과 국제정치』 제9권 1호
        (경남대 극동문제연구소, 1993).

_____, "한국전쟁중 북진통일론과 두 갈래 개헌론의 관계", 『한국과

6·25전쟁」(연세대 현대한국학연구소 제4차 국제학술회의 자료집, 2000. 10. 6~7).

_____, "전시정치의 재조명: 한국전쟁 중 북진통일론과 두 갈래 개헌론의 관계", 『한국정치외교사논총』 제23권 2호(2002)

김철준, 『한국문화전통론』(세종대왕기념사업회, 1983).

_____, 『한국고대사연구』(서울대 출판부, 1990).

_____, 『한국고대사회연구』(서울대 출판부, 1990).

_____, 『한국문화사론』(서울대 출판부, 1990).

_____, 『한국사학사연구』(서울대 출판부, 1990).

김현구, 『임나일본부연구』(일조각, 1997).

나카쓰카 아키라, "내재적 발전론과 제국주의 연구", 조선사연구회 편, 염인호 옮김, 『새로운 한국사연구 입문』(돌베개, 1983), 221-232쪽.

남시욱, 『한국 보수세력 연구』(청미디어, 2011).

_____, 『6·25전쟁과 미국: 트루먼·애치슨·맥아더의 역할』(청미디어, 2015).

_____, 『한국 진보세력 연구』(청미디어, 2018).

노재봉, "대중시위 촛불의 고향은 어디인가", 〈대한언론〉 2017년 1월호.

노재봉·김영호·서명구·조성환, 『정치학적 대화』(성신여대 출판부, 2015).

노재봉·김영호·서명구·유광호·조성환, 『한국 자유민주주의와 그 적들』(북앤피플, 2018).

노태돈, 『단군과 고조선사』(사계절, 2000).

대한민국 학술원, 『앞서가신 회원의 발자취』(2004).

도리우미 유타카, 『일본학자가 본 식민지 근대화론』(지식산업사, 2019).

독립기념관 독립운동사연구소, 『단재신채호 전집』(2008).

로버트 올리버, 황정일 옮김, 『이승만: 신화에 가린 인물』(건국대 출판
　　　　부, 2002).

리차드 C. 알렌, 윤대균 옮김, 『한국의 이승만』(합동통신사, 1961).

마크 W. 클라크, 김형섭 옮김, 『다뉴브강에서 압록강까지』(국제문화출
　　　　판공사, 1981).

미국 외교 기밀문서(*FRUS*).

박명림, "한국전쟁의 기원과 성격", 유영익, 『수정주의와 한국현대사』
　　　　(연세대 출판부, 1998).

_____, "대한민국 정부 수립과 그 지도자들", 『김구와 대한민국 정부
　　　　수립』(건국 60주년 기념 학술대회, 2008. 11. 26, 제1회의 자료
　　　　집).

박석윤·박석인, "조선후기 재정의 변화시점에 관한 고찰: 1779년(정조
　　　　3년)에서 1881년(고종 18년)까지", 『동방학지』 제60호(1988).

_____, "조선후기 재정운영의 패턴변화", 『충남과학연구지』 제31호
　　　　(2004).

박석홍, "숨결말결: 식민지 근대화론", 〈문화일보〉 1995. 6. 5.

_____, "숨결말결", 〈문화일보〉 1995. 6. 16.

_____, 『건국 60년 한국의 역사학과 역사의식』(한국학술정보, 2008).

_____, 『한국 근현대사의 쟁점연구: 식민 종북 자학사관 바로잡는 시
　　　　론』(국학자료원, 2013).

_____, "박석홍 세상보기", 〈대전일보〉 2010. 2. 4.

_____, "친북자학사관으로 얼룩진 국사교과서", 〈대한언론〉 2011년
　　　　6월호.

_____, "6·25북침설과 대통령이 나선 역사교육 바로잡기(박석홍 세상

보기)", 〈대전일보〉 2013. 6. 23.

_____, "특정사관의 포로가 된 국사교육과 해방구(박석흥 세상보기)", 대전일보 2013. 10. 28.

_____, "유관순 뺀 박근혜정부 역사교과서", 〈대한언론〉 2014년 10월 호.

_____, "문재인정부 역사교과서는 정권홍보용인가", 〈대한언론〉 2020년 7월호.

박 실, 『벼랑 끝 외교의 승리』(청미디어, 2010).

박은식, 백암박은식선생전집편찬위원회 편, 『한국통사(백암박은식전집 1)』(동방미디어, 2002).

박인휘·강원택·김호기·장훈, 『탈냉전사의 인식』(한길사, 2012).

박효종, "민주주의 발전과 국가 정체성 정립의 혼선", 차하순 외, 『한국현대사』(세종연구원, 2013).

방기중, "백남운", 조동걸 외, 『한국의 역사가와 역사학(하)』.

사회과학원 역사연구소 엮음, 『조선통사(상)(하)』(오월, 1988[1958]).

서옥식, "한국언론인물사(3): 고병익", 〈대한언론〉 2017년 10월호.

손세일, 『이승만과 김구』(일조각, 1970).

_____, 『이승만과 김구』(전 7권, 조선뉴스프레스, 2015).

송건호 외, 『해방전후사의 인식』(한길사, 1980).

송남헌, 『해방 3년사 2』(까치, 1990).

송찬섭, "식민사관의 논리 타율성론", 조동걸 외, 『한국의 역사가와 역사학(하)』(창작과비평사, 1994).

_____, "일제의 식민사학", 조동걸 외, 『한국의 역사가와 역사학(하)』.

신석호, "고대사학과 창설회고", 고대사학회, 『고려대학교 사학과50년사』(신유, 1998).

신용하, 『독립협회 연구』(일조각, 1976).

_____, 『고조선문명의 사회사』(지식산업사, 2018).

_____, 『일제 조선토지조사사업 수탈성의 진실』(나남, 2019).

신일철, 『신채호의 역사사상 연구』(고려대 출판부, 1981).

쓰키아시 다쓰히코, "내재적 발전론과 그 비판", 조선사연구회 편, 박대재 옮김, 『한국사 연구입문』(고려대 출판부, 2016).

안병직, "한국에 있어서 경제발전과 근대사연구", 『제38회 전국역사학대회 발표요지』(1995).

양동안, 『대한민국 건국사』(건국대통령이승만박사기념사업회, 1998).

양병우, "민족주의사학의 제유형", 『한국사 시민강좌』 창간호(일조각, 1987).

연세대학교 현대한국학연구소, 제11차 우남학술회의 '이승만과 6·25전쟁' 자료집(2010. 11. 19).

연세사학동문회, 『연세사학의 발자취』(유풍출판사, 2006).

오길환, "백제 문헌사", 조선사연구회 편, 박대재 옮김, 『한국사 연구입문』(고려대 출판문화원, 2016).

오영교, "정인보", 조동걸 외, 『한국의 역사가와 역사학(하)』.

오인환, 『이승만의 삶과 국가』(나남, 2013).

유리 미하일로비치 부틴, 이병두 옮김, 『고조선 연구』(아이네아스, 2019).

『유어만 김구 대화 비망록』(n.d., 이화장 소장).

유영익, "수정주의와 한국현대사 연구", 『한국사 시민강좌』 제20집(일조각, 1997).

_____, 『수정주의와 한국현대사』(연세대 출판부, 1998).

_____, "나와 이기백 선생", 이기백 2주기 추모 학술대회 자료집(2006.

6. 5).

_____, 『건국 대통령 이승만』(일조각, 2013).

_____, 『이승만의 생애와 건국비전』(청미디어, 2019).

이기백, "학문적 고투의 연속", 『한국사시민강좌』4(일조각, 1989).

_____, 『한국사상의 재구성』(일조각, 1997).

이기백 책임편집, 『한국사 시민강좌 1~50』(일조각, 1987~2001).

이노우에 나오키, "국가 형성과 삼한", 조선사연구회 편, 박대재 옮김, 『한국사 연구입문』(고려대 출판문화원, 2016).

이만열, 『한국 근대 역사학의 이해』(문학과지성사, 1981).

이명희·강규형, "한국 근현대사 교과서의 문제점과 개선방향", 『사회과 교육』 제48권 1호(2009).

이성규, "김상기", 조동걸·한영우·박찬승 엮음, 『한국의 역사가와 역사학(하)』(창비, 1994).

이성무, 『조선시대 당쟁사 2』(아름다운날, 2007).

이성무·이희진, 『다시 보는 한국사』(청아출판사, 2013).

이영훈, 『대한민국 역사』(기파랑, 2013)

이영훈·김낙년·김용삼·주익종·정안기·이우연, 『반일 종족주의: 대한민국 위기의 근원』(미래사, 2019).

이완범, "이승만 대통령의 한미 상호 방위조약 체결 추진 배경과 협상 과정", 연세대 현대한국학연구소 제11차 우남학술회의 자료집(2010. 11. 19).

_____, "이승만 대통령의 한미상호방위조약 추진배경과 협상과정", 김영호 외, 『이승만과 6·25전쟁』(연세대 출판문화원, 2012).

_____, "이승만대통령의 안보정책 구상과 한미동맹", 국방대학원·한국정치외교사학회 한미 상호방위조약 체결 60주년 학술회의 자

료집(2013).

이주천, "재일교포 북송 60주년과 이승만의 대일외교", 제107회 이승만
　　　포럼(2020. 1. 21).

이진희, 『광개토왕릉비의 탐구』(일조각, 1982).

_____, "식민사관 부활한 일본교과서", 경향신문 1982. 7. 23.

이태진, 『새한국사』(까치, 2012).

인보길, 『이승만 다시 보기: 우리가 버린 건국의 아버지』(기파랑, 2011).

_____, 『이승만 현대사 위대한 3년 1952~1954』(기파랑, 2020).

장상환, "한국전쟁과 경제 구조의 변화", 한국정신문화연구원, 『한국전
　　　쟁과 사회구조의 변화(한국현대사의 재인식 7)』.

전상인, "고개 숙인 수정주의", 유영익, 『수정주의와 한국현대사』(연세
　　　대 출판부, 1998).

_____, 『고개 숙인 수정주의』(전통과현대, 2001).

정경희, 『한국사 교과서 어떻게 편향되었나: 고등학교 한국사 교과서 편
　　　향 과정 분석』(한국사연구휘보 제163호, 2013년 겨울).

정인보, 『담원 정인보 전집』, 전 6권(연세대 출판부, 1983).

정일화, 『대한민국 독립의 문 카이로선언』(선한약속, 2010).

_____, 『휴전회담과 이승만』(선한약속, 2014).

조갑제, "교과서 쿠테타", 〈대한언론〉 2011년 6월호.

조동걸·한영우·박찬승 엮음, 『한국의 역사가와 역사학(하)』(창작과비평
　　　사, 1994).

조동일, 『한국문학통사』, 전 5권(지식산업사, 1994).

조선사연구회 편, 조성을·염인호 옮김, 『새로운 한국사입문』(돌베개,
　　　1983).

조선사연구회 편, 박대재 옮김, 『한국사 연구입문』(고려대 출판문화원,

2016).

조성환, "종족적 민족주의의 주술에 취했다", 〈대한언론〉 2017년 9월호.

조용중, 『대통령의 무혈혁명: 1952 여름, 부산』(나남, 2004).

_____, "끝까지 저항한 이승만의 고군분투", 『4·19혁명 50주년기념 관 훈클럽 세미나 논문집』(2010. 4. 7).

조지 F. 케넌, 유강은 옮김, 『조지 케넌의 미국 외교 50년: 세계대전에 서 냉전까지 20세기 미국 외교 전략의 불편한 진실』(가람기획, 2013).

차상철, "냉전의 기원과 수정주의학파", 유영익, 『수정주의와 한국현대 사』(연세대 출판부, 1998).

차하순·이인호·한영우·강규형·이주영, 『한국현대사』(세종연구원, 2013).

천관우, 『인물로 본 한국고대사』(정음문화사, 1982).

최병헌, "일계 김철준 선생의 삶과 학문", 대한민국 학술원, 『앞서가신 회원의 발자취』(2004).

최병헌·서영대 엮음, 『한국불교사 연구입문(상)(하)』(지식산업사, 2013).

한국동양정치사상사학회, 건국 60주년 기념 학술대회 '대한민국 수립과 그 지도자들'(2008. 11. 26).

한국사연구회 편, 『한국사 연구입문』(지식산업사, 1981).

_____, 『새로운 한국사 길잡이(상)(하)』(지식산업사, 2008).

한국사특강 편찬위원회 편, 『한국사특강』(서울대 출판부, 1990).

한국인물유학사편찬위원회 편, 『한국인물유학사』(한길사, 1996).

한국정신문화연구원, 『한국민족문화대백과사전』, 전 28권(1988~1991).

_____, 『한국전쟁과 사회구조의 변화(한국현대사의 재인식 7)』(백산서 당, 1999).

한국정신문화연구원 현대사연구소, 『한국현대사의 재인식 1~6』(오름, 1998).

한국철학회, 『한국철학사(상)(중)(하)』(동명사, 1987).

한영우, 『조선전기사학사연구』(서울대 출판부, 1981).

_____, 『한국민족주의역사학』(일조각, 1994).

_____, 『다시 찾는 우리역사』(경세원, 1997).

_____, 『서울대학교 인문대학 국사학과 편람』(2002).

_____, 『과거, 출세의 사다리』, 전 4권(지식산업사, 2013).

헌법을 생각하는 변호사모임, '위헌인 교육부 고시에 대한 효력 가처분 및 초등학교 6학년 사회교과서 사용금지 가처분을 위한 국민 토론회'.

황장엽, 『나는 역사의 진리를 보았다(황장엽 회고록)』(한울, 1999).

宮嶋博史, 『朝鮮土地調査事業史の研究』(東京大学東洋文化研究所報告, 1991).

遠山茂樹, 『戰後の歷史學と歷史意識』(岩波書店, 1968).

田村紀之, "考證 司馬遼太郎の'經濟學': 文明史觀のルーツを探る", 『現代思想』 23(3), 1995.

McConaughy, Walter Patrick, Telegram From the Embassy in Korea to the Department of State, Seoul April 19, 1960, Midnight (Source Department of State Central FILES, 795B00/4-1960 Secret; Niact. Repeated to CINCPAC).

McKinzie, Richard D., "Oral History Interview with E. Allan Lightner, Jr.," 10. 26. 1973 (https://www.trumanlibrary.gov/library/oral-histories/lightner).

Oliver, Robert T., *Syngman Rhee and American Involvement in Korea, 1942–1960* (Seoul: Panmun Book Co., 1978).

Wells, Kenneth M., ed., *South Korea's* Minjung *Movement: The Culture and Politics of Dissidence* (University of Hawaii Press, 1995).

에필로그

3·1운동 100주년이었던 2019년, 필자는 〈대한언론〉 편집위원장 겸 주필로서 언론 경력 50년을 맞았다. 격동의 반세기를 학술 전문기자로 신문 제작에 참여해 한국 문화계, 그중에서도 역사학계를 가까이서 지켜보았다. 가장 오래전에 쓴 특종 기사는 〈경향신문〉 1970년 5월 13일자 "일제 식민사관 극복한 『한국사』 25권 편찬"이었다. 해방 후 25년 한국 사학계가 일제 식민사관 극복 업적을 일차 정리한다는 이 기사를 당시 모든 신문이 기사와 사설로 받아 주었다.

"제1공화국 57~60년 국무회의록 발굴"(1990), "강만길 교수의 분단사관론 파동"(1975), "안병직 교수의 식민지 근대화론이 제기한 논쟁"(1995), "부산 복천동 가야고분 발굴"(1981), "석장리 구석기 집터 발굴"(1970) 등의 역사 관련 기사를 보도하며 50년간 역사학회와 역사학자들을 취재했다. 건국 세대 원로들인 유중무·최현배·백낙준·김상기·한경직·노기남·이은상·이혜구·이선근·이서옹·이성철·정재각·윤석오·김광섭·홍이섭·이용희·이상은·노마리아 제씨로부터 그 손자뻘인 노재봉·최창규·한영우·홍일식·김정배·송석구·이택휘 등 학자들까지 가깝게 취재하고 그들의 고뇌를 들을 수 있었다. 식민주의 사관 극복에 앞장섰던 김철준·황성모·최영희·최석우·김옥균·박법정·강원룡·최순우·손보기·김원룡·고병익·서명원·이규호·성내운·이문영·이인수·신두영·신수범·신극범·현승종·이기백·유형진 등 해방후 1세대는 특별히 20년 이상 취재한 관계였다. 백낙준·김상기·정재각·김광섭·최순우·강원룡 등은 특집 기사를 쓰기 위해 밀착 취재한 분들이고, 김철준·홍이섭·최석우·노재봉·이규호·이진희 제씨와는 가족처럼 지내며 사실 취재 외에도 한국 현대사 뒷이야기를 많이 들을 수 있었다. 최현배·이혜구·홍이섭이 작고했을 때 나는 내 손으로 장문의 오비튜어리를 문화면 머리기사로 썼다.

해방후 1세대 학자들의 나라 사랑 정신과 전통문화에 대한 자긍심은 높이 평가할 만하다. 그들의 역사의식과 선구적인 학문 업적은 재평가될 것이다. 그분들이 열심히 노력해 우수한 학자가 배출되었지만, 그들 가운데 제자의 학문적 오류나 섣불리 현실에 참여하는 실수가 보여도 바로잡아 주는 스승이나 선배가 안 보이는 것은 아쉬웠다.

필자는 국사편찬위원회가 1969년 이화여대 앞 서울시교육원에 더부살이하면서 『한국사』 25권의 편찬을 준비하던 시대부터 과천 새 청사로 옮기기까지 15년간 출입하면서 한국사 연구와 사료 발굴을 기사화했다. 한국학중앙연구원, 국립중앙박물관, 서울대 문리대, 연세대, 고려대, 문화공보부, 문교부, 청와대가 필자의 50년 취재원(源)이었다.

1970년대에 주체사관·민중사관·사회주의 사관 등이 밀수입되어 1980년대 운동권의 이념이 되자 일부 국사학자가 이러한 이데올로기 혼란에 동조하기도 했다. 북한의 조선철학사 연구서가 표절 출판되어 고발하기도 했다. '일제강점기' 등 북한 역사 용어가 제5차 교육과정 「국사교육내용 준거안」의 학술용어로 채택되고 해방 직후 북한 주둔 소련군의 자금 지원에 의한 폭동 등을 시민항쟁으로는 바꾸는 국사 교과서 용어 개편의 문제점도 보도했으나 전교조의 좌편향 대세를 바로잡을 수 없었다. 그런 가운데도 김철준·고병익·이기백의 『삼국사기』 논쟁, 김용섭과 신용하의 독립협회·농업사 연구 서평 논쟁, 한영우와 이성무의 조선 신분제 논쟁, 강인구의 전방후원분 논쟁, 손보기와 김원룡의 구석기 논쟁 등 주목할 학술 논쟁이 전문학술지 서평으로 벌어진 것을 객관적이고 정확하게 리뷰해 파수견 역할을 성실히 했다. 그 내용 일부를 간추려 이 책에 서술했다.

우리 세대 학술 기자들은 일제 관학의 식민주의에 맞서 싸운 단재·백암·위당의 민족주의를 일제 식민사관을 극복하기 위한 대안으로 제시하면서도 고병익·이기백·양병우·이광주·신일철 교수의 민족주의 사학에 대한 비판도 성실하게 보도했다. 일제 식민주의 사관과 유물사관은 한국사학의 멍에다. 조선총독부의 『조선사』 편찬에 참여했던 일부 학자와 그 제자들이 해방 후에도 일제 식민사관을 탈피하지 못하는 모순을 언론은 일제 식민사관 찌꺼기라고 비판했었다. 식민사관을 극복하지 못하는 국사학의 지체 현상과 나태함을 비판하는 필자의 기사에 대해 천관우 전 동아일보 주필이 "어떻게 책임지려고 국사학을 이렇게 비판하느냐"

고 걱정하시던 깊은 뜻을 이제는 알 것 같다.

김철준 교수가 한국정신문화연구원 원장으로 순직하기 전 서울대 국사학과에서 마지막 강의 후 "제자들에게 배신당한 것 같다"고 독백하는 말을 나는 처음에 '스승의 기대에 부응 못 하는 제자들에 대한 원망'으로 해석했었다. 그러나 제6공화국 국사 교과서 논란을 보면서, 김철준 교수가 은퇴하며 제자 교수들에게 느꼈던 배신감은 개인적인 배신감을 넘어 국사 교과서 사태로 나타나고 있다는 것을 알게 됐다.

개인적으로 필자는 유관순 열사의 작은아버지 유중무 애국지사의 외증손으로, 독립기념관 감사로 재직중 유중무 외증조부(건국훈장 애족장), 유관순 외재종조모(건국훈장 독립장), 유예도 외종조모(건국훈장 애족장), 한필동 외종숙(건국훈장 애족장), 유제경 외숙(건국훈장 애족장) 등 9명을 재조명한 『유관순 평전』을 감수했고, 남재희 선배의 지시로 윤봉길 의사 도록을 편집했으며, "민족의 큰스승 김구"를 문화일보에 1년간 기획 연재했다. 이런 작업들은 국사학계의 고증으로 정리한 인물 연구로 한계가 있었다. 사회과학자들의 시각으로 재조명돼야 할 것으로 생각한다.

이 책을 지난 2020년 탄신 100주년을 맞으신 아버지(박재규 전 인천대 총장), 어머니(유정숙 전 삼일여성동지회 고문)와 제1공화국 말기 국무회의록을 기록 보존한 신두영 전 감사원장께 바친다. 부모님은 나에게 좋은 혈통과 진실 추구 정신을 심어 주었다. 특히 아버지는 국사교육 정상화와 국어 순화 교육을 앞장서 지도하셨던 해방

후 1세대 교육자로서 필자의 학술기자 외길을 격려하셨다. 애국 열사의 가족으로 어머니는 어린 시절을 고난 속에 보내셨지만 강한 정신력과 신앙심을 자손들에게 보여 주셨고 32권의 시집을 남기셨다.

마지막으로 이 책을 마무리하기까지 세밀한 지도와 격려와 도움을 준 노재봉·유영익·서지문·전상인·김영호·고혜령 교수와 남시욱·안병훈·인보길·이병대·이용식·박강문·이용·김세중 언론인들께 감사드린다.

역사 전쟁

대한민국 폄훼와 싸운 100년,
역사학은 무엇을 하였는가

초판 1쇄 발행　2021년 4월 19일

지은이　박석흥
펴낸이　안병훈
펴낸곳　도서출판 기파랑
등　록　2004. 12. 27 제300-2004-204호
주　소　서울시 종로구 대학로8가길 56 동숭빌딩 301호　우편번호 03086
전　화　02-763-8996(편집부) 02-3288-0077(영업마케팅부)
팩　스　02-763-8936
이메일　info@guiparang.com
홈페이지　www.guiparang.com
ⓒ 박석홍, 2021

ISBN　978-89-6523-591-0　03900

이 책은 관훈클럽 정신영기금의 도움을 받아 저술 출판되었습니다.